タラ・ザーラ

失われた子どもたち

第二次世界大戦後のヨーロッパの家族再建

三時眞貴子・北村陽子 監訳
岩下 誠・江口布由子 訳

みすず書房

THE LOST CHILDREN

Reconstructing Europe's Families after World War II

by

Tara Zahra

First published by Harvard University Press, 2011

Japanese translation rights arranged with
Harvard University Press through
The English Agency (Japan) Ltd., Tokyo

目次

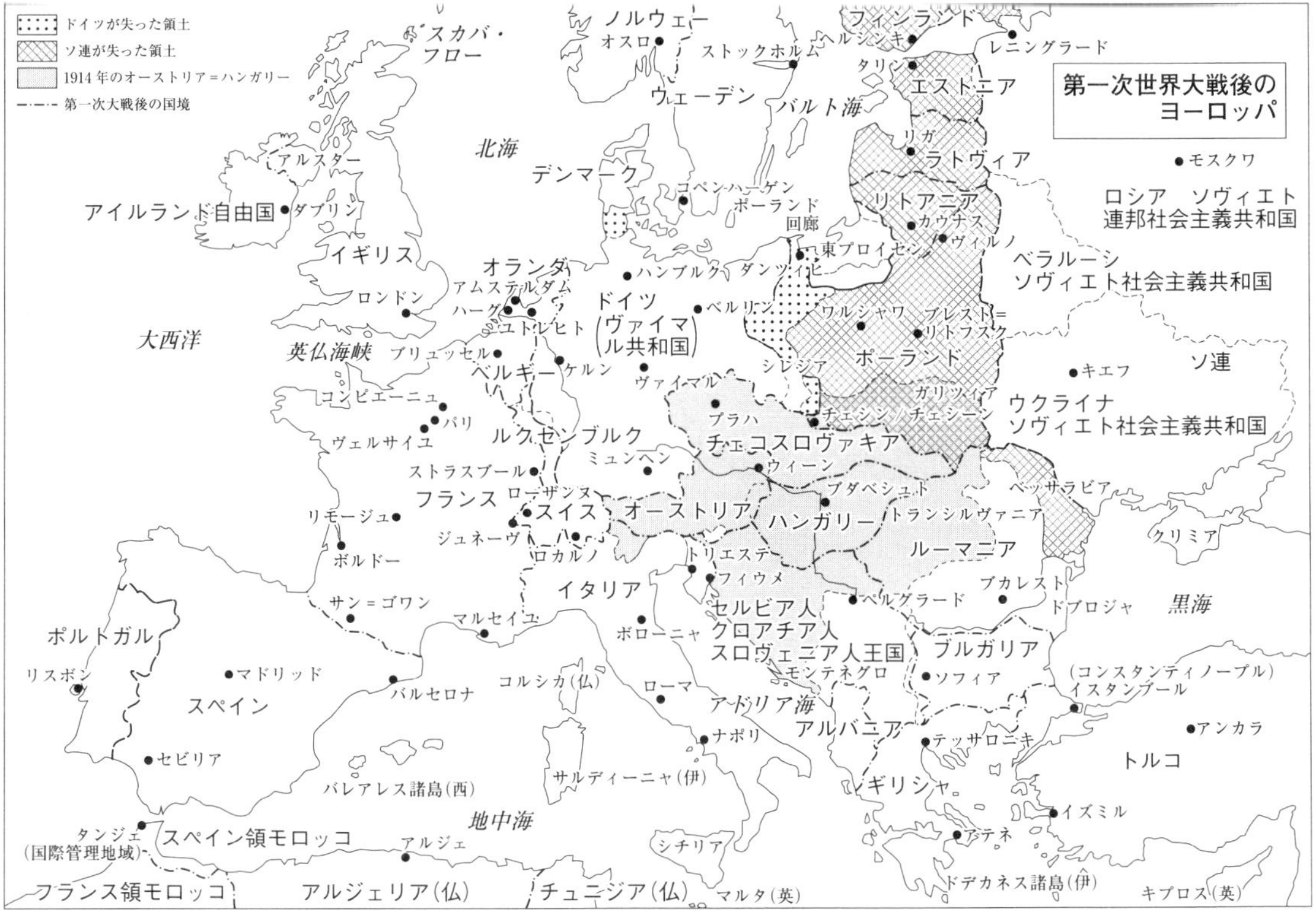

出所：マーク・マゾワー（田中瑞穂・網谷龍介訳）『暗黒の大陸――ヨーロッパの20世紀』未來社，2015年，507頁の地図をもとに訳者作成。

第二次世界大戦後のヨーロッパ

出所：マゾワー『暗黒の大陸』，510頁の地図をもとに訳者作成。

序　文

二〇〇七年にアメリカでは四三一万七〇〇〇人の子どもが生まれた。この数値は一九五七年の記録を上回るものであった。私たちは深い母性文化に絡めとられている。母親らしい自己犠牲を褒め称える人びとは、しばしば母親たちの要求と子どもたちの要求を天秤にかけ、親たちに、これまで以上に献身することを強く求める。現在、アメリカの中流階級のあいだでは「徹底的な育児（intensive parenting）」と呼ばれるものが流行しているが、この源流のひとつは、人びとが子どもの心理的な「最善の利益」とは何かを想定するようになったことにある。これらの「最善の利益」は、普遍的なものであり、人間の本質のもっとも深い構造に刻まれているとみなされているが、実際には、第二次世界大戦中とその後のヨーロッパの孤児院、避難民（displaced person）キャンプ、そして託児所といった、子どもの「最善の利益」とはおよそ無縁に見える環境に由来していた。

同時代の人びとはしばしば、第二次世界大戦を「子どもに対する戦争」として描いた。第二次世界大戦中のヨーロッパにおけるいわゆる「失われた子どもたち」の窮状――彼らは飢えており、強制移動を強いられ、孤児となり、殺された子どもたちであった――は、現在の危険地域に住む子どもたちの姿を目にした人たちにはおなじみであろう。世紀半ばにヨーロッパの失われた子どもたちの監護権をめぐって噴出した政治論争はまた、こんにちの読者と共鳴するであろう。ハイチ人の孤児が著名人の養子になるといった国民の境界を越えて移動することが、*[1]政治的、文化的な対立を激化させつづけている。

しかしながら第二次世界大戦は、前例のないほどの子どもへの暴力がおこなわれた時期というだけではなかった。それはまた、戦時中の大変動と迫害から子どもたちを救出し、保護するための意欲的で新しい人道主義運動を引き起こした。避難民の子どもたちのための活動を通じて、これらの児童救済者たちは、新しい心理学の理論、子育て方法、社会福祉計画を生み出した。子ども期のトラウマの本質についての基礎的な理念の多くが最初に発展したのは、第二次世界大戦とその余波のなかであった。何が幸せな子ども期なのか、あるいは「健全な」家庭環境を形成するものは何かについての現在の考え方もまた、同じことがいえるであろう。一九四五年以降、戦争で引き裂かれた家族の再建は、最終的に、戦前の「正常な状態」へと単純に戻ることにとどまるものではなかった。すなわち、家族と子ども期の基盤となる理想が再出発する瞬間となった。家族の再建が戦後ヨーロッパの平和と安定性の復興と結びつけられたのと同様に、子どもの発達におけるこれらの教訓は、託児所を超えて広く響きわたった。これらの教訓によって、ナチズムや共産主義の陰に隠れていた家族、民主主義、人権のまさに本質についての理念が戦後に形成されはじめた。

避難民に関する文書記録は信じられないほど豊富にあるが、これらを用いることは、自らかなりの頻度で移動しなければならず、また多くの個人と機関の支援を必要とした。本書の執筆のための研究は、ハーヴァード大学からのミルトン基金研究補助金、アメリカ人文系学会協議会からのチャールズ・A・ライスカンプ・フェローシップ、ウッドロウ・ウィルソン・センターの東欧研究プログラム、そしてシカゴ大学の社会科学部からの支援なしには遂行することはできなかった。素晴らしい奨学基金による支援と、教授活動から解放していただいたことに対して、ハーヴァード・ソサイエティ・フェロー、シカゴ大学、パリ高等研究所に感謝している。私はまた、二〇〇九年三月に『近代史研究（*Journal of Modern History*）』に掲載された論文「失われた子どもたち――戦後の強制移動、家族、国民」の一部を再掲する許可をいただいたことにも感謝している。

多くの同僚と友人が本書の執筆と改稿を助けてくれた。ラリ・ウルフとロベルト・マーラの両者は、手稿資料全体を念入りに読み、修正のための惜しみのない建設的な意見を提供してくれた。アティナ・グロスマンの避難民に関する研究が、私にこのテーマに取り組むことを促してくれた。私は彼女の支援と熱い思いに対してと同時に、草稿に対する慎重で見識ある意見に感謝している。友人であり、同僚でもあるアリソン・フランクとエディス・シェファー、アリス・ウェインリブにも、手稿資料のいくつかの箇所に対する貴重な指摘をしてもらった。私はとりわけ、パリ、ニューヨーク、シカゴにおいて、親切にも文書史料に対して助言と意見を述べてくれ、避難民の子どもについての長時間にわたる意見交換をしてくれた友人であり同僚のダニエラ・ドウロンに心から感謝している。

きわめて幸運なことに、私は本書の執筆を始めてからシカゴ大学で知的な居場所《ホーム》を見つけることができた。とくに同僚のレオラ・オースランダー、シェイラ・フィッツパトリック、ミヒャエル・ガイヤーに、私を歓迎してくれたこと、そして知的な刺激と同僚性に溢れた支援的な環境を与えてくれたことを感謝している。私の研究助手であるレイチェル・アップルバウムとナタリー・ベルスキーには、史料と二次文献の収集を熱心に手伝ってくれたことに特別の謝意を示したい。エミリ・オズボーンとジェニファ・パーマは、編集に関わる知的な指導、見事な料理の腕前、友情でもって途方もなく深い支援をしてくれた。

本書を信じてくれ、私が自分の考えをまとめ、より明快で説得力のある叙述にするために助言をしてくれた、ハーヴァード大学出版会の編集者ジョイス・セルザーに感謝している。私はまた、ジャネット・エストゥルースと『失われた子どもたち』の編集と出版に関わってくれた、同出版会のすべての人びとに感謝している。

とりわけローラ・リー・ダウンズに感謝の意を表したい。というのも、彼女の刺激的な子ども史に関する研究こそが、私を家族の離別の政治的意味について考えるよう導いてくれたからである。彼女は多くの修正を通じて『失われた子どもたち』を育ててくれ、パリでこの本を完成するまで私の活力を高めつづけてくれた。

歴史を叙述し、教えることは、友人や仲間なしではとても孤独な作業となっただろう。そのロールモデルはピーター・ジャドソンである。彼の見識、機知、そして歴史的想像力は、私を支え、鼓舞してくれた。私が書いた無数の草稿に対する彼の洞察と共感、支援、そして揺るぎない友情に心から感謝している。

私は本書を私の両親、デビーとマーク・ザラに捧げる。読書を教えてくれ、バレエに打ち込ませてくれ、私に充実した食事を提供してくれ、冷たいプールで泳ぐことやスクラブル・ゲームで私を打ち負かしてくれたことに感謝している。彼らの変わらぬ愛情と支援、そして私を信じてくれたことすべてに感謝を捧げたい。

失われた子どもたち

——第二次世界大戦後のヨーロッパの家族再建

凡　例

一、本書は、Tara Zahra, *The Lost Children: Reconstructing Europe's Families after World War II*, Cambridge, Mass., and London: Harvard University Press, 2011 の全訳である。

一、各章中の節タイトルは訳者のほうで付けた。

一、原文中の引用符は「　」で括り、大文字で記された文字についても「　」で括った箇所がある。

一、原文中でイタリック体で記された箇所には原則として傍点を付したが、一部、「　」で括った箇所がある。

一、訳文中の（　）、［　］、——は原著者によるものである。ただし、一部、原文から取り外して訳出した箇所がある。

一、訳者による補足および簡単な訳註は、すべて〔　〕で括って挿入した。また、説明註が必要と思われる箇所には、＊〔1〕というかたちで章ごとに通し番号を付し、各章の原註のあとにつづけて掲載した。

一、原著で引用されている文献のうち、既訳のあるものは可能なかぎり参照した。また、既訳書に関する書誌情報も適宜併記してある。ただし、訳文については必ずしもそれに拠らない。

一、原著の明らかな間違いや体裁の不統一については、訳者の判断で訂正および整理した箇所がある。

一、読者に便宜をはかるため、原著にはない地図を二枚掲載した。

一、索引は原著にもとづいて作成したが、訳者のほうで追加および整理した箇所がある。

序章　混乱のさなかの文明世界

一　家族の崩壊と「失われた子どもたち」

一九五一年五月、一三歳のルート＝カリン・ダウィドウィッチはドイツを出たいと願っていた。ルート＝カリンは不運にも一九三八年にユダヤ人の両親のもと、ベルリンで生まれた。彼女がまだ幼かったころ、家族はナチ政権下のドイツからパレスティナへ逃げ出そうとした。彼らはルーマニアに行く途中で捕まり、拘留された。父親はマイダネク強制収容所に送られ、そこで死亡した。残りの家族――祖父母、おばたち、おじたち、従兄弟たちはアウシュヴィッツで亡くなった。ルート＝カリンと母親は、なんとかルーマニアにとどまることができ、そこで戦争を生き抜いた。解放後、彼女たちはルーマニアとオーストリアの国境を不法に越え、やっとのことでドイツ内のアメリカ占領地区にたどり着いた。彼らは、アンラ（連合国救済復興機関、ＵＮＲＲＡ）*[1]と国際難民機関（ＩＲＯ）*[2]が運営していたバイエルンの避難民キャンプに避難場所を見つけた。

一九五一年までにルート＝カリンは、茶色の長い髪をお下げにして、輝く笑顔をもつ健康的な少女に育っていた。ルート゠カリンを担当したアメリカ人ソーシャルワーカーのロッチ夫人によれば、彼女は、「彼女の年齢にしてはよい体格をしており、力強くしっかりした握手をする」少女であった。ルート゠カリンは、アメリカで一九四八年に制定された避難民法（DP Act）*[3]のもと、アメリカに移住することになった。しかしながら、彼女の母親は重い病気で長旅に耐えることができそうになかったので、彼女は一人で旅立たねばならなかった。ヨーロッパ・ユダヤ人児童支援（ＥＪＣＡ）と呼ばれる組織が、アメリカ人の里親を事前に選び、彼女を移住させる計画をすでに立てていた。しかしルート゠カリンの母親は、こうした状況にもかかわらず、子どもを手放すのに必要な書類にまだ署名をしていなかった。ロッチ夫人はダウィドウィッチ夫人に、もはや決定を延期することはできないと説明した。避難民法の有効期間に制限があり、子どもたちの里親のもとに移住するプログラムはまもなく終了することになっていた。

ルート゠カリンは母親に対するもどかしさを隠さなかった。「私がアメリカに行ったら、お母さんに手紙を送ることはできる？」と、彼女はロッチ夫人に質問した。彼女の母は、彼女がきっと手紙を書くのを忘れるだろうと悲痛な声で答えた。ロッチ夫人はルート゠カリンに、彼女の里親はおそらく母親に手紙を書いても気にしないけれども、彼女が母親ではなく自分たちに従うことを望むだろうと伝えた。ルート゠カリンは、アメリカの両親が彼女の母親に金銭を送ることを期待してはいけなかったし、のちにアメリカに移住する際の保証人になってもらうことを期待してもいけなかった。ルート゠カリンはこれらの条件に同意した。彼女は二一歳になったら、仕事を見つけて母親をアメリカに連れてくると母親に誓った。ダウィドウィッチ夫人は素直に頷けなかった。夫人は「それまでに私は死ぬだろうし、あなたは結婚して母親のことなんてすべて忘れるだろうね」と答えた。

数か月にわたって、十代の少女と母親のあいだは緊張状態にあった。毎日、ルート゠カリンは書類に署名したかどうかを母親に尋ねた。記録によれば、ダウィドウィッチ夫人は彼女の親権を完全に放棄し、娘をアメリカに養子に出すことに同意している。ルート＝カリンはアメリカでの未来についてひっきりなしに語った。アメリカの高校に通い、そこでユダヤ人家族と住むのだと。しかしダウィドウィッチ夫人にとって、ルート＝カリンは彼女に残されたすべてであった。娘がいったんここから去れば、「毒された彼女自身」以外は何も残らないだろうと吐露した。彼女はおそらく娘を二度と見ることはないと気づいていた。くわえて、いったん娘が去ってしまえば、母親はもはや二人を支えていた月に七〇マルクの孤児恩給が受けられなくなることも知っていた。

一方、ドイツにいた場合のルート＝カリンの見通しは暗かった。ダウィドウィッチ夫人は健康を害していた。彼女は最近、道で気を失い、病院に運ばれた。彼女は働くことができず、ドイツにいれば「活力を欠く」生活をつづけることになると理解していた。ダウィドウィッチ夫人は、自らの命がもはや長くはないことも、彼女の友人が誰も、自分が亡くなったあとに娘の面倒を見てくれないことも知っていた。しかし彼女は躊躇しつづけた。ロッチ夫人の目には、ルート＝カリンがもはや母親の躊躇に耐えつづけることができないと映った。そこでロッチ夫人は、ルート＝カリンに面接の残りの時間、部屋から離れるように言った。ルート＝カリンが外に出ると、ロッチ夫人はダウィドウィッチ夫人に「冷静な頭で」この問題を考えるように助言した。一人になることへの母親の恐怖に焦点を当てることによって、ソーシャルワーカーは彼女に、わがままにも娘の最善の利益よりも自分の感情を優先していると忠告した。娘がドイツの孤児院で育つことを母親が望むのか。ダウィドウィッチ夫人はついに親権放棄の書類に署名をした。そしてルート＝カリンは、アメリカに移住して新しい両親と暮らすという自由を得た。実際の出立に関しては、ルート＝カリンの記録も母親の記録も何も残っておらず、跡づけることはできない(1)。

ルート＝カリンの物語は、戦後ヨーロッパにおいて例外的なものではなかった。第二次世界大戦中、またそれ以降、それまでにない子どもたちが移住、強制収容所への移送、強制労働、民族浄化、殺人などのために親から引き離された。ナチ帝国が崩壊したとき、何百万人もの人びとが、失った家族を捜して大陸を歩きまわった。彼らは新聞に広告を載せ、電車のプラットホームで待ちつづけ、新しい国際機関や政府当局者に手紙を送った。戦時中、多くのヨーロッパ人が愛する人と再会する幻想を抱いて、自らを支えた。戦後、しばしば無駄に終わったが、彼らは生存を示す情報を待ち、それを願った。ルート＝カリンの物語が示しているように、戦時中に家族が共にいつまでもいようと画策したとしても、多くの場合、一人も欠けることなく平和に生き抜くことなどできなかったのである。

ドイツはナチスが敗北して以降、連合国によって四つの占領区に区分されたが、そこには「同伴保護者のいない子ども（unaccompanied children）」と呼ばれた大多数の子どもたちがいた。ドイツの赤十字のポスターには、「誰が私たちの両親と出自を知っているの？」というキャッチフレーズとともに子どもたちの写真が並べられていた。ドイツ赤十字社は一九四五年から一九五八年のあいだに、失踪した子どもを見つけてほしいという依頼を三〇万件以上受けた。一方で、新しいインターナショナル・トレーシング・サービス（ＩＴＳ）[*4]が一九四五年から一九五六年のあいだに作成した失踪した子どもの名簿には、三四万三〇五七人の名前があった。

家族の離別は、兵站学的、すなわちいなくなった人びとを探し出し、連絡を取り、再会させるといった活動が骨の折れるものであるという以上の問題をはらんでいた。「失われた子どもたち」と呼ばれる者たちは、戦後、想像力を格別搔き立てる存在となった。軍政当局、ドイツ人の里親、ソーシャルワーカー、ユダヤ系組織、東欧の共産主義者、避難民（ＤＰｓ）[*5]が彼らの運命を決定するために競合した際、彼らは激しい政治闘争の中心に立っていた。これらの争いは総力戦の結果、ヨーロッパ文明全体の再建と連動した。ＩＲＯで働いていたソーシャルワーカー、バイニータ・Ａ・ルイスは一九四八年にドイツでつぎのように述べた。「個々の子どもたちの失われたアイデンティティは、ヨーロッパ大陸全体の、まさに社会問題である」[2]。

ルイスは、ヨーロッパには「社会問題」がすでに十分存在しているという前提にもとづきながらも、子どもたちのアイデンティティの喪失について注意を喚起した。一九四五年のヨーロッパ大陸は、廃墟の中にあるようなものであった。アメリカとイギリスの救済ワーカーは、たいていフランスの港から上陸し、東に移動して、人間の「死」および物理的な破壊のあとのすさまじさに驚いた[3]。彼らは、ヨーロッパの都市の物理的な廃墟状態と住民の心理的な混乱を結びつけた。イギリスの行政当局者であり著作家でもあったスティーヴン・スペンダーは、一九四五年七月にケルンを旅行したときのことを、つぎのように報告している。「この都市を通行した際の私の最初の印象は、ひとつの家も残っていないというものであった。そこにはたくさんの壁があったが、しかし破壊されて腐った家具の悪臭が漂うまったくの空っぽ状態を前に、それらの壁は薄っぺらな覆いにすぎなかった……廃墟となった都市は、住民の内的な崩壊を映し出しており、住民たちは都市の外傷を治して傷跡へと変えて生きるのではなく、どこかにある食べ物を探して廃墟を掘り起こし、死骸をすする寄生虫になった[4]」。

何百万人ものヨーロッパ人にとって、一九四五年に、帰るところのないホームレス状態であったことは厳然たる事実である。東欧から大勢のドイツ人が逃走し、四一〇万棟の住宅が完全に破壊されたために、少なくとも一四〇〇万のドイツ人が戦争終結時に家と呼べる場所がどこにもなかった。ドイツではホームレスの半分以上が子どもであった。ほとんどのドイツ人男性（そして徐々に少年も）が、一九四五年までにドイツ国防軍に動員されていた。そのため、戦争終結前の最後の数か月とその余波で、赤軍から逃げるか、東欧から追い出された一二〇〇万の民族ドイツ人の難民は、大多数が女性と子どもであった。一九四五年に創設されたユネスコ(国際連合教育科学文化機関、UNESCO)が、一九四六年時点でホームレス状態だと推計した子どもは、ドイツ(ドイツ市民と避難民の両方を含む)において八〇〇万人、ソヴィエト連邦に六五〇万人、フランスに一三〇万人であった。(5)

幸いなことに屋根のある住居を見つけられた人びとであっても、しばしば家具、ガス、電気、水道水、そしていかなる移動手段も持ち合わせていなかった。女性たちは食べ物と必需品を求めて長い列をつくり、廃墟となった建物をあさった。解放されたドイツやオーストリアの都市では、彼女たちは赤軍の兵士たちからレイプを受けることもあった。ウィーンでは「事実上、移送手段はなく、電気も止まり、あらゆる燃料がほとんど完全に失われていた。病院は混乱状態にあった。路上には破片がいっぱい飛び散っていた。……家族はあちこちに離散しており、子どもたちはしばしばナチスのせいで、はるか遠く離れたところに疎開していた」と、アンラのワーカーであるアレタ・ブラウンリィは一九四五年夏に報告している。(6)

ヨーロッパの子どもたちが身体的にも精神的にも悲惨な状況にあることは、とりわけ、ヨーロッパ文明が混乱のさなかにあるのではないかというディストピア的な恐れを引き起こした。一九四六年にイギリス系アメリカ人の著作家、アリス・ベイリはアメリカの世論に向かって、「『狼子ども』と名づけられた子どもたち、つまりヨーロッパと中国の風変わりで放縦な子どもたち」を警戒するよう主張した。「彼らは親の権威を知らず、狼のように群れで行動する。そしてあらゆる道徳が欠如しており、文明化された価値をまったく理解しておらず、性的抑制も知らない。彼らは法律を知らずに自衛本能のままに振る舞う」と。(7)彼女の言葉は、第二次世界大戦が、ヨーロッパの線路、工場、道路を完全に破壊したのと同じく、家族を完全に破壊したのだという幅広く流布された見解を反映していた。

両大戦間期の人道主義者たちの活動が、第一に子どもたちの物質的なニーズを満たすことに集中していたのに対して、第二次世界大戦後においてヨーロッパ人は、とりわけ若者の心理的安定の回復に固執していた。しかしながら彼らは、安定性を獲得するもっとも有効な手段についていちじるしく意見が異なっていた。教育者や政策担当者は、子どもたちの心理的ニーズにもっともよい影響をもたらすには、里親のもとに送られるほうがいいのか、それとも児童ホームにいたほうがいいのか、子どもを祖国に返したほうがいいのか、それとも外国で新しい生活を始めたほうがいいのかについて議論した。しかし彼ら全員に共通していた主張は、ヨーロッパの政治的、社会的な安定を回復しようとすることが、同時に子どもたちの心理的な「最善の利益」を守ることになるというものであった。

家族の崩壊は、もっとも重大な社会問題ということ以上のものであった。多くのヨーロッパの子どもたちは、伝統的に家族生活を形づくっていた価値や序列がまるごと崩れ行くさまを間近でみた。ユダヤ人家族はとりわけ極度な抑圧の対象であり、狭い生活空間に押し込まれ、路上で嫌な目にあい、仕事、財産、市民権を奪われた。ユダヤ人はしだいに公共空間から締め出されるようになり、彼らは多くの時間を、家族やユダヤ系の友人たちとともに家で過ごすようになった。多くが家族を、自分を喜んで受け入れる場所であり、敵意ある外の世界から逃れるための避難所とみなした。しかし家族関係は、迫害と物質的剥奪によって厳しく試されてもいた(8)。

ウィーンのルート・クリューガーは、第三帝国がオーストリアを併合した一九三八年当時、七歳であった。彼女はナチ支配のもとで、家族が限界まで張りつめたさまを見た証人であった。「父がフランスに亡命中、母は父の不倫の可能性について心配したこと、両親が一緒に暮らしていた最後の時期には、二人がもはや仲のよい夫婦ではなくなっていたこと……あるいは母が私に対して小さな虐待行為をしていたことを誰かに伝えることに対して、私はまったく良心の呵責を覚えることがないと話すとき、私の話を聞いている人びとは、きまって驚いた様子を見せました。彼らは道徳的に憤りを隠せないという態度を取り、ヒトラー時代は耐え抜かなければならない苦難が与えられたのだから、被害者は共に身近にいて強い絆を形成すべきだと私に告げました」と、彼女は回想した。「私たちも心の底では現実をすべて理解しています。私たちが我慢しなければならないことが増える一方で、私たちへの寛容さは減り、家族関係を繋ぐ糸はだんだんに擦り切れていきました。地震が起こったときは、磁器は通常よりも壊れやすいのです」[9]。ルートは、周りの大人たちが彼女に与えることができるほどの優れた知識をもっておらず、また保護もできないこと、実際に彼らが「めまぐるしく出来事が起こることで完全に駄目にされたこと、そして実際に私は彼らよりも早く学習した」ことをしだいに理解するようになった[10]。

ルートと母親は結局、プラハ近郊のテレジエンシュタットのゲットーに、それからアウシュヴィッツに入れられたが、母娘はなんとか一緒に留めおかれた。しかし親子関係は収容所でも崩壊したままであった。最初の夜、彼女らが三段ベッドの真ん中に横たわったとき、母親は考えられない提案をした。「母は私に、外にある電気が通った有刺鉄線に触ると死ぬことを説明し、起きて二人で鉄線の中を歩こうと提案しました。私は聞き間違えかと思いました。……私は一二歳でした。しかも神が私を守るためにつくってくださったはずの自分の母親の勧めで、電気の通った鉄線に飛び込んで死ぬという考えは、そのときには突然すぎたうえに歪んでいて、私の理解を超えていました」[11]。ルートの拒否を母親は肩をすくめて受け入れ、彼女らは二度とそのことについて話すことはなかった。

強制収容所の日常的な恐怖から解放された人びとが——食べ物と飲み物を手に入れた後に——最初に考えたことは、多くの場合、生き残っている家族の居場所を突き止めることであった。しかしヨーロッパでは一三〇〇万人もの子どもたちが、戦時中に両親ともに、あるいはどちらかの親を亡くしていた。再会した家族でさえ、単純に離れ離れになった場所に戻れたわけではなかった。ヨーロッパの子どもたちは、きちんとした住宅、衣類、食料が不足している状態にあった家族のもとに戻った。隠れるか、国外に亡命することで戦争を生き抜いた、ユダヤ人と東欧の子どもたちの多くは、戦争中に新しい名前、場合によっては新しい信仰や言語、国民*〔6〕への忠誠を獲得していた。幼い子どもたちはしばしば、両親について何も覚えていなかった。彼らは見知らぬ親族のもとを「家」として戻ったが、親族たちもまた戦時中、身体的、感情的な喪失の危機にさらされた人びとであった。[12]

このような背景のもと、ヨーロッパ人たちは孤児院を建設しはじめた。銃撃が終わるや否や、臨時の解放委員会や人道主義組織が強制収容所や路上、隠れ場所から子どもたちを集めはじめた。彼らはドイツ人から差し押さえた館、軍用兵舎、サマー・スクールの宿舎、接収されていたホテルに子どもたちを集めた。ポーランドのビェルスコでは、ポーランド・ユダヤ人中央委員会（CKŻP）の教育局が、生き残ったユダヤ人孤児や若者の世話をすることになった。ビェルスコにあるCKŻPのドム・ジェツカ〔子どもの家〕は一九四五年の六月七日、ユダヤ人の十代の若者四五人にその門戸を開いた。彼らの新しいホームは「爆撃で大被害を受けた、ぼろぼろの廃墟で、家具、台所設備、宅上食器類は一切なかった」と、孤児院の院長であった医師コマヨーヴナ博士は報告した。若者はほとんどが強制収容所の生き残りで、ひどく悲嘆にくれた状態で到着した。彼らは「自らの強さとよりよい将来を信じることがまったくできず……彼らに対するどのような社会的な養護も、永遠にはつづかないと強く信じて疑いのまなざしを向け……各人の衛生状態に対する基本的な世話に対してさえも、いちじるしく否定的な態度を崩さなかった」と、コマヨーヴナ医師は語った。

当初、孤児院のカウンセラーたちは心理的回復のための措置を何も施さなかった。彼らはもっと直接的な問題、たとえばベッドや家庭用品がないといったことに関心を向けていた。彼らが最優先したことは、孤児院を住むのに適した状態にすることであった。「われわれは共に住むホームの建設に着手した——子どもたちだけではなく、われわれ全員がホームレスであることを思い出す必要があった。指導者と教育者が持っていたホームの建設に対する強い熱意は、子どもたちにも乗り移った。……われわれは協力し合って……石のかけらを取り除き、木を細かく割り、枠組みを建て、ジャガイモの皮をむくなどした」。修繕プロジェクトは結果的にそれ自体、教育学的な報酬となった。「共同作業を通じて、われわれは子どもたちの承認と尊敬の念を獲得し、希望がふたたび生まれる初めての兆候に気がつくことができた。収容所を出て以降、最初の笑顔をみることができたし、社会的な意識の萌芽も見受けられた。それは、われわれがいま生きていること、強い絆で結ばれた集団になったこと、そして新しいわれわれのホームが気に入ったという意識であった。これらの意識の獲得は、われわれが日々努力して毎日改善した結果であった」[13]。

ビェルスコ孤児院における、コマヨーヴナ医師の一年目の記述は、概して戦後のヨーロッパの物質的な再建と、ヨーロッパの若者の道徳的、感情的な再建とを広く結びつける典型的な書きぶりであった。避難民の若者を回復させるための戦後の諸組織のイデオロギー的背景は、戦後生じた政治上の将来像と同じくらい非常に多様なものであった。ポーランドのほとんどのＣＫŻＰによる児童ホームと同様に、ビェルスコ孤児院は、社会主義に忠誠を誓う教育者によって主導された。しかし第一次世界大戦後の若者を回復させるための活動とはつぎの点で対照的であった。すなわち第二次世界大戦中やその後に活動したこれらの諸組織は、戦時中の強制移動がもたらした感情面での結果に新たに焦点を当てることで、地理上および政治上の明確な分断を超えて一致した。

一九四五年九月三〇日に連合国遠征軍最高司令部（ＳＨＡＥＦ）とソ連軍は、占領下のドイツとオーストリアにいる一三六六万四〇〇〇人という驚くべき数の避難民に支援を提供した、と試算した。太平洋側では同様に、日本の敗北によって相当な数の人びとが強制移動させられた。五〇〇万人の日本市民が戦争終結時に日本に戻り、その一方で連合国は韓国、台湾、中国、東南アジアを含む元植民地の人びと一〇〇万人を本国に送還させた。中国の行政院善後救済総署〔シンラ。アンラによる支援の受け入れ機関〕は、一九四七年までに国内にいる一〇〇万人の避難民に支援を提供した、と報告した。[14]

ヨーロッパ内部では、子どもを含めて避難民の大多数が東欧出身であった。一九四五年九月までに軍政当局とアンラは、約七二七万人のソ連の避難民労働者と捕虜、一六一万人のポーランド人、一八〇万七〇〇〇人のフランス市民、六九万六〇〇〇人のイタリア人、三八万九〇〇〇人のユーゴスラヴィア人、三四万八〇〇〇人のチェコ人、二八万五〇〇〇人のハンガリー人をそれぞれ支援した。一九四五年の春から夏のあいだに、一〇〇〇万人以上の避難民が家に戻るために出立した。つまり一日に一万五〇〇〇人が出発したことになる。解放後も一年ドイツ国内にとどまっていた、およそ一〇〇万人の難民のほとんどすべてが、本国への帰還列車に乗ることができないか、乗らない東欧出身者であった。一九四六年六月にアンラの支援を受けた七七万三二四八人の避難民のうち、半分以上がポーランド人――これらの「ポーランド人」の多くが、おそらくソヴィエト連邦への帰還を避けようとしたロシア人、ウクライナ人、バルト海出身の難民――として登録された。「非妥協分子」と呼ばれた難民の多くが、終戦時にソヴィエト連邦によって承認されたカーゾン線〔ポーランド・旧ソ連境界線〕の東側のポーランド境界線から来た者たちであった。[15]

一四歳未満の子どもは、国連から支援を受ける資格を持つ難民のほんの一握りでしかなかった。終戦時に東欧から逃げ出すか追い出されたドイツ人のなかには、一五〇万人以上の子どもがいたが、しかしドイツ人の子どもは「敵国人（enemy nationals）」と考えられていたため、アンラに支援する責任はなかった。[16]ドイツ占領下に残留していた連合国側の子どもたち（「国連人（United Nations' nationals）」と呼ばれた）は対照的に比較的少数であった。一九四五年七月にアンラが推計したところによれば、彼らの保護下に入っていた一四歳未満の子どもは、一五万三〇〇〇人にすぎなかった。一九四七年七月にこの業務をアンラに代わってＩＲＯが担当することになったが、そのときまでに、一万二八四三人の「同伴保護者のいない子ども」に支援を提供した――彼らは近い親類もいないままにドイツとオーストリアの西部に取り残されていた一六歳未満の子どもであった。しかし避難民の子どもと若者は、その数よりもはるかに大きな重要性を帯びた。なぜなら彼らは、戦時中の混乱と戦後の復興の象徴となったからである。[17]

戦後ヨーロッパにおいては、「子ども」を定義するという単純なことが困難を極めた。アンラとＩＲＯは、業務の遂行上、一七歳未満をすべて子どもだと考えた。しかし成人年齢を法律によって規定したことで、子ども期と成人期の明確な区切りができたわけではなかった。生き残るために、多くの子どもたちが戦争中、自らの年齢を意図的に詐称することを学んだ。戦後に軍政当局者や人道主義組織の担当者に遭遇した際、彼らは子ども期と成人期の境界線を戦略的に超えつづけた。オーストリアの心理学者エルンスト・パパネックは一九四六年に、挫折とともにつぎのように書き残した。「人の本当の年齢を知ることは決してできない……彼らは目的のために年齢を『調節する』――子どもは優先的にパレスティナに行くことができると彼らが信じて、そこに行きたがっていたとき、あごひげを生やした男性でさえ、自分たちを一四歳か一五歳だと述べ、二五歳に見えた少女は一六歳だと言った」[18]。別の状況では避難民の若者が年齢を高く偽った。東欧の行政当局者は、一様に、（ユダヤ人を除く）すべての同伴保護者のいない一七歳未満の子どもは、必要なら力づくでも、本国に送還すべきだと主張した。しかし多くの東欧の十代の子どもたちは、外国に定住することを希望して本国送還を拒否した。彼らは年齢を偽るか、彼らが成人年齢に達するまで難民キャンプで「時間を稼ぐ」よう試みた[19]。

解放後のヨーロッパの新聞によって流布された幼い難民の姿と、人口統計上の現実とのあいだには、驚くほどの齟齬が生じた。多くの避難民の「子ども」、とりわけユダヤ人の子どもたちは実際には青年であった。しかし幼児のイメージが、人道主義者による主張を通して広く流布され、それがアメリカやその他の地域の夫婦に、彼らを養子として家に迎えさせる刺激となった。彼らは、避難民の子どものなかには、ブロンドの三歳の少女はそれほどいないと知ると失望した。典型例は、J・L・ヤング夫人がテキサス州ガルビスタンからIROに一九四九年に送った、「四歳から一〇歳までの少女二人を希望します。国籍としてはフランス、アイルランド、スコットランドで、プロテスタント信仰の子どもが望ましいです」という要望書であった[20]。

戦争はそれ自体、子ども期と成人期の境界線を混乱させたように思われる。数年間の栄養失調は、難民の子どもたちの身長と体重を奪った。彼らはしばしば年齢よりも幼く見えた。多くの子どもが学校教育を受けるべき数年間を失った。しかしとりわけ生き残ったユダヤ人の若者はまた、心配なほど人に頼ろうとせず、成熟していて、子どもらしさがないとソーシャルワーカーたちは感じていた。フランス人の心理学者、シモンヌ・マルキュス＝ジェスレールは一九四七年に、「早熟さは、これまでは民族的理由によって肯定的に受け取られていたが、この事例の早熟さはとりわけ、彼らが送った危険に満ちた生活によって発達したものである。彼らが背負った重い責任は……いったん解放のときがきても、彼らを学校の席に座る気にも、子ども向けのゲームで遊ぶ気にもさせなかった」[21]。難民の子どもたちには遊ぶ能力がないという主張は、人道主義者たちのありふれた常套句となった。アメリカ・ユダヤ人共同配給委員会（JDC）のヨーロッパ代表モリス・トローパーが、エレノア・ルーズヴェルトへ宛てた書簡は広く公開されたが、そのなかでトローパーは、フランスからリスボンに到着したフランス難民の子どもたちについてつぎのように語った。「疲れ切って顔は青白く、衰弱した小さな老人と老女のようであった。……私がいままで見たなかで、もっとも痛ましい光景のひとつがこれらの子どもたちの姿であった。彼らは極限状態から解き放たれ、ふたたび遊び方を学ぼうとしていた[22]」。戦後の人道主義ワーカーの中心的な目的のひとつは、子どもと大人両方ともが彼らの伝統的な役割を取り戻すこと、すなわちふたたび子どもを子どもに戻すことであった。

それにもかかわらず、誰を「子ども」として捉えるかに関する議論は、戦時中のヨーロッパの重要な政治的、社会的な現実を反映していた。そこでは子どものカテゴリーは、一見普遍的なものに見えた（し、また今もなおそう考えられている）。時間、場所、そして地理上の違いがどの程度、子ども期の定義と実際の子ども期の体験に影響したかは不確かである。第二次世界大戦中、避難民の子どもの道のりは、大人の難民のそれと同じくらい多様で、国籍、人種、宗教、性別、社会階層、そして年齢に大きく依っていた。

保護者と離れ、集団でドイツ第三帝国を去った最初の子どもたちは、一九三八年から一九三九年に、キンダートランスポートでナチ政権下のドイツ、オーストリア、チェコスロヴァキアから逃げ出したユダヤ人の子どもと青年であった。一九三九年までに、一五歳未満のユダヤ人の子どもたちの八二パーセントが、ナチ政権下のドイツからなんとか逃げ出すことができた。多くは両親とともに移住したが、しかしおおよそ一万八〇〇〇人のユダヤ人の子どもと若者が、さまざまな子ども移民計画を通じて、単独でドイツを去った[23]。一九三九年九月に第二次世界大戦が開戦すると、ナチ政権の拡大とともにナチスによる迫害に脅かされていた多くのユダヤ人の子どもたちに対してでさえ、合法的な移住への門戸が乱暴に閉じられた。

ユダヤ人の子どもたちがナチスの迫害から逃れたのと同時期に、イギリス、フランス、ドイツ、そしてソ連当局は、空爆から一般市民を守るために人びとを動員する大掛かりな疎開計画を実施した。戦時中ずっと、民間人の疎開は、子どもたちを田舎に学校ごと、あるいは若者集団ごとに安全に輸送するという方法で、何百万もの子どもたちを両親から引き離した。イギリスでは疎開によって子どもたちが母親から引き離されることについての影響が広く論議を呼び、児童心理学とトラウマに関する新しい理論を生み出した[24]。ヨーロッパの何万もの子どもたちがまた、ナチスによる強制労働の結果、流浪の身の上で生まれ、追い立てられた。ナチ政権は戦時中、ドイツ国防軍に動員した男性たちの代わりに、何百万もの外国人労働者を引き入れた——そして「アーリア系」ドイツ人女性を労働力としない方針を打ち出した。一九四四年八月には、七六一万五九七〇人の外国人労働者と捕虜が、ドイツ帝国で働かされていた。ナチ政権は、外国人労働者とドイツ人との違法な性的関係に、死刑を含む過酷な罰を導入した。しかしながら、そうした関係はなくならなかった。一九四四年にドイツ人女性と性的関係を持ったと告発されたソ連の男性たちは、一日に二、三人が死刑を言い渡された。そして一年間に一万ものドイツ人女性たちが、敵国である外国人と親しくなった罪で強制収容所に送られた。しかし外国人労働者とドイツ人はきわめて近くで暮らし、働いており、ナチ親衛隊国家保安本部（SD、ナチスの諜報機関）は、一九四二年までに外国人男性がドイツ人女性とのあいだに少なくとも二万人の子どもをもうけた、と推計した[25]。

　戦時中のドイツの外国人労働者のおよそ三分の一が女性であった。必然的に彼女たちの多くが妊娠した。戦争初期において、妊娠した外国人労働者は自宅に戻された。しかしナチ当局は意図的な妊娠の蔓延を疑いはじめた。一九四三年以降、ナチ・ドイツで妊娠した外国人労働者は、中絶と断種を強要される対象になりえた。ドイツ人男性によって妊娠させられた女性たちはしかしながら、多くの場合、そのまま子どもを産むことができた。かりに幼児が「ドイツ化できる」とみなされた場合、ドイツ人家族の養子とするために奪取され、レーベンスボルン・ホーム（ナチ親衛隊が設置したアーリア人の独身の母親とその子どものための施設）*〔7〕に留めおかれた。人種的に「無価値」とされた幼児たちはしばしば、外国人の子どものための特別な施

設で、ネグレクトや飢餓状態におかれ、ゆっくりと死にゆくことを宣告された。(26)

ドイツに移住させられた強制労働者のなかには、かなりの数の東欧の子どもと若者もいた。一九四四年にナチスはある計画を考案した。その計画のコードネームは「ヘイ作戦」であり、一〇歳から一八歳の白系ロシア人*(8)の子ども四万人から五万人を、ドイツ帝国で働かせるために強制的に移送するものであった。少なくとも二万八〇〇〇人の一八歳未満のソ連の若者が、一九四四年一〇月までにドイツ空軍と兵器産業での労働のために徴用された。その多くが、終戦を迎えてもドイツで流浪の状態のままにおかれた。(27)

ナチスの敗北後も、ドイツ人と外国人労働者の関係はつづいた。多くの子どもたちが生まれたが、しばしば親が帰国するか、あるいは別の場所に移住した際に、ドイツに捨てられた。避難民の労働者と彼らの子どもたちは、第二次世界大戦後、ポーランド、チェコスロヴァキア、ハンガリー、ルーマニア、ユーゴスラヴィア、バルト海域周辺国家から逃亡するか追放された何百万人ものドイツ人と、難民キャンプで一緒になった。東欧からの難民の周期的な波は、ドイツ人が迫りくるロシア軍から逃げていたのと軌を一にして、戦争終了前からすでに始まっていた。一九四五年のポツダム協定は、中東欧から完全にドイツ人を排除することを認めた。これらの被追放民と難民は、占領下のドイツとオーストリアにあった難民キャンプや農村に押し寄せ、一九四七年にはオーストリアの全人口の五パーセント、西欧（イギリス、アメリカ、フランス）占領下ドイツの人口の一六パーセントを占めた。(28)

東欧から逃亡するか追放されたドイツ人に混じっていた子どもの多くが、実際にはドイツ人ではなかった。ソ連軍が進行した際、何万ものシレジア人の子どもたちやポーランド語、チェコ語、スロヴェニア語を話す子どもたちが、プロイセン東部、シレジア、ベーメン・メーレン保護領、ユーゴスラヴィアから疎開した。それらの国で彼らは、ドイツ孤児院やヒトラー・ユーゲント収容所で暮らすか、ドイツ人家族とともに住んでいた。くわえて二万から五万の東欧の子どもたちが、戦時中にナチ政権によってドイツ化のために故意に誘拐された。ナチ当局は、計画的にそれらの子どもたちの名前を変え、彼らの出生記録を破棄した。終戦時に、彼らの出生と運命が論議の対象となった(29)。

幼すぎて働けない場合は計画的に虐殺されたので、ユダヤ人の子どもたちは当初、戦後の避難民の若者のもっとも数少ない集団のひとつであった。一九四六年にフランスの児童福祉慈善団体（ＯＳＥ）のジャック・ブロックは、戦前に一五〇万人いた一六歳未満のヨーロッパのユダヤ人のうち、わずか一七万五〇〇〇人しか戦争を生き残ることができなかったと推計した。生き残った者のなかには、厳しい戦時中、ソ連での亡命生活に耐えた三万人のユダヤ人の子どもたちが含まれていた(30)。少なくとも二〇万人のユダヤ人（三五万人から一五〇万人のポーランド人とともに）が、一九三九年にポーランド東部がソ連に併合されたのちに、シベリアで亡命生活を送った(31)。ヒトラー＝スターリン協定〔独ソ不可侵条約〕が、一九四一年のナチスによるソ連侵攻で破たんしたとき、彼らは解放された。多くが温暖な気候とあり余るほどの食料の噂を聞きつけて（彼らはその代わりにマラリアの蔓延と永続的な物資不足に直面した）、ソ連邦中央アジアに向かって集団で移住した。しかしそれらの厳しい状況にあってさえも、ほとんどの者が戦争を生き抜き、戦後に東欧へ戻った(32)。

幸せな帰郷などめったになかった。戦後ソ連から戻ったユダヤ人の大多数は、根強い反ユダヤ主義の感情が東欧に渦巻いていたために、そこに長くはとどまらなかった。戦後、多くの子どもを含む約二〇万人のユダヤ人が、東欧に蔓延していた反ユダヤ主義から逃れるために、彼らをパレスティナに送り込む地下運動（ブリハーあるいは「旅立ち」）に飛び込んだ。このゆるやかに組織された地下運動は、一九四五年秋に始まったが、一九四六年の春から夏にかけてもっとも盛んになった。これらのユダヤ人の多くが、ドイツのアメリカ占領地区を通ってパレスティナへと向かった。ポーランドだけで一〇万人以上のユダヤ人が逃げ出し、そのなかにはキブツ（共同村）〔ユダヤ系の人びとの農耕生活共同体〕にいるドイツ人のもとにたどり着いた三万三六〇〇人の若者と、同伴する親や親戚がいない約七〇〇〇人の子どもたちが含まれていた。ユダヤ人の避難民は家族の再生を熱望していたため、彼らの出生率が急増した。こうしてユダヤ人の乳幼児もまた、一九四六年から一九四七年にかけてドイツ領内で存在感を増した。一九四六年一一月に、バイエルンのドイツ人一〇〇〇人あたり三・七人が生まれ、一・四人が結婚した一方で、占領下のドイツにおいては、避難民のユダヤ人一〇〇〇人あたり一六・七人が結婚し、一四・一人の出生が報告された。一九四六年までに、ユダヤ人の子どもたちは、アンラのアセンブリセンターと児童ホームに身を寄せた同伴保護者のいない子どもの六〇パーセントを占めていた(33)。

終戦後の混乱のさなかに、アンラの担当者と連合軍当局は、解放後のヨーロッパにおける難民の動きを管理することに全力を尽くしていた。前述の統計データの存在からわかるように、彼らは難民を送還したり、ふたたび定住させたり、あるいは家族のメンバーと再会させたりと、うまく「対応した」難民や「対応中」の難民の数を記録した図やグラフを何百枚も作成した(34)。しかしこれらの数はすべて推計にすぎなかった。というのは、避難民が難民キャンプの中と外、境界線、占領地区のあいだをするりと行き来したので、彼らの動きを跡づけることが難しかったからである。多くの避難民は難民キャンプには住んでいなかった。一九四八年八月に、ＩＲＯは、組織から援助を受けている難民の二五パーセントが「自由生活者（free-livers）」と呼ばれていた、と報告した。自由に生活する避難民の数は、オーストリアとイタリアで五〇パーセントにものぼった。彼らはしだいに、法的な支援や移住する手助けといった特別なサービスを必要とするときだけ、人道主義組織と関わるようになった(35)。

とりわけ行方不明の子どもたちの数は特定するのが難しく、東欧の諸政府と国連当局者とのあいだ、激しい論争を引き起こす中心的なテーマとなった。冷戦による区分が固定化されるにつれて、チェコ、ポーランド、ソ連、ユーゴスラヴィアの行政当局者たちは、占領下ドイツの西欧連合によって、違法に「差し押さえられた」子どもたちの数を競うように誇張した。たとえばポーランドの赤十字は、少なくとも二〇万人のポーランド人の子どもたちが第二次世界大戦中、ドイツ化のために誘拐されたと主張したが、実際の数はおそらく二万人ほどであったと思われる。ときおり、これらの誇張された数字は希望的観測を反映していた。アメリカとフランスのユダヤ系組織は、戦後にキリスト教系のホームや機関から取り戻すことを期待して、生き残っている「隠された」ユダヤ人の子どもたちの数を組織的に多く見積もった。これら数字上の「失われた子どもたち」の多くは当然、ガス室で亡くなっており、キリスト教組織に委ねられていたわけではなかった。(36)

二　政治化された家族の離別

第二次世界大戦は、ヨーロッパの大多数の子どもが単独で家を出た、初めての事例ではなかった。ヨーロッパの子どもを救済するための組織が、第二次世界大戦後の避難民の子どもたちのために動き出したとき、彼らはこれまでの経験にもとづいて、すでに再建のための見通しを立てていた。とはいえ二〇世紀以前に、ヨーロッパにおいて単独で旅をした子どもたちの大多数は、海や大陸を越えてというよりも近隣の村や地域に向かった。ヨーロッパの多くの国では、男女ともに子どもは若い時期に家を出た。最初は（とりわけフランスにおいて）乳母養育のために、それから最終的に、徒弟や家事使用人、農業労働者、労働者としての訓練を受けるために。一九三〇年代半ばのフランスにおいて公的扶助（assistance publique）対象者の最初の雇用年齢の平均は、一三歳半であった。理論上、若い労働者は、彼らが働いている世帯の一員として取り扱われるべきとされていた。実際には、彼らは虐待、ネグレクト、ホームシックなどを経験しやすかった。順応することはたしかに難しかったけれども、だからといってこうした離別が、大きなトラウマとなる精神的決裂として子どもたちに経験されるわけでは必ずしもなかった。これらの離別はまた、社会的あるいは政治的な混乱の前触れとして糾弾されることもなかった。若い時期に家を出ることは、子ども期が早くに終了することであり、児童労働が必要なものとしてみなされた社会においては、一人前になるための通常の経験であった(37)。

しかしながら、一九世紀には家庭生活と子ども期に関するロマン主義の理想像が、ヨーロッパの中流階級のあいだで共有された。この理想像は博愛主義者、ソーシャルワーカー、医者、教育者によって奨励された。子どもたちが生産者や労働者としてみなされていた時代から、将来の市民として考えられるようになる時代へと、長期にわたる変化が始まった。この新しい世界において子ども期は、学習や遊びをおこなう時期であり、その間、子どもたちは大人が担う責任から解放されるべきとされた。一九世紀の家庭生活に関する中流階級の見解はまた、いわゆる私的空間における親の権利を揺るぎないものと考える傾向にあった。この方向性に沿って、人道主義的、宗教的、政治的な組織が、（過度な）児童の工場労働と子どもの親からの強制的な引き離しの両方に反対して、この二つの問題を政治化しはじめた(38)。

家族の離別に関する人道主義的活動の初期の事例のひとつは、奴隷制度廃止論者が奴隷家族の解体を主張しはじめた、一九世紀半ばのアメリカで生じた。奴隷制度廃止論者は奴隷にされた子どもと両親の分離を、宗教法および自然法の両方を容赦なく破棄するものだと表現した。一八二〇年から一八六〇年のあいだに、少なくとも二〇万人の奴隷の子どもが、メリーランド、ケンタッキー、ヴァージニアの所有者からアメリカの最南部地方にあるプランテーションへと売られる際に、強制的に両親から引き離された。実際には、あらゆる血縁関係者から引き離された奴隷という、奴隷制度廃止論者の描写とは異なる実態がみられた。とりわけ大きなプランテーションにおいては、多くの奴隷の子どもたちが両親とともに住んでいた。引き離された家族メンバーでさえ、多くの場合、新しいコミュニティにおいて強い血縁関係の絆をつくりだした(39)。しかし奴隷は、つねにいつ競売台で子どもや親を失ってもおかしくない、という恐怖とともに生きていた。奴隷制度廃止論者は、奴隷制度を「温かな家庭生活」のひとつの表象とみなす南部で流布していた神話を攻撃し、奴隷制度が家族の絆への下劣な攻撃であることを暴こうとした(40)。

歴史的にはほぼ同時期に、家族の離別の劇的な事例がヨーロッパを憤慨させた。一八五八年にボローニャで、六歳のユダヤ人の子どもエドガルド・モルターラが彼の家のカトリックの使用人によって秘密裏に洗礼を施された。最終的に彼はカトリック教徒として育てられるために両親から誘拐され、ローマ教皇ピウス九世の祝福を受けた。ヨーロッパとアメリカのユダヤ人の反教権主義活動家は憤慨し、エドガルドの誘拐を自然法、親権、ユダヤ人共同体《コミュニティ》全般に対する侮蔑的な行為として描写した。この事件は、一八六〇年にユダヤ人の権利擁護のための最初の国際組織である世界イスラエリート連盟の創設を促した。しかしエドガルドが、彼の両親のもと、あるいは両親の信仰に戻ることは決してなかった。二一歳のときに、彼は教皇からの信託基金の支援を受けて修道士となった(41)。

モルターラ事件は、約一世紀後の第二次世界大戦中に、洗礼を施されたヨーロッパの「隠された」ユダヤ人の子どもの運命が議論されるなかで取りざたされたが、とりわけフランスの一九五三年のフィナリー事件において引き合いに出された。これまで述べてきたように、子どもを親から引き離すことは、二〇世紀の総力戦よりも前から、人道主義的な問題へと完全に変容していた。しかしそうした分離は、第一に親の権利の侵害として、また宗教上のコミュニティに対する罪として、あるいは自然法違反として描かれた。それらは子どもたちの心理学的安寧への脅威として理解されてはいなかった。それどころか、国民全体の生き残り戦略とはまったく結びついていなかったのである。

一九世紀半ばに、奴隷制度廃止論者やユダヤ人の擁護者でさえ、家族を引き離すことに対して批判したというのに、イギリス帝国とアメリカ西部では、人口増加のための戦略として、貧しい子どもたちを同伴保護者なしに積極的に移住させた。バーナード・ホーム、*〔9〕フェアブリッジ協会*〔10〕のような博愛組織、さらにはカトリック教会でさえもが、一八六〇年代に始まった一〇万人近くのイギリス人の子どもたちのカナダ移住を推進した。単独で移住するこれらの子どもたちの両親は、多くがまだ生存していた。これらの児童福祉擁護者たちの見解によれば、イギリスの都市は犯罪、病気、悪徳そして社会主義の密集した培養地であった。対照的に英連邦の農場は、人口も少なく、「不幸な」子どもたちに人生の新しいスタートを切らせることのできる、健全な美徳を授けられる道徳的な場所であった。一九二〇年代後半まで、子ども移民は、カナダに移住させる方向でつづけられたが、カナダのソーシャルワーカーたちが反対したことによって、廃止された。彼らは孤児を機関に収容しておこなう養護に反対し、イギリスがカナダを優生学的に劣等な子どもたちのための投棄場として使うことに懸念を示した。(42)

アメリカでは二五万人ほどの子どもたちが、ニューヨークや他の東海岸の都市から、中西部や西部地方の都市に里子に出されることを目的とした、いわゆる「孤児列車」で西に輸送された。注目すべきひとつの事例は、ニューヨークから来た四〇人のアイルランド人孤児の一団が、アリゾナ州のある鉱業都市に住むカトリックのメキシコ人家庭のもとに預けられたことであった。子どもたちが到着したのち、地元のプロテスタントの女性たちが、子どもたちを彼らの里親家族のもとから誘拐したのである。結局、最終的な監護権論争が連邦最高裁判所にまで持ち越され、私的な奪取は合法だと結論づけられた。この決定のなかで裁判所は、メキシコ人家族に「白人」の子どもたちを預けることを児童虐待と同等とみなした。これは、国民の違いや人種を越えて子どもを移動させることをめぐって、暴力的な衝突が満ち溢れる時代のはじまりを告げる事例のひとつであった。(43)

第一次世界大戦（一九一四〜一九一八年）と一九一五年のアルメニア人ジェノサイド*(11)の期間に、空前の数の子どもが両親から引き離された。第一次世界大戦もまた——偶然ではなく——子どもを含む市民を直接的な対象とした、ヨーロッパで最初の戦争であった。アルメニア人ジェノサイドはまた、ヨーロッパ史のなかで、子どもたちの国籍剝奪に対する国際的な合法的介入を早々に引き起こした、最初の事件であるとされている。一九二一年に国際連盟が、戦争、強制移送、オスマン帝国でのジェノサイドの混乱で、両親から引き離された子どもたちを救済する運動を開始した。近東における女性と子どもの保護に関する国際連盟の委員会が、一九二二年から一九二七年にコンスタンティノープルとシリアのアレッポに支部を設置、運営した。その公式の目的は、戦時中に誘拐され、トルコ人家族や組織でイスラーム教徒に改宗させられたとされる、何万人ものアルメニア人の女性と子どもたちの「返還を要求する」というものであった。失われた子どもたちの「返還要求」が、国際的な正義や人道主義だけではなく、総力戦とジェノサイド後の国民の再建とも結びつけられた。この事例は、二〇世紀最初の事例であって最後ではなかった。

新しい国際的な人道主義組織はまた、第一次世界大戦後の中央ヨーロッパで活動の幅を広く切り開いた。ハーバート・フーヴァーのアメリカ救援局（ＡＲＡ）*(12)とイギリスのセーブ・ザ・チルドレン基金（ＳＣＦ）のような組織は、飢えとそれにともなって起こった事態から、何百万人ものヨーロッパとロシアの子どもたちを救い、ヨーロッパにおけるボリシェヴィズムの普及を阻止するための運動をおこなった。何十万人ものヨーロッパの子どもたちが、戦時中に増やすことができなかった体重と身長を回復させるために、家族から引き離され、強奪されつくした都市からより肥沃な農村に送られた。戦間期には、離散家族の問題が初めて、国際的なソーシャルワーカーたちの取り組むべき仕事となった。一九二四年にジュネーヴに設立された国際社会事業団（ＩＳＳ）は、国際的な移住によって「さまざまな場所で突然断ち切られた」家族を再会させる活動の最前線となった。[44] しかしそれらの戦間期に設置された組織はまだ、離散家族に対する物質的救済と法的援助の提供に優先的に取り組んでおり、戦時中の強制移動による感情的なゆらぎの問題に対しては、わざわざ取り組んだわけではなかった。

人道主義者による子どものための活動は、スペインの第二共和政支持者と右派のフランシスコ・フランコ将軍率いる国民主義派《ナショナリスト》〔反乱軍／国民戦線軍〕が対立したスペイン内戦（一九三六～一九三九年）のあいだに劇的に変化した。衝突は最終的に、何万ものスペイン人の子どもたちが単独でフランス、ベルギー、イギリス、メキシコ、ソ連に疎開するという結果をもたらした。これらの地域で彼らは、飢えや爆撃、フランコ軍の心配をせずにすんだ。避難民の子どもたちは、ますます外交的、政治的な論争の対立軸となった。スペイン国内外のフランコの支持者は、国外生活を送るスペイン人の子どもたちを洗脳し、国籍／国民《ナショナリティ》としての帰属を奪ったとして共和派の闘士を非難し、彼らの即時の本国送還を要求した。その一方で、共和派の支持者は、国外にいる子どもたちの共和主義かつ国民主義的忠誠を養う方法を模索した。スペイン難民の子どもたちの監護権をめぐる闘争は、スペイン内戦を通じてヨーロッパの多くの国で繰り広げられる論争へと膨れあがった。

これらの両大戦間の人道主義による運動は、第二次世界大戦後の国際的な支援ワーカーたちにとって、肯定的なモデルにも否定的なモデルにもなった。スペイン内戦のあいだ、政府と、目を回すほど多数の民間団体、特定宗派の組織、そして明らかに政治的な組織が、スペイン難民の子どもたちを助け、彼らの政治的、社会的、宗教的な忠誠を確保しようと張り合った。それらの組織間にはほとんど協調はみられず、それぞれの政治的目的を隠そうともしなかった。その目的とはすなわち、戦争の破壊から子どもたちを守ることだけではなく、彼らを将来の共和派あるいは国民主義派の闘士にするということであった。対照的に、第二次世界大戦後に、人道主義ワーカーたちは、より普遍的な理想の側に立ち、公然と政治的目的との関係を否定するのが常であった。「ケースワーク」の原理によって特徴づけられていたため、ソーシャルワークの方法はそれぞれの「顧客」の個人的な状況の調査にもとづいておこなわれた。彼らは、特定の政治的課題というよりもむしろ、「子どもの最善の利益」の擁護を主張した。ＳＣＦのエドワード・フラーによれば、「こんにち、世界の大多数の場所で、まだ戦争のホロコーストが湯気を立てている状態である。何世代にもわたる人間の偉業はがらくたの山となり、新しい普遍主義が必要とされている。……その他のほとんどの問題では異なる意見をもつ人びとが、児童福祉という点では結集できる共通の地場がつくられた(45)」。戦時中の家族の離別は、この時点になるとますます、一人ひとりの子どもたちにとっての心理学的なトラウマの潜在的な要因として理解された——そしてまた国民全体を脅かす社会的大動乱の原因とも捉えられた。しかしヨーロッパ人がまさに第二次世界大戦後、普遍的な人道主義的理由から子どもの苦境を定義したときでさえ、回復に向けた活動の内容と方法の一致には至らなかった。

三　ヨーロッパ再建における家族と子ども

解放後、東西ヨーロッパ双方の政策担当者は、若者の難民のための政策を、ヨーロッパの民主主義の再建とファシストの価値観の否定に結びつけた。しかし彼らのあいだでは、民主化に必要なものは何か、そして民主主義、国家、家族の適切な関係性はどのようなものなのかに関する見解の一致はみられなかった。西側では、とりわけアメリカ、オーストリア、ドイツ、イギリスにおいて、自由民主主義擁護者、キリスト教の指導者、反共主義者は概して、いわゆる家族の破壊という言葉を用いて、全体主義の悪の本質を定義した。国際連合自身が、ナチスは「子どもに対する戦争」をおこなったと宣言し、さらに「家族のなかでの子どもたちの安全に対して、彼らの教育と一般的な福祉に対して、そして彼らのまさに生命に対して、ファシストは偶然とはとてもいえない計画的な破壊運動を導いた」[46]と公言した。西側の反共主義者は、ナチスの犯罪を償い、私的空間に対する共産主義者の攻撃を妨害するという名目で、家族の主権を強化しようと試みた。

解放された東欧の社会主義者はまた、ナチスの戦争犯罪を償う手段として、失われた子どもたちのために尽力することを表明した。たとえばドイツ内のソ連占領地区において、ドイツ社会主義統一党（ＳＥＤ）の当局者は、きたる選挙に備えて、つぎのことを提案した。それは、「われわれはナチスによって解体された家族の絆を再建する！」というスローガンを用いて、党が避難民のドイツ人の子どもたちを、家に返そうと努力をしていることを宣伝することであった。冷戦による分断が強固なものになるにつれて、東欧の共産主義政府当局者は、西側の連合国が占領下ドイツにいる東欧の子どもたちを隔離することで、ナチスの犯罪を持続させているように非難するようになった。これによって彼らは、ナチスとスラヴ民族間の戦時中の闘争を、東西が争う冷戦に転化させた。

戦後の再建における家族の重要性は、すでにおなじみの物語となっている。ベビーブーム、ヨーロッパの福祉国家の拡大、「正常な状態への回帰」という名のもとにおこなわれたいわゆる「核家族」の奨励は、終戦直後のヨーロッパとアメリカの一般的なイメージに浸透していった。[47] しかしながらほとんど知られていないのは、第二次世界大戦中とそれ以降のおびただしい数の強制移動を背景に、家族と子どもの発達についての新しい専門的な知識がどの程度生じたのかについてである。ヨーロッパの避難民キャンプと孤児院は、戦争と人種による迫害によって追い出された子どもたちを観察することを通じて、子どもの発達に関して、普遍性を掲げる理論を検証する心理学者、人道主義ワーカー、政策担当者の実験場となった。

終戦後、ヨーロッパとアメリカの多くの観察者にとって、家族の離別は典型的なナチスの犯罪であり、前例のない社会的混乱の原因を象徴するものとなった。戦時中の強制移動から少しずつ蓄積された子どもの福祉の原理は、すぐに時代を超越した事実として語られるようになった。しかしながら現実には、親子の引き離しがトラウマとなるほどのショックを与えるという認識は、そもそも、二〇世紀半ばのヨーロッパの難民キャンプと孤児院というるつぼのなかで生み出されたものであった。[48] 一九一四年から一九四五年までのあいだに、人道主義組織は、当初、物質的危機および道徳的危機という言い方で彼らが定義した人道主義的危機を解決するために、彼ら自身の手で親から子どもを引き離した。ウィーンからアムステルダムへ、またマドリッドからマルセイユへと、子どもたちは両大戦間の時期に、飢餓、暴力、病気から逃れるために送り出された。対照的に第二次世界大戦後は、イギリスとアメリカの心理学者たちはまさにそのような分離を、彼ら自身の正義にもとづいて、人道主義の危機と描写するようになった。第二次世界大戦中に、ロンドンから疎開した子どもを研究したアンナ・フロイト（ジークムントの娘）とドロシー・バーリンガムによれば、「子どもの人生において、たとえ危機的状況を改善するためであったとしても、家族のもとを去らなければならなかったという事実がある以上、それがどんな改善であれ、その効果はだんだんと減ってしだいに消滅する」[49]ことになった。フロイトとバーリンガムの研究は、のちに戦後の難民キャンプにいるヨーロッパの避難民の子どもたちを回復させようとしたイギリスとアメリカのソーシャルワーカーたちのあいだに、とりわけ広く影響を与えた。

一見したところでは、これらの国際的な活動は、戦後ヨーロッパのアメリカ化と民主化のありふれた物語の一節のようにみえる。英米のソーシャルワーカーは、世紀半ばにイギリスとアメリカを支配していた、ソーシャルワークの精神分析的な理論と実践で武装して、ヨーロッパ大陸に上陸した。しかし彼らの理念は、大陸の教育者によって——難民自身によってでさえ——強く異議を申し立てられた。大陸の教育者たちはしばしば、ヨーロッパの失われた子どもたちを、集団主義にもとづく環境において回復させるよう模索するか、あるいは個人的、社会的、政治的な理由から再家族化／家族をふたたび一つにすることをきっぱりと否定した。しだいに、多くの救済ワーカーが中央ヨーロッパの現場の状況を受け入れ、難民の若者に関する集団主義者、国民主義者、シオニストの主張を是認しはじめた。西側の人道主義ワーカーの個人主義的理想と、東欧とユダヤ難民および政策担当者の集団主義的理想像のあいだのイデオロギー対立は、このようにして実践の場では乗り越えられたのであった。

ヨーロッパの解放に関する記述は一般的に、ナチスの敗北を劇的な歴史的決裂、すなわち自由民主主義、国際主義、自由市場、個人主義、人権の勝利の瞬間——少なくとも西欧では——として描きがちである。[50]マーク・マゾワーは戦後の西欧では、「ヒトラーとの戦いによって人権と市民権の重要性が示された。いいかえれば、法的、政治的な領域では、国家に対して個人を優先させる論調があらためてみられるようになった」[51]と述べた。たしかに国際連合の救済ワーカーは、人権と子どもの「最善の利益」に関する個人主義にもとづくレトリックを用いて、避難民の子どもたちに関する彼らの積極的な活動の枠組みをつくりだした。しかし国際的な組織と政策担当者はともに、二つの集合体——家族と国民——をヨーロッパの再建のまさに基盤として、かつ個人の心理学的な回復のための処方箋として擁護した。さらに、実際には、人道主義ワーカーと児童福祉の専門家は、避難民を抽象的な個人として回復させようとはしなかった。彼らは、子どもあるいは大人として、少年あるいは少女として、ユダヤ人、ドイツ人、あるいはポーランド人として難民を取り扱った。その過程において、彼らは「人権」と子どもの「最善の利益」を、性別によって内容が異なる国民主義的で家族主義的な用語として明確に定義した。

国民主義者《ナショナリスト》と国際主義者《インターナショナリスト》が抱いた欲求は、戦後の再建に向けた活動のなかで深く絡みあった。第二次世界大戦後の新しい国際的な組織は、設立された当初から国民主権の保護と国民の同質性を創出する国民国家の創造だけが、永続的な平和を保障するという確信を持っていた。この論理は東欧から一二〇〇万人のドイツ人を暴力的に排除する際に、もっとも劇的に表現された[52]。一方で、出産奨励政策は、国民主義者と家族主義者の関心を巧妙に調和させ、大陸中で賛同を得た。忌まわしいほどの数の軍人と市民の死傷者が生じた結果として、ヨーロッパの政策担当者は、ふたたび人口を増加することができるのかを懸念した。ソ連では一六〇〇万人以上の市民と八六〇万人以上の戦闘員が、第二次世界大戦を生き残ることができなかった——一九三九年当時の人口の一一人に一人が死亡したことになる。ポーランドは人口の五分の一を失い、一方ユーゴスラヴィアは八人に一人の割合で市民が亡くなった[53]。失われた命の埋め合わせをすることは、ホロコースト後のヨーロッパのユダヤ人にとってきわめて重要で緊急の課題であった。しかしながらこのことは彼らだけの課題ではなかった。どのヨーロッパの政府も、死亡した兵士と市民を補充し、失踪した子どもたちを取り戻し、戦後の再建のための労働力を確保しようとした。これらの要望は、ヨーロッパ政府のあいだで避難民の子どもたちを将来の市民として返還要求する、熾烈な競争を促した。

第二次世界大戦後の難民と避難民の再定住は、最終的に、戦後ヨーロッパにおける移民政策の発展の基盤となる出来事となった。東欧と西欧、双方の当局は、第二次世界大戦後、国民の安全という名のもとに同質の国民国家の形成を目標とした。移民政策は——「望ましくない」者を追い出し、国外追放された市民を本国に送還し、外国人労働者を勧誘し、難民に避難所を与えることさえやってのけたが——すべてこの基本目的の達成に役立つよう計画された。このような状況下において、「同化できる」移民を勧誘しようとする国民主義者の野望は、家族をふたたび一つにするという戦後の人道主義者のレトリックを切り札にできた。この論理は、たとえばルート＝カリン・ダヴィドウィッチがアメリカ*[13]で避難民法の庇護のもと、新しい生活を始めるために彼女の病弱な母親をドイツに残して旅立ったようなことを要求した。戦後のアメリカ移民局は、ルート＝カリンを若く健康でアメリカ人に「同化できる」人材としてみなしたが、彼女の母親は害や重荷となる望ましくない者として拒否した。

子どもたちは二〇世紀の人口政策、国民形成プロジェクト、そして新しい形態の人道主義的介入の中心的な対象となった。というのも、子どもは国民共同体《ナショナル・コミュニティ》のための生物学的、政治的な未来を担う存在と捉えられたからであった。二〇世紀ヨーロッパにおける子どもに関する人道主義的な活動と民族浄化の高まりは、完全に表裏一体であった。子どもたちは、アルメニア人ジェノサイドから第二次世界大戦までの時期に、適応力があると認められたために、戦時中の略奪対象のひとつとなった。そのような子どもたちは、必死に地位を向上させようとするそれぞれの国民にとって価値ある存在とみなされた。人道主義組織とヨーロッパの移民当局は、これらの国民主義的前提を共有した。彼らが第二次世界大戦中とその後に、難民にビザを与え、資源を配分した際、彼らは大人よりも子どもを特別扱いした。これは単に、子どもが親よりもより傷つきやすく無垢だからということではなかった。子どもたちは、大人よりも同質の国民国家に同化しやすい存在としてみなされたために、児童救済運動と移民政策の両方から好まれたのである。大人よりも子どもたちが上位におかれるという年齢にもとづく序列は、一九一八年から一九五一年のヨーロッパにおける移民政策を下支えした、深刻な人種的、国民主義的な序列を反映し、またこれを永続させるものであった。

ヨーロッパ中の人道主義ワーカー、児童福祉の活動家、政府当局者は、第二次世界大戦後、国民と家族双方が回復力をもつという一般的な信念を共有していた。しかしそこには、これが実践において何を意味したかについての意見の一致はほとんどなかった。避難民の子どもたちに生き残った家族がいた事例もしばしばあったが、しかし彼らが戦時中に新しい同族とのつながりを形成したこともたびたびであった。彼らは、競合する家族、国民、宗教のあいだで引き裂かれた。あるユダヤ人の難民の子どもの正当な「家族」は、アメリカのクリーヴランドにいるおばなのか。それとも幼少のころから彼を育てたカトリックでフランス人の両親なのか。それともフランスにあるユダヤ人の児童ホームか。それともパレスティナに向かうシオニストのキブツなのか。あるポーランド人の孤児は、母親（おそらく強制労働者）が彼女を捨てた農場でドイツ人農夫たちの世話を受けているが、彼女はポーランドの孤児院に送還されるべきか。それとも里親とともにカナダに住むべきか。このような問題についての議論は、戦後ヨーロッパの家《ホーム》や故郷《ホームランド》とは何かを定義する際の重要な討論の場となった。

ヨーロッパの失われた子どもたちの葛藤の歴史は、ポーランド人の奴隷労働者とドイツ人の農夫、ドイツ国防軍兵士とフランス人女性、アメリカ人兵士とユダヤ難民、ヴァチカンの聖職者と共産主義支持者との遭遇によって形成された。しかしこれらの遭遇が、国民主義や国民主権の衰退を引き起こしたわけではない。そうではなく、人道主義組織は、しだいに子どもの「最善の利益」や人権といった、より個人を重視する言葉で、国民主義的課題や理想を再構成するようになった。人道主義ワーカーはしたがって、第二次世界大戦後、同質の国民国家をつくりだす運動に深く関係させられた。これは、人権の概念に内在する「個人」が、人権概念に欠かすことのできない抽象概念であるからというだけではない。実際に、国民主義者の理想は、ファシスト後のヨーロッパにおける心理的安定、人権、民主主義の新しい理想像のなかに吸収されたのであった。

難民の窮状は、ある意味、戦後再建の中心となった。なぜならば避難民が経験したアイデンティティの混乱は、第二次世界大戦後のヨーロッパを対立させるアイデンティティの幅広い危機を意味したからである。このアイデンティティの危機は、まさに文字どおりの意味を持っていた。すなわち出生記録、パスポート、身分証明書類の偽造が戦時中を生き抜くための通貨となっていたのである。まさに顕著な一事例を引用すると、プラハから来たドイツ語を話すユダヤ人の子どもであったパヴェル・フリートレンダーは、第二次世界大戦中、ポール＝アンリ・フェルランという名前のカトリックのフランス人として、ヴィシー近くのカトリック系の寄宿学校で出自を隠して過ごした。ナチ支配からの解放後、彼は名前をふたたび変え、完全にイスラエル市民となった。彼こそが、のちにホロコーストに関する歴史家となったザウル・フリートレンダーである。彼の一九七九年の覚書によれば、フリートレンダーは四〇年を経てさえも、いまだ「私が誰であったのかを知ることは不可能である。そして分析の最終結果をもとに、実際に起こった深刻な混乱を十分に表現していると思えることであっても、その確証を得ることは不可能である」(54)と告白した。彼は、占領下のフランスにおいて、偽りの身元証明《アイデンティティ》が維持できたことで生き延びたおよそ一万人のユダヤ人の子どものうちのひとりであった。[55]

別人へのなりすましは、戦後の異なる状況下でもつづいた。身元や出自を証明する書類の破棄は、自分が誰なのか《アイデンティティ》を証明することを難しくした。問題ある過去から逃れようとする者たちは混乱に乗じた。ナチスに協力していたために本国送還されるか、あるいは投獄されることを避けようとした東欧の人びとは、しばしば身元を詐称した。多くがポーランド人を装ったが、ある者は軍政当局者や通訳から目配せやうなずきなどの合図を受けて、そのようにした。パレスティナへ向かうユダヤ難民は、連合軍の兵士が言語にも地理にも疎いギリシャ人のふりをした。ドイツ人の戦争犯罪者は、自身の親衛隊の制服を燃やし、群衆に紛れようとした。[56]

DNA検査が発見される前の時代では、失われた子どもたちの身元証明の過程は、とりわけ難題だらけであった。一九五二年にヴィースバーデンのヨハンナ・ミュラーは、ドイツ赤十字に、すべてのドイツ人の新生児と母親は登録番号の入れ墨をするべきだと（皮肉を込めたわけではなく真剣に）提案さえした。彼女は、そうすればつぎに第三次世界大戦が勃発した際には、人びとはより容易に身元を証明できると説明した。ミュラーは第二次世界大戦終結時に、東プロイセンからドイツ人の民衆が押し寄せ、その混乱のなかで何千もの子どもたちと両親が離ればなれになるという経験を間近で見た。彼女は「信じられないほどの多くの子どもたちが、善意の努力がおこなわれたにもかかわらず、両親のもとに帰ることができなかった。なぜなら、彼らには何も身元を証明するものがなかったからである」と、彼らの運命を嘆いた。停戦後七年間、それらの子どもたちの多くが、孤児院で辛い生活をしていた。ミュラーは、「一九四四年以降の悲惨な状況を経験した……市民は誰しも、これらの安全策に反対はしないだろう。これは家族の絆を守るものとなるだろう」[57]と確信していた。

しかし、第二次世界大戦後のヨーロッパ社会を苦しめたアイデンティティの危機はまた、より実存的な側面で影響を与えた。このアイデンティティの喪失は、無秩序をもたらす原因としても、アイデンティティを再構築するための契機としても捉えられた。戦後の再構築に関する幻想は、ヨーロッパの子どもたちに投影された。ヨーロッパの避難民家族に安定を取り戻そうと画策するのと同時に、ヨーロッパ人はヨーロッパ民主主義を再建するために競合するいくつもの未来像を巧みにつくりあげた。そしてつぎの五〇年間、ヨーロッパを特徴づけることになる冷戦のイデオロギーを明確に打ち出した。彼らは人間の発達、家族内の感情的な絆、家族や集団主義教育の価値に関する新しい理論を発展させた。なかでも、彼らは子どもたちの混乱したアイデンティティを、自分たちが思い描く方向でつくりかえることを目的とした。ヨーロッパの失われた子どもたちの回復のための運動は、ナチスの過去の遺産を明確にしようとする努力であると同時に、ヨーロッパの未来の姿を統制するための試みでもあった。

第1章　戦争の真の犠牲者

一　新しい救済の萌芽

一九四六年七月、ユニテリアン奉仕委員会（ＵＳＣ）のアメリカ支部は、フランスにスペイン難民の子どもたちのためのコロニーを設置した。年末までに五歳から一二歳の一〇〇人を超える子どもたちが、スペインとの国境に近いピレネー山脈に位置する、サン＝ゴワンのラ・ガルドにある集落に立ち寄った。彼らの一部はラ・ガルドに永住した。そのほとんどが孤児であった。子どもたちの親はすべて、過酷なスペイン内戦（一九三六〜一九三九年）の時期にフランコに反対して戦った。フランコが勝利したために、戦いに身を投じた親たちにとってスペインへの帰還は、投獄か死とほぼ同義であった。とはいえ、戦争終了時のフランスの社会状況は絶望的な状況になっていた。「市民の衝突と戦争の一〇年が終わりを告げた後でも……フランス内のスペイン人コミュニティの新世代が深刻な危険に陥っている」と、一九四五年にＵＳＣ報告書は警告した。「現代の心理学は、人間の魂の形成期におけるそのような出来事が、人間の心に決定的に重要な影響をもたらし、この影響が永続的につづくことを強調している。……内戦がもたらす身体的、精神的な影響は……難民キャンプの環境によって悪化したように思われる。難民キャンプのバラックは、恐慌状態にある男性と感情的になった女性たちで溢れかえっていた。……この幼い時期の経験が、調和のとれた家族生活や子ども時代の『よき家庭（sweet home）』を、間近に見ることが決してなかった子どもたちの記憶から消え去ることはないだろう(1)」。

ラ・ガルドの子どもたちのほとんどが、それまでとはまったく異なる生活を強いられていた。多くが父親を亡くした。ペピートと呼ばれていたホセ・カストロは、フランコとの戦いで戦死した有名な共和派の陸軍将校の息子であった。彼の母親は、フランスで二人の子どもを育てるためにお針子となったが、十分な稼ぎを得ることはできなかった。ペピートは伝えられるところでは、「年齢に応じたわんぱくさ」であったが、しかし、サン＝ゴワンの教育者は、彼が「出会ったすべての人によって甘やかされつづけたために、そのような無邪気な人格を持つにいたった」と述べた。一九三九年生まれのアントニオ・サンチェスは、一〇人いた共和派ゲリラの子どものひとりであった。彼の両親は内戦を生き延びたが、しかし結核に罹患したため働くことができなかった。エドゥアルド・フリエメルは、一九四〇年にフランスの収容所で生まれた。彼の父は共和派の兵士であったが、フランスでナチスによって捕らえられ、アウシュヴィッツ強制収容所に移送された。そこで彼は仲間の収容者の逃亡を助けたかどで処刑された。エドゥアルドは戦時中のほとんどを山々の横穴に隠れて過ごした。彼はラ・ガルドにやってきた八歳のときに、人生で初めてベッドで眠った(2)。

一九四八年までサン＝ゴワンのコロニーの責任者は、J・M・アルヴァレスであった。アルヴァレスは、国民主義者《ナショナリスト》と共和主義者双方の価値を自分の監督下にあった者たちに注ぎ込む、という決意をしたという意味で、他の多くの国外追放されたスペイン人と同じであった。一九四七年、彼はコロニーで典型的な授業――生徒たちとの対話――をした。授業は害のないこの質問から始まった。「君は大人になったら何になりたいかい?」」子どもたちは、一九四〇年代の八歳から一二歳の子どもが選ぶような型どおりの答えを口にした。たとえば、ペピートはカナダ連邦警察の警察官になりたいと答え、コンチータは映画俳優になりたいと言った。ファニートは車の修理工を夢見ていたし、ニーナは秘書になりたいという夢を持っていた。アルベルトはライオンハンター、ロレンソは飛行機のパイロットになりたいと述べた。

アルヴァレスは生徒たちが抱く途方もない夢物語について、一人ずつ叱りつけた。「まずはペピートからだ。私はあるひとつの完全に明白な物事について、皆が同意していると思っていたよ。われわれの国、われわれの最愛のスペインが、かつて豊かであったのに、いまは惨めな国になってしまった。われわれが国に戻ることができた時もその状態のままであったら、ともに身を粉にして働くことでスペイン再建に貢献することに皆が同意したはずだ。しかし——ここにいるペピートは父親の思い出に背を向けた。……そしてカナダ人になりたいと望んだと、そう感じたよ」。ペピートは恥ずかしくてうなだれた。カルロスは不意に「僕はカナダにいる人たちがペピートのことを必要とはしていないと思います。でも、スペインには僕たちがやるべきたくさんのことがあると思います」と口を挟んだ。ルイスは彼の友だちを助けようと、ペピートがスペイン人民警察の警察官になるべきだと提案した。ペピートは安堵して叫んだ。「それはすごい！　僕はお父さんを殺した人たちを追い回して、彼らに正義を教えてあげます」。「よく言った」と、アルヴァレスは彼を褒めた。「君はさっきスペインを忘れた。けれどそれは君の過ちではない。スペインの子どもたちを国外に追放して辛い生活を強いたフランコの過ちなのだ」。

アルヴァレスはリカードに対してとりわけ厳しかった。リカードの夢は「アメリカの極西部地方の復讐者、世に知られた覆面カウボーイ」になることであった。「愛しのリカードよ」。アルヴァレスは諭した。「われわれは映画の世界や夢の世界に住んでいるのではない。……覆面カウボーイだって？　あれはフィクションだ。つまらない嘘だ。それ以上のものではない」。リカードは泣き出した。唯一正しい返答をしたのはラダメスであった。彼は誇らしげに発言した。「僕は、アストゥリアからきました。僕はスペインの戦争で孤児になりました。僕は父や叔父と同じ鉱夫になりたいです。僕はあらゆる工場のために地面の中の石炭を掘り出すことや人びとの家を温めることを、尊い仕事だと思っています」。「ラダメス、それこそが男らしい言葉だ」。アルヴァレスは褒めた。「私は君の学友たちの前で君と握手したいよ。なぜなら君はちゃんと理解しているからだ(3)」。

サン＝ゴワンのコロニーにおける教育は、スペインに対する国民主義者や共和主義者の忠誠心をスペイン難民の子どもたちに教化することだけを意図していたのではない。USC報告書が明示しているように、教育者たちはまた、戦争や強制移動がもたらしたと思われる心理的影響に取り組もうとしていた。この心理的回復への注目は、二〇世紀の救済活動における重要な出発点となった。一九三〇年代後半に、スペイン内戦が佳境にいたったとき、クウェーカー・アメリカ・フレンズ奉仕団（AFSC）*(1)のハワード・カーシュナーは、アメリカ人心理学者からの助言の申し出を事実上拒否した。カーシュナーは当時、一人の児童心理学者がスペインの難民キャンプで「彼女の才能の利用法を見つけ」られなかったと説明した。「われわれが直面していた問題は根本的なものであった。難民の子どもたちは、砂や地面の上、廃屋など彼らが見つけることのできた隠れ場所ならどこにでも住んでいた。食料や衣類、そして生き永らえるために十分な暖かさを手に入れることに奮闘している状況のなかで、喫緊の課題は心理学的解決策でなんとかなるものではなかった(4)」。

わずか一〇年後に、人道主義組織は急速に彼らの見解を変化させた。彼らはしだいに、難民の物質的なニーズと同様に、戦争の心理学的後遺症に対して関心を抱くようになった。早くも一九四一年にAFSCのリンゼイ・ノーベルは、スペイン難民の子どもたちをフランスにとどめることは、物質的、教育的な利点の可能性がたしかにあるとしても、やはり間違いだと確信するようになった。彼の懸念は、何にもまして心理学的側面であった。ノーベルは、心理的機能障害と難民の子どもたちの国民としてのアイデンティティの混乱とをはっきりと関連づけた。「彼らはフランス人としてでもスペイン人としてでもなく育てられ、彼ら自身をどこにも居場所のない悲しい立場だと理解し、仕事も家も手に入れることができないと考えていた。彼らをわれわれのコロニーにとどめおくことはもはや、よきことよりも害のほうが多いということは疑いない」と、彼は結論づけた。(5) 一九四四年までにUSCの責任者であったチャールズ・ジョイはまた、救済の心理学的重要性に強い関心を寄せていた。「神経症や精神病を患っている子どもたちの問題は深刻なものだ。フランスは他の領域で達成してきたほどには、精神医学の領域で進歩を遂げてこなかった」と、彼は主張した。(6)

パンとバターを提供する救済から心理的回復へというこの転換は、きわめて重要な影響をもたらすものであった――スペイン難民の子どもたちにとってだけではなく、第二次世界大戦によって追い立てられた何百万もの家族にとってもそうであった。しかしながら、この展開を理解するためにはまず、子どもたちが戦争の真の犠牲者として、国際的なスポットライトの中へと最初に投入された瞬間へと戻る必要がある。すなわち第一次世界大戦とアルメニア人ジェノサイドとその余波である。人道主義による運動は、第一次世界大戦後におこなわれ、戦間期に発展したが、それは第二次世界大戦後の人道主義組織の創設者たちにとっては形成期の活動として捉えられた。彼らはその経験から、肯定的、否定的な教訓の両方を得た。これらの両大戦間の経験によって、一九四五年以降、戦時期の犠牲に対する解決が、より文化的に、国民主義的に、心理学的におこなわれる段階に向かうことになった。

ヨーロッパの最初の総力戦として、第一次世界大戦は、ヨーロッパ大陸で一般市民を標的にした最初の重要な戦争という特徴を持つ。終戦までに、中東欧における社会状況は、とりわけ悲劇的な結果となっていた。

連合国は、一九一四年に海上封鎖を実施し、ドイツとオーストリア＝ハンガリー帝国への食料の出荷を止めさせた。封鎖は、ヴェルサイユ条約への調印をドイツに強いるために、一九一八年の停戦後もつづけられた。飢餓や軍事的敗北、そしてヴィルヘルム期のドイツ帝国、ハプスブルク帝国、ロマノフ王朝、オスマン帝国の衰退は、大変動と十分呼べるものであった。しかし、その後の一九一八年から一九二〇年のあいだに、致命的なインフルエンザの蔓延によって、戦争によるよりも多くのヨーロッパ人の命が奪われた。ウィーンはヨーロッパのなかで、もっとも深刻な状況に直面した。アメリカ合衆国上院外交委員会で証言した、のちの商務長官ハーバート・フーヴァーは、「私は［オーストリア人にとって］、移住や死が身近なものではなくなるという見通しをまったく持つことができない」[7]と述べた。

第一次世界大戦の勃発直後に、すぐに慈善組織と宗教系組織がこの危機に反応し、メンバーを募集して、自前の一群――子どもの苦痛を取り除くという公的な使命を持ったソーシャルワーカーや看護婦――を送り出した。イギリスのクウェーカー教徒フランチェスカ・M・ウィルソンは、一九一六年にヨーロッパで、彼女にとって初となる救済活動の第一歩を踏み出した。ウィルソンは、二〇世紀にヨーロッパ中に存在した窮状の痕跡を辿るかたちで活動を展開することになり、第一次世界大戦後にはセルビアとオーストリアの避難所で、スペイン内戦のあいだはスペインとフランスの避難所で、第二次世界大戦後は連合国救済復興機関（アンラ）とともにヨーロッパの避難所で活動した。ウィルソンは第一次世界大戦中、まずフランス側のアルプスにあるサモエンヌの小さな村で、人道主義にもとづく活動を開始した。彼女は難民キャンプに転用されたホテルで、八〇人の女性と子どもの養護を担い、中心的な役割を果たした。ウィルソンは当初、活気のないアルプスの村に置き去りにされたことに失望した。救済活動に参加したとき、彼女は「一帯に爆弾が落とされた最前線のちょうど裏側」にいる気がした。しかし彼女は義理堅くも自らの能力をまずできることのために使った。すなわち「赤ん坊のオムツを取り替え、よちよち歩きの幼児を抱えあげ、タオルを洗い、泣き叫ぶ子どもたちを慰め、引っ掻く子や噛む子を被害者から引き離し、怒っている母親たちのあいだに平和をもたらした」[8]。

ウィルソンの養護を受けていた女性と子どもの多くが、パリの過密な共同住宅から疎開してきた人びとであった。サモエンヌで、彼女たちは食料難と軍事的暴力から一時的に救われた。しかしウィルソンは、疎開を、身体的な危害から彼らを守ることに加えて、自身の責務を向上させる機会として捉えた。彼女は楽天家であり、適切な世話をしつつも戦争の心理的影響を最低限にしか受け止めていなかった。「彼らは経験した恐怖と貧民街のやり方の両方を急速に忘れていった。というのも子どもは暴れまわりはじめるのと同じくらい早く、文化的な生活に順応したからである」と、彼女は述べた[9]。

サモエンヌでウィルソンは、第一次世界大戦によって追い立てられた市民に援助品を届けるという、新しい人道主義的な実験を経験した。国際赤十字委員会（一八六三年に設立）のような国際的な人道主義組織は、一九世紀半ば以降、戦争の犠牲者に援助の手を差し伸べた。しかしこれらの初期の活動は、兵士と戦争犯罪者に焦点が当てられていた[10]。戦場と銃後の境界線が、第一次世界大戦中に急速に不明瞭になるにつれて、かつてないほど多くの市民が食料、衣服、医療、避難所の援助を必要とした。

第一次世界大戦中の難民の数とニーズの増加は、新しい形態の国際的な活動の文脈をつくりだした。戦争と移住は長きにわたって家族を分断したが、しかし第一次世界大戦とその余波は、移民の特別な法的カテゴリーとしての近代的難民を生み出した。一九世紀にはヨーロッパの政府機関は通常、政治や宗教を理由とする難民と、就職や結婚を求めて国境を越えるそれ以外の移民を区別していなかった。国境は一般に――少なくともヨーロッパ人には――開かれていた。一八二三年から一九〇五年のあいだ、イギリスは難民を一人たりとも追い出したりはしなかった。アメリカにおける一八八二年の中国人排斥法*[2]は、明らかに外国人嫌悪と人種を理由に移住を制限する、初めての重要な法律のひとつであった。しかしアメリカの移民当局は、一八九二年から一九〇七年のあいだに、年に数百人の外国人しか強制送還しなかった。これらの一九世紀の移民のなかには子どもも含まれていたが、しかし彼らは通常、人道主義や国家介入の特別な対象として捉えられてはいなかった[11]。

第一次世界大戦中と戦後に変化したことはすべて、移住と市民権の国家統制に関する新しい実践の先駆けとなった。第一次世界大戦中には何百万人もの市民が占領軍から逃げ出したが、同時に外国人への排外意識もさらに高まった。パスポートとビザはヨーロッパ中とアメリカで、安全を守る緊急の手段として導入された。しかし、それはすぐに国境を越える際にはつねに必要なものとなった。一九一七年のロシア革命とロシア内戦は、ソヴィエト連邦を創設するにいたったが、ヨーロッパ中にボリシェヴィキ革命による恐怖を広範囲に生じさせた。東欧からの移民はとりわけ、無政府主義と社会革命の前兆としてみなされた。一九一七年に、アメリカは受け入れに際して識字の試験を課す制限的な移民法を可決した[12]。フランスでは一九一七年四月初めに、一五歳以上のすべての外国人が身分証を持ち歩くことを要求された[13]。一九一四年から一九一八年までに、総勢およそ四〇万人もの一般市民が、主として外国人であるという「罪」のために、ヨーロッパで有刺鉄線の向こう側に入れられた[14]。

難民の危機は、終戦後にさらに強まった。ヨーロッパではおよそ九五〇万もの人びとが、一九二六年に難民に分類された。ほとんどが国民としての民族自決の犠牲者であった。ロシア帝国、オスマン帝国、ハプスブルク帝国の突然の崩壊は、もとの多国民《マルチナショナル》からなる帝国の市民を、暴力的に国民化する国々の「少数派」へと一変させた。約八五万のドイツ語を話す人びとがプロイセンに向けてポーランド西部を出発したが、一方で一八万のドイツ語を話すアルザス人は、強制的に追い出されてドイツへと移動させられた。そして一二万のドイツ人が戦後ドイツに向かうためにソヴィエト連邦をあとにした。さらに、ロシア革命とボリシェヴィキの統治から逃げ出した別の八六万の政治的難民が、一九二二年にヨーロッパ中に移住した。(15)

オスマン帝国の崩壊によって一挙に膨れ上がった危機は、とりわけ急進的な解決策を駆り立てて、何百万もの人びとを家から追い出した。それ以前にも、一九一二年から一九一三年のバルカン戦争によって、バルカン同盟諸国からオスマン帝国に、何十万人ものムスリムが強制的に移動させられていた。一九一五年には戦争を背景として、「青年トルコ党」としてよく知られた統一と進歩委員会（ＣＵＰ）*(3)が、オスマン帝国内のアルメニア人少数派を排除するために秘密裡に運動を開始した。ジェノサイドから逃げ出そうとしたアルメニア人たちは、主としてロシア側のコーカサス山脈とオスマン帝国領シリアとレバノンへと逃げ出した。戦後、アルメニアは短期間、独立した共和国〔アルメニア第一共和国〕を樹立したが、一九二〇年にトルコとソヴィエト社会主義共和国連邦が、この脆い国家を侵略した。連合国は当初、独立国の主権を保護するために介入していたが、ここにきて撤退した。アルメニアに残された道は、一九二〇年一一月にソヴィエト社会主義共和国連邦に加入することであった。アルメニア人はふたたび逃げ出し、およそ二〇万五八〇〇人の難民が、バルカン半島や中東、ヨーロッパに離散した。一方、ヨーロッパでは、強制的な人口交換という初の実験がおこなわれた。すなわち、一九二三年のローザンヌ条約によって、トルコにいる一三五万のギリシャ人が、ギリシャにいる四三万のトルコ人と「平和的に」交換されることが規定されたのであった。(16)

外交官であり、北極の探検家であったフリチョフ・ナンセン主導のもと、国際連盟難民高等弁務官事務所が、比類ないほどの数の難民を支援するための、最初の調和的で国際的な活動拠点として一九二一年に設立された。ロシア難民を支援すべし、という事務所の当初の指示は、一九二三年にアルメニア人へと拡大され、その後、アッシリア難民とトルコ難民にまで拡大された。ナンセン制度は国籍《ナショナリティ》／国民としての帰属のない難民に証書を発行した。これは「ナンセン・パスポート」と呼ばれ、いまや国民の境界線を越えて移動するための法的な身元証明《アイデンティティ》と権利の確立に決定的に重要なものとなった。「難民」は国際法のなかで生まれたのであった(17)。

二　子どもを「取り戻す」こと

第一次世界大戦とアルメニア人ジェノサイドは、何百万もの難民を生み出しただけではなく、戦時中の強制移動と民族浄化によって追放された子どもたちを、「取り戻し」て回復させようとする最初の国際的な活動を促した。子どもたちはさまざまな方法で、アルメニア人ジェノサイドにおいて「失われた」。何千という子どもたちが、強制移送の途中で飢えに苦しみ、亡くなった。その他の子どもは繰り返しレイプされ、奴隷状態を強いられ、内縁関係か結婚のために売られるか、あるいは誘拐された。アルメニア人の隊列がトルコの都市に休息のために立ち寄ったとき、地元のクルド人とトルコ人の集団が、しばしばアルメニア人の子どもを連れ去るために姿を現わした。ときには暴力をともなうこともあった。アルメニア人の生き残りであるアルバートは、彼の隊列がある都市の広場に集められたことを思い出した。その都市の呼び出し役は「女や子どもを欲しいと思う者は誰でも、来て連れていくがいいと叫んだ。……一人の男がやってきて自分を摑んだ。母親は泣き叫び、自分を行かせまいとした。男は母を平手打ちして自分を引っ張っていった」。彼はそのとき、九歳か一〇歳であった。彼はトルコ人家族の家に連れていかれ、羊を守る仕事をさせられた。彼はまた別の生き残りである女性は、彼女の隊列が休息のために止まったときに、あるトルコ人男性が彼女の祖母のところに来て彼女を連れていっていいか尋ねた、と回想した。その男は、すべてのアルメニア人の子どもは死んでしまうと言った。彼は彼女に生き残るチャンスを与えたいと言った。彼女の祖母は態度を軟化させた。次の日、その男は彼女を連れにやってきた。「彼が来たとき、私は祖母が死人のように座り込み泣いていたことを覚えている。男は私ともう一人のアルメニアの少女を連れていった。彼は私を……子どもを持たない若い女性に与えた」。彼女は養母と三年間過ごし、アルメニア人であることを忘れ「トルコ人になった」[18]。

一九二一年から一九二七年にかけて国際連盟は、ジェノサイドのあいだ、トルコ人の家族と組織にイスラーム教に改宗させられたとおぼしき数千人のアルメニア人の子どもたちを救済する使命に取り組んだ。近東における女性と子どもの保護に関する国際連盟の委員会は、きわめて重要な前例をいくつもつくった。アルメニアの失われた子どもたちを取り戻す活動は、アルメニア人コミュニティの緊急の優先事項としてだけではなく、国際的な（そして「普遍的な」）人道主義的理由でおこなわれた[19]。

アルメニアの子どもたちの窮状は、まず一九二〇年の国際連盟の総会で提起された。介入を法的に正当とみなす根拠が複数存在した。国際連盟規約の第二三条は、国際連盟に「女性と子どもの売買に関する協約の強制執行」を管理する権限を認めていた。くわえて、一九二〇年八月一〇日に連合国とオスマン帝国とのあいだに締結されたセーヴル条約の第一四二項は、戦時中に起こったイスラーム教への改宗を法律上無効にするものであった。条項はトルコ政府が、消息を絶ったか、強制収容されたか、あるいは拘禁状態にある人びとを探し、解放することを支援するよう要求していた[20]。

一九二一年二月に、国際連盟の理事会は、女性と子どもの強制移送に関する調査委員会を設置した。委員会は三人のメンバーで構成されており、全員がオスマン帝国での救済活動を経験していた。近東救済局と関わっていたアメリカ人、エマ・D・クシュマン、コンスタンティノープルの近くで難民キャンプのために活動していたイギリス人のW・A・ケネディ医師、そしてシリアのアレッポでキリスト教の慈善活動をおこなっていた、デンマーク市民のカレン・イェッペの三人であった。

一九二一年九月に国際連盟へ提出された最初の報告書のなかで、委員会は九万八一九人のアルメニア人孤児が、主として民間のアルメニア人の集団や近東救済局、イギリス大使館の活動によって、すでにトルコ人家族や組織から取り戻されていると推計した。しかしそれ以外の七万三〇〇〇人の女性と子どもは、まだ監禁状態にあると報告された。アルメニア当局は少なくとも、コンスタンティノープルだけでも六〇〇〇人もの子どもたちが、いまだ「ムスリムに囲まれて監禁されている」と主張した。そしてさらに六万七〇〇〇人が、アナトリアのトルコ人家族や孤児院に隠されていると述べた[21]。

表向きには、委員会は政治、国民、宗教の点で公平さを保っていると考えられていた。しかしその活動は明らかに、西側のフェミニスト組織とキリスト教の宣教師たちの考えを反映していた。こうした長くつづく伝統的な考え方を、委員会のメンバーは、トルコ人やイスラーム教の「野蛮人」によるアルメニアの女性と子どもの国籍／国民としての帰属の剝奪を、キリスト教の「文明化」への攻撃だと解釈するようになった。一九二二年九月二一日に、国際連盟の第二回総会に提出された報告書において、ケネディは「家庭や団欒から突然引き剝がされ、もっとも下劣な仕事を遂行するよう強いられ」、そして「侵入することがほとんど不可能なハーレムに閉じ込められた」「無数の女性、とりわけ若い女性」の誘拐を、トルコ国民全体の責任と捉えていた。彼はつぎのように詳述した。「キリスト教の信仰から引き剝がされた子どもたちは、しばしば過酷な処遇によって過去の小さな思い出とさえも縁を切ることを強制されている。彼らの出生証明書は捏造され、本当の名前はトルコ系の名前に改ざんされた。……国民全体がこの犯罪の共犯者であったために、それらの正しい出生証明書を手に入れることはほとんど不可能であった」[22]。さらに一九二二年五月のアレッポからの報告書で、カレン・イェッペも、アルメニア人が一九一五年のジェノサイドのあいだ、逃げ惑い、強制移送させられたとき、「ムスリムたちは、女性と子どもを盗むか安い謝礼で買った」と申し立てた。これらの子どもたちのほとんどが、いまや「いかなる権利も保護も得ることができずに、冷遇され、あらゆる種類の虐待を受けながら、彼らの所有者の情けで奴隷の境遇で暮らしている[23]」と断言した。

特筆すべきは、子どもの所有者は、戦争や強制移送、ジェノサイドといった状況のもとでそのつど入れ替わったにもかかわらず、初期の報告書にそうした状況への言及がほとんど見られないことである。その代わりに、キリスト教の子どもたちの誘拐は、ほとんどつねにトルコ人かムスリムよる行為であるとされた。委員会によって取り戻されたアルメニアの子どもと女性の多くは、たしかに無理やり誘拐され、搾取され、虐待を受けた。しかし一部はムスリム家族にうまく溶け込んでいたし、待遇もよかった。また別の子どもたちは、ムスリムの家族から不埒な扱いを受けることはほとんどなく、ムスリムの家族の一員となった。アルメニア人の両親のなかには迫害から逃れるために、彼らの子どもをトルコ人家族や組織のなかに隠すことによって助けようと試みたものもいた——数十年後にユダヤ人家族が彼らの子どもをキリスト教徒のなかに隠そうとしたように。その他の場合では、トルコ系慈善組織が、強制移送の道中に捨てられたアルメニア人の子どもを集めて回った。多くのアルメニアの子どもが、トルコ人養父母と親密な関係を形成しており、彼らを引き離すには力ずくでおこなわなければならなかった。若いトルコ人夫婦に引き取られたある少年は、回想してつぎのように述べた。「僕はそこでとても幸せでした。……フランス人が、生きているアルメニア人の情報を持っている家族にお金を支払うと宣伝していました。彼らは僕を見つけ、僕を連れていこうとしました。この哀れな女性［彼の養母］がどれほど泣いて僕を手放したくなかったか、あなた方にも分かるはずです。だから僕は養母に心配しないでと言いました。そして逃げ出して帰ってきました」[24]。

子どもと成人女性が国際連盟の救済活動でひとくくりにされたことは、偶然ではない。女性と子どものどちらも、戦後、「取り戻す」べき一種の国民の財産とみなされた。両者はとりわけ誘拐や虐待によって傷つきやすいと考えられていた。さらにどちらも自らの将来について、分別のある決定をする能力がないと考えられていた。イェッペが報告したところによれば、誘拐されるか奴隷として売られたといわれていたアルメニア人女性の少なくとも半数が、結果的にトルコ人男性と結婚し、彼らとのあいだに子どもをもうけていた。それらの結婚が合意のうえであろうとなかろうと、こうした女性の多くが、「いまやこの環境で生きることに慣れ親しんでいたので、以前の家に戻りたいとはもはや望んでいない」[25]と、彼女は認めた。

とはいうものの、全般的に国際連盟の委員会のメンバーは、アルメニア人の女性あるいは子どもが、トルコ人コミュニティやイスラームと真の絆で結ばれているとは容易には認めたがらなかった。多くの子どもが、逆の証拠があるにもかかわらず、自分たちはトルコ人だと猛烈に主張したと、ケネディは報告している。彼は「自分たちがムスリムであるという主張に対する彼らの固執」を恐怖の産物だと説明した。「彼らはさまざまな方法で脅かされつづけていた。しばしば年長の少女はそのような場合、売春宿に送られてしまうと述べている」。さらに、一部の子どもたちが、「さまざまな贈り物を与えられた、あるいは贈り物を与えると約束してもらったと大っぴらに述べている。こうした贈り物は、彼らに幸せを感じさせ、ムスリムでありつづけるよう仕向けるためになされている。ある者は、彼らが幸せで待遇もよかったと認めている。またある者は、実際にさまざまな理由からムスリムの家庭に逃げ込んだのであった……このことは、彼らが居心地のよいトルコ人家庭から、贅沢など存在せず、また存在するはずもないアルメニア人の施設へと移されたという事実から理解すべきであろう」[26]と報告した。

国際連盟の事務総長への手紙のなかで、エマ・クシュマンは多くのアルメニアの子どもがトルコ人に洗脳されていると主張した。彼女はつぎのように非難した。「トルコ人は独特で非常に巧妙な方法を用いてこれらの子どもたちの自我《アイデンティティ》を覆い隠している。彼らは子どもの名前や所在地はあまり変えずに、むしろ子どもたちを精神面で完璧に変容させようと努めている。一週間から三か月くらいで、子どもたちは自らがキリスト教徒だということを激しく否定するだろう。それどころか一部はキリスト教徒を異教徒とののしり、ムスリムへの忠誠を宣言しさえするだろう」。クシュマンもまた、アルメニアの子どもと彼らの養父母家族とのあいだに、本物の絆がある可能性を認めたがらなかった。彼女は、少女のほとんどが「ビーズや安物の宝石などの装身具を与えられることで」、彼らの出自を否定するよう買収されており、男の子は一般的に暴力によって服従させられていると述べた。多くの子どもがアルメニアやイギリス当局によって取り戻されたのちに、養われていたトルコ人家族のもとへ逃げ出したことを、彼女はしぶしぶながら認めた。しかし彼女はそれらの逃亡が、「歪められた心情」から引き起こされたことであると主張し、「トルコ人家族がこっそりと訪問や連絡をしてきて、何かしらの食べ物や贈り物などを渡すか送りつけてくる」[27]と非難した。

一九二一年九月二三日、調査委員会から提出された最初の報告書への返答において、国際連盟の総会は、近東における女性と子どもの保護に関する国際連盟理事を任命することを決定した。国際連盟理事は密売された女性と子どもを取り戻すことを公式に委任された。国際連盟はまた、救済された女性と子どものために、「中立の家」を開設することを決定した。ケネディが理事に任命され、彼はクシュマンとともに、本部と国際連盟中立の家をコンスタンティノープルに設立した。カレン・イェッペは国際連盟理事会の支部を率い、アルメニア難民の多くが暮らしていたシリアのアレッポに、二つ目の国際連盟の家を設立した。[28]

中立の家とアレッポに設立された関連諸学校において、イェッペ率いる支部が、失われたアルメニア人を再国民化し、再キリスト教徒化し、「再文明化」することを目的としたのは明らかであった。イェッペは、一九二四年八月につぎのように報告した。「ここにたどり着いたときには、ぼろぼろの服を着て、汚く、野蛮な振る舞いをしていた人びとと、数か月後にわれわれのもとを離れるときには、程度の差こそあれ文明化された人びととを比べたときに、あなた方は目を疑うだろう。最初、われわれの被保護者は、ここでの生活が彼らにはまったく適していなかったために、しばしば逃げ出そうとしていた。しかしすぐに彼らの内にあった『アルメニア人』がふたたび現われはじめた。われわれの元を去る前に、彼らは完全に自らの国民性を取り戻した」[29]と。近東救済局や他の民間の慈善団体によって設立されたアルメニア人の子どもたちのための孤児院はまた、ひとつの国民主義的精神にもとづいて運営された。子どもたちはアルメニア語とキリスト教を再教育され、アルメニア国民を称揚する歌と民族舞踊を学んだ。生存者のなかにはトルコ語を話しているところを教師に見つかると、罰を受けたり叩かれたりさえしたと回想する者もいた[30]。

国際連盟による救済運動が、オスマン帝国の人びととムスリムのエリートからの怒りを買ったことは驚くべきことではない。彼らの多くがこの活動を、ムスリム男性の家父長的な特権に対する侮蔑的な行動とみなした。著名なトルコ人フェミニストのハリデ・エディブ・アドゥバルは、国際連盟のホームにいるムスリムの子どもたちこそが、国籍/国民としての帰属の剝奪の真の犠牲者であるとさえと主張した。一九二八年、彼女は「[中立の家]に連れていかれた子どもが、アルメニア女性の世話を受けつづけたこと、これらのアルメニア人女性は説得や脅し、あるいは催眠術を用いて、子どもたちに母としてアルメニア女性の名前を、父としてアルメニア男性のそれを心に刻むように強いたこと[31]」を申し立てた。

国際連盟の委員会は五年間にわたって活動をつづけたが、最終的に両大戦間のヨーロッパにおける国民主権という統治原理の犠牲となって、その活動の幕を閉じた。ローザンヌ条約はトルコの国民主権を保証し、国際連盟がコンスタンティノープルで活動をつづけることを禁止した。シリアではフランスの委任統治当局が、一九二五年にイェッペが主導してきた活動の打ち切りを要求しはじめ、委任統治下におけるすべての人道主義活動は、フランス高等弁務官の最高権力者に任されるべきだと主張した。彼らは最低でも、イェッペの役職をフランス人が代わって引き継ぐことを望んだ(32)。ジュネーヴにある国際連盟の委任統治委員会のフランス代表であったロバート・ド・ケは、「自発的にであれ強制的にであれ、ムスリム家族の一員になった女性と子どもを解放する仕事は、慎重かつ友好的に進めなければ深刻な問題を引き起こすことになる……委任統治国だけが責任を負い、また委任統治国だけが維持しようと努めてきた社会秩序を脅かす危険性が、そのなかには潜んでいる」と説明した。フランス当局はとりわけ、シリアにアルメニア難民のための農業コロニーを設立するというイェッペの考えに激怒した。ド・ケはアルメニア難民を「困難を抱えた人びと」と捉え、フランス政府が彼らをシリア人の土地に永住させることを望んでいないと仄めかした。一年後、フランスの外務大臣アリスティド・ブリアンは、イェッペの委員会が「現実的な必要性に何も応えずに、現地の人びとに多くの困難をもたらす危険を冒している」という見解に同意した。しかしながらフランスは、一方的にアレッポでの活動を終わらせることは避けようとした。なぜなら「この親アルメニアの慈善活動は、フェミニスト団体や福音主義団体に支持されているからである。これらの団体は、国際連盟の事務局周辺、そして国際連盟総会に派遣されている一部の重要な代表団に対して、かなりの影響力を持っている(33)」。

委員会は最終的に、一九二六年にコンスタンティノープルでの活動を、一九二七年にアレッポでの活動を終了することを決定した。イェッペの最後の報告書には、アレッポ支部では一六〇〇人のアルメニア人を「取り戻すこと」に成功したが、そのうち一四〇〇人が国際連盟の中立の家で過ごしたことがあったと推計した。コンスタンティノープルの委員会によって支援された人びとも含めると、総計約四〇〇〇人の子どもと四〇〇〇人の成人が国際連盟の委員会からの支援を受けた。[34] トルコ人の手に残されたといわれている子どもの数と比較すると、これは比較的控えめな数字であった――そこには第二次世界大戦後に国連が東欧とユダヤの失われた子どもたちを調査したときに、ふたたび表面化することになる数字上の差異があった。イェッペはこの差異を、委員会の人道主義者の倫理と自制心によると説明した。委員会はトルコの環境から逃げ出したいと自ら望む女性と子どもを取り戻すためにのみ動いた、と彼女は主張した。「祖国を離れた女性と子どもがよい扱いを受けており、家族の一員だと考えられている場合は、われわれは良好な関係性を邪魔したり、家族の生活を妨害したりはしないと決めていた。……われわれは、自らの運命から自分で逃れることのできない人びとや、心から不幸だと感じている人びとを支援しただけである。……これがわれわれの被保護者が比較的少数であった理由である。もしわれわれが慎重さを欠いていたならば、われわれは数字のうえでまったく違う結果を得ることになっていただろう[35]」。

彼女は委員会が対応した人びとのうちわずか六パーセントだけが、最終的にアルメニア人コミュニティではなくムスリムの家族と再会することを選んだと推計した。さらに、アルメニア人の女性と子どもを再国民化し、再キリスト教徒化するという目標は、決して見失われることはなかったとはいえ、イェッペはまた、どんなときでも委員会の第一の目標は、戦争によって引き離された家族を再建することであったと主張した。したがって彼女は、アルメニア家族の再会の成功を、国際連盟の人道主義的原理の功績として賞賛した。「兄弟姉妹が偶然に再会した姿や、父母が二度と会うことは叶わないと思っていた子どもと抱きしめ合っている姿をわれわれが目撃したときには、言葉にならないほどであった[36]」。

アルメニア人の子どもたちを取り戻すという国際連盟の使命と、第二次世界大戦後の東欧とユダヤ人の子どもたちを取り戻す活動との類似は顕著である。このことは子どもの喪失と回復が、より広い観点からいえば、二〇世紀の戦争、ジェノサイド、再建という経験の中心にあったことを示している。アルメニア人の子どもがトルコ人になること、チェコ人の子どもがドイツ人になること、ユダヤ教徒の子どもがキリスト教徒になることのいずれであっても、子どもを「他」の国民や宗教に帰属させることは、個人に対する人道上の罪であるだけではなく、戦時中に起こる国民全体に対する攻撃だと描写されるようになった。両大戦後にジェノサイド、戦争、強制移動によって滅ぼされた共同体《コミュニティ》は、失われた子どもたちの回復を国民の再生と強く結びつけた。

これらの失われた子どもたちは、ヨーロッパにおいて同質の国民からなる国家をつくりだそうとする動きの犠牲者でもあり、また受益者でもあった。二〇世紀前半、ヨーロッパの諸政府は、人口を経済的、軍事的な力を増強する鍵であり、国民の権力と威信を誇示するためのもっとも重要な指標であるとみていた。新しい言語、宗教、アイデンティティを学ぶことができると認められた子どもの能力は、アルメニア人ジェノサイドと第二次世界大戦のあいだ、多くの子どもの命を救った。しかしこの同化能力は、諸刃の剣であった。国民主義の運動が吹き荒れ、人口政策で激しい争いが巻き起こった世界において、子どもはある種の略奪品に転化され、自らの地位を上げようとするそれぞれの国民によって捕まえられ、改造されたのであった。

三　東西文化対立の教訓と再家族化

同様に中央ヨーロッパでも、新しい人道主義組織が、第一次世界大戦中とその後に新しい活動領域を見いだした。そしてこれらは第二次世界大戦後の多くの救済活動の前例となった。第一次世界大戦とオスマン帝国、ロシア帝国、ハプスブルク帝国の滅亡による何百万人もの避難民のなかには、占領軍と飢餓で埋め尽くされた行路から疎開してきた数千人の子どもたちがいた。これらの疎開は、第二次世界大戦期におびただしい数の一般市民が強いられた疎開と比較すると、その規模は小さかった。しかしここでの経験が、第二次世界大戦中とその後に避難民の子どもたちをめぐって活動することになる児童福祉の専門家の活動の第一歩となった。一九一八年に、アンナ・フロイトは、食料の払底したウィーンから肥沃なハンガリーの田園地帯へ、疎開した子どもたちに関するもっとも重要な研究を発表しつづけることになる)。オーストリア＝ハンガリー内務省は、「間断なく長い期間にわたってウィーンに難民の子どもたちが居つづけることは……彼らの発達と健康に悪影響を及ぼすという事実を考慮して」[37]、一九一八年にウィーンからハンガリーへ九〇〇〇人の子どもの疎開を組織した。戦後、オーストリアは飢饉に陥り、疎開者の数が増大した。一九二〇年には一〇万人以上のオーストリアの子どもがひもじさから、八週間から一年間にわたって、休暇としてスイス、デンマーク、オランダ、ドイツへと旅立った[38]。

一九二〇年二月に、ジュネーヴで児童援助組織の国際会議が開催され、疎開計画の進展を議論するために、ヨーロッパのすべての主要な救済組織の代表者と政府の代表者が集った。会議では、子どもたちを親から引き離すことは、ほとんど論争にはならなかった。事実、オーストリアの社会福祉省の代表者は、国外へ子どもたちを送ることの「道徳的、物質的な利点」を称賛した。ウィーン児童救済デンマーク委員会のあるメンバーは、オーストリアの飢えた子どもたちを潜在的な特使とみなしさえした。ヨーロッパ中に分散したオーストリアの子どもたちは、戦後に「国際理解」の発展に貢献しつつある、と彼は主張した[39]。

疎開した子どもたちの一部は結局、家に戻らなかった。ウィーンの労働者階級出身の一一歳の少女ヘルミーネ・ザントロシェッツは、一九二〇年一二月にオランダのライデンに疎開した。オランダ人の里親家族は彼女にミープという呼び名をつけ、十分な食べ物と愛情を与えた。彼女は当初、五年後にウィーンに戻ったが、もはやそこを故郷《ホーム》であると感じないことに気がついた。「私は生みの親家族の感情を傷つけたくはありませんでしたが、私はまだ若かったので、彼らの同意が必要でした。しかし私はオランダにどうしても帰りたかったのです。私の感覚はオランダ人で、私の感情のよりどころもオランダ人でした」。ミープ・ヒースはオランダに戻り、里親家族とともにアムステルダムに移った。結果、彼女はアンネ・フランクの父、オットー・フランクの会社の事務員となり、第二次世界大戦中にフランク一家の支援者のひとりとなった。[40]

ドイツ軍による北フランスとベルギーの占領もまた、子どもの安全と健康を守ろうとする野心的な計画を促した。一九一八年の夏、ヒンデンブルクの猛攻のあいだに、フランス政府はドイツ軍が首都を奪うのを恐れて、パリの子どもたち七万五〇〇〇人を疎開させた。これらの子どもたちはたいていが、ヨンヌ県やニエーブル県のような地方の農民家族に受け入れられた。これらの地域では、フランスの「公的扶助」が時間をかけて築いた里親のネットワークを当てにしていたが、しかし彼らはときおり、オランダのような遠いところへも送られた。[41]子どもたちを親から引き離すことに関する感情的な影響についての懸念は示されず、それどころか一部のフランス人評論家たちは、疎開者が彼らの出身地である貧しい都市から離れて、新しい家族といるほうがましであると考えた。一九一九年に雑誌『デバ』のある記者は、彼らが両親の元に戻るために、「オランダに本当の家族を残していかなければならない」子どもたちの運命を悲しんでさえみせた。雑誌は問いかけた。「誰か知っているのか」「彼らのもっとも幸福な日々が、オランダで過ごした日々ではないということを」と。[42]

第一次世界大戦中とその後における国際的な人道主義組織の中心的な使命は、ヨーロッパの子どもたちを、暴力、飢餓、乳児死亡から守ることであった。これらの脅威は休戦によって小さくなるものではなかった。この目的のために、一九一九年五月に、エグランティン・ジェップは、ロンドンにセーブ・ザ・チルドレン基金（ＳＣＦ）を設立した。ジェップは、第一次世界大戦中の中央ヨーロッパにおける飢えた子どもたちの窮状に突き動かされた。彼女はロンドンのトラファルガー広場で、中央ヨーロッパにおけるイギリス海軍の海上封鎖に抗議し、「われわれの封鎖がこれを引き起こしている」という見出しをつけて、やせ細った子どもたちの写真を配布した。設立の一年後、ＳＣＦは国際的な組織へと成長し、国際セーブ・ザ・チルドレン連盟（ＳＣＩＵ）が設立され、本部がジュネーヴにおかれた。ジェップは一九二三年に世界初の国際的な児童憲章である児童権利宣言を起草し、それは一九二四年に国際連盟によって採択された(43)。

大西洋の反対側では、ハーバート・フーヴァーのアメリカ救援局（ＡＲＡ）が出現し、ヨーロッパにおける飢餓と戦うためにアメリカで組織されたもっとも重要な活動をおこなった。一九一四年一〇月にフーヴァーは、ベルギーに救援委員会（ＣＲＢ）を組織した。ＣＲＢは第一次世界大戦のあいだ、ドイツ支配下にあったベルギーと北フランスの飢餓にあえぐ子どもたちの救済のために何十億ドルもの資金を投入した。戦後、フーヴァーは対象を中東欧に移し、ＡＲＡの食料配給プログラムを開始した。表向きには、ＡＲＡは「あらゆる政治権力、軍事力、人種問題、あるいはその他の論争的な問題から公正に距離をとっている」と宣言した。しかし実際には、ＡＲＡの反共主義は、その表層的な言説にすらつねにつきまとって離れることがなかった。「革命と政治的大変動がしばしば生じ、ドイツを含むヨーロッパの半分以上の国が無政府主義による危機で揺らいでいた。それに対する唯一の効果的な武器は食料である」と、一九二二年のＡＲＡ報告書に記載されていた(44)。

ＡＲＡとＳＣＦの成功は、アメリカ人寄付者と中央ヨーロッパの子どものあいだに、想像上の親近感を抱かせる、独創的な資金調達戦略に支えられていた。アメリカのある地域では、公用地が二〇〇〇本の白い十字架を立てた墓地を模したものに変えられた。「この架空の墓地は、中央ヨーロッパの子ども一人ひとり、すなわちこの村の住民が即座に行動することによって救われるかもしれない命の墓を意味する」と、フーヴァー委員会のある代表者は主張した。この代表者は一〇ドル小切手を受け取るたびに、地面から一本の十字架を引き抜き、アメリカの旗をそこに立てた。わずか一週間のうちに、十字架の野原は旗のそれに変わった。(45)

ARAは、地方委員会と無料食堂のネットワークを通して、中東欧のもっとも小さな村にまで入り込んだ。一九一九年三月に、オーストリアの少なくとも四〇万人の子どもたちが、ポーランドの一五〇万人の子どもたち、チェコスロヴァキアの六〇万人の子どもたち、セルビアの四〇万人の子どもたち、ルーマニアの五〇万人の子どもたち、ロシア系アルメニアの二〇万人の子どもたちとともに、ARAで毎日の食事提供サービスを受けた。(46)

食料危機は戦時中にオーストリアにおいて始まった。他の参戦国と同様、オーストリアは短期戦を予想しており、政府当局者は戦争の長期化を見越した食料供給計画を立ててはいなかった。一九一八年までに、ウィーンの一般の消費者に割り振られた公式の配給量は、一日八三〇キロカロリーにまで落ち込んだ。(47)状況は戦争が終了しても改善しなかった。ウィーンの労働者階級の飢餓を撲滅するために、フランス側のアルプスを出発したフランチェスカ・ウィルソンは、一九一九年の夏にウィーンを「死者の街」と描写した。(48)五歳から一九歳の子どもの死亡率は、戦前のレベルと比較して五〇パーセントも増加した。ARAは一九一九年に、ウィーンの子どもの九六・二パーセントが十分に栄養を与えられていないと推計した。(49)

ARAは、飢えた子どもたちに食べ物を与えることにもっぱら注力する方法を採っていた一方で、最初から教育学的使命を抱いてもいた。ARAの代表者は、余剰小麦とトウモロコシとともに自助努力《セルフ・ヘルプ》、効率性、階級を超えた連帯といった「アメリカ的」価値観を伝えようと模索した[50]。一九二〇年一〇月の演説において、フーヴァーは「子どもの生命に関する問題は、当然のことながらそれぞれのコミュニティの責任であり、アメリカの慈善が救貧をおこなう主体となるべきではない[51]」と主張した。他方で、飢餓によって生じる心理的結果は、ARAの中心的な関心事ではなかった。むしろ、フーヴァーは、彼の無料食堂がヨーロッパの階級区分のせいで生じた傷を癒すことができ、したがってロシア革命が西側に拡大することを防ぐことができると信じていた。「無料食堂でスープをかきまぜているご令嬢の姿は、目にする可能性のある民主主義の価値をもっとも説得的に示す証拠である……この種のサービスを通じて、われわれは政治的、社会的な混乱を食い止めることができる」と、彼は『サタディ・イブニング・ポスト』に説明した[52]。

ARAのスタッフは、効率性と自己統制《セルフ・ガヴァメント》の価値を具体的なかたちで示すことを意図して、窮乏する子どもに食料を届ける特別な方法を発展させた。しかし組織が自助努力を強調していたにもかかわらず、スタッフは家族の連帯に対して特別な関心を向けてはいなかった。事実、ARAの政策は、親への強い不信によって形づくられていた。フーヴァーは、もし食べ物が親に配られたら、彼らはそれを子どもと分け合わずに、自分だけで食べてしまうだろうと確信していた。そのため、組織は厳しい監視下のもと、子どもたちがARAの食堂内で皿を空にしなければならないと命じた。この食事提供プログラムを考案したウィーン大学のクレメンス・フォン・ピルケは、つぎのように説明した。「ここでの方針のひとつは、子どもたちが彼らに与えられた食料のすべてを、最後のひとかけらまで食べなければならないということである。席を離れる前に、皿には何もないことと、家にはパンもケーキも何も持って帰ろうとしていないことをくまなく点検される。なぜならば、子どもたちがそれらを親や他の人びとに渡す可能性があるからである」。食べ物を選り好みする子どもをしつけることは、飢餓によって脅かされた社会にとって重要なことである、とピルケは考えていた。無理やりに食べさせることは、「食べることの教育を意味しており、そのような教育は貧苦にあえいでいる国にとってきわめて重要なことである。そうした国の住人が、どんな種類の食べ物でも食べることができるという習慣を身につけることは彼らの利益となる」[53]。フランチェスカ・ウィルソンはＡＲＡの方法論、とりわけ家族を害しかねない潜在的可能性を大いに批判した。「アメリカの政策は、子どもの喉に食べ物を突っ込んで飲み込ませるようなものである。……フーヴァーは、子どもにのみ食べ物が確実に与えられることを望んでいた。というのも、彼によれば、親たちとは異なり、子どもたちは自分の敵ではなかったからである」。この方法の問題点は、「もし母親が餓死した場合、子どもの面倒を見る人がいなくなることである」[54]と、彼女は説明した。しかしヨーロッパのいたるところで、救済活動は戦争の真の犠牲者としてみなされた子どもに集中していた。「セーブ・ザ・チルドレン基金の対象は唯一子どもたち、すなわち人類の過ちを被った犠牲者であるもっとも無垢で救済に値する者たちであった」と、一九一九年にイギリスＳＣＦのフィリップ・スノウデン夫人は述べた[55]。親たちは、彼らの同情の対象としては説得力のない存在であり――政策の範囲外であった。

理論的には、ＡＲＡは中央ヨーロッパの子どもたちに米とココアを効率的に届けることを活動目的としていた。しかし、救済としておこなわれた食料分配活動のなかで、より文化的なアプローチの種が蒔かれていた。ＡＲＡのワーカーは、アメリカの価値観や反共主義とともに、中東欧に対する暗黙の偏見も持っていた。すなわち、本質的に後進的かつ暴力的であり、腐敗している地域や人びとだとみなしていた――そしてそれは、アメリカの近代性や効率性と真逆のものとイメージされたのである[56]。これらの偏見は、自助努力を促進するという彼らが主張していた目的を骨抜きにした。ＡＲＡのスタッフは結局、東欧の人びとが自己統治に足る能力を持っておらず、東欧に飢餓をもたらした真の原因は、戦争や物質的困窮よりもむしろ、彼らの後進的な文化であると結論づけた。

救済活動のワーカーと地域の人びととの遭遇は、ときおり人道主義活動家に、東欧の人びとは本当に人間なのかという疑問すら抱かせた。あるＳＣＦの活動家は、一九二〇年にチェコスロヴァキアのサブカルパティア・ルテニアを調査した際に、「むさ苦しい不潔さは信じ難いものだ。六、七人の人びと――彼らを人間と呼ぶとすればだが――が、ひとつのカビ臭い部屋で、半ダースの鶏やウサギとともにいる。……白痴で頭の働きの悪い者ばかりだ(57)」と報告している。ＡＲＡのワーカーは階級間あるいは国民間の和解を推し進めるよう主張しながらも、自分たちの失敗を説明する際に、とりわけユダヤ人に責任を転嫁した。サブカルパティア・ルテニアを別の機会に訪問した際に、ＡＲＡのワーカーであるＮ・リーチは、ＡＲＡのプログラムが限定的にしか成功しなかった原因は、ユダヤ人のサボタージュにあると非難した。「ルテニア全体では九〇パーセント、農民層に限るとほぼ一〇〇パーセントが非識字であったので、ユダヤ人が状況を統括することはたやすかっただろう。……ユダヤ人で厳しい肉体労働をしていた人は一人もいなかった」と、リーチは報告した(58)。

人びとが腐敗しているという見方はまた、ＡＲＡの自助努力の哲学の土台を切り崩した。ポーランド代表団長Ｗ・Ｐ・フラーは、一九二〇年につぎのように嘆いた。「不幸なことに、不正がいたるところではびこっている。この国では驚くほど多くの人びとが、われわれが提供した食料を、個人が得た恩恵としか見ていないことは事実である(59)」。Ｗ・Ｐ・フラーの妻であるリナ・フラーは、一九二〇年一月に夫に宛てて、ポーランドのパリスフの村で腐敗がはびこっていることに絶望した、と手紙を書いた。彼女は、現地の状況について、約五〇〇〇人の住民の三分の二がユダヤ人であり、「すべての家が泥とわらでできており、貧しさと不潔さはこれまで目にしたことがないほど」の辺鄙な町と伝えた。到着の際、彼女の車は「まるでたくさんの犬のように、車が進むところにはどこでも追いかけてくる野蛮な人間たち三〇〇〇人あまりの金切り声や怒鳴り声によって迎えられました。ボロボロの衣服というぞっとする装いに、あごひげを生やし、雪と泥のなかを素足で走っている年寄りのユダヤ人が……転んだところに、群衆がまっすぐ殺到した姿が見えました……彼らは皆狂っていました」と、彼女は報告した。その光景を見たあと、フラーは地元の聖職者と会談した。彼はフラーに「委員会のメンバーはみな泥棒で、彼らの父と祖父もずっと泥棒でした。そのため、彼らは食べ物のほとんどを盗み、夜に別の町にそれを持っていって売っています……この町には正直な人間は一人もいません（三人のもっとも正直な住民が先週チフスで死んでしまったのです）」と告げた。彼女は訪問の最後に、ＡＲＡの無料食堂を査察したが、そこは地方委員会の長の一室となってしまっていた。分配予定であった食料のほとんどは、彼のベッドの下に蓄えられていた。激しく憤ったフラーは、村人につぎのように伝えた。「彼らに、もうあなたたちに仕事を任せておくことはできないと伝えてちょうだい。いまから私がそれをおこなうわ」[60]。彼女の報告書は、救済活動のワーカーたちのあいだに、ＡＲＡの自己統治の信条が、東欧の「遅れた」状況には適していなかったという確信が生まれはじめていたことを示している。

セルビアで、あるＡＲＡの救済ワーカーは、同じく悲観的な結論に達していた。「子どもたちは惨めな状態にあり、私が知りえた限りではあるが、つねに体調が悪い……われわれが引き上げるとすぐに状況は戦争前と同じものになるだろう。永続的によい状態をつくりだすことは、望みのない仕事のように思われる」[61]。一九二〇年、チェコスロヴァキアのコシュツェでは、ＡＲＡのスタッフが使命を終えるときがきたと宣言した。そこでは子どもたちがいまだ飢えた状態にある、と彼は認めた。しかし、「私は彼らが無料食堂を数年利用したとしても健康になるとは思えない。……すべての町にはかなりの数の貧しい子どもがいることは疑いないが、しかし彼らの救済は、外国人による活動としてなされるべきではない。われわれが、人びとの福祉に関するより長期的視点に対して、ほんのわずかしか地方委員会を手助けすることができなかったことは明白である」[62]。W・P・フラーは結局、ポーランドにおける彼の使命について、「ポーランド人自身に自分たちのことを管理させるという方針は、大失敗に終わった」[63]と認めた。

これらの失敗の自覚は、のちの難民のための救済プログラムの発展を形づくった。救済ワーカーたちが出した結論は、東欧の新たな民主主義が直面した問題は無料食堂では解決できなかったというものであった。中東欧の文化と心理状態――反ユダヤ主義者とオリエンタリストのレンズを通して判断された――は、発展の根本的な障害物であった。それは、彼らが第二次世界大戦後のヨーロッパにもたらした教訓となった。第二次世界大戦後においては、人道主義組織は、単に物資を分配することよりも、難民たちの心理的、文化的な見解を変容させることに対して、あからさまにより力を注ぐようになっていた。しかし、そのときまでに彼らはまた、難民の「精神状態」に対する、彼らの関心を表現するための新しい科学的な言語を獲得していた。それは、児童心理学と精神分析学の枠組みを基盤とするものであった。

第一次世界大戦が、ヨーロッパの飢えた子どもたちを人道主義的介入の対象へと変容させたのと同時に、西欧とアメリカが移民に対して新たに制限をもうけたことによって、移民家族の窮状に国際組織の関心が向けられるようになった。第一次世界大戦中に導入された市民権と移動に関する制限は、いくつもの理由から、戦後も撤廃されることはなかった。中東欧における飢餓の状況を考慮すると、西欧とアメリカの行政当局者は、飢えたヨーロッパ人の大群が、彼らの国境に向かってなだれ込んでくるのではないかと恐れた。彼らはまた、ロシア革命の余波で、東からの難民が革命的な思想をもたらすのではないかと懸念した。くわえて、市民権――たとえば福祉的な便益がより寛大に与えられるようになり、女性参政権が認められるといったことを含めて――が両大戦間のヨーロッパの共和国諸国で拡大するにつれて、各国政府は、自国にいる外国人が彼らの権利を行使することを妨害するための新たな手段を導入した。アメリカでは、一九二四年移民法*〔4〕（ジョンソン＝リード法）が非常に評判の悪い割り当て制度を導入した。それは南欧と東欧からの移民を押しとどめることを意図していた。[64] 両大戦間のヨーロッパにおいて唯一フランスだけが、世界大恐慌の時期になって同じように外国人に対する厳しい反応を引き起こすまでは、その低い出生率と農業労働者および工場労働者の不足から、移民を歓迎しつづけた。[65]

これらの移民に関する新しい制限によって、国民の境界線を越えて家族が引き裂かれるという問題が生じた。一九四六年に国際社会事業団（ＩＳＳ）と名前を変えた国際移住事業団（ＩＭＳ）は、労働による移住、迫害、あるいは戦争のために、「地球上のあちこちに、ばらばらに」されてしまった家族が直面する問題に、もっぱら焦点を当てた最初の重要な国際的な組織であった。[66] 家族の絆を大事にするよう家族に助言することを通じて、ＩＭＳはまた、国際機関が取り組んでいた救済の形態を、物資提供から心理学的なものへと徐々に転換することに貢献した。

ＩＭＳは、世紀転換期にアングロ＝サクソン系のプロテスタントの女性たちの活動によって発展した。一九一四年にキリスト教女子青年会（ＹＭＣＡ）の女性たちは、移民の女性と子どもが直面した緊急の社会的問題を議論するために国際会議を組織した。一九二〇年にＹＭＣＡは、ヨーロッパとアメリカにおいて、移民や移住者が出入する主要な港と都市に関して調査をおこなった。この調査は、多国籍の家族が直面する問題に国際的に取り組むためには、国際的な組織が必要であることを前面に押し出した。これらの女性たちは、一九二二年にロンドンとジュネーヴに本部をおくＩＭＳを設立した。同年にアメリカ支部が設立され、フランス支部も一九二四年に移民援助社会福祉局（ＳＳＡÉ）という名称で開設された。

移民は両大戦間に増加したため、同組織は第二次世界大戦前夜までにフランス、ポーランド、チェコスロヴァキア、ギリシャ、アメリカ、ドイツ支部（一九三七年まで）で一五〇人の現地スタッフを雇用した[67]。設立二五周年を祝う刊行物において、IMS／ISSは「通常の人口移動、戦争による強制移動、政治的迫害、宗教的迫害、国際結婚といったすべてのことが、境界や国境を越えて人びとが共に活動したり組織を作ったりする必要性を生じさせた。なぜならこうした出来事が生み出す失望や苦痛によって、家族の絆が破壊されることや、個人の潜在的な可能性が浪費されること、そして国際的に敵意が蔓延することを防がなければいけないからである[68]」と記されている。

多くの国家が国境を閉ざしたのと同時に、移民家族が直面した「人間としての問題（human problems）」に取り組む国際組織が誕生したことは、偶然ではない。一九二〇年代と三〇年代に、移民は市民権や仕事を得たり、結婚・離婚をしたり、子どもを持とうとしたときに、以前よりも複雑な法的障壁に直面した。これらの制限は通常、夫、妻、子どもをより長く引き離すことを意味した。支援団体はとりわけ、引き離された家族が直面した道徳的、社会的なリスクに関心を持っていた。これらの関心はまた、第一次世界大戦の遺産でもあった。戦争地域から子どもを疎開させることは、ヨーロッパではあまり強い懸念を生じさせたわけではなかった。しかし他方で、動員された父親が長期にわたって不在であったことが、家庭において男性の権威を失墜させたと理解され、その結果、青少年非行や姦通が引き起こされたという一連の懸念を生じさせた[69]。

IMSの主導者たちは、国境を越えて労働者が移動する労働市場と、国民としての市民権と地域の責任原理にもとづく社会保護制度との溝を埋めようとした。一九三一年の社会事業に関する国内会議における演説において、IMSアメリカ支部長のジョージ・ワレンは、「こうした家族はいわば隙間の中にはまり込んでしまうようなものなのだ。なぜなら、彼らがあとにした国と、彼らがたどり着いた国は、一方からもう一方の国への旅を強いられた人びとの社会的養護の責任のすべてを放棄するからだ[70]」と嘆いた。フランスなど一部の国では、移民の社会権は、二国間協定で保護されていた。一九二〇年の協定は、ポーランドの労働者に、たとえば年金、労働者補償、失業保険、児童手当などに関してフランス市民と同等の権利を与えた。同様の協定が、フランスに住むベルギー人とイタリア人労働者の権利も守った。しかしアメリカでは、移民はたいてい地方当局か国家権力の情けにすがるしかなかった[71]。

ワレンが福祉国家を、大西洋を横断する労働市場路線へと導く改革を促進する一方で、IMSのワーカーは、家族の絆を強固にするための運動において、昔ながらの道徳的な説得をおこないながら、より個人主義的な方法を採用した。ケニス・リッチとメアリ・ブラントが著わした初期のIMS研究は、シカゴの移民保護連盟の事例を検討し、再家族化のための戦略の概要を描き出した。「どの事例においても、夫と妻を引き離し、家族の崩壊をもたらす同じ障壁が、無情にも繰り返し立ち現われた」と、彼らは嘆いた。ソーシャルワーカーの目的は、カウンセリングを通して家族を無傷のまま維持することであった。「家族にヒビが入りかけた初期の単純な問題であれば、さまざまな角度からの説得によって解決される可能性がある[72]」。IMSのソーシャルワーカーによって認識されたもっともありふれた問題の「タイプ」は、「夫役割の放棄」であり、彼ら夫たちが自らの妻と子どもをヨーロッパで捨てた事例である。リッチとブラントはつぎのように警告した。一般的に、「何年間にもわたって家族から離れてしまった男性は、流されるように生きることに慣れてしまうがゆえに、家庭のよさを忘れてしまう。彼を頻繁に呼び出して、彼が働いている目的を思い出させるようにしなければならない。そうしなければ、彼のやる気は低下し、家族は永久に離れたままになってしまう[73]」。

アメリカのソーシャルワーカーたちが夫役割の放棄について心配したのに対して、ポーランドのIMSの代表者たちは、男性の監督下にないままにヨーロッパに残されることになった、女性と子どもの道徳性に関心を寄せた。一九一八年から一九三〇年のあいだに、六三万人のポーランド人がヨーロッパ大陸をあとにし、五〇万人がヨーロッパ内の別の国に移住した。[74] ＩＭＳのポーランド事務局のアダム・ナゴルスキは、一九三九年二月にジョージ・ワレンに対して、「出国側の国は、夫に捨てられ、生きていく手段のないままに残され、不道徳な生活を送りがちな妻に対応しなければいけない」[75]と嘆いた。ＩＭＳのポーランド支部長であるヨアン・クサックは一九二六年に、多くのポーランド人妻が「われわれが世話をする価値のない」者たちであったことに同意した。しかし彼女はまた、ポーランド支部にアメリカに旅立った夫を追跡してほしいという要望が殺到したこと――二度と消息がわかることはなかった――も記録していた。[76]

説得が失敗した時だけ、ＩＭＳは法的措置をとろうとした。男性がヨーロッパで家族を見捨てた場合、「あらゆる力を注いで説得し、哀願し、恥に訴え、説き伏せようとしたが、少しの関心も協力も喚起することができなかった」場合もあった、と同機関は悲嘆した。ケースワーカーたちはこうした場合に、対応している男性が抱いていた強制移送に対する恐れを利用しない人たちではなかった。あるソーシャルワーカーは、「これらの男たちのほとんどが……アメリカの諸機関を恐れている。とりわけアメリカ人女性の正義を強いる力を恐れている」と記述している。役割を放棄した夫に立ち向かうとき、アメリカ人女性はこの男性を事務所に呼びつけ、彼につぎのことを思い出させた。「アメリカの法律に則れば、男性には妻と子どもを扶養する義務があること、そして彼の国の領事が法律違反を犯した人間を支援することはない、と。……この方法は、通常、進んで協力をしようとする気持ちを得るのに十分なものであった」。[77]

世界大恐慌、スペイン内戦、ドイツにおけるナチスの権力奪取の結果として、ヨーロッパとアメリカにおけるＩＭＳのケースワークの範囲は拡大した。同組織の業務は、義務を怠った夫たちを説得することから、政治難民を救済することへとスムーズに変化した。一九三〇年代にはＩＭＳが取り扱ったアメリカの件数は、一九二七年の一七三四家族から一九三九年の三五九〇家族と二倍以上になった。「実際に対応した事例はどれも、ヨーロッパの戦争によって深刻化した窮乏を反映するものであった」と、ＩＭＳは報告している[78]。一九三九年に、ＩＭＳはイギリスの子どもをアメリカに疎開させるためのプログラムを整え、一九四〇年にはドミニカ共和国に、一〇万人のドイツと東欧のユダヤ人を再定住させる活動を支援した。ＩＭＳはさらに、第二次世界大戦後にその権限を拡大させた。すなわち彼らは、国際連合難民高等弁務官の庇護のもと、ヨーロッパの難民にケースワークをおこなう任を請け負った。こんにち、ＩＳＳは世界中の一九か国で活動をつづけており、主として国際養子縁組の分野で活動している。

国際連盟やＡＲＡと同じく、ＩＭＳは、離散家族を国際的介入の対象として浮上させることに貢献した。ＩＭＳの専門家たちはまた、物質的なものから心理学的人道主義への移行を促進し、移民家族に物質的援助よりも助言を与えた。しかしこの手段が救済の目的と混同されるべきではない。ＩＭＳのワーカーが、家族の連帯を促すために助言や説得という方法を用いたときでさえ、彼らは概して個々の子どもの心理的安寧に関心を持っていたわけではなかった。むしろ、ＩＭＳのソーシャルワーカーたちは、女性と子どもが男性の保護下にない状態で貧しく打ちのめされた状態で残されることを恐れており、彼らは再家族化を目的とした。これらの国際的なソーシャルワーカーたちは、「移住したことで生じた人間生活におけるもつれを解決する」ための活動のパイオニアであった[79]。しかし同機関は社会的、経済的、道徳的な用語でこれらのもつれを表現した。第二次世界大戦という大変動によって、ソーシャルワーカーや児童福祉の専門家は、強制移動をヨーロッパの社会的および政治的な安定に対する脅威であるのと同じくらい、子どもたちの精神衛生上にとっての脅威であると再認識するようになった。

四　スペイン内戦下の子ども

スペイン内戦はしばしば、第二次世界大戦の本格的リハーサルと呼ばれてきた。それは戦闘員、軍の計画立案者、そしてヨーロッパ各国の政府にとってだけではなく、子どもたちにとっても恐ろしい予行演習であった。一九三六年から一九三九年のあいだに、何万ものスペイン共和国の子どもたちが親から引き離され、他国の地にちりぢりになり、フランス、ベルギー、イギリス、ソヴィエト連邦、メキシコでディアスポラを形成した。さらに第一次世界大戦時の比較的短期間の疎開と比較すると、スペイン難民の子どもたちは――永久でないとしても――何年にもわたって亡国の民となるのが常であった。

スペインの避難民の子どもたちを取り巻く争いは、国際連盟がおこなったアルメニアの失われた子どもたちを「取り戻す」ための運動の再来であり、第二次世界大戦後に噴出したナチ帝国において国籍／国民としての帰属を剝奪された子どもについての議論を先取りするものであった。アルメニアの場合と同様、児童救済に関わった人びとは、難民の子どもたちの物質的福利だけではなく、国民的、政治的、宗教的な忠誠心についても関心を持った。ますます多くの国際組織が、無料食堂や児童ホームにおける彼らの活動を、国際政治のもっとも重要な領域に結びつけた。一九四二年のフランスでは、クウェーカー教徒が運営する難民児童コロニーの管理者に向けた講演において、バリット・ハイアット氏は「国際的な情勢と何の関係もない学校や孤立した子どもたちのコロニーとは何なのか、あなた方はもはや想像できないでしょう(80)」と述べた。

人びとがスペイン内戦をグローバルな争いとして語るとき、ほとんどが国境《ステイトボーダー》を越えて武器、資金、兵士が行き交ったことを引き合いに出す――すなわち銃がソヴィエト連邦から共和派のゲリラへ輸送され、資金と軍隊がムッソリーニのイタリアとナチ政権下ドイツからフランコの手に渡されたこと、あるいは国際旅団〔共和国政府軍を支援した外国人義勇兵団〕の義勇兵たちが、ファシズムとの戦いに志願して参加したことである。ところが国民間の境界《ナショナルボーダー》を越える子どもたちの動きもまた、スペイン内戦をヨーロッパの大火へと変容させ、超国家的連携を生み出し、遠く離れた共産主義者、社会的カトリシズム、バスク国民主義者、共和主義者、ファシストの闘士のあいだに一体感さえをも醸成した。

しかしながら、スペイン難民の子どもたちの窮状が国際的な政策の関心事になったときでさえ、当時の人びとは概して、いまだ子どもたちの苦難を心理学上の言葉では捉えていなかった。彼らは親子の引き離しを政治的、国民的な脅威と捉えたのであって、心的トラウマの一種とはみなしていなかった。人道主義ワーカーは、したがって、必要カロリー、衣類、医療養護を難民の子どもたちに届けることに執心しつづけた。アルメニア人の子どもたちをトルコ人家庭から「取り戻す」国際連盟の運動のなかでも、彼らは流浪生活で子どもたちの国民的忠誠心が維持されるかどうかについて心配しつづけた。

一九三六年にスペイン内戦が幕を開けたが、難民危機はフランコによる征服のすぐ後につづいて起こった。一九三七年四月に、国民戦線軍《ナショナリスト》が都市ゲルニカを征服し、六月にはバスク自治政府の首都ビルバオを陥落させ、八月にはサンタンデールに侵攻した。フランコの国民戦線軍は共和国側の占領地域を刈り取りながら進み、共和国軍の兵士と彼らの家族は縮小していく共和国支配下の地域を逃げ惑った。一九三八年までに約二〇〇万の共和国側の難民がカタルーニャに集まった。一九三九年三月の共和国側の決定的な敗北によって、危機が激化した。五〇万近くの人びとがフランスとの国境沿いに押し寄せた。彼らは、十分な食料も必需品もないままに寒さにさらされるという厳しい状況のなかで待機した。最終的にフランスの国境守備隊の態度が軟化したため、難民がフランスにどっと押し寄せた[81]。フランスの内務省は、五一万四三三七人のスペインの共和派の人びとが、一九四〇年までにフランスの土地で避難所を見つけたと推計したが、そのなかには七万六一六二人の女性と七万八六二九人の子どもたちが含まれていた[82]。

スペインの子どもたちをフランスに疎開させる計画は、スペイン内戦が始まってすぐに策定された。フランスでは、スペイン共和国の衛生社会扶助局と連携して、スペイン児童の受け入れ委員会（ＣＡＥＥ）が一九三六年一一月に結成された。ＣＡＥＥはフランス労働総同盟（ＣＧＴ）の機関であり、後者はフランスの主要な労働組合のすべてを含み、主として共産主義者によって管理されていた。ＣＡＥＥはすぐさまスペイン難民の子どもたちを受け入れてもいいという、五〇〇〇のフランス人家族を確保した。多くの支援が寄せられる一方で、スペイン内戦に巻き込まれたフランス国内には、鋭い対立が同時に存在していた。フランス人民戦線内閣は、左派政党であるフランス共産党（ＰＣＦ）、社会主義労働者インターナショナル・フランス支部（ＳＥＩＯ）〔フランス社会党の前身〕、そして急進主義政党が、フランス右派政党に対抗して結集したものであった。そして人民戦線内閣の首相レオン・ブルムは、もともとは、フランコに対するスペイン共和国軍の抵抗を支援することを約束していた。しかしフランス右派とイギリスからの圧力で、ブルムは内戦が始まって三週間後にはもう、不介入協定に署名した。スペインの共和国軍に対するフランス人の支援者たちは、スペイン難民の子どもたちを受け入れることは、自分たちが共和主義という理想によって連帯していることを誇示できる、数少ない手段のひとつであるとみなした[83]。

ＣＡＥＥに支援された最初の疎開者集団である四五〇人は、一九三七年三月二〇日にフランスに向かって出発した。一年後、ＣＡＥＥは、九〇〇〇人近くのスペインの子どもたちが同組織の養護を受けており、そのうち約四〇〇〇人が集団生活をするコロニーに住み、残りの五〇〇〇人が個別の里親家族に引き取られていると報告した[84]。内戦終結後、フランコ政府は、総勢三万四〇三七人の子どもたちがスペイン内戦中に外国に疎開したと推計した——これによると、一万七四八九人がフランスに、五一三〇人がベルギーに、三二九一人がソヴィエト連邦に、四四三五人がイギリスに、八〇七人がスイスに、四三〇人がメキシコに、三三五人がフランス領西アフリカに、一二〇人がデンマークに渡った[85]。しかしこれらの数は、すべて大まかに見積もられたものであった。というのも、子どもたちは定期的にコロニーや里親家族のもとを出入りするか、ピレネー山脈を越えて、スペインに戻っていたからである[86]。一九三七年の一〇月から一九三九年の一月のあいだに、同伴保護者なしにフランスにあるコロニーや里親のもとで暮らしていたと思われるスペインの子どもたちは、おそらく七〇〇〇人から一万一〇〇〇人であったと思われる[87]。

実にさまざまな略語で表わされる人道主義組織が、時に重なり合い、あるいは競合しながら、こうした子どもたちの世話を担った。CGTに加えて、AFSCは一九四一年までにフランスの一六のコロニーで、六〇〇人のスペインの子どもたちを引き受けた[88]。スペイン共和国の教育省はまた、疎開してきた子どもたちのために、独自のコロニーや学校のネットワークを支援した。一方、カトリックとバスクの国民主義者は、しばしば彼らの子どもを「神を信じない」社会主義者や共産主義者の手に委ねるのを嫌がった。そこで彼らは対抗する疎開計画に取り組んだ。バスクの国民主義者たちの民族主義党（PNV）は、バスク人としての忠誠心を保証するために、フランコのバスク支配地域に自らの資金でコロニーを設けた。一九三七年にスペイン難民のための全国カトリック福祉委員会（CNC）が設立されたが、同組織は流浪中のスペインの子どもたちのカトリック信仰を支えることを掲げて、ヴァチカンとフランスのカトリックの支援を受けて、フランスにコロニーを設置した[89]。人道主義組織のワーカーたちは、のちにこの重なり合いを非難するようになり、人道主義活動に政治色の強いもつれが生じている状態を合理的とは対極にあるとみなし、第二次世界大戦後に政治とは無関係な組織を構築することを誓った。

スペイン難民の子どもたちは、フランスの移民政策の情勢が変化することにかなりの影響を受けた。一九二〇年代に、フランス政府と雇用主は、経済成長を刺激し、フランスの低い出生率を補っているうちは、移民の労働者に門戸を開きつづけた。一九三一年に、フランスはヨーロッパのなかでもっとも多い、推計三〇〇万もの巨大な移民人口を抱えた。しかし世界大恐慌が始まったことによって、すべては変わった。それでも世界大恐慌の初期においては、フランスの行政当局者は、ナチズムの犠牲者に対して同情心を表明しつづけた。彼らは、一九三三年の春より、証拠書類を持たずとも、ドイツからフランスへ国境を越えることが許されていた。しかしながら経済危機が深刻化し、ドイツのユダヤ人迫害が深刻さを増すにつれ、難民への同情心は消滅した。一九三四年から一九三五年に、非合法の移民の排除が本格的に開始された。

一九三六年の春に権力を握ったブルムのフランス人民戦線政府は、当初、フランスにいる難民と移民にいくらかの救済を与えた。移民政策には公的な変化はなかったが、しかし排除のスピードは緩められた。人民戦線は、共和国の難民がピレネー山脈を越境して大量に移動しはじめた、まさにちょうどそのときに政権を握ったので、多くのスペイン難民が、とりわけフランス南部の伝統的な共産主義地域で、まずは温かな歓迎を受けた。しかしながらカミーユ・ショータンの第二次人民戦線内閣（一九三七年六月～一九三八年一月）では、フランス経済がさらに恐慌に陥り、スペイン難民を支援する公的資金が底をつき、約一五万人の難民（とくにスペイン北部から来たバスク人）は強制移送させられた。人民戦線政府が一九三八年に崩壊すると、難民に対する行政当局者の態度はさらに厳しいものになった。エドゥアール・ダラディエの中道右派政府は、フランスが「飽和状態になった」と主張し、好ましくない難民を本国に送還するか、強制収容しはじめた。一九三九年初めに到着した約三五万人のスペイン難民の存在は、右派の感情を刺激した。右派やカトリックのメディアは、避難所を求める共和派の人びとを「テロリストの集団」と糾弾し、無政府主義を煽動するとして彼らを非難した。

フランス政府がスペイン難民の流入の準備をせずにいたために、難民キャンプの状況は悲惨なものとなった。難民たちは雨風をしのぐのもままならず、栄養不足で、フランス当局から厳しい統制をうける対象であった[90]。ダラディエ内閣は、状況を改善しようとはしなかった。フランス政府は難民を支援するために一月で約二億フランを支払い、ドイツのフランス侵攻（いよいよそうなりそうな状況）の際に、スペインの中立を保証する同意をフランコと取りつけたいと望んでいた。本国への送還は厳密に言えば「任意」であったが、強い圧力によって、一九三九年末までに二〇万近くの共和派の難民がスペインに帰国した。

このような状況にもかかわらず、ＣＡＥＥによって里親家族のもとに送られた子どもたちは、フランスでの経験をほとんどが温かい思い出として記憶にとどめていた。「私の里親家族は共産主義者でした。驚くほど素晴らしい人たちで、尽きることのない優しさを私に注いでくれました」と、ある疎開経験者は回想した。別の少女は、もっとも奇抜な想像力を働かせてもそれには及ばないほどの贅沢を楽しんだことを思い起こした。「彼らは私に美しい服をくれました。そして人生で初めて美容室に連れていってくれたのです」と、彼女は回想した。「彼らは私を本当の娘かそれ以上に扱ってくれました[91]」。

ＰＮＶとカトリック教会の支援で疎開した子どもたちは、まったく歓迎されないこともあった。とりわけ一九三七年の夏に、フランス領バスク地域にいた子どもたちはそうであった。地元のカトリック教徒は、難民が反カトリックの心を宿しているのではないかと疑っていた。ある疎開経験者は「小さな町のフランス人は全員、敵意を持っていました。彼らは私たちを『小さなバスクの豚』『スペインのクズ』『アカ〔社会主義〕の分離主義者』、あるいは単に『難民』と呼びました。その言葉のトーンは私を縮こませ、どこかに隠れたくなるほどでした」。また別の疎開経験者は、教会で締め出されたことを覚えていた。「私たちはミサのとき、村ではずっと、別の区切られた場所に座らなければなりませんでした。聖体拝領も他の人全員が終えた後におこない、私たち子どもは、まるでどういうわけか、よきフランス人家族を汚れさせる存在のように扱われました」。共和主義に対して冷淡な地域では、スペインの子どもたちは同様に、地域の行政当局者からの敵意にもさらされた。「市長はフランコを支持しており、私たちを見下していました。彼はつねに私たちの小さなコロニーが使用した水の分量について不平を述べ、自分が飼育している豚のほうが私たちよりも価値があると言っていました」[92]と、元難民は回想した。

ソヴィエト連邦にいたスペイン人の子どもたちもまた、亡命中の幼きころの経験を回想したが、それは主として肯定的な言葉とともに思い起こされた。これらの証言は四〇年後にスペインで集められたものであり、一九五〇年代にソヴィエト連邦からスペインに送還されたスペイン難民が経験した、困難をともなう状況の変化を映し出している。第二次世界大戦の直後であれば、スペインの子どもたちにとって、ソ連に亡命したばかりの一九三〇年代はバラ色の輝きを放って思い出されたかもしれない。というのも、一九五〇年代には、彼らはソヴィエト連邦の同胞が体験した多くの苦難を分かち合ったからである。しかし一九七〇年代後半でさえ、多くの子どもがソヴィエト連邦の施設における彼らの経験を、意外にも郷愁の念を込めて回想した。

スペイン内戦のあいだ、ソヴィエト連邦に受け入れられた難民の子どもたちは、社会がひどい食料難に苦しめられていたなかで、特権的に扱われた。彼らは英雄として歓迎され、パレードと花とキャビアで祝われた。児童ホームは、ソヴィエトの人道主義や国際主義、そして文化の壮大さを世界に誇示するためのソヴィエト連邦政権の展示品となった。ホームでは、子どもたちが白パンとチョコレートのご馳走、映画、コンサート、バレエの練習、そして教師からの愛情溢れる関心を向けられたことが手紙に記述された。ビルバオからやってきたある労働者の娘は、つぎのように回想した。「私たちの親だけが、私たちの頬に平手打ちをし、不満を私たちにぶつけました。しかし先生たちは信じられないくらい根気よく助けてくれ、私たちを愛してくれました」。別の元疎開者は、提供された教育機会と文化的な体験に感謝の意を表わした。「私たちは礼儀正しくというよりも、粗暴な状態でロシアに到着しました。……ロシアでの経験は私たちの生活を一変させました。私たちは教育され、考える人間になったのです」。女性たちはしばしばソヴィエト連邦で彼らが享受した就労機会に感謝した。(93) アラセリ・サンチェス゠ウルキホは、ソヴィエト連邦に亡命していた数年間を、「人生でもっとも幸せな時期」と端的に表現した。(94)

多くのことが第二次世界大戦の勃発によって変わった。とりわけ独ソ不可侵条約によって、ソヴィエト連邦の領土にスペイン難民が居つづけていることが、スターリンにとって厄介な問題になった。子どもとともに疎開していた一部のスペイン人教師は、粛清の犠牲者になると噂された。状況は、一九四一年のナチ・ドイツ軍との戦いの幕開けで、いっそう悪くなった。スペインの子どもたちは、すぐには（あるいはこれからも）スペインには帰らないことがはっきりしていたので、ロシアの学校に統合された。彼らはソヴィエト連邦の同胞も耐えていた苦難、すなわち疎開、飢餓、ドイツによる支配をともに味わった。多くが贅沢な子どもたちの「宮殿」から、寒く荒れ果てたバラックに移された。しかし一九四一年以後でさえ、スペインの難民の子どもたちは特権的な扱いを享受し、ソヴィエト連邦の子どもたちよりもかなり多くのパンを受給していた。(95)

五　政治化された本国送還

スペイン内部の諸勢力は、内戦が終わる以前から、スペイン難民の子どもたちを本国送還するための働きかけを始めていた。フランコの使者が親権と国民の権利の名のもとに、スペイン難民の子どもたちの帰国を強く要求していた一方で、亡命中の共和派の人びとは一様に、国民主義者が支配するスペインに、子どもたちを帰国させることに反対していた。問題を複雑化したのは、子どもの親の多くが行方不明か、投獄されているか、死亡しているか、あるいは自身も亡命していたことであった。

スペインに派遣されたフランス大使ジャン・エルベットは、本国送還をもっとも熱烈に提唱した。一九三一年から一九三七年までスペインで大使を務めたエルベットは、一筋縄ではいかない人物であった。彼は一九三〇年代初頭に、スペインの共和派と左派政府を支援した一方で、フランコに対して共感を抱いていたことが明らかであったために、最終的には人民戦線によって罷免された。彼は、とりわけフランスの領土へのバスク国民主義の伝播に関心を抱いていた。「担当当局が認識しているように、先週、二艘のイギリスの魚雷艇がビルバオからサン＝ジャン＝ド＝リュズに四五〇人の子どもたちを移送した。……これらの子どもたちに随行した人びとが、同時に、大部分がバスク語で書かれた多量のプロパガンダ文書の積み荷を、われわれの土地に降ろしていたことに私は気づいた。われわれの歓待の精神を悪用するこのような行為は、われわれの国でバスク国民主義を助長し、われわれ国民の絆に害をもたらす恐れがあるに違いない」と、彼は一九三七年にフランス外務省への文書のなかで述べた。エルベットは、人道主義者による支援と政治的煽動のあいだには明確な線引きができないことを警告し、「スペインの子どもたちのためのコロニーはどれも、外国のプロパガンダとわれわれの領土に対する政治的煽動の温床になる危険性がある」[96]と主張した。

彼の危惧は強く支持された。フランスにおけるスペイン難民の子どもたちの存在は、一九三〇年代から一九四〇年代にかけて展開していた国内論争と国際的な対立の焦点となった。一九三七年三月二〇日にフランス女性の右派集団が、バスク国民主義者の新聞である『バスク新聞』の編集者に、「すべてのフランス人女性の名のもとに、スペイン人のアカがおこなった胸が悪くなるような子どもの接収、すなわち子どもを母親と引き裂き、ロシアに船で連れていくという方法に対する強い反対を表明する」と書き送った[97]。本国送還の擁護者は、ヴァチカンからの支持を獲得し、右派メディアの国際的な宣伝戦からも援護された。右派メディアは、亡命中の子どもが共産主義の兵士によって誘拐され、国籍／国民としての帰属を奪われ、非キリスト教化されたと主張した。一方、穏健保守派のフランス外交官たちは、スペイン内戦のあいだ、社会主義者の大臣が掌握していた内務省と衝突した。約一万人のスペインの子どもたちは、ＣＡＥＥを管理する組織であり、子どもを本国送還しようとするあらゆる試みの障害となっていたＣＧＴの手に直接的に委ねられていた。他方でＣＡＥＥは、フランス南部で本国送還の活動を妨害していた社会主義者や共産主義者の知事たちのネットワークから支援を受けていた[98]。亡命中のスペイン難民の子どもをめぐる論争は、スペイン内戦においても、ますます活発化するフランス国内の左派と右派の市民的対立《シヴィル・ウォー》の縮図であった。子どもたちの教育と本国送還をめぐる対立が国境を越えて展開されたために、難民の子どもが媒体となり、スペイン内戦はヨーロッパの大部分を巻き込む争いへと拡がった。

ビルバオは、一九三一年にスペイン共和国によってバスク自治政府の首都と位置づけられたが、一九三六年六月一八日にフランコ軍によって陥落した。二か月後、フランコは、他国にいるすべてのバスクの子どもを帰国させるための聖戦を開始した。モンシニョール〔カトリック教会の高位聖職者の尊称〕イルデブラン・アントニウティが、フランコ軍に支援されながら、本国送還の実現をフランス当局に働きかけるためにヴァチカンによって派遣された。八月のフランスの外交官との会合において、アントニウティは、子どもたちの大部分がフランスに人身売買で連れてこられ、彼らの親の意思に反してとどめおかれていると主張した。彼は「母親たちが子どもから何の便りもなく、彼らがどこにいるかもわからないと訴えている」と報告した。これは政治の問題ではない、とアントニウティは述べ、「これ以上遅れることなく」親のもとに子どもを返すことは、まさに「人道」の問題だと述べた。エルベットは、「〔子どもを〕家族のもとに返すことは当たり前で、同時に、家族分離はもっとも道理にかなった慣習から逸脱している[99]」ことに同意した。

しかしながら、こうした「人道」や家族の絆といった主張にもかかわらず、本国送還に関する対立は、しばしば家族同士を争わせた。一九三七年六月二五日付の外務省に宛てた別の文書において、エルベットは多くの子どもが自ら本国送還を拒否したと書き記したが、彼はこの事実を問題にせず、簡単に片づけてしまった。「子どもたちが拒否したからといって、子どもたちを家族の中心に戻したいという父親や母親の正式な要望を破棄すべきではない。そしてまた、父親が子どもたちの帰国に反対していることを示す実際の証拠をわれわれが手に入れない限り、両親のあいだで意見の相違があったという記述も残すべきではない。……家族の意思に反して、フランスにスペインの子どもたちをとどめおくならば、それは家族のもとにいれば彼らが触れたはずの考えとは相容れない考え方を持つように、子どもたちを変容させる試みであると解釈されるほかない[100]」と、彼は主張した。

亡命中の子どもたちのなかでも、とりわけ思春期の少女たちのなかには、フランスで享受した自立した生活に順応した者もいた。彼女たちは、家父長的な家族生活へと戻ることを強要する近親者に苛立ちを覚えた。

一九三七年一一月に、ビルバオのヴィクター・エチャビが、フランスのアン県に孤児として住んでいた彼の姪姉妹を帰国させることを求めた。一八歳と一五歳の少女たちは頑なに拒否し、彼女たちは「義理の叔父が自分たちに対する権限を持つということを受け入れるつもりはなく、したがって彼の要求には決して応じない」ことを知事に伝えた。この二人の若い女性はともに働いており、経済的に自立していた。そしてフランスにはもう一人の姉が住んでいた。しかしフランスにおける成人年齢は二一歳であった。[101] 一八歳のセシリア・ベラ・ガンドゥールもまた、彼女の家族の義務を果たすようにという申し出に抵抗した。セシリアはフランスに叔父と住んでおり、お針子として働いていた。一九三八年一二月の手紙のなかで、スペインにいる彼女の姉妹は、彼女に家に戻るように強く勧め、「セシリア。……あなたは私たちがあなたの助けをどれほど必要としているか理解すべきだわ。もし私たちの全員が、あなたのように母親を捨てて離れて暮らしたら、彼女はどうなってしまうと思っているの。もしあなたが編み物業で自分の生計を立てていると考えるなら、あなたはどうかしているわ」と書き送った。セシリアもまた、家族としての義務を果たせという要求を受け入れることを拒否した。[102]

女性と子どもは、被扶養者であるという法的立場のために、強制的な本国送還に抵抗することが、最終的には難しかった。ヴィシー政権のもとで、フランス警察はフランスの土地から好ましくない難民を取り除く効果的な手段を探した。しだいに彼らは、夫や父親がスペインに住んでいる女性と子どもを強制送還するようになった。一三歳のメルセデス・フェレールは母親とともにフランスに住んでいたが、一九四二年にジェール県のフランスの警察官が、「家族の長がスペインに住んでいる」という理由から彼女を母親とともに帰国させようとした。当該の女性が働いていた場合でさえ、フランス当局は、彼女たちが夫や父親と離れて暮らしていれば、国家の重荷になるリスクが高いと主張した。そのため「家族をふたたび一つにする」という人道主義的な言い回しは、「被扶養者」である妻や子どもに対する夫や父親の家父長的な権威を強化し、外国人の女性と子どもに対する財政的義務からフランス国家を擁護する手段となった[103]。

スペインでもフランスでも、右派メディアは本国送還の動きを支持し、フランスにいる難民の子どもたちが国籍／国民としての帰属を剝奪され、養育放棄されていると言い立てた。一九四〇年にフランスからスペインに、六〇〇〇人以上のスペインの子どもが帰国したことを受けて、グラナダの新聞『リデアル』は、帰国した多くの子どもたちが「スペイン語が話せず、両親のことをほとんど何も知らなかった」と主張した。フランスから到着した子どもたちは、「ひどい状態で……衣服もぼろぼろで、寄生虫に感染し、栄養失調状態であった」と、新聞は報じている。マラガのフランス領事はこの主張に反論し、「私は最近帰国した子どもたちを連れた親たちに何度か面会した。……子どもたちは感謝の気持ちと、われわれの領土から去ることを余儀なくされたことについて、残念に思ったことを証言してくれただけではなく、彼らがスペインの領土で遭遇した惨めな政治体制に不平も述べていた」ことを明らかにした。多くのスペイン人の親が「フランスで子どもが経験したよりも、もっと劣悪な物質不足の状況に子どもをおくことになってしまった結果に、愛情を露わにして」悲嘆にくれたと彼はつけ加えた[104]。

しかし、一部のスペイン人の親がおこなった子どもたちを取り戻す努力が、まったくの徒労に終わった記録もある。一九三八年九月に、アンヘラ・フェルナンデスは、彼女の一五歳になる娘ホセファを帰国させるようイゼール県当局に要求した。ホセファは過度な農場労働を強いられ、義理の兄から好ましくない性的な関心を持たれていることについて、母親に不平を述べていた。フランス領事館の当局者は、ただちにパリの外務省に少女を帰国させるよう書き送ったが、しかし当局からのスペインの子どもたちの帰国を求める要望五五件のうち、実際にはたった一件しか叶えられなかったことに失望したと書き留めていた[105]。

一九三八年一月の別の事例では、ヴィナンシオ・ピネド＝サエスがタルン県知事に、二人の息子ホセ・ルイスとアンヘルの本国送還を心の底から求める手紙を送った。「子どもたちはこの世界で私が生きる唯一の理由です。……私がこれほど愛している子どもたちを、近いうちに抱きしめることができるようにあなたが尽力してくださることを……信じています」[106]。彼の訴えはＣＡＥＥからの同情を少しも得ることができなかった。ルー・ゾラは、「あなたの手紙でわれわれが怯むなどと思わないでください。なぜならわれわれは、必要がある限りいつまでも、あなたのご子息に対する責任を引き受けたのですから。私たちの良心は揺らぎません[107]」と返答した。最終的に、内務省がブッシュ・デュ・ローヌ県の知事に、ピネド＝サエスの子どもたちの帰国を迅速におこなうよう指示したのは、――フランス政府が公的にフランコ政権を認める一週間前――一九三九年二月二〇日のことであった[108]。

主として内務省と地方の社会主義者の知事の妨害により、一九三七年に帰国したバスクの子どもは九五人しかおらず、一九三八年にスペインに帰国したのは四三人にすぎなかった[109]。ところが一九三九年四月に共和派内閣が敗北したあと、のちに対独協力主義のフランス・ヴィシー政権下でフランス国主席となるアンリ＝フィリップ・ペタンが、フランコ政権下のスペインにフランス大使として派遣された。第二次世界大戦中のフランス敗北ののち、ヴィシー政権の内務大臣マルセル・ペイルトンはフランスの領土にいるすべてのスペイン人孤児の人口調査をおこない、これらの子どもたちに対するスペインの「権利」という認識のもとに「フランスの責任で」彼らを帰国させるというスペインの要望に同意した[110]。

本国送還は一九三九年以降、劇的に加速した。フランスに滞在する一般市民の難民数は、一九四〇年四月までに八万六七七六人（五万二二七二人の子どもを含む）に減少した[111]。同伴保護者のいないバスクの子どもの半数以上が帰国した。しかしフランコ政権は、不満を持ちつづけた。亡命していた子どもの多くは、喜んで帰国したわけではなかった。一九三八年にフランコ政権は未成年の本国送還に関する特命代表団を編成した。一九四一年初頭に、この団体はスペインの諜報機関であるファランヘ党の対外機関の管轄下におかれた[112]。ナチ政権によるフランスの敗北ののち、同機関はフランス全土で自由に活動した。法的手段が失敗したときには、同機関は躊躇することなく「さまざまな尋常でない方策を用いたので、われわれはほとんどいつも未成年を捕まえることに成功した[113]」。

同機関は、フランスからスペインの子どもたちを取り戻すための独自の戦術を発展させた。一九四二年、外国人労働者のための社会事業団と称する組織が、亡命中のスペイン人を補足するため、衣服、小間物、食べ物の引換券を配給した――そしてその後、この組織はスペインの子どもを捕まえて、力ずくで彼らを帰国させる活動をおこなうようになった。フランスの里親家族が、彼らの被後見人を手放すことを拒否した際、スペインの担当者は、里親家族の政治的経歴についての情報をかき集め、その後、彼らを恐喝し、もし子どもたちを返さないならば警察にそのことを報告すると脅した。別の子どもたちはあっさりと路上で奪い去られた[114]。「正真正銘アカの子ども狩りでした。欠けていたのは散弾銃と弾だけでした」と、母と兄たちとともにフランスに疎開した経験を持つエドゥアルド・ポンス・プラデスは回想した[115]。ファランヘ党の対外機関の統計によると、フランスで亡命していた一万七八四九人の子どものうち、一万二八三一人が一九四九年までに本国に送還された。それに対してロシアから帰国した子どもたちは、五二九一人中わずか三四人であった[116]。

いったん帰国すると、難民の子どもたちは家族とふたたび一つになるよう支援された。しかし、これはしばしば不可能なことだと証明された。多くの疎開者が自分の名前を忘れていた。それどころかスペインにいる両親はすでに亡くなっているか、投獄中か、あるいは行方不明と教えられていた。一九四一年には、親が行方不明となっている子どもに新しい名前を与えることを定めた法律が制定された。彼らの公式の記録と身元証明書類は、親戚が子どもを追跡できないように改ざんされた。それから、子どもたちは「再教育」のために、孤児院かあるいはフランコ政権を支持する家族のもとに送られた[117]。

マリアとフローレンシア・カルヴォは、ファランヘ党の対外機関によって、強制的に帰国させられたスペインの子どもたちであった。マリアはフランスに住んでいたクウェーカー教徒のアメリカ人夫婦に里子に出され、フローレンシアはフランス人家族と一緒に住んでいた。「家族は私にとてもよくしてくれ、十分に面倒を見てくれました。私の服を毎日変えてくれました。やがて私を隠すことが必要になるときがきました。……彼らは誰かが私を気に留めないように、私の服を毎日変えてくれました。私たちは、毎日違う道を通って学校に行きました」。しかし結局、フランコの担当者は二人の少女を捕まえて、スペインに無理やりに帰国させ、彼女らはそこで孤児院に入れられた。彼女たちの母親は幼いときに亡くなっており、彼女らの父は行方不明であった。マリアの苗字は、一九四一年法のもと、エクスポシータに変えられた。スペイン人の夫婦が彼女を養子として引き取り、彼らの生物学上の娘であるように見せかけた。姉妹が初めて再会したのは二〇年後であった[118]。

他方で、国籍／国民としての帰属を剝奪されたスペインの子どもたちに関心を寄せていたのは、フランコの支持者だけではなかった。スペインの共和主義者もまた、これらの子どもたちがいつの日か戻ってきて、栄光ある共和国を導くために、彼らの保護下でスペイン人としての忠誠心を育むことを切望していた。スペイン（共和国）の教育省とＣＡＥＥ／ＣＧＴとのあいだの初期の合意は、スペインの難民の子どもたちが、フランスで労働者家族とともに暮らすことを条件にしたものであった。ＣＡＥＥは、疎開中の子どもが家族に引き取られることを好んだ。なぜならそれは、子どもたちをもっとも安価に養育する方法だったからである。しかし四か月後、スペイン共和国政府は、難民の子どもたちを集団生活をおこなうコロニーに置き、そこでスペイン人の教師が彼らの教育をおこなうことを要求した。一九三七年の八月にヴァレンシアのスペイン共和国政府は、外国にあるすべての子ども向けのコロニーを共和国の教育省の管轄下におく法令を出した。「外国に疎開した子どもたちが……可能な限りスペイン人教師から教育を受けることを、わが政府は確固として望む」。そのために彼らは、「自国の文化の価値を守ること、とくにその母語を使用すること」を法令で定めた。(119)

CAEEによってフランスで暮らしていた子どもたちは、フランスの公立学校に通うのが常であった。しかし他のフランスのコロニー、とりわけバスクの子どもたちのコロニーでは、明らかに国民主義の教育学にもとづいて活動が展開された。バスクの子どものためのもっとも大きなコロニーは、ヴィセンテ・アメサガが管理していたサン＝ジャン＝ピエ＝ド＝ポールの城塞であった。もっとも多いときには、コロニーの狭い居住区域に八〇〇人が住んでいた。粗末な状況（居住者は十分な数の食器がなかったので、交代で食事をとらなければならなかった）にもかかわらず、ある元居住者は、家族的で、なおかつきわめて国民主義的な環境をつぎのように思い起こした。「われわれは、完全にバスクの雰囲気漂うなかで、宗教的、文化的、教育的な発達に関する十分なプログラムを受けることができた。われわれの先生は全員、単なる教育者以上の人たちで、彼らはわれわれ全員の父や母のようであった(120)」。

スペイン内戦によって生じた若者の難民をめぐる争奪戦は、第二次世界大戦中やその後に、子どもたちをめぐっておこなわれた外交上の対立を先取りするものであった。第二次世界大戦中とその後に難民家族の福祉に従事した国際的な人道主義ワーカー、児童福祉の専門家、外交官は、スペイン内戦における自分たちの経験と知見をきわめて重要なものとして活用した。スペイン内戦のあいだ、子どもたちのために活動したアメリカ・フレンズ奉仕団やユニテリアン奉仕委員会を含む多くの組織が、スペインの子どもたちから、ヨーロッパのナチ支配によって強制移動させられた子どもたちへと救済対象を移し、資金、基本的施設、専門知識をそのまま転用した。

スペイン難民の子どもたちの苦境はまさに激しく政治問題化されていたが、それにもかかわらず、当時の観察者は子どもたちの苦しみを理解しようとする際に、心理学用語を使わないのが常であった。両大戦間のヨーロッパにおける人道主義ワーカーは、第一次世界大戦中と同様、難民の子どもたちの物質的欠乏を満たすことに尽力した。しかしながら、すでにスペイン内戦のあいだに、人道主義の活動家たちは、心理学的なアプローチからの救済へと移行する段階へと歩を進めてもいた。アルメニアの子どもたちを「取り戻す」ための国際連盟の委員会のように、これらの活動家たちは、避難民の子どもたちの国民と宗教への忠誠心が脅かされていることを深く懸念した。さらに、彼らは子どもの国籍／国民としての帰属の剝奪を、スペイン国民の将来を脅かすものとしてだけではなく、子ども一人ひとりの福祉に対する脅威でもあると主張するようになった。

フランスの人文学者であり人道主義活動家でもあったアルフレッド・ブロネールは、難民の心理的回復を通して国民主義を促進しようとした最初の専門家のひとりであった。一人の大学院生として、彼は内戦中のスペインの複数の難民キャンプで子どもたちとともに活動した。彼は、これらのキャンプにいた子どもたちのあいだに、国民と共和国への熱烈な忠誠心が広まっていたことを記録した。ブロネールはこの国民主義を、生産的な能動規制〔ストレスに対して能動的に対処しようとする適応機能〕として賞賛した。「窮乏と砲撃にもかかわらず、彼らは、われわれの教育学的活動の助けとなるような健全な国民主義を有していた」と、彼は報告した。(121) ブロネールは最終的に、フランスで著名な児童福祉の専門家になった。そこで彼は子どもたちの戦争に対する感情的な反応について書きつづけた。第二次世界大戦中とその後には、別の人道主義活動家たちが彼につづいた。第二次世界大戦後のヨーロッパの避難民キャンプと孤児院において、亡命中の子どもたちの健康と彼らの国民への忠誠心を保護することは、最優先課題として取り組まれつづけた。しかし「失われた子ども」が、第二次世界大戦における犠牲者を代表する存在になるにつれ、より大きな専門家集団が、もっとあからさまな心理学用語を用いて、救済という概念の再解釈を始めるようになった。サン゠ゴワンのユニテリアン奉仕委員会のコロニーは、第二次世界大戦後にヨーロッパ中に設置された何百と存在する子どもたちの城、コロニー、ホームのひとつにすぎなかった。こうした施設のすべてが、戦争の物質的な傷跡のみならず、心理的な傷を和らげる活動を熱心に展開した。

子どもたちの国民への忠誠心と心理的健康を守ることへのこの転換は、第二次世界大戦中とその後に、深刻で多義的な結果をもたらした。表面的には人道主義は、心理学への転換を通して活発化し、「子どもの全面的な」ニーズにいっそう注意を払うようになったように見える。しかし人道主義ワーカーは、スペインの子どもたちを彼らの文化から遠ざけることとの心理的危険性について懸念しはじめると同時に、より保守的な救済アプローチを採用するようになった。戦後の人道主義ワーカーは、彼らの使命を心理学用語と国民主義的な言葉の両方で定義しはじめ、子どもたちの幸福は、家族と自らの出自と同じ国民に囲まれることでのみ満たされると主張した。彼らはまた、血縁関係、階級、国民、あるいは文化の境界を超えることによって生ずる「トラウマ」がきわめて深刻なものになるのだから、子どもは生まれた環境に委ねたほうが幸福なのだと主張した。このような主張は、子どもの忠誠心が危険なほどの可塑性を持つことを恐れた国民主義の政治家や国民主義運動によって、それ以前から繰り返しなされてきた。しかしいまや、人道主義ワーカーは子どもに対する国民主義者の主張を、子ども一人ひとりの心理学的安寧という言葉で正当化した。もしも子どもに対する最悪の脅威が家族の離別、あるいは国民としてのアイデンティティの混乱であったとすれば、貧困、虐待、戦争、あるいは政治的迫害から子どもたちを「救うこと」は、実に危険な賭けとなった。

第2章　子どもの救済

一　子ども嫌いの街

一九三八年三月一二日の早朝、ドイツ国防軍がオーストリアに侵攻した。スペイン第二共和政が戦火のなかで崩壊し、生誕から二〇年が経過したオーストリア共和国は、一発の銃弾も交わされることなく、第三帝国に併合されてヨーロッパの地図から消滅した。ナチスの戦車がオーストリアになだれ込むと、歓喜したオーストリア民衆は鉤十字旗を振りつつ、彼らに花々を浴びせ歓声をもって迎えた。こうしたお祭り騒ぎがウィーンに達していたとき、七歳であったルート・クリューガーは連鎖球菌性咽頭炎を患って床に臥せていた。「窓の下では男たちが一斉に大声を上げていました。……つづく数日間のあいだに、ドイツ兵士の第一団が街路に現われました。兵士たちはドイツ語を話していましたが、その滑稽で強い訛りは、私たちが話しているドイツ語とはまったく違いました。私は最初、あの人たちは私よりここにふさわしくない人たちだ、と思っていました」(1)。

その後数年たてば、ルートはこのときの考えを捨てなければならないと痛感しただろう。彼女は一九三八年に小学校一年生になった。オーストリア併合からまもなく、彼女が通う学校の校長は彼女のクラスにやってきて、ヒトラーへの敬礼のやり方を実際にやって見せた。そして、ユダヤ人の子どもはこの敬礼をしてはならないと、生徒たちに教えた。「校長先生は優しかったし、担任の先生は気まずそうに見えました。だから、私は当初、――子どものいじらしい楽観主義ですね――ユダヤ人という私たちの特別な立場が、特権として扱われているのか、侮辱されているのか、すぐには分かりませんでした(2)」。

排除はすぐに、より過酷なかたちをとるようになった。ルートは学校を追い出され、ユダヤ人の子どものための新しい学校に送られた。医師であった彼女の父親は、ナチスに逮捕された。彼はなんとか解放されたが、ルートと母親をウィーンに残して、その身を隠れさせると、すぐに自分だけイタリアへ、さらにフランスへと避難した。ルートと母親は日当たりのよいアパートから退去せざるをえなくなり、複数のユダヤ人家族とともに、狭く日当たりの悪い借家へと移り住んだ。彼らはトコジラミに感染した一部屋で生活をともにした。ユダヤ人の大人は職と財産、市民権を奪われ、子どもたちは移住することで友人を失った。彼らは学校、大学、子ども集団、運動場、スイミングプール、アイスクリームパーラー、映画館に行くことを禁じられた。クリューガーが想い出すところによれば、ウィーンは「子ども嫌いの街」に、「正確には、ユダヤ人の子ども嫌いの街(3)」になった。

ナチ政権下のドイツとオーストリアから移民したユダヤ人の数は、一九三八年一一月一一日におこなわれた水晶の夜《クリスタルナハト》事件*(1)の余波でますます増加した。水晶の夜に公然とおこなわれた暴力によって、多くのユダヤ人は、ナチ政権下でも平和に生き延びることができるという幻想を捨てざるをえなくなった。しかし一九三八年までに、移民する際の財政的および行政的な障壁は、きわめて大きなものとなっていた。世界大恐慌によって、反ユダヤ主義が勢いを増して広まったことで、ほとんどの国はユダヤ難民を受け入れることに難色を示すようになった(4)。

ますます多くのドイツ系ユダヤ人の親が、子どもたちを単身で海外へ送るという、拷問ともいえる辛い決心を余儀なくされた。難民の子どもたちは、労働市場で大人と競合する脅威とはならなかったため、大人と比較すれば、彼らを受け入れる可能性のある国は多かった。水晶の夜事件の後に、多くの移民計画が現われ――これはキンダートランスポート〔子どもを単身で国外に逃がす活動〕と呼ばれた――ユダヤ人の子どもを、両親を同伴させずにイングランド、パレスティナ、アメリカに送り出した。

しかし、子どもと別れるという苦痛に耐えられない親もいた。ある日、ユダヤ協会においてある男性が、ルートの母親にキンダートランスポートの同意書に署名することを持ちかけた。「これは最後のチャンスなんだ、と彼は言いました。絶好のチャンスなのだと。とても時宜を得た提案でした。私は心臓がドキドキしました。なぜならたとえ母を裏切ることになるのだとしても、私はどうしてもウィーンを出たかったからです。でも母は私の意見を尋ねもせず、私を見さえせずに、穏やかな声で答えました。『署名はしません。子どもと母親は一緒にいるべきよ』。家へ帰る途中、私は失望を抑えて、それを口に出しませんでした……でも私は、別の人間になって別の人生を送ることができるという希望が、ちらりとでも見えたことを、決して忘れられなかったのです(5)」。しかしほとんどの親たちは、子どもを救う機会を得ることができれば、それを逃さなかった。第二次世界大戦が始まるまでに、一五歳未満の子どもたちの八二パーセント以上が第三帝国を去った。それでも、一九四一年六月のドイツでは、二五歳未満の子どもと若者およそ二万五〇〇〇人が拘束されていた(6)。オーストリアおよび東西ヨーロッパのナチ占領地域に残された子どもは、数十万人を超えた。ルート・クリューガーは「このときになると、もはやすべてが手遅れ」であったと想起している。彼女は一九四二年九月に、母親とともにテレジエンシュタット／テレジーンのゲットー／強制収容所に移送された。

これは、ウィーンからテレジーンへの最終移送のひとつであった(7)。

二　集団か家族か

ルートの物語は、ナチ支配下でユダヤ人の子どもがどのように育ったかに関する、特別な経験を映し出している。ヒトラーの軍隊がヨーロッパを制圧するにつれ、ますます多くのユダヤ人の子どもたちは、自分が「子ども嫌いの」街に住んでいることに気づくようになった。同時に、両親、教育者、そして人道主義組織が、両親を同伴しようとしまいと、子どもたちをヒトラーの支配から抜け出させるために活動するようになった。第二次世界大戦の勃発によって、軍隊、戦車、兵士、物資だけではなく、前例のないほどの多くの子どもたちが長距離を移動した。ヨーロッパ人やアメリカ人は、迫害と暴力から子どもたちを救い出そうとしたが、その過程で彼らは、子どもの発達をめぐる根本的な問いに直面した。彼らは集団主義教育と家族による教育のどちらが望ましいかをめぐって、また戦争で苦痛を受けた子どもを癒すための最善の方法はなにかをめぐって、激しい議論を闘わせることになった。

ユダヤ人の子どもは、彼らが実際に生家を去る前から、すでに強制移動にともなう心理的動揺を経験していた。ナチ体制が、ドイツに住むユダヤ人にますます多くの苦難をもたらすにつれ、多くの子どもたちは、彼らの父親と母親がドイツから逃げ出すべきか否か、あるいはどこに、どのように逃げ出すべきかについて真剣に話し合うのを耳にした。「私たちのバッグにはいつも荷物が詰められていました。私たちはいつでも別の国に逃げ出す瀬戸際の状態で暮らしていて、どこかに安心して腰を落ち着けることは、短いあいだですら決してできなかったのです」と、ルートは回想している。[8] ほとんどのユダヤ人の子どもは両親とともにドイツから逃げ出し、ナチ帝国が領土を拡大するにつれて、しばしば長期間にわたって移動しつづけることを強いられた。しかし、数万人の子どもたちは自分たちだけで鉄道もしくは遠洋定期船に乗り、パレスティナ、イギリス、アメリカの新しい家族のもとへとたどり着き、新しい人生を手に入れた。[9] 生家から遠く離れた港で、子どもたちは里親やソーシャルワーカーに迎えられた。彼らは、難民の子どもたちが迫害や両親との離別という経験と向き合うために、どのような支援をすることが最善かについて、独自の考えを持っていた。

もっとも、ナチ占領下のヨーロッパに住んでいたユダヤ人の子どもたちの大半は、キンダートランスポートにたどり着くことができなかった。東欧出身のユダヤ人の子どもたちのほとんど（チェコスロヴァキア出身の六六九人の子どもたちを除いて）は、逃げ出す機会を手に入れることができなかった。[10] しかし、ナチ支配というもっとも極端な状況下においてすら、ゲットーや強制収容所のユダヤ人教育者たちは、子どもと若者のために組織的な活動をおこなった。ルート自身はテレジエンシュタット／テレジーンのゲットー／強制収容所に収容されたが、そこはゲットーの壁の内側で、もっとも野心的な児童福祉事業がおこなわれていた場所のひとつであった。テレジーンの教育者たちはユダヤ人の子どもたちをナチ帝国の外に安全に逃がしてやれたわけではなかったし、絶滅収容所に送られることから彼らを守ってやれたわけでもなかった。しかし、彼らは極限的な状況にありながら、身体的および物質的欠乏からだけでなく、収容所生活においてみられた道徳性の低下からも、子どもたちを守るために最善を尽くした。

多くの非ユダヤ人の子どもも、第二次世界大戦中に生家から離れることを余儀なくされた。ヨーロッパ全域で、数十万人もの子どもたちが、ドイツ軍および連合軍の爆撃にさらされた都市から、より安全な田舎へと疎開した。こうした子どもたちが人種的迫害にあうことはめったになかった。しかし、とりわけイギリスにおける疎開は、英米において児童心理学および児童福祉理論が発展する画期となり、それは第二次世界大戦後のヨーロッパにおける家族の再建をめぐる構想を形づくることになった。

　民間人によっておこなわれた疎開、キンダートランスポート、テレジーンのゲットーなど、それぞれの文脈はいちじるしく異なっていた。したがって、児童救済の担い手たちが、戦時中に子どもを保護するための最善の方法について、まったく異なった結論にいたったことは驚くべきことではない。これらの差異は、戦争、移民法、財政、そしてナチ政策がもたらした構造的な制約の違いを反映している。しかしまたこれらの差異は、児童福祉に関する地域的伝統の相違と、戦後世界に対する見通しの差異を反映してもいたのである。第二次世界大戦中に、子どもの救済をめぐって競合する理念が現われ、それらは戦争が終結したのち、避難民家族を回復させるための最善の方法をめぐる議論の土台を形づくることになった。

　もっとも紛糾した議論のひとつは、避難民の子どもたちが家族の文化や伝統をなお必要とするのか、それとも子どもたちを集団として扱うほうが、子どもたちの情緒的な欲求をより満たすことができるのか、ということをめぐって闘わされた。イギリスにおける疎開とアメリカへのキンダートランスポート双方において、ソーシャルワーカーたちは、精神分析の理論が正しく、家族の絆が重要であるという証拠を、決まって彼らが出会った難民の子どもたちの事例から引き出した。対照的にテレジーンのゲットーでは、シオニストと社会主義者の教育者たちが、集団主義教育法の有効性と同時に、彼らが抱く理想の有効性を確信した。彼らの教育計画は、ゲットーというダーウィン主義的環境において生じうる「道徳的退廃」という危険からユダヤ人の子どもたちを守ること、そしてユダヤ人共同体《コミュニティ》を戦後に再興するための準備をおこなうことを企図していた。

　しかし、かなりの相違点があるにもかかわらず、ヨーロッパにおけるあらゆる戦時児童救済事業は、ひとつの共通した教育原則に突き動かされていた。英米のソーシャルワーカーが、児童福祉の「個人主義的な」原理を保持することを主張したときでさえ、ニューヨークの難民の子どもたちとテレジーンの被収容者たちはともに、強力な国民主義教育に遭遇した。アメリカ合衆国とイギリスでは、ソーシャルワーカーは幼い難民を同化した移民へ、つまりアメリカやイギリスそれぞれの国民共同体の理念的な一員へと変えようとした。対照的にテレジーンでは、教育者たちは、ユダヤ国民としての自己意識を形成しようとした。しかしどちらの場合でも、児童救済の担い手たちは、国民統合をユダヤ人共同体の生き残りと再建とに結びつけるだけではなく、危機的な状況における子どもの精神衛生にも結びつけた。

三　イギリスにおける児童疎開と精神分析

ドイツ軍のポーランド侵攻が始まると、イギリスでは「ハーメルンの笛吹き」作戦が始められた。一九三九年九月一日から三日間で、イギリスの学校児童の四七パーセントが背負い袋とガスマスクを持って田舎へと出発した。目的地に到着すると、疎開者たちは決まって町の広場のような中心部に集められた。そこに招かれていた受け入れ家族候補者は、自分たちが受け入れる子どもを選んだ。ある学校教師の報告によれば、イングランド中部地方のベッドフォードで「つぎに起こった光景は、家畜市場——あるいは奴隷市場とまったく変わるところはなかった。里親候補の母親たちは……われわれを押しのけて広場を歩き回り、彼女たちが考えるところの、もっとも見栄えのよい標本を選び出そうとしていた……選ばれずに置き去りにされそうだと感じた子どもたちは、わっと泣き崩れていた(11)」。

戦時中のイギリスでは、疎開は一般市民が経験したトラウマの重要な象徴となった。一般市民の大量疎開は、第二次世界大戦中にイギリス、フランス、ナチ・ドイツ、ソ連、そして他のヨーロッパ地域でも生じたが、イギリスにおいてもっとも深い痕跡を残した。フランス、ソ連、そしてドイツでは、ドイツによる占領（ないしは敗北）、戦死、飢餓、強制収容所への移送といった破局的な出来事が生じた。このためこれらの国では、疎開が戦時中の大きな被害として経験されることはあまりなかった。イギリスとフランスの疎開を比較して、両国における疎開に対する感じ方がなぜ違うのかを、ローラ・リー・ダウンズは家族と子育てをめぐる文化の違いから説明している。二〇世紀初頭のフランスでは、庶民階級の子どもたちが幼くして家を出る一方で、母親は家の外で働いていた。一九三〇年代までに、フランスで「サマー・キャンプ（colonies de vacances）」の組織網が広がったことにより、数十万人のフランス労働者階級の子どもたちは、夏のあいだフランスの実家を離れて過ごすようになった。これらの経験は、トラウマを惹き起こすものとは考えられなかった。むしろ、長期のあいだ実家から離れて過ごすことは、首尾よく社会化された共和国の市民となるためにきわめて重要であるという合意が形成されていた。第二次世界大戦中、非常に多くのフランスの子どもたちがパリから疎開したが、疎開経験が戦争に関する公的な記憶に痕跡を残すことはほとんどなかった。(12)

これに対してイギリスでは、少なくとも労働者階級の子どもに関しては、家族と子ども期に関して異なった考え方が支配的であった。家庭の外で働く既婚女性は、戦間期のイギリスでは例外的であった。子どもたちを直接的な対象として社会扶助をおこなうというよりも、イギリス国家は家族を凝集的な単位とみなし、家族の絆を強めようとした。イギリスの自由主義者は、直接的な児童扶助を望ましくないものとみなした――たとえば、温かい学校給食を提供すると、父親が親としての義務をおろそかにするようになるかもしれない、というように。イギリスであっても上流階級の少年は幼いころに家を出て寄宿学校に入ったかもしれないが、多くの労働者階級の子どもは家庭に繋ぎとめていた。こうした文化においては、疎開は子どもと親双方にとって重大な断絶として経験された[13]。

ロンドンの子どもたちが田舎の受け入れ家庭に足を踏み入れたとき、二つのイギリス人が衝突することになった。いまだ大恐慌時代の悲惨に苦しむ都市貧困層のイギリス人と、疎開児童を引き取ることの多かった（なぜならこれらの家族がもっとも空き部屋を有していたので）、より富裕な農村のジェントリである。疎開児童のなかには、「不潔な習慣を持ち、頭にシラミがたかっている」おねしょの治らない子どもが広くみられた。中流階級の人びとはその姿に衝撃を受け、それを劣悪なマナーと「野蛮な」振る舞いとして非難した。しかし、戦時にイギリス人が連帯したという神話によって、「不潔な疎開者」がベッドのシーツを汚し、中流階級のテーブルマナーにしたがうことができなかったという疎開開始直後の光景は、イギリス人の記憶から消失してしまったようである[14]。

イギリス人の児童疎開への反応は、まさに一九四〇年代イギリスに固有の文化的、ジェンダー的、階級的な見解を反映していた。しかし一九四〇年代に疎開児童について論じた当時の著名な精神分析学者や児童福祉の専門家は、疎開ショックを引き起こす要因であった、この特別な文化的背景を覆い隠した。なかでもアンナ・フロイトは、疎開をイギリス人固有の経験から人間の発達に関する普遍的な教訓へと転化させることに成功した。一九四一年から一九四五年にわたり、フロイトと彼女の長年の協力者であったドロシー・バーリンガムは、戦時下の子どものための里親計画アメリカ支部の援助を受けて、三つの疎開児童ホームを運営した[*2]。

彼女の父親と同様に、アンナ・フロイトもまた、子ども期は無垢であるとする感傷的な神話を覆そうとした。ヨーロッパの人びとも、第一次世界大戦およびスペイン内戦中に、戦争が子どもに与える影響を大いに懸念したが、彼らの関心はもっぱら子どもの健康と福祉に対する脅威に集中していた。それとは対照的に、フロイトは戦争がもたらす心理学的な影響を懸念した。彼女は、人間を堕落させ、残忍にさせる影響を持つものとして戦争を理解するのではなく、実際のところ戦争は、暴力に対する子どもの自然な欲求を満たしているのだと主張した。フロイトとバーリンガムの説明によれば、「子どもの自然に関して広くいきわたった誤解があり、それによって一般の人びとは、子どもが破壊や攻撃を見ることで恐れを抱くと考えてしまっている」。「幼い子どもが遊んでいるところを観察するならば、彼らは玩具を壊したり、人形の手足を引き抜いたり、ボールに穴を開けたり、壊せるものは何でも叩きつけていること、子どもが自分の行為の結果を心配するとすれば、それは玩具を完全に壊してしまって、もうそれで遊ぶことができなくなったときだけであることがわかる(15)」。

したがって、子どもに対する真の脅威は、爆撃でも闇市でも、あるいはミルク不足でもなく、家族内部の情緒的安全が確保されないことであった。「戦争が子どもの生活を脅かし、物質的な快適さを阻害し、あるいは配給食糧を減らすというだけならば、子どもに与える影響は比較的少ない……戦争が大きな意味を持つのは、それが家族生活を壊し、子どもにとってもっとも重要な感情、すなわち家族の愛情を根こそぎ奪う契機になる場合なのである。したがってロンドンの子どもは総じて、空襲よりも、空襲から彼らを守るためにおこなわれた田舎への疎開によって、はるかに精神的動揺をきたしている」と、フロイトは結論づけた(16)。

児童疎開は、戦時に子どもが被る苦境を人道主義的に解決する方策とみなされていた。しかしフロイトと彼女の仲間は、むしろ児童疎開それ自体を、子どもに人道的危機をもたらすものと捉えなおした。フロイトの理論は、母親と父親が家族のなかで異なる役割を果たすべきであるという前提に依拠していた。父親が家庭を離れて戦場に向かう場合には、子どもは父親の不在を受け流すことができるので、トラウマの危険はまったくない、とフロイトは主張した。「子どもたちはつねに多かれ少なかれ、父親がいなくなったり戻ってきたりすることに慣れており、基本的な愛情を満たすことを父親に求めていなかった。そのため、父親から離れることは真にショックを与えるものではない」と、フロイトは論じた。これと対照的に、母親から子どもを引き離すことは、「実際に戦争によって孤児になった子どもたちだけでなく……それ以上に多くの人為的な戦争孤児を生み出す」[17]恐れがある、と。

フロイトと同じく精神分析家であったジョン・ボウルビィもまた、母親の愛情に関する理論を普及させることに成功した。一九四〇年、ボウルビィは、幼い子どもの疎開が子どもたちに深刻な危機をもたらすだけでなく、その延長線上で、イギリス人全員にも深刻な危機をもたらすと主張した。彼は「幼い子どもたちを家庭から長期にわたって引き離すことは、犯罪者的な性格を発達させてしまう際立った原因のひとつであり、慢性的および永続的な非行を引き起こす。……多くの場合、子どもの邪悪な性格は、幼少期に母親（あるいは母親代わり）から長期にわたって引き離されたことに、決定的な原因がある可能性がある」[18]と主張した。

ボウルビィの思想は、彼が国連と協同して活動することによって、国際的に知られることになった。一九五〇年の国連世界保健機関（ＷＨＯ）に提出された報告書『母性的配慮と精神衛生』において、彼は幼少期の「母性剝奪」を、非行や抑うつから退行にいたるまでのさまざまな精神病理に結びつけた。極端な場合、母性剝奪は子どもを「愛情喪失性格」に変え、生涯にわたって他者と感情的な関係を結ぶことができない人間にしてしまうとされた[19]。もっともボウルビィによれば、彼の理論は母親に対していつもそばにいることしか求めていないのだから、未熟な母親に対する重圧を強めるよりはむしろ和らげるものであった。ボウルビィが、ネグレクトされた子どもを「悪い」母親から引き離すことは、誤った指導の典型だと主張したことは有名である。「子どもをネグレクトするような悪い親でさえ、子どもに多くを与えていることを決して忘れてはならない。……劣悪な家庭で育った子どものほうが、良質な施設で育った子どもよりも健全に育つのはなぜなのか、その理由をはっきりと理解することができるのは、まさにこうした背景においてである」[20]。ボウルビィの思想、とりわけ「分離不安」と「母性剝奪」という概念は、戦後の英米ですぐさま主流の考え方となった。『母性的配慮と精神衛生』は一九五三年に、ペンギン出版から一般読者のための縮約版が出版された。これは英語版で四〇万部以上を売り上げ、つづいて一四か国語に翻訳された[21]。

実際にはヨーロッパで、あるいはイギリス国内でさえ、戦時における親子の引き離しが、次世代の「愛情喪失性格者」と犯罪者を生み出すという共通認識があったわけではない。イギリスの保育所が戦後に閉鎖されたのは、児童保護に関するボウルビィの提案のためというよりは、政府の経済政策に起因していた[22]。疎開経験は、都市部の近隣関係という限定された関係から子どもたちの視野を拡大する好機であるとして、それを歓迎したイギリス人学校教師も多かった。ケンブリッジのある教師は、「甘ったれで神経質であった子どもたちが自信を持つようになり、自分自身で考え行動するようになりました。そしてあらゆるやり方で自分の個性を自由に伸ばそうとするようになったのです[23]」と疎開経験を誇った。子ども自身の記憶は、疎開経験に対する複雑な反応を示している。ホームシック、社会的排除、果てはネグレクトや虐待に苦しんだ者もいた。しかし、疎開を社会移動の扉として記憶し、受け入れ家族と生涯にわたる絆ができたと評価する者もいたのである[24]。

それにもかかわらず、精神分析家は戦後の英米において、疎開が遺した経験を否定的なものに限定することに成功した。そうすることができた理由の一端は、彼らが国際的なネットワークと専門職としての地位を持つことで、幅広い聴衆と組織的な支援を獲得することができたからであった。「家族から引き離されることが、あらゆる年齢の子どもたちに有害な影響を与えるという証拠は、第二次世界大戦中に悲惨なまでの規模でもたらされた」と、ボウルビィはＷＨＯの報告書で述べた[25]。心理学者のスーザン・アイザックスは、疎開という経験によって、イギリス都市部の貧民のあいだに、強い家族の絆があることが証明されたと結論づけた。「富もなく、地位や財産に対する自尊心もない庶民や貧民のあいだでさえも、自分自身の家族に対する愛情と、家族が一緒にいる喜びがあれば、それだけで人生は生きるに値するものになる。家族の絆への欲求は心の非常に奥深く根ざしたものであるため、緊急時における世論への訴えや、権威による指示はもちろん、自衛本能の法則すら凌駕する[26]」。彼女の見解によれば、家族の絆は、かりに政策担当者が短慮にはやって干渉しようとしても、決して干渉できないほど強力な自然の力であった。

四　アメリカにおける難民の子どもたち

イギリスの疎開児童は、両親に同伴されずにナチスから逃れた子どもたちの第一陣であったが、その他のあらゆる地域でも、子どもたちはつぎつぎとナチスの手から逃れようとした。第三帝国下で人種的迫害が激しくなるにつれて、人道主義活動家たちは、ユダヤ人の子どもたちをヒトラーの手から逃れさせようと組織的な取り組みを始めた。戦争が始まる直前の一九三九年、およそ一万八〇〇〇人のユダヤ人の子どもと若者が、自分たちだけでナチ・ドイツから逃げ出した。青年アリヤー*〔3〕はおよそ一万二〇〇〇人の子どもをヒトラーの帝国からパレスティナへと安全のために移住させたが、そのうち三二〇〇人はドイツから単身で避難した子どもたちであった。よく知られているように、一九三八年と一九三九年に、キンダートランスポートは約一万人のユダヤ人の子どもたちを中央ヨーロッパ（ドイツ、オーストリア、チェコスロヴァキア）からイギリスへ送り出した。[27] ユダヤ難民の子どもたちのなかで、一九四五年以前にアメリカ合衆国にたどり着いた者は、非常に少なかった。アメリカ系組織もユダヤ難民のための活動をおこなっていたが、彼らは本国の出生地主義と孤立主義によって苦境に立たされていた。

一九三四年に創設されたドイツ・ユダヤ人児童支援（ＧＪＣＡ）（一九四二年にヨーロッパ・ユダヤ人児童支援（ＥＪＣＡ）に改称）*[4] は、もっとも野心的なアメリカの救済活動団体であった。一九四一年一月、ＧＪＣＡは全米難民支援と統合され、ヨーロッパ児童保護合衆国委員会と協力関係を築くことになった。この合衆国委員会は、難民の子どもたちを受け入れるための包括団体であり、エレノア・ルーズヴェルトの後援によって一九四〇年に創設された。戦後、ユダヤ難民の子どもたちはＥＪＣＡと合衆国委員会の保護のもとで、続々とアメリカに到着した。[28]

英米の救済計画に誰を送り出すかに関して、ドイツではソーシャルワーカーが、ドイツのユダヤ人コミュニティを統括するドイツ在住ユダヤ人全国代表機関とともに子どもたちを選別していた。ウィーンでは、ウィーン・ユダヤ人ゲマインデ（ＩＫＧ）*[5] の児童移民課によって、子どもたちが選別された。ノルベルト・ヴォルハイムが想起するところによれば、ドイツでは「担当者は、何千件もの申し込みを処理しなければならなかった。国内中から申し込みが殺到したため、私たちは受け取った手紙をすべて読むことすらできなかった」。しかし、移民の可能性が存在したのは、ごく短いあいだにすぎなかった。一九三〇年代に、ナチ・ドイツでユダヤ人の子どもたちがおかれた状況は、日増しに悪化した。しかし多くの家族が、子どもを海外へ送り出そうと真剣に考えだしたのは、一九三八年一一月の水晶の夜事件という残虐行為に衝撃を受けた後のことであった。戦争が始まったため、キンダートランスポートはそのわずか一〇か月後に活動を終了した。ウィーンではキンダートランスポートによる移民の扉が閉じられる二か月前の一九三九年六月においても、ウィーンでは八〇〇〇人の子どもたちが自分の順番を待っていた。[29]
キンダートランスポートに選ばれた子どもたちは、自分が逃げ出すことができたことを幸運あるいは運命と考える傾向があったが、実際には他の要因もしばしば働いていた。一九三九年三月まで、ウィーンのＩＫＧのワーカーたちは、もっとも危険にさらされていると判断しうる子どもたちを優先的に送り出していた。そこには逮捕の危険がある一〇代の少年、孤児、両親が強制収容所へと送られた子どもたちが含まれていた。この方針が可能であったのは、一九三九年三月までは、イギリスに送られるユダヤ人の子どもたちは難民児童救済運動団体の宣誓供述書によって旅立つことができたからである。すなわち彼らは前もって自分の里親家族を見つけておく必要はなかった。しかしながら、一九三九年三月以降は、すべての子どもたちが個人の宣誓供述書によって移民することになった。つまり、子どもたちは、支援の手を差し伸べてくれる里親がいることを、宣誓供述書に記載しなければならなくなった。したがって、選別の過程はより里親家族の好みに影響されやすくなった。イギリス人の里親は通常、一〇代の男子、特別なニーズを必要とする子ども、社会福祉活動の対象となるような子どもを引き取ることに興味を示さなかった。一九三九年以降、子どもたちは概して、里子として適応できるかどうかを考慮されて選ばれるようになった。[30]
魅力的で「同化可能な」子どもを選ぶべきだという圧力は、部分的には英米の人道主義ワーカーによってもたらされた。一九三六年、ＧＪＣＡの移民斡旋責任者ロッテ・マルクーゼは、一四歳以上の子どもの数をより少なくするように、と命ずる覚書をドイツ支部に書き送った。彼女はドイツの親たちに対して、「心理的あるいは身体的に特別なニーズがあること、あるいは問題行動の有無について虚偽の情報があった場合、子どもを送り返すことがありえます」[31]と警告を発している。一九四二年、ナチ占領下のフランスでは、あるクウェーカー教徒の職員が、移民の選別過程を特権的な奨学金面接になぞらえた。彼が言うには、「ローズ奨学金試験[*6]のように、移民面接はしばしば申込者を不安にさせています」。彼によれば、子どもの選別は、移民することをもっとも必要としている子どもたちと、もっともよい印象を与えることができる子どもたちを天秤にかけることにならざるをえない。そして実際には「よい環境で育った子どもはしばしばより賢く、社会的にも道徳的にもより良い価値観を身に着けていることが多い」。しかしこのクウェーカー教徒は、「愚鈍で、病的で非道徳的な子どもがふるい落とされてきたのですから、富裕な人びともきっと決まりの悪い思いをしているはずです[32]」と楽観的な見解を表明した。

このことをドイツとオーストリアのユダヤ人コミュニティの指導者たちは戦略的に捉えた。魅力的なヨーロッパ系ユダヤ人の子どもを、いわば大使として受け入れ国に送り込むことによって、より多くのユダヤ人の子どもたちや大人が、彼らの足跡を辿って逃げやすくなることをもくろんだのである。難民の子どもたちは、外国で「愛される存在にならなければならない」という重い責任を植えつけられた。一九三九年五月九日の『ユダヤ会報』は、「いまだドイツに隠れたまま取り残されている子どもたちのために、非常に多くの子どもたちが、その魅力と見栄えのよさを武器に、宣伝材料として役に立っている。しかし残念ながら、必ずしも全員が、イングランドでユダヤ人の子ども支援者を獲得するために必要とされる完璧なマナーを示せているわけではない。個々の子どもたちが……完璧な振る舞いをして愛されるようになることがどれほど重要なことで、よい評判が……外国へ脱出する機会を待ちわびている何千人もの取り残された者たちの助けとなる……のだと両親から教えられていたらよかったのだが[33]」。

一九三四年一一月、ドイツからやってきた最初の難民の子どもが、ニューヨークに到着した。一九三四年から一九四五年のあいだに、総勢一〇三五人の子どもたちがGJCAと合衆国委員会に身柄を引き取られた。第二次世界大戦後も、EJCAは戦争を生き延びたユダヤ人孤児を受け入れつづけた。一九四九年にEJC

Aは、一九四六年以来、一九七一人の難民の子どもたちを受け入れたと報告した。[34] 合衆国の人道主義組織は、アメリカの親類あるいは雇用主から求められることの多かった個人宣誓供述書ではなく、団体宣誓供述書にもとづいて、ヨーロッパの子どもを受け入れることができた。宣誓供述書は、難民が生活保護受給者にならないこと、一六歳まで学校へ通うこと、賃金のために働かないこと（労働組合から要求された約款）を保証するものであった。

子どもの移送が始まった最初期には、鉄道の駅は悲しみの光景で溢れていた。それはナチ当局が、親が子どもを連れて改札に来ることを禁じるまでつづいた。息子との別れの日、ベルリンの内科医ヘルタ・ナートルフは「わが子が行ってしまった！……あの子は自分がとても特別な存在なのだと思っているけれど……私たち親の心は張り裂けそうだ[35]」と日記に書き残した。ルート・クリューガーのように、多くのユダヤ人の子どもたちはドイツを離れたがっていたが、このことは親子のあいだでしばしば緊張を招いた。[36] 子どもと生き別れるという決心をなんとか正当化しなくてはならないと感じた親もいた。子どもの里親宛てに書いた手紙のなかで、ヨーゼフ・ユリウスは「息子とともに、私の人生から太陽の光も失われてしまいました。……それに関しては、いちじるしく深刻な経済不況さえなければ、私は子どもの利益だけを優先することなどなかった、としか言えません。……息子は幸せそうに旅立ちましたが、それは彼がまだこの旅がどれだけの重みがあるものなのか分かっていないからなのです[37]」と告白している。

もちろん、すべての難民の子どもたちが進んで親元を離れたわけではない。一部の子どもたちは、両親との離別——そしてその後両親が行方不明になってしまったこと——を、親からの拒絶と感じ取った。ヴェラ・ショーフェルトは九歳のときにキンダートランスポートでプラハを離れた。一九四〇年一一月を最後に、両親からの手紙は途絶えた。その後、「両親は私のことを忘れてしまったに違いない、あるいは自分がイングランドに送られてしまうほど、なにかひどいことをしてしまったに違いない、と思いました。……私は幼いころ自分がしてしまったすべての悪いことを思い浮かべて、あんなことをしてしまったから自分は両親と一緒にいられないんだ、と思ったのです[38]」と回想している。

アメリカ当局は、ヨーロッパからやってきた難民の子どもたちが、反ユダヤ主義的な反動を惹き起こしてしまうかもしれないと危惧していた。したがって、子どもたちは秘密裏に合衆国に送り出された[39]。救出された子どもの数は、どのような基準から見ても非常に少なかった。ナチスの脅威がドイツとの国境線を超えて拡大した一九三九年でも、GJCAの援助によって合衆国に到着した子どもは、わずか三二人であった。合衆国が実際に受け入れた難民の数は、割り当て数をつねに下回っていた[40]。同年、ニューヨーク州選出上院議員ロバート・F・ワグナーと、マサチューセッツ州選出の下院議員エディス・N・ロジャーは、一四歳未満のユダヤ人の子どもに追加で二万部の非割り当てビザ〔年間移民割り当て人数分のビザとは別枠のビザ〕を発行するという法案を議会に提出した。一九三九年四月に開かれた法案に関する一連の公聴会で、アメリカの移民排斥主義者は、ユダヤ難民の子どもたちが未来の共産主義者や無政府主義者であり、アメリカ的価値観を脅かす存在になるとみなした。彼らはまた、母親をともなわずにアメリカに移民する子どもたちが、母性的養育の欠如のために反社会的行為者になると主張した。反移民活動家アリス・ウォーターはつぎのように証言した。

愛はまず身内から始まるべきということわざにあるように、同情にかまけて感傷的になるべきではないのです。……いかなる社会であれ、いかなる国家であれ、母親のいない、みじめに虐げられた、望まれない外国人の子どもたちを何千人も育て、この傷つけられた魂を忠実で愛情にあふれたアメリカ市民へと変えるなどというとてつもない責任を、首尾よく引き受けることができるはずがありません。……これらのいわゆる無垢で無力な子どもたちが、難民としてアメリカに受け入れられてしまうならば、彼らはいずれ反乱の指導者となり、われわれの子どもたちから、信仰、言論の自由、生命、自由、幸福を追求する権利を奪うことになると私は確信しております。(41)

一九三九年のギャラップ世論調査〔現在までつづくアメリカの民間会社による世論調査〕によると、アメリカ市民のほぼ三分の二がウォーターの意見に賛成したが、この数字は、法案が議会における審議の場に進むことすらできなくするのに十分であった。(42) 皮肉なことに、ウォーターが母親のいない子どもたちをアメリカ社会に対する脅威とみなしたときでさえ、アメリカとイギリスの移民政策は、難民の子どもたちに親と引き離すことを強いていた。合衆国あるいはイギリスが成人難民を受け入れていたならば、子どもたちはきっと両親とともに移民していたであろう。

合衆国で避難場所を見つけることができた子どもたちはわずか一握りであったが、彼らは史料という痕跡を豊かに残してくれている。GJCAと地方のソーシャルワーカーは、合衆国にやってきたユダヤ難民の子どもたちが、その後どのように成長したかを熱心に追跡調査した。総じて精神分析理論を引き合いに出しつつ、アメリカのソーシャルワーカーは通常、強制移動と迫害に対する子どもの反応を、心理学的な用語で解釈した。彼らは個々の子どもの心理状態と生育家族に注目し、アメリカ的価値観の中核であり、またアメリカ生活に心理学的にうまく「適応《アジャストメント》」した証として、自立と「独立《インディペンデンス》」を奨励した。

五　アメリカにおけるソーシャルワークと精神分析

一九三〇年代中葉、難民の子どもや若者の多くは、アメリカでの滞在を一時的なものだと認識していた。合衆国児童局のエルサ・キャステンダイクは、一九四三年に、「彼らは、当時ドイツで広くいきわたっていた考え方、つまりヒトラーの恐怖体制はすぐに終焉を迎え、自分たちは祖国に帰ることができるだろう、という確信を持っていた」と当時を振り返った。[43] しかし第二次世界大戦中および戦後に合衆国にやってきた子どもたちは、しだいにそこにとどまる意向を持つようになった。当初より、ＧＪＣＡのソーシャルワーカーは、自分たちの使命が難民の子どもたちをユダヤ系アメリカ人として統合することであると考えていた。ロッテ・マルクーゼは、ヨーロッパの同僚に宛てた一九四一年の覚書で「われわれは喜んで、子どもたちを来賓として招き入れる。しかし、彼らはここアメリカを自分の家にするよう期待されており、したがってアメリカ人の子どもとして育てられるべきである」と記している。[44] ＧＪＣＡ／ＥＪＣＡの移民責任者であったマルクーゼは、彼女自身最近ドイツからやってきた移民であった。しかし、児童福祉に対する彼女の取り組みは、彼女のドイツでのソーシャルワーカーとしての訓練よりも、二〇世紀中葉アメリカのソーシャルワークを支えるうえで広く受け入れられていた仮説、とりわけ精神分析の影響を反映していた。

二〇世紀中葉のアメリカにおいて精神分析が隆盛したことには、いくつもの要因がある。第一次世界大戦は、ヨーロッパと合衆国双方で、軍事目的および政治目的のために心理学を利用することを促した。すでに一九二〇年代には、アメリカ人のソーシャルワーカーは精神分析理論を受け入れはじめていた。戦間期には、ソーシャルワーカーは慈善活動という起源から自らを切り離し、専門職として組織化しはじめた。精神分析がこの時期に魅力的であったのは、それが自分たちは専門的で科学的な技術を身に着けているのだというソーシャルワーカーの主張を正当化する、一連の科学的方法と理論を提供したからであった。合衆国児童局、戦間期の退役軍人局、児童相談所による制度的支援や、非行防止連邦基金、ローラ・スペルマン・ロックフェラー記念保護者教育計画といった財団の支援によって、合衆国では精神衛生運動も始まっていた。

第二次世界大戦は、アメリカの精神分析と精神医学の発展にさらに大きな恵みをもたらした。真珠湾が爆撃されたとき、アメリカ軍はわずか三五人の精神科医しか雇用していなかった。一九四五年までに、一〇〇〇人を超える精神科医が軍によって養成され、これら精神科医のほとんどは精神分析の理論と方法を熱心に支持していた。戦後、アメリカでは研究大学が増加したが、これらの大学は心理専門職の発展に、さらなる制度的な支援を提供した。

この発展を支えたのは、精神分析を好む文化的および思想的な風潮であった。第二次世界大戦後、アメリカの児童心理学はアンナ・フロイトの自我心理学を受容した。彼女の理論は、破壊衝動や破壊欲動に対処する場合に、個人の重要性を強調するものであり、冷戦期における個人主義や保守主義とうまく合致した。精神分析もまた、ソーシャルワークや犯罪学、子育てに関するより科学的で、理性的で「現代的」な方法を求めるアメリカ的な要求に応えるものであった。精神分析的な子育て技術はとりわけ人気を集め、『ペアレント・マガジン』やベンジャミン・スポック博士の『乳幼児および子どものケア』といった出版物を通じてアメリカの親たちのあいだに広く普及した(45)。

精神分析は費用面でも効果的であった。精神医学と精神分析を用いたソーシャルワークは、ソーシャルワーカーを社会経済的な改革から遠ざけるという一般的な動向と軌を一にしていた。精神分析家がパーソナリティ障害の原因を環境に帰す場合ですら、彼らは環境を非常に狭く定義づけた。彼らが重要だと考えたのは、都市や仕事場、市街地や市場などの環境ではなく、家庭内の情緒的環境であった。アメリカのソーシャルワーカーはますます、社会病理の原因を、個人が子ども時代に持った親との関係にあるとみなすようになった。彼らは社会的現実を変えることに取り組むというよりも、問題を抱えている個人が現実に「適応」できるよう支援するようになった。(46)

福祉支援への「依存」は、永きにわたり、博愛的および宗教的な慈善活動の関心の対象であった。しかし精神分析の枠組みのなかでは依存はもはや、道徳的弱さの証拠として理解されなくなった。その代わり、依存は満たされない子ども期の欲求表現であると捉えなおされた。一九三八年に出版された『ソーシャル・ケースワークの理論と実践』は、精神医学に重きをおく合衆国ソーシャルワーカーの標準的な教科書となった。その著者ゴードン・ハミルトンは、一九四〇年、一部のソーシャルワーカーが「貧困を単なる経済的な事柄としか理解せず、子ども期における依存願望が、貧困の実際の原因ではないにしても、貧困を長引かせてしまう要因なのだということをまったく認識していない(47)」ことを嘆いた。

アメリカのソーシャルワーカーは、自分たちが扱ったヨーロッパ難民の事例に精神分析理論を熱心に当てはめ、個人と家族の責任を強調し、「適応問題」を幼い子ども期の家族関係に帰した。彼らは、難民の子どもたちを孤児院や寄宿学校ではなく里親家庭に送ることを強く支持した。ヨーロッパ児童保護合衆国委員会は、一九四一年、同伴保護者のいない八七〇人の子どもを受け入れたが、そのうちの八〇一人は里親家庭に引き渡され、集団的な保護を受けたのはわずか六九人にとどまった。(48)合衆国のソーシャルワーカーは、子どもを里親に保護させ家庭環境のなかにおくことを、子どもの心理学的「最善の利益」と結びつけただけではなかった。彼らは里親制度を、彼らがまさにアメリカ的価値観とみなしていた個人主義、自立、家族の絆と結びつけた[49]。

実際には、たとえ難民の子どもたちが無傷の家族とともに合衆国にやってきた場合であっても、多くの難民の親たちは生活が安定するまで、子どもを集団施設に預けようとした。これはヨーロッパではありふれた、そして広く認められたひとつの戦略であり、「孤児院」は、親がいた場合でも両親が失業、病気、ホームレス状態に苦しんでいる場合、しばしばその子どもたちを保護した[50]。アメリカのソーシャルワーカーは、こうした慣行を旧世界の遺物として非難した。マルクーゼはつぎのように述べた。「われわれの理念と原則にしたがって、われわれは、たとえ困難であったとしても、難民家族は家族という単位で社会に適応しようと努力することを求める」[51]。ソーシャルワーカーはこの方針を、「個人としての責任」と「自足」というアメリカ的価値観を教えることであると解釈した。合衆国に移民した難民向けのある小冊子は、「国家ではなく個人の重要性が、また民主主義国家の一員として個人の責任を果たすことが、強調されなければならない」と助言していた[52]。

しかし、言説上ではアメリカ的個人主義とヨーロッパ的集団主義が鋭く対立したとしても、アメリカのソーシャルワーカーは、実際に難民をアメリカ国民共同体という特別な構想に統合することができるのかについて、深刻な懸念を抱いていた。移民の同化に関する懸念は合衆国において決して新しいことではなかったが、一九二〇年代以降、アメリカのソーシャルワーカーはますます「アメリカ化」計画に関与するようになっていた[53]。ここでもまた、精神分析という枠組みのなかで、ソーシャルワーカーは、移民がアメリカ的な規範に適応できない原因を、個人の意思と幼少期の経験に欠落があることに求めた。ＧＪＣＡのワーカーは、難民をユダヤ系アメリカ人の社会に統合するもっとも簡便な方法として、難民の子どもたちを里親のもとにおくことをはっきりと奨励した。ロッテ・マルクーゼは一九四一年の覚書でつぎのように述べている。「われわれの移民法は大集団の子どもを受け入れることや、彼らを施設で育てることを禁じている。……われわれは、安定した、思いやりのある家族のもとに子どもたちをおくことが、子どもたちの本当の家庭の代わりとして最善であることを確信している。……子どもたちは、アメリカ人の子どもと同じ種類の学校に行くべきである。彼らは公立図書館、公民館に行き、自分自身を、彼らが住んでいる新しい国と同一化するあらゆる機会を持つべきである[54]」。

ヨーロッパにいる両親への手紙において、難民の子どもたちは、しばしば自分たちがアメリカに早く適応していることを誇らしく語った――それがたとえ親を心配させないためであったとしても。合衆国に着いて最初の一か月がたち、ハンス・ユルゲンソンは父親につぎのような手紙を書いた。「お父さんは、いつ最初の英語の手紙が届くのか訊いたよね――これがそうだよ！　僕は学校がとても好きだし、先生たちも生徒たちも僕にとても親切だよ。僕の英語は毎日うまくなっているよ[55]」。しかしＧＪＣＡのソーシャルワーカーは、難民の子どもたちのあいだで「アメリカ的」価値観と「個人主義的」方法に対する広範な抵抗があったと報告している。ＥＪＣＡ現場代表者であったデボラ・ポートノイは、戦後になって地方支部が、「こうした若者たちがアメリカ人コミュニティにたやすくなじむことができない」ことに深刻な懸念を抱いていると報告した。彼女によれば、難民の若者たちが「親しくなるのはほとんど他のヨーロッパ諸国からの移民たちであった。……彼らの交友関係には不健全さが認められる[56]」。子どもたちがアメリカ的な慣習や価値観を十分すばやく吸収することができなかった場合、ソーシャルワーカーはそれを心理学的「抵抗」として非難するのが常であった。一九三八年の報告書は「英語を学習することを断固拒否する子どもが、まだ数人いる。両親との離別により、なんらかの心理学的および感情的問題がある場合に、こうしたことが生じていると思われる」と述べている[57]。

難民の子どもたちが、お互いを友人として心から必要としていたとしても、それは驚くべきことではない。同じ難民であるがゆえに、彼らは親密なコミュニティを与えてくれ、精神的な支えになってくれたからである。しかしソーシャルワーカーは彼らの絆を病理的なものとみなした。一九四八年、ポートノイは「ケースワーカーは彼らを個人化しようと試みているが、ヨーロッパの若者たちは集団でそれに抵抗している。彼らはいまだ『群衆』心理を持ちつづけている[58]」と不満を述べている。ポートノイの失望は、彼女の同化主義的見解と同じくらい、ユダヤ人には「党派性」があるという反ユダヤ主義的なステレオタイプをも示している。こうした懸念はユダヤ難民が初めて合衆国にやってきた一九三〇年代から、新たに到着した難民の多くがホロコーストの生存者であった一九五〇年代まで、ほとんど変化することはなかった。

ＥＪＣＡはニューヨークの外にある（施設ではなく）家庭に難民の子どもたちを送ることによって、この「群衆」的な精神構造と闘おうとした。「われわれは子どもを集団のなかにおくことはしない。なぜなら、われわれは合衆国政府に対して、子どもたちをアメリカ人コミュニティの生活から決して切り離さないと約束しているからである。施設に子どもを送ることは……子どもを一般的なコミュニティでの生活から引き離すことを意味する[59]」と、マルクーゼは述べた。こうした政策は、難民の若者たちのあいだではいちじるしく不人気であった。難民たちをアメリカ中部地域のいたるところに分散させようと、各種機関は協力して力を注いだ。しかし、一九四一年までＧＪＣＡが管轄した難民のうち、一七パーセントがニューヨークにとどまっていた。その理由はとりわけ、子どもたち自身がニューヨークから他の場所へ移ることに抵抗したからであった[60]。

ＧＪＣＡの家族主義的政策もまた、実践するなかで行き詰まりをみせた。当初、当局は家族の絆という名のもとに、難民の子どもたちを合衆国に住む血縁者のもとに送ることが多かった。しかし、血は水よりも濃くはないことが明らかになった。血縁者たちは、遠縁者に対してしばしば罪の意識、あるいは義務感を感じたがゆえに、彼らを難民として受け入れた。しかし、こうした負担はあまりにも大きすぎる、とはっきり口に出す者もいた。オハイオ州レイクウッドに住むジャック・フェラーは、国際難民機関（ＩＲＯ）が戦後、ホロコーストの生存者で、孤児になってしまった彼の甥〔か姪〕の息子と娘を養子として迎え入れるよう要請されたとき、否定的な反応を示した。フェラーは、彼の困窮した血縁者たちに対する「道徳的、身体的、あるいは財政的ないかなる責任も確約できる立場にない」と臆面もなく返答した。「貴方がわが国の現在の経済状況について、つまりこうした人びとすべての衣食住を賄い、医療的な養護をするのにどれくらいの費用がかかるのかを果たしてご存知なのか、私には分かりません」と彼は返答し、さらに「多くのヨーロッパ人は、われわれアメリカ人はみな金持ちだと思っている」[61]と不満を述べた。

一六歳のドラ（ドリス）・シブルスキは、彼女の両親がナチスによって殺されたのち、ニューヨーク市ユーティカに住む叔父と叔母に引き取られたが、それは幸せな経験ではなかった。「初めの一年間はあらゆることがうまくいっていました。でもそれが過ぎると、叔母のシブルスキ夫人は叔父と喧嘩をするようになりました。口喧嘩の最後はいつも決まって『私が子どもであったころは、子どもは働かなければならなかったのよ。あの娘は学校に行かなければいけないだなんて、〔あの娘を働かせることの〕何が悪いのよ』となるか、あるいは『あの娘は医者になるつもりなの？　自分をパリからやってきたお嬢様か何かだとでも思っているのかしら』でした。……学校を卒業したかったけれど、家のなかのあらゆることを落ち着かせるために、私は仕事を探しはじめました。不運ですが、あらゆることに関して、私は不利な立場におかれてしまったように思われます……みんな就職の口があればアメリカ人の子どもに与えようとしますし、ほとんどの場合、高校卒業資格が求められます。どのような方法であれ、助けていただけるととても有り難いです」と、彼女はソーシャルワーカーに訴えた[62]。

ＥＪＣＡ自体は、血縁者の家に寄宿するユダヤ人の子どもたちは、集団施設や里親家族に送られた子どもたちと比べて健全に成長していない、としだいに結論づけるようになった。「われわれはこれまでのすべての経験から、血縁関係があるという事実だけでは、子どもの移住が幸せなものになることを保証できないと認識している」と、一九四三年にあるアメリカのソーシャルワーカーは結論づけた。一九四八年までに、ＥＪＣＡは、合衆国で子どもが血縁者へと引き取られた事例のうち、多く見積もって半分が失敗しており、難民の子どもたちを寄宿施設に入れなければならない事態がますます増えていると報告している。デトロイトの里親に子どもを託した事例の調査においては、非血縁者の場合でも半分が失敗していたが、血縁者に子どもを預けたうちの三分の二が失敗していたことをソーシャルワーカーは明らかにした[63]。フィラデルフィアのゲルトルーデ・ドゥビンスキは、里親家庭で不幸な目にあっていた子どもたちが、集団的な状況で健全に育ったという事例をいくつも発見した。たとえばルート・ヴェルヘーファーは、「並外れて横柄で頑固であり、何も考えずにあらゆる人や事柄をすぐに非難した」ために、彼女のいとこの家では四苦八苦していた。児童施設に入ると、彼女の素行は多少なりとも改善された。「もし初めからこれは寄宿施設に預けるべき事例であるとわれわれが認識していたら、はるかによい対処ができただろうに」と、ドゥビンスキは結論づけた[64]。

里親と難民の子どもたちは、金銭や福祉受給権《エンタイトルメント》の問題をめぐってもしばしば衝突した。「彼らの寛大さに対する見返りとして、里親たちは普通、子どもからある程度の感情的な反応——思いやり、感謝、愛情——を期待した。いくつかのこうした子どもの反応が現われない事例では、里親は騙されたという気持ちになる」と、合衆国児童局のエルサ・キャステンダイクは述べている[65]。ロザリー・ブラウの養母は、子どもが「感謝の念を示さなかった」と主張し、そのことにひどい不満を感じ、「子どもを定期的に児童保護施設に連れていき、施設の子どもたちより彼女がどれほど恵まれているかを示そうとした」[66]。

福祉受給権をどこまで保障すべきかという問題は、救済計画全体を危機にさらしかねないほど深刻なものと考えられた。キャステンダイクはアメリカ人富裕層に関する風聞が、救済計画のもっとも大きな障害になっていると考えていた。「彼らは、アメリカは豊かな国だと思っていた。自分は金持ちの血縁者、あるいは他の裕福な人びとと一緒に住むことになるのだと。しかし、子どもたちがやってきたのは世界大恐慌の時期であった。『金持ちの親戚』とされていた人びとは、しばしば彼らにぜいたく品などほとんど与えてやれないほど倹しい小売店主であった。……そんな状況で不満と不適応が頻繁に生じるのも、なんら不思議ではなかった」[67]。

とはいうものの、こうした葛藤の多くは、誤解にもとづいていた。とくに初期にアメリカに来た難民は、富裕な里親に引き取られ、彼らが自分の血縁者の宣誓供述書を書いてくれること、あるいはヨーロッパに残してきた自分の両親や兄弟に仕送りをしてくれることを期待していた[68]。また、里親自身の動機がいかがわしい場合もあった。ある町では、GJCAは家事使用人の少女を必要としている家族を探しているのだという噂が流れた。難民の子どもを引き取ることで、「善行をおこなうことができるだけでなく、家事使用人という問題も解決できる」[69]という噂が広まった。

ソーシャルワーカーと里親のあいだでも、難民の子どもたちの教育と雇用の問題をめぐって見解が衝突した。この葛藤は、ヨーロッパとアメリカの中流階級ユダヤ人とのあいだで、教育と階級についての見解が異なっていたことを反映していた。アメリカとイギリス双方では、高等教育を受けたいと希望する難民、とりわけ女子は、進学希望を諦めさせられた[70]。しかしドイツやオーストリアでは、中流階級という地位は長いあいだ、高等教育と結びついていた。アメリカと比べてドイツでは、より多くのユダヤ人女性が大学に通っていた。ヨーロッパ出身の中流階級ユダヤ人の若者たちは、本国にいれば彼らが進んでいたのと同じ専門職としての進路に進むことを期待した。

ＧＪＣＡの担当者たちはこうした期待を切り下げようとし、ドイツに住む両親に対して、「大学教育はあらゆる子どもに保障されるわけではありません」[71]と警告した。ソーシャルワーカーの指導要領書は、つぎのように述べた。「アメリカではあらゆる誠実な仕事が敬意を払われるのであり、肉体労働、農場労働あるいは家事労働のいずれもスティグマとなることはないという事実を、あらゆる機会で強調しなければならない」。ソーシャルワーカーは、難民のキャリアに対する野心を育ててしまった場合、自分たちは難民にひどい仕打ちをしていることになると主張した。新アメリカ人のための全米支援のボルティモア支部に所属していたソーシャルワーカーのベアトリス・バーマンは、つぎのように論じた。[*7]「もし成人男性が身体的に労働可能で『精神に異常が』ない……けれどもその新しく来た難民が労働を拒否したと仮定するなら――それでもわれわれは支援をつづけるが――われわれは『非現実的な』状況でその者を支援していることになる――そしてある種の依存を継続させてしまっていることになる」。

戦時に通学の機会を奪われたことで、難民の若者たちの多くが教育を渇望し、失った時間を熱心に埋め合わせようとした。ある報告によれば、フィラデルフィアのツイサ・カウファーは、「教育を受けたいという非常に強い決意を抱いており、当局がすぐに彼女の計画を手伝わなかったところ、彼女は自分自身でテンプル大学を訪ね、化学の公開講座に登録を済ませてきてしまった」。彼女を担当したソーシャルワーカーは、「この若い女性の自立心を大いに懸念した」。当局は彼女に化学の履修を断念し、秘書になるよう圧力をかけた。ツイサは最終的に折れ、一九四八年三月に秘書養成学校に通いはじめた。ワーカーは、この少女の更生はうまくいったと結論づけている。つまり、彼女が当初秘書になることを拒んだのは、彼女が当局から「捨てられるのを怖れた」ことを意味しており、彼女は無意識で「依存する子ども[72]」でいたいと、ワーカーは解釈した。

少数だが、成功事例もあった。マリオン・アイガは困難な状況に対応することができる模範的な難民であると考えられた。ロッテ・マルクーゼは、彼女は「しばらく前から、監督下におく必要がなくなった」と誇らしげに報告した。「彼女は非常に短い期間で驚くほどアメリカ化され、彼女自身が言うように、アメリカの文化様式を受け入れることができるようになった[73]」。しかしこうした成功事例は、適応が非常に困難であることが分かった場合に、子どもの心のなかをもっと覗き込むよう、アメリカのソーシャルワーカーを促すだけに終わることが多かった。こうしたワーカーの見方によれば、あらゆる難民は戦時期にひどい苦痛を感じたはずだということになる。しかし実際には、いち早く立ち直った者もいれば、回復できなかった者もいた。精神分析的な枠組みにおいては、「失敗」は迫害経験ではなく、「子どもの実の家庭において……家族内部の関係性が十分なものでなかった」ことに帰せられた[74]。

ひとつの示唆に富む事例がある。セントルイスのユダヤ児童福祉協会事務局長マーセル・コヴァースキーは、アウシュヴィッツの生存者で一七歳のチェコ系ユダヤ人であったアンナの処遇に関して、それを苛立たしい経験として報告した。「彼女の適応は、同じような剝奪を経験した他の子どもたちと比較しても、いちじるしく不十分である」と、彼は報告している。コヴァースキーによると、アンナが適応できないのは、彼女が幼少期に甘やかされたことが原因である。

子どものころ、アンナは両親に甘やかされ、アンナ自身が説明したところによれば、両親は彼女が気まぐれに望むものをすべて与えたという。……彼女はつねに食べ物に特別な関心を示しており、アウシュヴィッツから解放されたのちに非常に大量に食べたため、彼女の体重は一六〇ポンドまで増えた。われわれは当初、これは強制収容所での経験に対する正常な反応であると考えていた。しかし、彼女が幼少期に、農場から直接収穫した素晴らしい果物や野菜について喋っているとき、彼女が大喜びの表情を浮かべていたことを、われわれは観察した。……本質的に、彼女は感情が未成熟で、知的に遅れた少女であり、自分の両親がしたように、彼女を幼い子どものように扱ってくれる人間をつねに探しているのである。彼女は、ナチスの残虐行為から生き延びた、強く、独立した子どもというわれわれのイメージとは似ても似つかないのであり、むしろ支援の担い手たちが日々の実践で目にする、うまく適応できていない若者に非常に似ている(75)。

つまりアンナはアウシュヴィッツというよりも、劣悪な子育ての犠牲者なのであった。

キンダートランスポートとアメリカの移民政策の枠組みは、人道主義的な理想とその限界の双方を現実化したものであった。ナチスのヨーロッパからユダヤ人を救出しようとする努力は当初から、ナチスのさまざまな取り締まりと同じくらい、移民排斥主義的な議会およびアメリカ世論によって妨害された。しかしその限界は、二〇世紀中葉の人道主義およびソーシャルワークの論理それ自体に内在的なものでもあった。難民の子どもたちは、感謝の念を持ち、不平不満を持たずにひたむきに働き、「自助努力」や「独立」という、「アメリカ的」価値観を身に着けることが重要であると教え込まれた。しかしソーシャルワーカーが、こうした資質を際立って「アメリカ的なもの」と定義した場合ですら、彼らは子どもたちがこうした価値観に同化することに失敗したとき、その原因を文化的差異や社会状況、あるいは迫害経験ではなく、個人的な病理あるいは家族力動〔家族間に働く複雑に影響し合う力動関係〕に求めた。

さらに救済計画は全体として、大人と子どものあいだに完全な序列が存在することを前提としていた。総じて、子どもは親よりも無垢であると同時に同化しやすく、したがってより魅力的な移民となると考えられた。同化不能とみなされたユダヤ人の「よそ者」が英米の労働市場になだれ込むであろうという不安から、排外主義、反ユダヤ主義、そして国境の封鎖が引き起こされた一方で、両親は同伴させず子どものみを受け入れることは、より許容されやすかった。アメリカのソーシャルワーカーは、自分たちは家族の絆という価値観を保持しつづけているのだと主張した。しかし最終的に、排外主義は精神分析理論を凌駕した。アメリカの移民政策それ自体は、親と子どもを引き離すことを促進した。子どもだけを安全な場所へ送ろうとする努力は、社会のなかでもっとも「無垢」で価値のある（と同時にもっとも影響を受けやすい）人口としての子どもが、まず保護の対象となるべきだという考え方を反映していた。しかしそれはまた、当時の反ユダヤ主義および反移民感情への譲歩であり、ヨーロッパにおいて運命に飲み込まれようとしている、成人の親たちに対する深い不信を表わしてもいた。[76]

六　テレジエンシュタット強制収容所と集団主義教育

ヨーロッパのユダヤ人の子どもたちの大多数は、ロンドン、ニューヨーク、セントルイスに避難することはできなかった。ヘルガ・ポラックはキンダートランスポートにたどり着くことができなかった子どもたちのひとりであった。ヘルガは一九三〇年にウィーンで生まれた。彼女の父親はマリアヒルファー通りで、コーヒーハウスと劇場を兼ねた有名店を経営していた。彼女が幼いころ、両親は離婚し、一九三八年にナチスがオーストリアを併合すると、彼女の母親はイギリスへと避難した。その直後、ヘルガは安全のために父親の故郷である南モラヴィア州キヨフの家庭へと送られた。彼女の父親は第一次世界大戦で勲章を受けた傷痍軍人であり、一九四一年の夏までウィーンにとどまったのち、キヨフで彼の家族と合流した。一九四三年一月、家族全員はボヘミア*〔8〕のテレジーン／テレジエンシュタットのゲットー／強制収容所に送られた。

ヘルガと彼女の父親がテレジーンに到着すると、彼女は父親と引き離され、L四一〇女子棟の二八号室を割り当てられた。収容所で過ごした最初の夜に、彼女は日記につぎのように記している。「ここにいる少女たちにはあまりよい印象を持てなかった。部屋に入ろうとしたとき、彼女たちは寮母に、私は部屋に入る許可を得ていないはずだから確かめろと言った。……ここでのあらゆることが、私を憂鬱にさせた」(77)。ルート・クリューガーと同じく、ヘルガも一九四二年から一九四五年まで、テレジーンの強制収容所を生き延びたおよそ一万二〇〇〇人の子どもたちのうちのひとりであった。

ナチ支配下のヨーロッパにおいて、テレジーンはもっとも野心的な児童福祉計画がおこなわれたゲットーのひとつであった。このゲットーのユダヤ人コミュニティは、彼らの子どもが東にある絶滅収容所へと移送されることを阻むことはできなかった。しかし彼らはもっとも悲惨な状況においてさえ、子どもの福祉を向上させようと力を結集した。ユダヤ人教育者たちもまた、英米のソーシャルワーカーたちが直面していた多くの難題と格闘した。彼らが残した日記、手紙、会合の記録、教育実践記録からは、人種的迫害、戦争、強制移動という社会の動乱から子どもたちを守る最善の方法とは何か、また戦後きたるべき未来を想像して、子どもたちをそれに向けてどう準備させればよいかについて、彼らが熱心に議論している姿が垣間見える。テレジーンにおいて導き出された答えは、アメリカのソーシャルワーカーたちが提案したものとはまったく異なっていた。しかし彼らが導いた答えは、一九四五年以降にも滅びることはなかった。それは、生き残った少数の子どもたちを回復させるために結集した人びとに、強い信念を持たせつづけた。

ナチ親衛隊国家保安本部（ＳＤ）長であったラインハルト・ハイドリヒは、一九四一年にベーメン・メーレン保護領副総督に任命されると、すぐにテレジーンのゲットー／強制収容所を設立した。ハイドリヒの指揮のもと、ボヘミア諸邦におけるユダヤ人の迫害は強化された。テレジーンはプラハ北部の駐屯地に作られ、ゲットー――ナチスがユダヤ人を移送する前に囲い込んでおくための市の一画――と強制収容所双方の機能を持っていた。この施設は主として、ユダヤ人と政治犯を東にある絶滅収容所に移送する中継地点として作られた。一九四一年一一月、最初のチェコスロヴァキア系ユダヤ人が、テレジーンに到着した。一九四二年六月から、ドイツ、オーストリア、ダンツィヒ、ルクセンブルクのユダヤ人がそこに加わった。一九四二年一月に、東への移送が始まった。最終的に総計一四万一一八四人のユダヤ人がテレジーンに収容され、そのうち八万八二〇二人はさらに別の場所、とりわけアウシュヴィッツにその大部分が移送され、そのまま死を迎えた。三万三四五六人は病気ないし飢餓によって強制収容所内で死亡し、一六五四人は連合国による解放以前に釈放され、一九四五年に一万六八三二人が解放された[78]。

ルート・クリューガーの言葉によれば、テレジーンは「屠畜場というよりは家畜小屋」であったが、「最終解決」〔ユダヤ人絶滅計画〕の口実として副次的な機能を発展させた[79]。年老いたドイツ系ないしオーストリア系ユダヤ人や勲章を受けた第一次世界大戦の退役軍人（ヘルガの父親のような）は、一九四一年から一九四二年に実家から強制的に移住させられたが、影響力のあるナチ党員の一部は、こうしたユダヤ人のために介入をおこなうこともあった。このような状況のなか、ハイドリヒは、テレジーンがナチスの人種政策に関する内部批判をそらすために利用できると考えた。一九四二年一月二〇日のヴァンゼー会議で、ハイドリヒは六五歳以上のドイツ系およびオーストリア系ユダヤ人と、勲章を受けた傷痍軍人を絶滅収容所に（少なくともただちには）追放するべきではなく、テレジーンへ「移転させる」ことで、彼らは平和に余生を送ることができる（はずである）と明言した。彼の説明によれば、この「実践的解決」は「［これらのユダヤ人のためになされてきた］多くの介入を一撃で斥けることができる」ものであった。行方不明になると、望ましからぬ世間の耳目を集めかねないような著名なユダヤ人もまた、強制収容所へと送られた(80)。

一九四三年春に、人目を惹く派手な宣伝活動は、さらに野心的なものになった。一九四二年一二月一八日、一二の連合国がナチスのユダヤ人処遇に対して異議申し立てをおこなった。デンマーク系ユダヤ人のテレジーンへの移送について、デンマーク政府はナチ当局に対して、ゲットーの状況についての視察を受けるよう圧力をかけた。その年の春、国際社会に開示するために、ナチスは強制収容所を「美化する」という皮肉な運動に着手した。彼らは公園のベンチのペンキを塗り替え、花を植え、宿舎を改修した。美化運動は、一九四四年六月二三日、赤十字代表団による訪問が注意深く演出されたことで頂点を迎える。代表団は入念に練り上げられたプログラムでもてなされ、サッカーの試合と演劇の催しに招かれたが、それには子どもによるオペラ『ブランディバル』の上演も含まれていた。しかし舞台装置には細心の注意が払われた一方で、ナチスは「演者」の福祉にはほとんど関心を払わなかった。テレジーンのL四一七男子棟に住んでいた一二歳のパジクは、一九四四年六月一七日付の日記に、つぎのように記している。「どこにでもベンチが作られ、宿舎は綺麗になった。他方で、老人宿舎の窓から、そこに住む人びとの姿――老人たちが狭い部屋に押し込められている――が見えたとき、テレジーンの本来の姿を思い出した。ナチスにとって、これは些細なことなのだろう」。委員会が視察に訪れた日には、子どもたちにタン、マッシュポテト、玉ねぎ、胡瓜のサラダというご馳走がふるまわれた。ユダヤ人評議会*〔9〕の指導者は自動車で送迎され、パンの宅配役は真っ白な手袋をはめていた(81)。

舞台をつくり終わると、ナチ高官は国際社会にみせるために、テレジーンの「温泉街」の状況を詳しく描写するプロパガンダ映画を製作することを決定した[82]。子どもたちは特別な役割を割り当てられた。マルタ・フレーリッヒと彼女の妹はスイミングプールに連れていかれ、水着を着せられ、歌を歌いながら水浴びをする姿を撮影された[83]。ゲットー／強制収容所内で流通した文芸雑誌『ヴェデム』に掲載された風刺的なエッセイで、ヘルベルト・フィシュルはつぎのような文章を寄せている。「正統派のユダヤ教徒やラビは街のチャペルに送られ、ジャズバンドのリズムに合わせて飛び撥ねる。おお！ そして食べ物！ 素晴らしいケーキや菓子をむしゃぶり食べた後で、彼らはまだ骨付き肉の残りをしゃぶる（もちろんカメラが自分たちを映しているときだけだが）。その後で、彼らは胃のなかのものをすべて吐き出す[84]」。

こうした状況下で、ユダヤ人の指導者たちは児童ホームをつくった。強制収容所への入所や退所がほぼ恒常的に起こっていたため、子どもの数は変動し、一定ではなかった。しかし、およそ二〇〇〇人から三八七五人のあいだの数の子どもたちがテレジーンで暮らしており、そのおよそ半数は、青少年福祉局によって運営される児童ホームで暮らしていた。一九四三年九月、ゲットーに関する中央統計局が報告したところによれば、七歳から一四歳までの子ども二〇八三人が強制収容所で暮らしており、そのうち一〇八八人は男子、九九五人が女子であった[85]。四歳未満の子どもは、一般的に成人居住区で両親とともに暮らしていた。より年長の子どもにとって、児童ホームに居を構えることは、ある種の特権と考えられた。部屋はそれほど狭くなく、食事はより良質で、そこで暮らす子どもは強制収容所の悲惨な生活をある程度免れることができたからである。一五歳でテレジーンに収容されたヤナ・レネー・フリエソヴァーは、女子ホームの一五号室を割り当てられた。環境に慣れることができるか彼女は不安に思っていたが、「喜びは不安に勝ってしまいました。なぜなら、私はごく少数の子どもしか住めないところに住むことができたからです。テレジーンには数千人の女子がいましたが、女子ホームには二、三〇〇の部屋しかありませんでした。ベッドが空になるのは、それを使っていた子が東行きの一団に加えられるという告知を受け取ったときだけだったのです」(86)と、当時を振り返っている。

児童「ホーム」は実際には複数の部屋から構成され、ジェンダー、年齢、言語にしたがって集団化された、およそ四〇人までの子どもたちをそれぞれ収容した。チェコ・ホームとドイツ・ホームは別々にされた。これらの部屋はつねにノミやシラミが大量に発生していた。ヘルガは一九四三年一一月に、「私たちは三段ベッドに横になって、まるでニシンみたいにお互いを押し合いへし合いしている。……木の上の猿みたいに、あるいは鶏小屋の鶏みたいに、生きて食べる」(87)と書き記している。テレジーンの居住者たちは、ひそかに正規の学校教育および教養教育を受けていた。教科書や教材の不足のせいで教育の質を担保することは難しかったとはいえ、強制収容所の教師の多くは著名な芸術家や知識人であった。いくつかの児童ホームは、自分たちの文芸誌を刊行した。ウィーンの芸術家であり、かつてバウハウス*(10)で学んだフリードル・ディッカー・ブランダイスの指導のもとで、テレジーンの子どもたちが四〇〇〇点を超える作品を創作したことは、よく知られている(88)。

ナチスによる青少年福祉施策は、ゲットーのユダヤ人管理において、若者の利益のために老人を犠牲にすべきだという意思決定がおこなわれていたことを示している。子どもと特権的な成人労働者により多くの食料を与えるため、老人たちは意図的に飢餓状態におかれた。もっとも、ユダヤ人評議会の側も、若者への資源配分をおこなった。しかし、それは健康な子どもたちがいつの日かユダヤ人コミュニティを再建してくれることを期待したからであり、また彼らがより生産的な労働力になれば、その分これ以上遠くへ移送されることを避けることができると信じたからであった。結果として、老人の死亡率はすさまじいものとなった。

一九四三年に強制収容所で死亡した一万二七〇一人のうち、一万三六六人は六五歳以上であった[89]。しかし老人の分の食料を加配されたとしてもなお、子どもたちはしばしば飢えに苦しんだ。朝食は代用コーヒーとパンであった。その他の食事は、おおむね大麦スープと（あれば）ジャガイモ、ときおりソーセージ一切れが追加される、といった具合であった。鶏、卵、ケーキ、ココア、リンゴ、イワシを題材にした子どもたちの芸術作品は、彼らがいかに食べ物への執着に取りつかれていたかを示している[90]。

ほとんどの部屋でおこなわれていた日課は、集団朝食、集会、点呼、合唱および朝の体操、学校教育、夕刻の諸活動などであった。年長の子どもたちは、厳しい強制労働をこなしたうえで、これらの活動に参加していた。一部の部屋ではホーム独自の歌や制服、記章、さらに議会までも持っている場合があった。ある男子ホームの一周年記念の際、マクシミリアン・アドラーは、「学校と青年運動がやっているサマー・キャンプを合わせたようなもの……これが、L四一七青年ホームの第一印象であった」と書き記している。

L四一七青年ホームは一九四二年七月八日に建てられ、L四一〇女子ホームはその数か月後、一九四二年九月一日に作られた。幼い子ども向け、より年長の若者向け、徒弟向けのホームもその後つぎつぎと建てられた。L四一七ホームが入所の門を開いた一年後、青少年福祉局の教育者たちは記念本を出版し、彼らの理想と希望を表明した。この本では、強制収容所への移送に対する子どもの心理的反応についてはほとんど論じられていない。教師たちは教育実践を深く省察し、ゲットー生活が及ぼす悪影響を懸念した。しかし彼らはこうした影響を主として衛生的、道徳的、文化的な観点から理解したのであり、個人の心理状態や家族力動から理解したわけではなかった。

テレジーンの児童ホームにおける教育学は、集団主義的な立場を自覚的に選択した。青少年福祉局のほぼすべてのメンバーは、シオニストもしくは社会主義者であった。彼らは戦間期のシオニスト青年運動あるいは社会主義青年運動の教育方法を強制収容所という状況に適用し、ゲットースカウト運動と呼ぶべきものをつくりだした。チェコスロヴァキアの戦間期シオニスト運動は、ユダヤ国民としての自己意識を持つ共同体を育むことを強く志向したが、パレスティナへの移民をめざすものではなかった[91]。テレジーンの青少年福祉局に関与した多くの教育者たちは、参加者としてであれ若者の指導者としてであれ、こうした戦間期の青年運動のなかで大人になった者たちであった。青少年福祉局長のゴンダ・レドリッヒ、七号室のカリスマ的指導者であったフランタ（フランシス・マイヤー）、そして彼らの仲間フレディ・ヒルシュらはみな、戦間期チェコスロヴァキアのマッカビ・ハッチェル・シオニスト青年*[11]運動で活動した経験があり、サマー・キャンプに参加したほか、戦前の左翼シオニズムに傾倒していた。レドリッヒはユダヤ人の歴史の授業をおこない、サッカーのコーチをし、プラハのユダヤ人学校でボーイスカウト集団を指導していた。女子ホームを率いたローザ・エングレンダーは、心理学を学び、青年教育に一生を捧げようと決意した共産主義者であった[92]。

こうした教育者たちは総じて進歩主義的な教育学の方法論を推進した。彼らは自己統治《セルフ・ガヴァメント》、子どもの主体性の発達、創造性と自由を強調した。マクシミリアン・アドラーは、L四一七ホームが、必要に迫られた結果、模範的な進歩主義学校を先取りするようなものになったと述べている——そうなった理由のひとつは、教師には教科書、教材、そして机が不足していたからであった。「もっと平和な時代であったら、このような青年ホームが可能であるとは誰も考えなかったろう。今でもそうかもしれない。しかし戦時である今、子どもたちは伝統的なドリルと授業がない児童ホームの教育に惹きつけられている。活動と自己肯定を通じて子どもを教育する新しい方法は、未来の学校の中核的な要素になるだろう[93]」。

ポーランドのワルシャワ・ゲットーでも、ヤヌシュ・コルチャックの教育実践が、同じような理念にもとづいて展開されていた。ユダヤ人孤児を対象としたコルチャックのホームは、戦前からすでに進歩主義教育の実験室となっていた。コルチャックの孤児ホームは、一九四〇年にゲットー内部へと移転させられた。しかしその後も、飢餓と病気を相手に勝ち目のない戦いを挑みつつ、彼は子ども中心主義教育、自己統治、そして芸術教育を推進しつづけた。一九二四年に創設された子どもと孤児救援センター（CENTOS）は、ワルシャワ・ゲットーにおける主要な児童福祉組織であり、一九四二年六月の時点で四万五〇〇〇人の子どもを支援していたが、そのなかには、三〇のホームに住む四〇〇〇人の孤児が含まれていた。テレジーンと対照的に、ワルシャワ・ゲットーには統一的な教育計画は存在しなかった。物質的な状況は、施設ごとに非常に異なっていた。中央シェルターホームと呼ばれた施設はワルシャワ・ゲットーの孤児の三分の一を住まわせていたが、コルチャックはこの施設を「気味の悪い拷問施設」「殺人現場」「子どもの畜殺場」と呼んで厳しく非難した。短いあいだではあったが、彼は一九四二年二月に、中央シェルターホームの施設長を務めた経験があり、そこでの状況を改善しようと努力した。しかしワルシャワ・ゲットーの児童福祉の試みは、ワルシャワの（とくに子どもの高い死亡率と）厳しい物質的条件によって制約されていた[94]。

ゲットー生活という文脈においては、子どもの個性を育むことを重視しようとしても、その試みは何かしらの限界を必ずともなった。テレジーンの教育者たちは、集団的規律、清潔さ（チフスあるいは他の病気の発生を防ぐために重要であった）、秩序、自己犠牲の重要性も強調したが、それは彼らがそうする必要に迫られていたと同時に、そうした価値の正しさを確信していたからでもあった。彼らは進歩主義的な教育学の方法論を受け入れたが、同時に、これらの方法としばしば結びついていた個人主義的な価値体系を拒否した。これは中央ヨーロッパでは珍しいことではなかった。戦間期ボヘミアの社会主義者、シオニスト、国民主義者による運動は、進歩主義的な教育学の方法論を、集団主義的な政治学と結びつけた。しかし、生存のために「あらゆる人間が自分自身のことだけを」考えるようになりがちなゲットー生活という文脈では、こうした教育はより急務であったように思われる。ローザ・エングレンダーはゲットー社会を「腐敗、自己保存に対する果てしない衝動、遠慮のない自己中心主義、権力への渇望に満ちた」ホッブズ的世界であったと批判している[95]。

青少年福祉局の若い活動家たちは、ゲットーの子どもたちを蝕む自己中心主義から、彼らを守りたいと望んだ。L四一七ホーム（チェコ語話者青年のための施設であった）の七号室の指導者であったフランタは、収容所生活は意図せざる教育的利点をもたらしたとすら主張した。「男子たちを見るにつけ、われわれは……テレジーンから善きものへと向かうある種の変化が生じたことに気づく」。テレジーンでは、子どもたちはまず集団性を優先することを学んだ。「こんにち、四〇人の子どもたちはひとつの単位をつくったが、それは他のどんなことよりも大切なことだ。……年齢も社会階層も異なる子どもたちが、ひとつの集団となった。すなわちスポーツ好きな子どもと、ひとりで勉強をするのが好きな子ども、体力のある子とない子、都市出身の子どもと農村出身の子ども——さまざまな子どもが混ざり合っていた[96]」。こうした確信を持っていたのは、フランタだけではなかった。G・ボイムル博士によれば、「集団、社会組織はわれわれのあらゆる教育的な努力の基礎である。……集団のなかでこそ、子どもや若者はコミュニティのための教育を受けることができる。そして非社会的な存在としてここに来た子どもたちの多くは、それを自覚することすらないとしても、社会に適応することを学んでいるのである[97]」。つまり、教育者たちは男子ホームを、ユダヤ国民主義者による階級横断的な連帯を育む手段とみなしていた。

しかし、教育者たちはどのような種類のコミュニティを創ろうとしていたのだろうか。テレジーンの教育者たちのあいだで、集団主義教育の必要性に関して見解が一致していたとしても、どのような性格の集団が望ましいのか、さらに未来のユダヤ人共同体がどのようなものであるべきかについて、彼らの見解は一致していなかった。フランツ・カーン博士は、直截な問いを提起した。彼の理解によれば、教育は社会を未来に向けて準備させるためのものである。しかしテレジーンの若者たちに対して、果たして自分たちはどのような未来を想像することができるのか。しかしテレジーン・ゲットーという社会は、一時的な通路でしかありえない。しかしその道は――どこにつながっているというのか。この問いにいったい誰が答えられるというのか」。

一九四四年までに、強制収容所への移送は死と同義であることがますます明らかになったが、テレジーンの子どもたちには未来などまったく存在しないのではないかという可能性に正面から向き合おうとした者はほとんどいなかった。むしろ彼らは、戦後にユダヤ人共同体を再生させるための準備に関心を集中させた。ここでの中心的な問いは、ゲットーにおける教育は、どの程度自覚的にシオニスト的であるべきなのか、ということであった。カーン、レドリッヒ、そして他のテレジーン教育者にとって、「どこに向けて教育をおこなうのか」という問いへの回答は、明確なものであった。向かうべき唯一の道は、「集団的な責任とユダヤ主義のための教育であり、これらは同一にして不可分なもの[98]」であった。イズラエル・ケステンバウムは「われわれユダヤ国民としての自己意識を持つユダヤ人にとって、教育がユダヤ的でないということはありえない」ということに同意し、レオ・ヤノヴィッツは、強制収容所の若者たちは「ユダヤ人としての宿命」を受け入れるよう促されるべきだと主張した[99]。

しかし一部の教育者、親、そして若者は、高圧的なシオニストの教育方法に反対した。チェコ系ユダヤ人音楽家/作曲家のギデオン・クラインは、強制収容所における「政治教育」の内容について、鋭い対立があったことを記録している。クラインによれば、親たちと青少年福祉局との関係は、しばしば「よそよそしい以上」のものとなった。教育者たちのほとんどがシオニストあるいは社会主義者であったのに対して、抑留された家族の大部分は中流階級出身の、それぞれの社会に同化したユダヤ人であった。「こうした状況は相互の誤解につながりやすかった。誤解はしばしばイデオロギー的な性格を帯びた苦い葛藤を生じさせた」。ほとんどのL四一七ホーム居住者はベーメン・メーレン保護領出身のチェコ語話者少年であり、少なくともその五〇パーセントは、戦争が始まる以前には、世俗的もしくは非ユダヤ的なやり方で育てられていた。これらの男子たちは、教育が急にユダヤ的なものに変わったことに対して、否定的な反応を示した[100]。シオニストと同化主義者のあいだの緊張はその後もつづいた。一九四二年一〇月、福祉局は幼い子どもの教育に、朝の祈りの時間を導入しようとした。この問題は、大きな議論を惹き起こした。「シオニズムに無関心な指導員や同化主義者の指導員の多くは、ユダヤ《ヘブライ》教育に反対した」と、レドリッヒは日記に書き記している。児童ホームを視察した際、レドリッヒはある子どもが「シオニストの豚野郎」と言っているのを耳にした[101]。

一九四三年夏、一二歳から一五歳までのチェコ系男子部屋の指導者であったヴァルトル・アイシンゲルは、「非政治的教育に関する原則」に対する合意をレドリッヒとのあいだに結んだ。しかしクラインによれば、「実際には、この合意はある種の犠牲を払うことでしか実行に移されなかった。L四一七ホームにはさまざまな若者集団が生まれており、それぞれの集団は政治的なものも含めて、独自の性格を持っていた」*[12]。一号室の少年は自治統治機構をつくり、文芸誌『ヴェデム』の発行を始め、革命後のロシアでマカレンコによって創設された孤児施設に倣って自らをシキド共和国と名乗った。クラインの説明によれば、「ユダヤ人問題は社会的観点から考えなければならない。政治教育は幅広いイデオロギー的基礎にもとづくものであって、必ずしも同化に帰結するわけではない。むしろ、この政治教育はユダヤ人意識を現代的で真に進歩的な性格にすることができる[102]」。しかし一九四三年六月、『ヴェデム』の記事を読んだ後で、レドリッヒは日記につぎのような嘆きを記した。「文学的な価値は本当に素晴らしいものだ。しかしこの雑誌にわずかなユダヤ精神を探そうとしても、それはまったく見つからない[103]」。

子どもたち自身が記した言葉に耳を傾けるならば、テレジーンのホームは集団主義的忠誠心を育むことに成功しつづけ、不安定な状況のなかで、一時的ではあるが心安らぐ場をつくりだした。女子文芸誌『ボナコ』第一号で、編集委員のヤルカはつぎのように断言した。「われわれはテレジーンにいるが、楽観主義を失っていないし、生きて働くことへの切望をまだ持ちつづけている。……われわれは、幸運にもゲットーの居住者にならずに済んでいる人びとと、まったく平等な存在なのだと信じたい」(104)。ペピーク・スティアスニーは、子どもたちが極度の剝奪状態におかれているにもかかわらず、前向きな態度を維持することができたと証言している。「テレジーンの子どもたちが集団で唱えていたのは、『たとえ何が起ころうとも、私たちはまだ生きている』でした」。ソイカは当時を振り返って、ゲットー生活は彼女の性格を改善したとすら述べている。「テレジーンに着いたばかりのとき、私は自分を表現することができない、ふわふわとした存在でした」と、彼女は回想している。「私はそこで自立し、忍耐強くなりました。困難の兆しが見えても、諦めないようになったのです」(105)。

ルート・クリューガーは、ほかの子どもたちという仲間に恵まれたため、ウィーンよりもテレジーンにいるほうがいくつかの点では幸せであったと考えていた。「ある意味では、私はテレジエンシュタットを愛していました。というのもそこで一九か月ないし二〇か月暮らすことで、私は社会的動物になることができました。……他者とともに生きることで私が知ったほとんどのことを、私はテレジエンシュタットで子どもの世話をしていた若い社会主義者やシオニストから学んだのです」。しかし、テレジーンを肯定的な教育経験の場として理解したとしても、子どもたちが苦しみから免れるようになったわけではなかった。いくらか肯定的な思い出があったとはいえ、クリューガーはテレジーンをロマン主義的には解釈しなかった。「そこは泥穴であり、汚水溜めであり、他人に触れずに手足を伸ばすことができない豚小屋でした。私たちは、踏みつけてくる足と地面のあいだでなんとか生き残る蟻の山でした[106]」。

子どもたちがとりわけ苦悩したのは、定期的におこなわれる強制移送であった。絶滅収容所への移送は家族全体の問題であり、女性と子どもの運命は、彼らの夫ないし父親の地位次第であった。ユダヤ人評議会委員の保護を受けることができた男性、あるいは「必要不可欠な」労働者であると認められた男性は、彼らの妻や子どもを強制収容所への移送から守ることができた。しかし「必要不可欠な」労働をしていた女性や若者は、彼女たちの夫、両親、子ども、そして自分自身すらも、絶滅収容所送りから免れさせることはできなかった。一九四四年の講義で、女性労働者局を主導していたエディト・オルンシュタインは、ゲットーの女性は「移送から保護される」権利が与えられるべきであると主張した。「自分自身の努力にもとづいて保護が受けられるという権利は、男性には当初から自明のこととして与えられてきた。……女性はいまや自分たちで成し遂げた成果を通じて……自分たちの労働が、彼女たちの夫による労働とまったく同じように必要不可欠であり、したがって彼女たちの貢献はそれ自体独立のものとして判断されなければならない、ということを証明した[107]」。

女性と同様に、子どもたちも家族単位という原則からの影響を受けやすい存在であった。一九四三年八月末、すなわち九月上旬の強制移送が迫っていた時期に、二八号室のルート・グートマンは、彼女の親友が次の移送者に含まれることを知り、自分の荒廃した感情をつぎのように述べた。「私が最初に考えたのは、彼女なしでは私は生きていけない、ということでした」。彼女は、別の友人の父親が、自分の娘の荷造りを手伝う際に涙を流しているのを目撃した。ヘルガ・ポラックは一九四三年九月五日、日記につぎのように記している。「別れを告げるのはとても辛い。それでも私たちはみんなとても毅然としていた。……あの晩私は眠ることはできたけれど、ひどい夢を見た。目が覚めたとき、私の目の周りには隈ができていた[108]」。

ヘルガは一九四四年一〇月二三日の移送で、アウシュヴィッツへと送られた。出発前夜、彼女は友人のフラシュカの日誌に書き置きをした。「美しい外の世界で、もういちどあなたとめぐり逢いたい……自由に息を吸って、いろいろなことを考えることができる世界で。ここで私たちがしているような、牢獄の鎖に繋がれて生きるのではない世界で」[109]。奇跡的に、ヘルガと彼女の父親は生き残り、一九四五年四月に再会することができた。最終的に、彼女はイングランドに住む母親と暮らすことになった。テレジーンから絶滅収容所への移送を生き延びた者のうち、一五歳未満の子どもはわずか一四二人であり、ヘルガとルートはそのうちの二人であった[110]。

戦争が終わった直後、ゼーヴ・シェクは、テレジーンの子どもたちを守るための努力が、結局は無益なままに終わったことについて思いを巡らせた。ユダヤ人評議会の初代指導者であったヤコブ・エデルシュタインは、強制収容所のなかで、若者に資源を大胆に振り向けた。「これはやや異例であり、年老いた被収容者にとっては冷酷なことであったかもしれない。しかし、ああした状況では、それが唯一の解決策であった……もしテレジーンで喜びに満ちた光景を見ることができるとすれば、それは遊んでいる子どもたち、比較的健康そうで、一見すると屈託のない子どもたちの姿をおいてほかになかった」。しかしユダヤ人評議会が、子どもたちにより多くの資源を割り当て、コミュニティ集団としての感情を与えることができたのだとしても、彼らは子どもたちの生存を守ることはできなかった。「努力はただのひとつも……実を結ばなかった。それは子どもたちがゲットーで暮らすことを、ほんのわずか楽にさせたにすぎなかった。子どもたちの悲惨な運命を変えることはできなかった」[111]。

児童福祉局は、テレジーンの子どもたちの生存を護ることはできなかった。しかし、テレジーンの教育者たちが抱いた理想は、ゲットーの壁を越えて反響し、解放後のヨーロッパで救済の政治学と教育学を構築することになった。英米による子どもの救済が家族の価値、自立、独立を強調したのとは対照的に、ゲットーの教育者たちは子どもたちに、人間は孤立して生きることはできないのだということを、自覚的に教えようとした。個々の子どもの迫害や強制移動に対する心理的反応を重視する代わりに、彼らはゲットーという環境を道徳的腐敗の源泉とみなし、そうした環境を改革しようとした。

しかしながら、この二つの方法は、英米の「個人主義」と大陸の「集団主義」という単純な対立を反映しているわけではない。ニューヨークでもテレジーンでも、教育者たちは子どもの救済を、特定の国民集団や家族集団を創るため、子どもたちを社会化するひとつの方法と考えていた。両者の相違は、究極的には、ユダヤ人の若者により幸せな将来を約束できるのはどの共同体──アメリカ共同体なのか、ヨーロッパ共同体なのか、あるいはシオニスト共同体なのか──をめぐって論争が生じていたことを示している。そしてこの論争は、一九四五年以後のヨーロッパ社会および家族をどのように再建するのかという議論の中心となった。テレジーンの青少年福祉局によって提唱された国民主義的な方法は、戦争を生き延びた多くのヨーロッパ出身のユダヤ人によって熱心に実践され、多くの避難民や東欧および西欧の占領地域出身の政策担当者たちも、それを支持した。他方で英米の人道主義ワーカーたちは、一九四五年以降、救援物資やチョコレートバーとともに、精神分析理論と家族主義的原理をヨーロッパに持ち込んだ。第二次世界大戦中に展開されたヨーロッパの子どもたちを対象とした救済活動は、最終的には不十分なものに終わったとしても、先駆的なものであった。この活動は、最初から戦争が終わった後に、ヨーロッパの子どもたちとヨーロッパの未来を誰が統制するのか、という問題と分かちがたく結びついていたのである。

第3章　「心理学的マーシャルプラン」

一　家族の離別

一九四〇年、アメリカ・フレンズ奉仕団ヨーロッパ救済部の長であったハワード・カーシュナーは、ヴィシー政権下のフランスに配置された。そこでは、クウェーカー教徒がユダヤ難民とスペイン難民の救済を組織的におこなっていた。彼は何年もの活動のあいだに、民間人によって指揮された暴力、爆撃、飢餓、病の蔓延を含む、戦時における数えきれないほどの悲惨な出来事を目にしてきた。このとき彼は、民間人が被ったさまざまな苦難のリストに、新たな項目をつけ加えた。「あらゆる場面でもっとも悲劇的な出来事は、こんにちのヨーロッパにおける家族の離別である。妻はある国に、夫は別の国にいる……赤ん坊は父親をいちども見たことがない。こうしたバラバラに離散した家族は、彼らが愛する人びとの生死すらわからず、家族にふたたび会うことができるという希望を捨ててしまっていることも多い。魂のなかで、希望という太陽がすでに沈んでしまった哀れな人びとが大勢いる(1)」。

家族の離別が戦時における典型的な悲劇であるという「発見」は、第二次世界大戦が残した主要な遺産であった。両親と引き離されることで子どもに修復不可能な精神的トラウマが生じるという確信は、戦争が始まって数年もすると、自明の真理とみなされるようになった。この確信は、戦争で引き裂かれた家族を回復させるために、ヨーロッパへ降り立った救済事業をおこなうワーカーたちの使命を、わずかな期間で深く規定した。一九四八年の世界人権宣言第一六条が、「家族は、社会の自然かつ基礎的な集団単位であって、社会及び国の保護を受ける権利を有する」と宣言し、第一二条が家族を「恣意的な干渉」から保護することを規定していることは、偶然ではない。戦後の人道主義ワーカーと児童福祉専門家は、ナチ体制を家族の絆と親権への攻撃であると理解した。そして彼らはこの理解にもとづき、ナチスによって占領された諸国民の主権を再建するのと同じくらい、崩壊した家族の絆を再建しようとした。

しかしながら、第二次世界大戦後の家族の再構築は、戦前の正常な状態への単純な「回帰」ではなかった。それは戦前への回帰というよりも、健全な家族と子ども期とは何かをめぐって、新しい見解をつくりだすように働いた。新しい心理学と精神分析理論、とりわけ家族の離別を一種の心理的トラウマとみなす見解が現われたことによって、第二次世界大戦後の家族の再建にますます焦点があてられるようになった。

トラウマという概念は、一八六〇年代および一八七〇年代のイギリスで、まずは神経学的な状態として定義された。この時期、トラウマという言葉は初期の鉄道旅行者を悩ませた不快な症状を描写するために使われており、その症状には頭痛、めまい、睡眠障害、癇癖、麻痺、無気力などが含まれていた。したがって、その起源からすでに、トラウマは強制移動と関係していたことになる。トラウマは主として神経組織の損傷が原因であると考えられていた。しかしフランスのジャン＝マルタン・シャルコやドイツのヘルマン・オッペンハイムといった大陸の精神科医は、一八八〇年代に、トラウマはヒステリーあるいはノイローゼに類似した心理学的ないし感情的な状態であるとする見解を発展させた。第一次世界大戦中、トラウマという概念は軍隊、医療、政府関係者のあいだで話題となり、塹壕に身を潜めていた兵士たちを悩ます精神状態としてより広く一般公衆に知られるようになった(2)。

第二次世界大戦は第一次世界大戦よりもはるかに多くの死を民間人にもたらし、トラウマという診断は、軍病院から幼稚園にまで広まった。フロイトの理論を引き合いに出しながら、ヨーロッパとアメリカの精神分析家やソーシャルワーカーの多くが、精神的混乱の源泉を、戦地や強制収容所だけではなく、家族のなかに見いだした。この論理を極端に推し進めることで、アンナ・フロイトやジョン・ボウルビィのような専門家は、母子分離のほうが、戦争それ自体が引き起こす暴力よりも、幼い子どもに対してより脅威となるのだと結論づけた。

新たな国際人道主義組織は、離散家族を再建しようとする戦後の運動の最前線に立っていた。一九四五年九月、当時のアンラ（連合国国際復興機関、一九四三～一九四七年）は、六〇〇〇万人以上のヨーロッパの避難民に衣食住を提供し、彼らを祖国へと帰還させる任を負っていた。そしてその避難民のなかには、同伴保護者のいない子どもたちが二万人以上も含まれていた(3)。避難所を提供して飢餓と病気の蔓延を防ぐことだけでも膨大な仕事であったが、アンラのワーカーたちは、それだけが自分たちの使命であると考えていたわけではなかった。第二次世界大戦後の人道主義ワーカーは、それ以前の救済活動から転換して、自分たちを、人びとの心理的回復を促す主体でもあるとみなすようになった。オーストリアの心理学者でアメリカへ亡命していたエルンスト・パパネックは、一九四六年につぎのように述べた。「今は、食料を提供する以上のことをおこなうときである。ここにいる六二ポンドしかない少女たちの体重は増やさなければならない。しかし、彼女たちは何のために体重を増やすのか、その目的も理解できるようになるべきである(4)」。一九四五年六月、アンラは『避難民の心理学的諸問題』に関する報告書を起草し、戦後復興にとって心理学的回復が重要であることを主張した。報告書はつぎのように提唱した。「連合国機関は、救済――物質的必要を満たすこと――だけではなく、回復――心理的苦痛や混乱を改善すること――にも関心を向ける。というのも、人間はパンのみで生きるのではないからだ[5]」。

ヨーロッパの難民キャンプと児童ホームは、心理学的な実験が公然とおこなわれる場となった。そこで人道主義ワーカーたちは、戦争と人種的迫害によって強制移動を余儀なくされた人びとを観察し、その観察を通じて子どもの発達と人間の本質について議論を闘わせた。フランスの児童精神科医ジョルジュ・ウィエールは一九四八年、戦争は「非常に多くの知的および感情的な諸症状が……生じる条件を、あたかも社会実験をおこなったかのように創り出した。これらの症状は、戦争以前には単発的にしか出会えなかったものである[6]」と述べている。こうした「統制された実験室」で、多くの英米の児童福祉専門家たちは、一連の普遍主義的な精神分析原則が正しいという確証を探し、それらを見いだした[7]。しかし、ヨーロッパの若者の再建を家族主義的かつ精神分析的な観点からおこなうことに、異論の余地がなかったわけではない。同時代の大陸の教育学者および児童福祉専門家たちは、ヨーロッパの失われた子どもたちの再建に関して、より集団的な方法や構想を明確に打ち出した。こうした方法や構想を通じて、彼らはヨーロッパの若者を、自分たちのイメージに合わせて回復させようとした。

二　連合国国際復興機関（アンラ）とソーシャルワーカー

アンラは、解放後のヨーロッパを再建するためには途方もない業務が必要であろうという見通しのもと、一九四三年に設立された。この部局は「国際連合《ユナイテッド・ネイションズ》」当局と呼ばれていた（すぐにそうなった）が、それは一九四五年における実際の国際連合の創設に先行して設立された。第一次世界大戦の記憶がまだ薄れていなかったため、連合国は、合理的な計画をおこなえば、疫病、飢餓、混乱から平和を守ることができるだろうという期待を持っていた。アンラはとくにフランクリン・デラノ・ルーズヴェルトの「世界のためのニューディール」を輸出するという目標を反映し、ニューディール・リベラリズムという概念と価値観を、コーヒー、チェコレートバー、ビタミン剤、タバコとともにヨーロッパへ送り出した。拡大しつつあったアメリカ連邦福祉行政のさまざまな機関で訓練されたソーシャルワーカーたちは、アクロニム〔単語の頭字をつなぎ合わせた略語〕に対する嗜好とともに、ニューディール的なケースワーク理念に対する強固な信念をヨーロッパに持ち込んだ。このことは必然的に、難民の「クライアント」各自の個人的なニーズに焦点を当てることとなった。また第二次世界大戦後における救済事業の専門職化は、いちじるしく非政治的なエートスをワーカーたちに求めることにもなった。アンラのワーカーたちは、人道主義ワーカーや作家フランチェスカ・ウィルソンが「布教活動目的ではない動機」と呼んだものを支持した。第一次世界大戦やスペイン内戦でおこなわれた救済活動が政治化されたものであったのに対して、アンラはその非政治的な倫理観という点で、先行する人道主義活動とは異質なものとなった。[8]

アンラの創設者たち、またその後継団体である国際難民機関（ＩＲＯ、一九四七〜一九五一年）は、戦間期の救済活動、とりわけハーバート・フーヴァーのアメリカ救援局（ＡＲＡ）、国際連盟、国際赤十字などによる活動が失敗に終わったとみなし、その失敗を注意深く研究した。一九四三年の時点から全体を振り返ったとき、とりわけＡＲＡは、中央ヨーロッパにおけるアメリカの政治利害を一方的に追求するという欠点を抱えたものであった。[9]第一次世界大戦後の人道主義運動もまた、効率性を重視する一九四〇年代のテクノクラートにとっては、絶望的に組織化が不十分なものと映った。[10] 第一次世界大戦とスペイン内戦の時期には、各国政府および多数の民間組織、宗教組織および政治組織が、民間人の戦争犠牲者を救済し、彼らの政治的忠誠心を確保しようと競合した。国連憲章を起草したジェイムズ・T・ショットウェルは、こうした組織化されていない方法と、アンラのより普遍主義的な構想を比較してつぎのように述べている。「第一次世界大戦後には、アンラのような組織は存在しなかった。というのも、フーヴァー氏が指導した偉大な組織を含めて、さまざまなアメリカの救済組織は、公式に相互に調整されることがいちどもなかったからである。……民間団体と同様に、各国政府もまたチャリティという観点でものを考えていた以上、これは不可避なことであった」[11]。しかしこんどこそ、救済組織はより役に立つことができるはずだ、とウィルソンは主張した。「その都度なんとか問題に対処するよりも、あらかじめ計画を立てておくほうが望ましいという考え方は、ふたつの大戦を挟んで受け入れられるようになった。そしてわれわれは今回、救済事業の任務にあたる公式の超国家組織、アンラを有している。……ニーズに対する事前調査がなされず、ある国民が食料や必需品のために他の国民と競合してしまったという前回の事例に比べれば、これは計り知れない重要性を持つ進歩である」[12]。こうした理由によって、民間救済組織はアンラの直接的な監督下におかれることになった。ユダヤ系組織は重大な例外とされたが、人道主義組織が特定の宗教集団あるいは国民集団を救済対象とすることは禁止された。[13]

アンラは国際的な協力関係のなかで活動するよう計画されたが、その構造には国際関係におけるさまざまな不平等が反映された。一九四三年アトランティックシティで開催された第一回連合国国際復興機関評議会会合には、四四か国の代表団が参加した。各国の代表団は、各国の国家予算の一パーセントをアンラ予算として拠出することを誓約した。しかしアンラの基金の大部分は、英米の国家財政から拠出されたものであった。一九四五年から一九四七年にかけて、アンラは総計四〇億ドルもの予算を使用した。合衆国はアンラの支払額の七三パーセントを負担し、イギリスは一六パーセントを支払った[14]。アンラは主として、ドイツのアメリカおよびイギリス占領地区（および南東欧、東欧およびイタリア）で活動をおこなった。ソヴィエト連邦はアンラ中央委員会に所属していたが、ソ連当局はドイツのソ連占領地区でアンラが活動することを禁止しており、またソ連はＩＲＯに加盟してはいなかった。フランス軍政当局も、フランス占領地区における避難民の子どもについては、自分たちが直接的な責任を負っていると想定していた。アンラの職員全体は、概して英語話者でもあった。一九四六年一二月時点で、アンラには一万二八八九人のワーカーがいたが、そのうち三七パーセントはアメリカ人で、三四パーセントはイギリス人であった。アンラの被雇用者のうち、四四パーセント以上が女性であった[15]。

この組織のなかで、女性が指導的な地位に昇進することはほとんどなかった。しかし救済事業の展開は、女性が国際的に活動する機会を新たに押し広げた。ウィルソン自身が、女性はとりわけ人道主義活動に適しているという確信を持っていた。「遠い昔から、女性として経験するあらゆることが、女性の順応性を、男性のそれよりも高めてきたのである」と、彼女は主張した。女性たちは「さまざまな中断が生じても、その場その場で即興的に活動をすることができる。緊急時の活動にはつねについて回るこうした事柄に対して、有能な男性であれば憤激してしまうだろう[16]」。

アレタ・ブラウンリィは、一九四五年から一九五一年まで、ウィーンでアンラ児童福祉班の長を務めた。一九五一年に書かれた彼女の未公刊回顧録で、彼女は、理想主義と冒険への渇望が入り混じって、自分をヨーロッパに向かわせたと回顧している。彼女はシカゴ大学社会事業学部で医療社会福祉士（Ｍ・Ｓ・Ｗ）の資格を取得し、合衆国児童局の相談役として働いていたとき、海外での仕事に興味があるかどうかという電話による勧誘を受けた。ブラウンリィはゆるぎない信念を持った非戦論者であったため、はじめのうち、仕事を受けるか否かためらった。しかしアンラの使命は、彼女の理想主義と共鳴するものであった。「あらゆる連合国によって支援される、世界で初めての巨大な国際救済組織が、建設的な、あるいは少なくとも再建に関わる事業をおこなうことは、目新しく希望に満ちたものに感じられた。……仕事でどれほど挫折や困難に出会おうとも、私はアンラの実際の様子を確かめようと思った」と、彼女は想起している(17)。

スーザン・ペティスもブラウンリィと同様の理想主義に動かされていたが、他方で彼女は苦難に満ちた家庭生活から逃げ出したいという願望を抱いてもいた。生まれも育ちもアラバマのペティスは、ニューディール福祉行政機関で働いた経験があった。彼女は崩壊した結婚生活から逃れるため、崩壊したヨーロッパへと避難した。「モービルで過ごした暑い夏の一夜に、劇的な事件がいくつも起きました。それで私は、アルコール中毒で家庭内暴力を振るう夫との結婚生活には、安全も未来もまったくないと気づいたのです」と、彼女は回想している。彼女が最初にアンラと関わったのはメリーランド大学に設置されていたアンラの養成課程であり、そこでの経験が彼女を変えた。「私はすぐに、おもしろく、ワクワクする仲間たちの一員になりました。彼らは世界のいろいろな問題の解決を論じる『自由討論』に真面目に取り組んだかと思えば、それと同じくらいよく笑い、人生を楽しんでいました。……カレッジ・パークを歩いているとき、私は自分の人生の大部分にうんざりしていたことに気がついたのです」。ペティスにとってアンラに参加することは、人道主義という衣の下で、自分の人生をやりなおす機会を得ることを意味していた(18)。救済活動を、苦難に満ちた家庭生活から脱出する機会と考えていたのは、おそらくペティスだけではなかった。ウィルソンは一九四五年に、「自国の生活が崩壊している人びとほどそこを離れようとする。……薬物中毒者、アルコール中毒者、法から逃れようとする犯罪者が救済事業に活路を見いだす。……多くの冒険心に溢れた人びとも……救済事業という時流に乗ろうとする」と警句を発している。より肯定的に見れば、救済事業は女性に旅と冒険、専門職としての責任と権威を獲得する機会を与えた。ウィルソンは、女性が救済事業という領域で慣れない権威を手に入れることで、彼女たちがつけあがってしまうのではないかという危惧を抱いてすらいた。「自分の故郷ではぼんやりとした女性であったはずが、ひとたび被災地のルリタニア人〔冒険とロマンを求める人びと〕の女王になってしまえば、彼女たちは自分の臣下たちから服従を引き出そうとする」と、彼女は警告している[19]。

メリーランド大学のアンラ養成課程では、新入生は語学クラスだけでなく、ヨーロッパ史およびヨーロッパ政治の授業を受講した。しかしこうした学習に加えて、彼らは小旅行にいったり、パブへと繰り出したり、あるいは夜遅くまで議論を闘わせた。「理想主義が共有され、教授陣と生徒の両方が理想主義から大きな影響を受けた」のであり、彼らはみな「本当の世界共同体《コミュニティ》が樹立されるのを見たいと望んでいた」と、ペティスは回想している[20]。一九四五年三月一七日の日記でペティスは、「八週間の訓練が終わると、私たちはもう旅立つ準備ができていると仰々しく告げられた。狂ったようにワシントンに駆けつけ、本部ですべての種類の書類に署名し、健康診断と予防注射を受け、駆け込みで買い物、その他もろもろ」と記している。一九四四年八月の真夜中、いよいよブラウンリィはしじら織りのピンク色のスーツを身にまとい、ガスマスク、ヘルメット、小雑嚢を携えて、ヨーロッパへと向かう軍用艦に乗り込んだ。「こうして私は大冒険に乗り出したのですが、それは私が予想していたよりも軍務に近いことがのちに分かりました」[21]。数週間の旅程ののち、彼女はウィーンに到着した。彼女はそこで六か月以内に自分の任務をやり遂げることができるだろうと考えていた。しかし実際には、彼女はそこに約五年間滞在し、アンラとＩＲＯ双方の児童福祉相談員として勤めることになった。ペティスはドイツに三年間とどまり、最終的に、第二次世界大戦後に東欧からアメリカ占領地区へと避難してきたユダヤ人の子どもたちの養護を監督することになった。

三　里親か施設か

ペティスやブラウンリィのようなアンラのワーカーは、個々の子どもの心理的回復を、戦後ヨーロッパに民主主義的価値を涵養するための運動と結びつけた。彼らは家族の再建を重視したが、そうした立場は、ナチズムと共産主義双方の悪を親密圏の破壊にあると解釈する、当時現われた全体主義論に支えられていた。[22] ナチ支配直後の時期、概して英米の救済ワーカーは、ヨーロッパで民主主義を再建するためには、リベラルな個人主義の推進が必要であると信じていた。こうした目的は、ナチズムはあらゆる形態の個人主義と敵対的であったとする、根拠の不確かな想定にもとづいていた。[23] アメリカ・ユニテリアン協会〔一八二五年設立〕傘下の人権組織であったユニテリアン奉仕委員会（ＵＳＣ）は、子どもたちのあいだで個人主義を涵養するという目的を公然と掲げつつ、戦後ドイツで精神衛生計画を推進すらした。この計画の責任者であったヘレン・フォッグは、「ドイツで大人へと成長しつつある子どもや若者は……、その大部分は……ある種の心的態度やパターン、つまり人間および心理に関わる特定の思潮に支配されている。この思潮は、政治経済的な要因と同じくらい、全体主義的指導者の登場を強力に後押しした要因なのである。現在でもこうした思潮は、自制心《セルフ・ガヴァメント》を強固にするはずの、個人というものへの信頼を弱める方向に働いている」[24]と述べた。

しかし救済ワーカーや占領当局によって推進されたこの「個人主義」は、せいぜい漠然とした願望の域を出ないものであった。健全な個人や民主主義的な市民がどこで、どのようにして育まれるべきなのかという問いは、議論による決着を見ることはなかった。ヨーロッパ再建を担う当局のなかでは、自由市場や市民的権利を強調する者もいれば、憲法ないし法制改革を重視する思潮もあった。しかし、心理学者、ソーシャルワーカー、児童福祉専門家は、とくに家族へと目を向けた。彼らは健全な個人の育成を、親子の感情的な関係のなかに位置づけた。

アメリカの亡命ユダヤ人コミュニティは、家族と精神、そして全体主義の関係を理論化する際にとりわけ重要な役割を果たした。その始まりは一九三〇年代であり、エーリヒ・フロムやフランクフルト学派はファシズムの起源を、彼らが「権威主義的家族」と名づけたものの内部力学に求めた。一九三六年の論文で、フロムはナチズムがドイツ人を惹きつけた理由を説明するために、精神分析を用いた。フロムによれば、ドイツ家族における絶対的な父権構造が、下層中流階級や労働者階級の子どもたちをヒトラーとナチ党の絶対的権威に従属させる下地となった。[25] しかし戦後の理論家たちとは対照的に、フロムやその仲間たちは、家族を大衆政治とは区別される私的聖域であるとは考えなかった。むしろ、彼らは家族内部の力学を政治的態度の源泉であるとみなしていた。これと対照的に、第二次世界大戦後では、亡命した精神分析家は総じて、両親の権威は全体主義の源泉ではなく、むしろその防波堤となると主張した。彼らはナチズムと共産主義をはっきりと引き合いに出しながら、家族生活への国家介入をけん制した。たとえばアンナ・フロイトは、極度の身体的虐待とネグレクトの場合を除いて、家族への国家介入に反対した。政府のソーシャルワーカーが、親による情緒的虐待《アビューズ》を告発する権限を持つならば、それは全体主義国家によってあまりにもたやすく濫用《アビューズ》される可能性があると、フロイトと彼女の仲間たちは主張した。[26]

ナチズム（とソヴィエト共産主義）を家族が持つ主権に対する攻撃であるとする特殊な理解は、西ヨーロッパ再建事業の中核に存在した。ナチ体制が家族と親密圏の廃止をもたらすという考え方は、ナチスが権力を握った直後から、反ファシズム主義者の思想の一部となっていた。一九三八年、トーマス・マンの娘エーリカ・マンは、ナチ・ドイツの教育方法に関する暴露本を出版した。『野蛮のための教育』と題されたこの本で、彼女はナチズムの悪を家族に対する攻撃という言葉で定義した。「家族を崩壊させることは、ナチ専制国家の副産物などではなく、ナチスがその目的——世界征服——を果たそうとするならば、必ず取り組む課題のひとつである。もし世界がナチスのものであるならば、ドイツ人は誰よりも真っ先にナチスのものでなければならない。そしてドイツ人がナチスのものであるというなら、彼らはもはや他のいかなるものでもない——神のものでも、家族のものでも、自分自身のものですらなくなるであろう」と、彼女は記している。(27)

家族の絆を攻撃するナチスは、密告する子どもという姿で擬人化された。愛する者よりも国家を上位において、親の情報を漏らす子どもは、家庭内領域に対するナチスの攻撃と、ナチ教育学の全体主義的性質を顕著に体現するものであった。密告者としての子どもというイメージは、ベルトルト・ブレヒトの『第三帝国の恐怖と悲惨』の一幕で演劇にされたことすらあった。一九三六年ケルンを舞台にしたこの演劇では、幼い息子がお菓子を買いに外出した際、彼がゲシュタポのもとに行って親を告発してしまうのではないかと中流階級の夫婦が心配する、という光景を描いた。(28) フランス人研究者アルフレッド・ブロネールは一九四六年に、ドイツの子どもたちは「もし求められれば、昔からの政党を支持しつづけている父を非難し、総統よりも聖職者を信じている母を非難した。彼らは盲目的にあらゆる命令を遂行する若者であり、非常に幼いころから自発的に服従するよう教育されていた」(29)と主張した。実際に自分の両親を密告した子どもが少数にとどまったのは確実だが、密告する子どもというイメージは、親権が自由民主主義の再建に必要不可欠であるという合意を支えた。

英米の人道主義活動家たちはまた、国家に対抗する市民社会——それは、理性を持った男性市民が女性および幼い扶養家族に対して自分の権威を自由に行使できる私的領域を意味していた——の基盤として家族を配置するという彼らの自由主義的な伝統も活用した[30]。この枠組みでは、家族＝国内《ドメスティック》の最前線で男性の権威を再強化することが、戦後ヨーロッパに市民社会を再生させるための中心的課題となった。ナチスが家族の持つ主権を破壊したならば、私的な家族生活を再建することは、非ナチ化と民主化の両方を意味することになる。こうして、家族は戦後の「正常な状態への復帰」を象徴する非政治的な聖域とみなされるようになった[31]。

「正常な状態」への希求を優先的な課題としたのは、解放後ヨーロッパの政治家、社会科学者、人道主義ワーカーたちだけではなかった。避難民自身もしばしば、結婚、家族、子育てを自分たちの生活を再建する方法とみなした。ドイツのプリーンにあった国際児童センターの避難民の若者に関する報告のなかで、アンラのジーン・ヘンショウは、「多くの場合、若者が不安を抱き、家族や安定的な人間関係を切実に必要としていることは、彼らが早期に健全な婚姻関係を結んでいることに表われている[32]」と述べた。フランスのソーシャルワーカーであったシャルロット・エルマンは、ベルゲン＝ベルゼン強制収容所から解放されたユダヤ人のあいだで、一九四五年夏に「生の爆発」が生じたと回想している。そこでは、「一四歳あるいは一六歳という若い少女たちの多くが妊娠していた[33]」。ドイツのヴィルトフレッケンにある避難民キャンプで、アンラのワーカーであったキャサリン・ヒュームは、ポーランド難民の高い出生率に憤慨していた。「避難民と同じく、私たちも希望をもって生きていた。しかし無為に過ごして赤ん坊を産むことしかしない彼らとは異なり、私たちは重要な仕事がたくさんあった。あのように早いペースで子どもが生まれてしまえば、避難民居住区の一人あたりの出生率は、おそらく中国を除いたあらゆる国のそれをすぐに上回ってしまっただろう」と、彼女は辛らつに述べている[34]。一九四七年末の時点で、避難民のユダヤ人の出生率は一〇〇〇人あたり五〇人であり、世界でもっとも高い出生率のひとつとなっていた。アティナ・グロスマンは、ユダヤ人のベビーブームは、ホロコースト直後に、彼らが個人の主体性と生の確証を得ようとした表われであったと論じている。[35]

自分たちの「個人主義的」価値観を公然と表明するなかで、国連のソーシャルワーカーたちは、児童福祉の指導原則として「[個々の]子どもの最善の利益」を掲げるようになった。彼らはこの利益を、つぎのことを含む基準によって判断した。「子どもがその両親、里親、あるいは他の人びとと健全な関係を持っているかどうか」。教育機会の有無。食事、衣服、医療的な養護が提供されているかどうか。市民権を得ることができるか否か。差別される可能性の有無。子どもの意志、そして最後に、「生みの親、里親、あるいは血縁でつながっている近親者の希望」。しかしこうした基準のうちのひとつが別の基準と両立するか否か、あるいは両立しない場合にどれを優先させればよいのかについて、原則が存在したわけではなかった。そして多くの場合、それらの基準どうしが両立しないことは明らかであった。[36]

「最善の利益」というパラダイムは、個々のケースワークに適用されるとともに、それ自体がナチスの人種主義を否定することを意図したものであった。ケースワークを通じて個々の子どもの心理的、経済的、社会的な利益を重視することは、国民的利害を優先すること、社会主義社会の雛型となるような仲間集団を構築しようとすること、支配民族《マスター・レイス》を形成しようとすることなど、社会福祉政策を決定するために取り得た他の基準を排除することを意味していた。それはまた、子どもの発達に関して、生物学的な理論というよりも環境を重視する理論を採用することでもあった。USCは、自身の「精神衛生計画」を社会事業において促進することは、ナチ優生学への解毒薬となると明言した。グンナー・ディブワッドは、USCの小冊子のなかで、つぎのように詳述している。「ドイツの症例記録を読むと……生得的な傾向あるいは性質を意味する『遺伝素質』という用語を決まって目にすることになる。怠惰、虚言、窃盗、性非行、これらすべては子どもの『遺伝素質』によるものだと安易に説明されてしまう。こうして生物学的な要因を過度に強調するのと反比例して、感情に関わる価値観や人間同士の関係性は十分に強調されなくなる。ドイツのソーシャルワーカーにとっては、犯罪者のおじがいることのほうが、子どもと両親のあいだの感情的な絆がどのような性質のものであったかということよりも、はるかに重要なことになってしまったのである(37)」。

一九四九年に、USCに協力するドイツ人亡命者でありハーヴァード大学の精神科医でもあったクレメンス・ベンダ博士は、ドイツで必要なのは「心理学的マーシャルプラン」にほかならないと述べた(38)。USCの児童青少年計画部の責任者であったヘレン・フォッグは、一九五一年の覚書で、戦後ドイツでは「『民主主義』こそ自分たちが求めているものだと多くのドイツ人が心から訴えているにもかかわらず、権威主義的態度と行動が……いまだに家族生活、あらゆるレベルの教育……ソーシャルワーク諸機関、そして社会全体を支配している(39)」と説明している。「現代的な」心理療法は子どもの心の傷と、ドイツ社会に残存する人種主義的かつ反民主主義的な態度の両方を根絶することを約束するものであった。USCは、一九四九年から一九五三年のあいだ、ドイツ人社会福祉専門家のための一連の夏季ワークショップをベルリン郊外で開催し、こうした方法の普及に努めた。

精神分析家とユニテリアン主義の同盟は一見奇妙に見えるかもしれないが、ユニテリアンの救済ワーカーは、アンラのワーカーと同様に、精神分析理論の諸原則の中核に、普遍主義的な想定があることをはっきりと強調していた。フォッグは、USCのワークショップに参加したドイツ人がたいていの場合、アメリカ人の同僚に懐疑の眼差しを向けたと報告している。金持ちのアメリカ人が、戦後にドイツ人家族が直面した困難をどうやったら理解できるのだ、と。しかしすぐに、「人間の基本的なニーズと、人格の心理的発達に関する……議論を通じて疑いと拒否は消え去った。こうして議論された諸問題はドイツ人だけの問題でもなければ、アメリカ人だけの問題でもないことが明らかになった。これらは……むしろ世界中の人びとに当てはナチスのイデオロギーが、人種や国民は不変の生物学的な差異によって分かれていると主張したのに対して、精神分析は人間の心理を構成する要素は普遍的であることを強調するものであった。一九四五年のアンラ報告書は、「さまざまな国民集団は、その顕著な強みあるいは欠点は何かという点において異なっている」と述べる。「しかし、人間の人格に関する主要な属性――良心と罪の意識、愛と憎しみ、敵対と友情、自尊心と劣等感――は、驚くほど不変であることが分かる。これらの属性は家族という実験的な実習《ワークショップ》の場で鍛えられるのである」[41]。

アンラとＩＲＯのソーシャルワーカーたちが生物学的な家族、とりわけ母親と子どもをひとつにしなければならないという観点から子どもの「最善の利益」を定義したとしても、それはあくまでもこの精神分析的な枠組みにおいてであった。アンナ・フロイトとドロシー・バーリンガムに同調して、テレーズ・ブロッスは一九四六年、子どもにとって戦争の「トラウマ」は暴力と飢えの結果として生ずるのではないと論じた。そうではなく、子どものトラウマは、母親からの引き離しによって生じる。「子どもの感情に影響を与えるのは、爆撃や軍事行動のような、実際の戦争で生じる出来事ではない」と、彼女は主張した。「子どもに影響を与えるのは、家族の感情的な絆に影響する出来事であり……そして何より、突然母親を失うことなのだ」[42]。アンラとＩＲＯのワーカーたちは、再家族化の活動をおこなうだけではなく、孤児院という集団的方法に対して難民の子どもを里親あるいは家族に引き渡す方法を特権化することで、こうした精神分析的な原則を具体化した。ジャーナリストのドロシー・マカードルは解放後のヨーロッパから、「教育心理学者たちは総じて、アンナ・フロイト博士が繰り返し表明した結論に関して、意見が一致している。つまり、たとえそれほど立派ではない家庭ですら、もっとも優れた共同保育より、幼い子どもたちにとってより望ましいという結論である」[43]と報じた。

しかし、アンラのワーカーの多くがフロイト主義に飛びついたとしても、必ずしもすべての人びとが、避難民の子どもの心の傷が家族的価値によって癒されると考えたわけではない。救済の現場では、アンラのワーカーおよび英米の精神分析家の家族主義的見解は、大陸ヨーロッパの政治家および教育学者の集団主義的な理念と対立した。戦後ヨーロッパにおけるユダヤ人の子どもたちの多くは、自分が帰るべき家族も、物質的な意味での家も失っていた。したがって、家族主義的な解決策は、彼らをめぐって特別な問題を生じさせた。たとえば戦後のフランスとポーランドでは、ユダヤ人救済組織が児童福祉計画をいち早く開始し、ホロコースト後のユダヤ人の若者の心理的健康を回復させようと努力を傾注した。しかし、これらの組織は、若者たち個々人を心理的に回復させるとともに、壊滅したユダヤ人コミュニティを再生させる方策として、家族や里親ではなく集団生活を推進しようとした。そして彼らの集団生活への志向は、必要に迫られたというだけではなく、自分たちの信念に裏づけられていた。(44)

フランスでは、児童福祉慈善団体（OSE）が最大かつもっとも重要なユダヤ人児童福祉組織であった。この組織は、公衆衛生を促進するため一九一二年にサンクトペテルブルクで設立され、そのフランス支部は一九三三年に創設された。第二次世界大戦中、OSEはヨーロッパのユダヤ難民の子どもたちを救済する地下運動のなかで、もっとも広範囲に展開されたもののひとつであり、子どもたちを里親やカトリック系施設にかくまった。戦争が終結すると、教育改革者、心理学者、かつてのレジスタンス活動家からなる熱意に満ちた集団が組織され、OSEはおよそ二〇〇〇人のユダヤ人の子どもたちのために二五の児童ホームを運営した。これらのホームの大部分は、アメリカ・ユダヤ人共同配給委員会（JDC）の基金によって支えられた。「ジョイント」という略称で広く知られていたJDCは、戦後ヨーロッパにおける主要なユダヤ人救済組織であった。OSEの教育者たちは、集団生活を戦時の強制移動経験を癒す方策として促進し、カトリックの里親家族およびカトリック施設にかくまわれて戦争を生き延びた子どもたちに、ユダヤ人としてのアイデンティティを取り戻させようと試みた[45]。

他方ポーランドでは、一九四四年にルブリンで結成されたポーランド・ユダヤ人中央委員会（CKŻP）が、ポーランド系ユダヤ人の若者の救済を担った。救済対象はドイツ強制収容所の生存者、かくまわれた子どもたち、そしてソ連との戦争を生き延びナチス敗北後のポーランドに帰ってきたおよそ三万人のユダヤ人の子どもたちを含んでいた。一九四四年から一九五〇年のあいだに、CKŻPは、ポーランド政府に対してユダヤ人の利益を代表し、ポーランド系ユダヤ人に社会的および法的支援を与えるための包括的組織としての役割を果たした。CKŻPの指導者層は複数のユダヤ政党や運動の代表を含んでいた。こうした組織は、ナチ支配からの解放後にふたたび創設され、ゲットーやパルチザンのあいだで守られてきた戦前からの政治的伝統を継承していた。これらの組織はイフード運動、*[1]ポアレイ・ツィオン左派および右派、*[2]ハショメル・ハツァイル*[3]といったシオニスト運動だけでなく、共産主義者、ブント主義者（自覚的なユダヤ人としてのアイデンティティを涵養することをめざすが、パレスティナへの移住を促進しようとはしない世俗的社会主義者）を含んでいた[46]。OSEと同様にJDCから多大な後援を受けたCKŻP教育局は、一九四六年六月時点で一二二四人の子どもたちのために一一の児童ホーム、四〇六七人の居住者がいた四五の二食付き施設、心理療法診療所、キリスト教家族やキリスト教施設からユダヤ人の子どもたちを取り戻したいという要求に応えるための児童捜索部を運営した。CKŻPの学校局は一九四六年に二二三六人の子どものために二八校のユダヤ人学校を運営し、それらの学校は四校を除いてイディッシュ語で授業をおこなった[47]。

ヨーロッパのユダヤ人の子どもたちを回復させることに関して、家族主義的見解と集団主義的見解とのあいだで生じた葛藤は、著名なオーストリア社会主義者であり、オーストリアの心理学者アルフレート・アドラーの後継者でもあったエルンスト・パパネックの仕事と著作にもっとも如実に表われている。パパネックは、第二次世界大戦中、フランスのＯＳＥが運営したユダヤ難民児童ホームを管理し、戦争が終わるとヨーロッパに戻り、ＵＳＣがおこなっていた避難民の子どものための事業の指揮をとった。パパネックはウィーンに生まれ、哲学、心理学、教育学を修めた。一九三〇年代、パパネックは社会主義青年運動の教育者となり、一九三二年にウィーン市参事会員に選ばれた。一九三四年二月、社会民主党が禁止されると、パパネックと家族はプラハへと避難する。彼は亡命中も児童心理学に関する著作の執筆と出版をつづけ、国際連盟のための教育学機関紙を編集した。一九三六年、パパネックは難民の子どもたちにかかわる仕事を始め、スペイン内戦期には、共和国派の若者をスペインから避難させる事業を支援した。

ナチスによるオーストリア併合の直後、パパネックと家族はフランスに避難し、そこでパパネックはＯＳＥとともに仕事を始めた。医師でもある妻ヘレン・パパネックと協力しつつ、パパネックはモンモランシー周辺でユダヤ難民の子どもたちのため、四つのホームを運営した。一九四〇年六月ドイツがパリを占領する直前、彼の難民児童コロニーはモンモランシーから南部のモンタンタン（オート＝ヴィエンヌ県）の邸宅へと避難したが、その直後、リモージュ市長から逮捕が差し迫っていると警告を受ける。パパネック家族は急いでニューヨークへと逃奔し、その後、彼はコロンビア大学でソーシャルワークの学位を取得した。パパネックが世話をしていた子どもたちは、ＯＳＥによってカトリック家族にかくまわれたが、一部の子どもたちは捉えられ、強制収容所へと移送された。一握りの子どもたちは、なんとか合衆国へと逃れることができた。

パパネックは、集団による教育は人種的迫害の犠牲者を回復させるのに有効であるという確固とした信念を持っていた。アンナ・フロイトが母子分離こそ精神障害の普遍的な原因であるとしたのに対して、パパネックは、とりわけユダヤ難民の子どもにとって、児童ホームという集団的環境が、安心感をもたらす憩いの環境になると反論した。「アンナ・フロイトが描いた子どもたちは……自分の両親に頼ることができず、両親の助けや保護を受けることができないという危険な状況をいちども経験したことがない。……フランスのわれわれの児童ホームにいた難民の子どもたちは……家族を置き去りにするしかなかった子どもたちである。彼らの家族は、危機が迫ったときに、子どもにどのような保護も安全も与えることができなかった。こうした悲劇的な状況では、両親から引き離されたからといって、子どもたちの安心感が損なわれることなどありえない。……こうした子どもたちはむしろ、自分たちを取り巻く環境はより危険が少なく、自分たちの問題を解決してくれる――つまり、自分たちをよりよく保護してくれる――ものだと感じているのである」と、彼は主張した[48]。

パパネックは、ユダヤ人の子どもたちは集団の一員として迫害されたのだから、彼らが受けた経験から回復するためには、仲間集団が必要であるという確信を持っていた。したがって、彼は精神分析理論を支持する普遍主義者を批判し、ユダヤ難民には特別なニーズが存在していると主張した。「多くの人びとが、ほかの多くの人びとと同じトラウマを持っており、そのトラウマから集団神経症が引き起こされる場合には、つねに集団治療が望ましい」と、彼は主張した。「難民の子どもを親切できちんとした家庭に引き取ることだけでは十分ではないであろう。ほかのどんな子どもよりも、難民の子どもは自分が受け入れられているということ、自分はある集団の一員なのだという感覚を新たに獲得しなければならない[49]」。

より掘り下げて考察するならば、パパネックのこうした見解は、彼の青年期に展開していたオーストリア教育改革運動と、彼がアドラー派心理学者として受けた訓練の双方から影響を受けていた。パパネックはオーストリア＝マルクス主義教育改革運動[*4]の第二世代であり、この運動は、前世紀転換期ウィーンにおけるカール・ザイツの自由学校運動を起点としていた。ザイツと彼の信奉者たちはオーストリア公教育制度に聖職者およびキリスト教社会党が持っていた影響力に対して、断固とした戦いを挑んだ。この運動は戦間期オーストリアにおいても継続し、社会主義教育改革者オットー・グレッケル[*5]によって活性化した。個人主義的理想と集団主義的理想は、ザイツやグレッケルのような改革者の教育学的、心理学的な理論のなかで統合された。彼らは労働者階級の子どもに階級闘争を闘い抜くことができるよう準備させ、カトリック教会やキリスト教社会主義者を含む、オーストリア社会民主主義という伝統的な敵に対抗することを目的に掲げた[50]。

アルフレート・アドラーの「個人心理学」はこうした改革者たちのあいだで、とりわけ学校改革運動および戦間期ウィーンで市が新しく後援した児童相談診療所において、きわめて強い影響力を持った。生物学的(したがって普遍的)な本能と衝動の存在を主張するフロイトの自我理論は、生物学を基盤とするものであったが、オーストリアの心理学者アドラーは、こうした生物学的基盤を拒否した。その代わり、アドラーは、人格を形成するうえで、環境とコミュニティの役割を強調した。パパネックによれば、フロイト的な見解が、社会を「われわれが怖れ、またそのためにわれわれが非常に多くの退行を経験することになる」権威であると考えるのに対して、アドラー派は「コミュニティのみが有機体とは区別された人間を形づくる。……どのような人間になるのかは、生物学的に予言できるものではない[51]」と主張した。アドラー心理学はOSEとポーランドのCKŻP双方の児童福祉専門家のあいだで強い影響力を持ち、彼らはCKŻPの教育者たちのためにアドラー理論の講習会を後援したほどであった。

パパネックが合衆国へ亡命した一九四〇年に、彼は自分の集団主義的な方向性がアメリカのソーシャルワーカーが好む精神分析的な方法と衝突することに気づいた。アメリカのソーシャルワーカーは、OSE方式の児童ホームを合衆国に設立しようという彼の提案をにべもなく拒否した。ニューヨーク社会事業学校での一九四二年の講義で、彼は激しく攻撃された。「施設という言葉がこの国でこれほど好ましくない含意を持っているとは、私には分かっていなかった。『それはアメリカ的なやり方ではない！』と、彼らは私に向かって叫んだ。アメリカでは、子どもが施設に送られるのは罰としてか、あるいは施設の外で生活を送ることができないとはっきり分かっている場合なのだ。……アメリカでは家庭が唯一の聖なる施設なのだ。私はそのことを理解すべきであった[52]」。

合衆国に到着した際、パパネックはヨーロッパからやってきた難民の子どもたちに関する研究をおこない、強制移動および集団生活という直近の経験について、彼らの意識調査をおこなった。ほとんどの子どもたちは深い悲しみ、ホームシック、自分の家族の安全に対する心配を表明した。しかし、パパネックの調査対象のうち、驚くべき数の子どもが、肯定的な経験を伝えもした。「自分の国をあとにしたとき、あなたはどのように感じましたか」という質問に対して、一六歳のオーストリア人の少年は、「他の世界はいったいどんなところなのか、知りたいと思いました。自分たちが国を出なければならないと聞いて、むしろ嬉しかったです。もしヒトラーの侵略がなかったとしたら、僕は世界を見ることが決してできなかったと思うからです」と答えた。別の一五歳は、「初めて味わった自由に興奮しました」と回想した。多くの難民の若者は、児童ホームで経験した連帯を称賛した。一一歳のオーストリアの少女は「私が気に入ったのは、何の分け隔てもなかったこと……お金持ちでも貧しくても、すべて同じだったことです。他の子たちと一緒にいるのは大好きでした」と述べている。一八歳のドイツ人は、「どんな子どもでも一定のあいだ施設に入るべきです！[53]」と簡潔に主張した。

パパネックの調査対象者たちの多くが、ＯＳＥでの経験から、集団主義教育に対して肯定的な見解を表明した。したがって、ＯＳＥの方法は、より詳細に検討する価値がある。一九四六年、ＯＳＥはフランスでおよそ一一三〇人のユダヤ人の子どもを二五か所のホームに住まわせていた。このうち七四六人が男子で、女子はわずか三八九人であった――これはユダヤ人の若者のあいだでは、性別によって生存率が異なっていたという事情を反映していた。これら生存者のうち、フランス系ユダヤ人は六一三人であり、他の子どもたちはポーランド、ハンガリー、もしくはドイツ市民であった（もっとも、多数の子どもたちは難民としてフランスで育っていた）。OSEはさらに、家族と一緒に住んでいるか、もしくは里親に保護されている一万二〇〇〇人のユダヤ人の子どもたちに、物質的な支援をおこなっていた。[54] この組織はまた、一九四五年にフランスで療養するようフランス政府から招かれたブーヘンヴァルト強制収容所の生存者の若者四三〇人の回復にも責任を負っていた。エリ・ヴィーゼル*[6]はのちに、「ブーヘンヴァルトの少年たち」のなかでもっとも有名となるが、彼らは実際に、一二歳から二一歳までの少年たちであり、そのほとんどが思春期の子どもたちであった。[55]

OSEとCKŻPによって組織された児童ホームは、迫害がもたらした心理的帰結、ユダヤ人コミュニティの将来、家族による教育と集団主義教育それぞれの利点などに関して、活発で反省的な議論の場を提供した。戦後ヨーロッパにおいて驚くべき現実のひとつは、ポーランドのCKŻP管轄下の孤児院の子ども、ドイツ避難民キャンプの子ども、そしてパレスティナに向かったキブツの子どもたちと同じように、フランスでOSEに保護された多くの子どもたちの場合にも、少なくとも彼らの両親のうちのひとりは生存していたということである。一九四六年九月、OSEのホームに住む一二〇七人のうち、三四パーセントの子どもの両親は二人とも生存しており、完全な孤児は二六パーセントにすぎなかった。[56] 解放期のフランスにおけるユダヤ人の子どもたちの母集団に関して、九七四三人の子どもを対象としたOSEの調査によれば、フランスに帰化したユダヤ人の生存率が比較的高かったこともあって、四七パーセントの子どもが、両親ともに生存していた。[57] 一九四六年一二月、ポーランドのCKŻP孤児院に住む八六六人の若者に関しては、完全な孤児は二二八人のみであり、若者たちの多くがソ連占領下で、両親とともに戦争を生き延びていた[58]。

ＯＳＥとＣＫŻＰの指導者たちは、とりわけ幼い子どもにとって家族が他に代えがたい安心感の源泉であるという伝統的な価値観に対して、必ずしも全面的に挑戦しようとしたわけではない。たとえば、ＣＫŻＰの教育者たちは、自分たちの児童ホームは「家族によって構成された家庭、つまり子どもにとって自然な環境にできる限り近いものであるべきだ[59]」と主張していた。しかし、こうした教育者たちは、戦後ヨーロッパにおけるユダヤ人が悲惨な社会条件に直面していることを認識してもいた。彼らの家屋と財産はドイツ人もしくは彼らに追従する隣人によって没収されていた[60]。妻を亡くした男性は一般的に、親の役割を果たすにはふさわしくないと考えられた。そしてフランスとポーランド双方で生じたいちじるしい住宅危機は、家族が安定して住む場所を探すことをほとんど不可能にした。五四歳のポーランド人、エッシャー・Ｐ夫人は寡婦であり、パリに住む四人の子どもの母親であった。彼女の子どもたちは戦争中に、フランスの田舎にかくまわれた。ドイツ人は彼女の家屋を差し押さえ、彼女はそれを取り戻すことができなかった。「こうした経験に疲れ果て」、彼女は「単身者用の衛生的でない部屋」に住み、負債を返済することもままならなかった。彼女は一番幼い娘をＯＳＥの保護に託した。三五歳のＬ・ベルナール氏と三二歳の妻には四歳と三歳の幼い子どもたちがおり、さらに孤児になった甥を養子にしていた。ベルナール夫人は一九四五年四月、隠れ住んでいた場所からパリに戻ったが、その際自分の家屋が差し押さえられていることに気づいた。ベルナール一家は遠い血縁者とともに、避難所を探した。八人が二部屋のアパートにすし詰め状態で暮らし、彼らのうち四人は床で眠った。こうしてベルナール一家も、ＯＳＥのホームに子どもを預けることになった[61]。

ポーランドでも、帰郷したユダヤ人は、同じような、あるいはさらに劣悪な状況に直面した。エレノア・ハイトはＣＫŻＰの指導者に、彼女の八歳の娘を、クラクフの児童ホームに入れることを委員会が承認してくれるよう取り計らってほしいという手紙を書いた。ハイトはアウシュヴィッツを生き延びた寡婦であった。戦争中に、彼女は自分の血縁家族も義理の家族もすべて失った。彼女は強制収容所から「肉体的にも精神的にも衰弱して」帰ってきたのであり、さらに心臓病を患っていると述べた。「私の力はもう尽き果てそうです。……私は働くことも、自分の子どもを世話することもできません……さらに、私の病気（頻繁な発作）は子どもを怖がらせていますし、私たちの生活の惨めな状況は、子どもの心に悪影響を与えるに違いありません」[62]。

しかしながら、ユダヤ人の子どもたちのためのホームは、単に実際的な必要に迫られて造られたわけではなかった。CKŻPには（共産主義者が組織を支配するようになる一九四八年まで）さまざまな政治運動が反映されており、その教育計画には社会主義者および国民主義者の強い影響が認められる。一九四五年六月一〇日に承認された委員会のイデオロギー的かつ教育学的な目標には、「民主主義、進歩、友愛という普遍的な理想に対する理解」を涵養し、「ポーランド民主主義の再生に献身し」「ソ連に肯定的かつ好意的な態度をとり」「社会的連帯と利他主義」という原理を強調することが含まれていた。さらに、CKŻPのホームに暮らす子どもたちは「ユダヤの言語、文学、歴史、世界中のユダヤ国民との連帯感、そしてとりわけユダヤ国民主義における民主主義的および進歩主義的勢力との連帯感」を身につけることが求められた[63]。

CKŻPの教育者たちは、ヨーロッパ各地にいる彼らの仲間たちと同様に、ポーランドのユダヤ人生存者の精神衛生について大きな懸念を抱いていた。一九四六年末に、委員会の心理診療所の責任者は「ナチ支配を生き延びながら、現在心理学的に完全に正常であるユダヤ人は、こんにちにおいて一人も存在しないと言っても過言ではない」と述べている[64]。彼らが受け入れた教訓は「幸福で、強壮で、調和のとれた人間は、幸福な子ども時代を過ごしてきた人びとである」というものであった。しかし精神分析的な方法が、委員会の日々の実践に組み込まれることはほとんどなかった。CKŻP心理診療所の研究者たちは、子どもが戦後に発症した疾患の原因を、戦前にすでにあった家族内部の力学で説明しようとするのではなく、彼らの直接的な過去および未来に関心を集中させた。彼らは知能テスト、性格テスト、進路意識調査をおこない、治療実践と記憶実践の双方を兼ねるものとして、子どもたち自身の戦争経験を文章化することを奨励した[65]。

一九四八年のイディッシュ映画『私たちの子ども』は、ジェノサイド直後に、ユダヤ人の子どもたち（そして大人）を回復させるにはどうしたらよいのかという点に関して、ポーランド系ユダヤ人コミュニティの内部で交わされた当時の議論を記録し、映像として示している。この映画はCKŻPが何を教育的な優先事項とし、どのような実践をおこなったかを明らかにしている。『私たちの子ども』はポーランドで製作された最後のイディッシュ映画であったが、ポーランド当局によって禁止され、かの地で上映されることはなかった。この映画の一部はドキュメンタリーになっており、ウッチ近郊のヘレノーヴェクに実在した、CKŻP管轄下の孤児院で撮影された。映画では、ソ連で戦争を生き延び、最近になって帰国した有名な喜劇役者コンビのシモン・ジガンとイズラエル・シューマッハーが主役を務めた。出だしの場面では、この芸能人たちがウッチのさまざまな舞台で「ゲットーの歌」を実際に上演する姿が映し出される。しかし彼らの上演は、観客席のある子どもが口笛を吹き野次を飛ばすことで乱暴に中断される――この子どもは、近くの孤児院の入所者である。上演が終わると、孤児たちが喜劇役者の舞台裏へと乗り込んでくる。彼らは、ゲットー生活に関する楽劇的な演出は、感傷的でロマン化されすぎていると言う。彼らによれば、ゲットーでは「誰もダンスをする余力など残っていなかった」。

ジガンとシューマッハーはすぐに児童ホームを訪問し、そこで歌、ダンス、演劇を通じて子どもたちに自分の戦争体験を表現することを促す。しかし、子どもたちの演技から出てきたのは、身の毛がよだつ物語であった。二人は衝撃を受け、子どもたちに直近の過去の記憶を思い出させることで、自分たちが子どものためになっているどころか、子どもを傷つけているのではないか、と思案しはじめる。しかし孤児院の院長は、彼女自身自分の子どもをホロコーストで亡くしていたのだが、ジガンとシューマッハーに、創造的な表現は子どもにとって戦時のトラウマを癒すための最善の方法なのだと述べて、二人を安心させる。「もし私たちが日中にこうした記憶を扱わないでいると、こうした記憶は夜にやってきて子どもたちに取り憑いてしまうでしょう」と、彼女は主張する。子どもたちの悲劇的な経験を記録したとはいえ、『私たちの子ども』は希望に満ちた雰囲気で幕を閉じる。奇跡的に生き残った子どもたちは健康で幸福な様子であり、スポーツをし、果物を食べ、「私たちはここにいる！（mir zaynen do!）」と歌う。この映画は、過去について沈黙することが問題の解決だという考えを明確に拒否する一方で、ポーランドのユダヤ人の子どもたちに明るい未来が約束されているという確信を表明して終わるのである。

しかしながら、集団による教育と家族による教育のどちらが優れているかという論争は、『私たちの子ども』で採りあげられることはなかったし、CKŻPの担当者たちのあいだで大掛かりな論点となったわけでもなかった。これはCKŻPの政治的な傾向性を示しているだけでなく、戦後ポーランドにおけるユダヤ人の子どもたちの生活に関する社会的現実を反映してもいた。対照的に、フランスのOSEでは、教育者と子どもたちが、集団生活と家族生活の利点と危険性とは何かに関して、よりはっきりと哲学的な論争をおこなっていた。一九四七年、OSEの施設に暮らすある若者は、論争の大枠をつぎのように記した。「共同生活は家族生活と比べて劣ったものなのか、あるいは逆に、共同生活は人間的、社会的、心理学的な観点から見てある種の利点をもたらすものなのか。共同生活は将来的に人生における困難に立ち向かうことができる人間を鍛え上げることができるのか、あるいはいつでもどこでも、共同生活は家庭での教育に道を譲るべきものなのか」[66]。

OSEの教育局責任者であったジャック・コンは、ユダヤ人家族は悲劇的にもバラバラにされてしまったが、これは実際にはヨーロッパのユダヤ人のために、よりよい未来を創る機会でもあると考えていた。集団教育はユダヤ人共同体を再生させるという大義に適うものであった。「戦争によって生じた物質的な困難、そして迫害によって生じた道徳的混乱の結果、集団主義はますます必要となっている……この状況は有効に活用しなければならない」と、彼は助言した。しかしユダヤ人の若者を集団的状況で教育しようとするならば、それは倫理的な緊張関係を生じさせることも彼は理解していた。「社会を改革するという大義名分のために、次の世代の子どもたち個々の成長を犠牲にする権利をわれわれは持っているのだろうか。……時がたてば分かるだろう」と、彼は思案を重ねた[67]。

フランスのOSE指導者たちは、ブーヘンヴァルト強制収容所を生き抜いた若者たちにとって、集団生活はとりわけ困難なものであることを発見した。ブーヘンヴァルトの少年たちは、パリからおよそ七〇キロ離れた農園地域エクイに住居をあてがわれた。少年たちと生活をともにした相談員エルンスト・ジャブロンスキ（別名ジョウイ）は、彼らが収容所生活を思い出させるようなあらゆる単純作業を暴力に訴えても拒否したと報告している。パパネックと同様に、ジョウイもまた、中央ヨーロッパ出身で、アドラー派の訓練を受けた心理学者であった。パリに移住したのち、彼は著名な児童心理学者アンリ・ワロンのもとで教育心理学を学び、ソルボンヌ大学で博士の学位を取得した。ジャブロンスキは共産主義者に共感を抱いてもいた。しかし彼は最終的に、ブーヘンヴァルトの少年たちが大規模な施設ではうまく育たないと結論づけた。「収容所出身の若者たちは、もっとも悲惨なかたちの集団生活しか知らない。……授業、スポーツ、議論などよりも、彼らは家族のような親密圏を求めている[68]」。

ＯＳＥの教育者たちが一貫して抱いていたもうひとつの懸念は、施設で育った子どもたちは、基礎的な技能を持たず、現実世界で生きるという厳しい現実に対する準備ができないまま成長してしまうのではないか、ということであった。ＯＳＥ児童局責任者であったロベール・ジョブは、「施設では窓が壊れ、靴の修理が必要でも、子どもたちはこうしたことを心配する必要がない。彼らの言葉を借りれば、『金でできた大皿』にどんなものでも乗って出てくるんだよね、ということになりはしまいか」と懸念を表明した。対照的に、家族のなかであれば、「母親は生活費をやりくりするという困難を子どもに見せ、父親はしばしば不機嫌そうに、心配事を抱えて家に帰ってくる。子どもがこうした状況におかれるなら、現実世界と自分が直接関係していることが分かるだろう」(69)。

これらの不利益にもかかわらず、そしておそらくは他の選択肢がなかったこともあろうが、ＯＳＥの指導者たちは、集団性がユダヤ人の若者に多くのものを与えるという確信を持ちつづけた。テレジーンの教育者たちと同様に、彼らは、自分たちの運営する児童ホームが、社会的な責任感を涵養することに役立つと信じていた。「家族のなかでのみ育てられる子どもは、自己中心的な教育を受けていることになる。そうした子どもは、あらゆるものが自分に当然与えられるべきものと考えるようになるだろう。……しかし集団の利益が個人の利益よりも優先される集団生活のなかでは、子どもは社会的な振る舞いと性格を身に着ける」と、ジョブは主張した。ＯＳＥの教育者たちは、子どもの両親に取って代わることを望んでいるわけではなかったし、それどころか家族を模倣しようとすら思っていなかった。その代わりに彼らは、集団生活がもたらす際立った利点と彼らが考えるものを活用しようと試みた。「児童ホームはどのような家族でも提供できない、教育学的に独自かつ固有の利点を有する。子どもは自分の振る舞い、行動によって評価されるうえに、自分自身と自分の仲間たちをもつねに評価し、規律にしたがい、自分の同級生の努力や熱意に敬意を払うように強いられるからである」と、ジョウイは述べている。[70]

大事なのは、適切な集団性を形成することであった。OSEとCKŻPの指導者たちはともに二〇世紀初頭の進歩主義教育改革運動の教育学的な方法論に触発された。マリア・モンテッソーリ、ヨハン・ペスタロッチ、ジョン・デューイ、セレスタン・フレネといった教育者たちによって展開された進歩主義教育の原則は、非権威主義的な教育方法、活動的で子ども中心主義の授業、子どもの個性を育むことの重視などを含むものであった。OSEとCKŻPの活動家たちは、啓蒙的な教育学的方法論によって、自分たちの児童ホームが、かつての孤児院とは異なるものになることを望んだ。ジョブによれば、「孤児院」という単語それ自体を「使わないようにした。……孤児院は慈善事業であると考えられている。子どもは同じ制服を着せられる。日曜日にはミサ、そして土曜日はシナゴーグというように、彼らにとって恐ろしい場所が用意される。われわれはいかなる犠牲を払っても、自分の子どもたちに、他の子どもたちと自分たちは違うとは考えてもらいたくないのだ。孤児院コンプレックスは要らない！[71]」。ジョウイは「孤児院の生活に関する欠点の大部分は、進歩主義教育の方法を適用することによって回避することができる[72]」ことに自信を持っていた。

CKŻPの児童福祉指導者たちもまた、啓蒙化された児童ホームと、戦間期ポーランドの殺風景な孤児院とは別物であるということを強調した。一九四七年にクラクフで開催された会議で、ある教育者は「戦前には『施設』『孤児院』……あるいはいわゆる慈善施設が存在したが、そこに集められた子どもたちは――孤児、捨て子、悲惨なあばら家で育てられた子どもであり、人生に対する準備ができていない反抗者集団を生み出していた。……この種の施設では、社会の最下層に属する市民たちが育てられていた」と述べた。しかし第二次世界大戦という破滅的な状況はすべてを変え、ポーランドのユダヤ人のあいだにあった社会的差異を情け容赦なく平準化した。「われわれの児童ホームに集められた子どもたちは、いわゆる社会の最下層の出身者だけではない。戦争はあらゆる者に被害をもたらした。われわれの児童ホームには、読み書きができない孤児と一緒に、医師、大学教授、商人、熟練職人の子どもたちがいるのである」。したがって、CKŻPの児童ホームの目的は社会から排除された人びとに慈善を施すことではなく、将来ポーランド系ユダヤ人共同体を再生させる「新しい世界をつくりだす者たち」を育て、子どもたちの自尊心と矜持を目覚めさせることであった(73)。

戦後ユダヤ人コミュニティのあいだで孤児（そして孤児院）の地位が向上したことは、ジェノサイド直後に、ユダヤ人コミュニティが彼らに特別な関心を持っていたことをはっきりと反映していた。しかしこのことは同時に、普遍主義者（そしてしばしば明らかな国民主義者）の意向にしたがって、民間慈善事業が国家福祉政策に取って代わられるか、あるいは置き換えられるようになったという、戦後ヨーロッパで生じたより広い展開と軌を一にしてもいた。一九四〇年代は、ヨーロッパの独裁体制と民主主義体制の双方において、国家による計画と介入がもっとも盛んにおこなわれた時期であった。ヨーロッパの政策担当者とソーシャルワーカーは、第二次世界大戦後に多くの場で住民をつくりなおし改善しようとしたのであり、孤児院や児童ホームは、そうした場のひとつにすぎなかった(74)。

一一歳でアウシュヴィッツから解放されたトーマス・バーゲンソール（トマス・ブルゲンタール）は、戦後ポーランドのオトフォックにあるCKŻP管轄下の孤児院に引き取られた。彼はこの児童ホームを、「ひとつの人生と別の人生の中間にある家《ハウス》」のようなものであったと回想している。「いつも怯えてお腹を空かせ、なんとか生き延びようとする強制収容所の収容者から、ごく普通の一一歳の子どもへと私が変わることができたのは、この場所でした。……私は孤児院での生活の一瞬一瞬を楽しみました」。児童ホームの居住者として、バーゲンソールは地元のポーランド人学校に通い、サッカーと卓球をし、ボーイスカウトに参加して、音楽会の舞台で楽器を演奏し、庭の手入れをした。彼の唯一不愉快な記憶は、毎日オトフォック郵便局まで手紙を受け取りにいかなければならないことであった。この雑用をするには、地域のカトリック系孤児院のそばを通っていかなければならなかった。バーゲンソールがこの仕事を割り当てられたのは、彼ならば「ポーランド人」としてそこを「通り抜ける」ことができると思われたからであった。しかし、カトリックの孤児たちはすぐに彼がどこから来たのか察知し、小石や中傷の言葉を彼に投げつけた。「足をすばやく動かし、私はいつもなんとか彼らを振り切りました。もっとも、私は彼らの反ユダヤ主義的な野次からは逃れることができませんでした。しかし、郵便配達という仕事の何が最悪かといえば、私宛ての手紙が一通もこなかったことでした」[75]。

フランスのOSEとCKŻPの教育ワーカーたちは、戦後ヨーロッパの俗人の児童福祉専門家たちが持っていた目的や方法の多くの部分を共有していた。たとえばパリ郊外のセーヴルでは、OSEやCKŻPと類似した原則に導かれつつ、難民の子どもたちに対する別の教育学的実験がおこなわれた。イヴォンヌ・アゲノウェールとロジェ・アゲノウェールの児童ホームは一九四一年に設立され、ヴィシー政権下の救済国民福祉組織によって財政的な支援を受けた。このホームは避難民の子どもや虐待を受けた子どものほかに、戦時中、ひそかに六〇人以上のユダヤ人の子どもたちをかくまった[76]。戦後、この家は「小さな共和国」として知られるようになり、一〇〇人を超える孤児、難民、その他の危機にさらされた子どもたちを保護しつづけた。OSEやCKŻPの指導者たちと同様に、アゲノウェール夫妻は進歩主義教育を信奉し、とりわけ活動的な学習と自己統治という目的を重視した[77]。同じような「子どもたちの共和国」は戦後、ヨーロッパ各地で設立され、戦争の被害者である子どもたちに住居を提供した。こうした教育学的実験はすべて、子どもを心理学的に回復させ、彼らに民主的な価値観を教え込むことを目的としていた。しかしアンラやIROとともにヨーロッパ大陸にやってきた英米の人道主義ワーカーとは対照的に、こうした児童ホームの指導者たちは自分たちの目的と子どもの集団生活が矛盾するとは考えなかった。

ＯＳＥやＣＫŻＰの方法は、教育学の長い伝統だけではなく、戦後ヨーロッパのユダヤ人家族がおかれた特殊な社会環境を反映してもいる。一九世紀末以降、東欧では、競合する国民主義運動、宗教運動、シオニズム運動が、集団主義教育をおこなう施設と児童福祉施設のネットワークを構築していた。教育者たちは子どもの福祉を改善すると同時に、多言語地域において子どもたちの国民的忠誠心を確保するためにこうした施設を展開した。フランスでは、庶民階級の子どもたちは、戦間期の青年運動に加えて、市立保育園や「サマー・キャンプ」で集団主義教育を経験するという伝統があった。これらのキャンプや青年運動、児童福祉施設は、進歩主義教育の方法を身につけた教育者とともに、戦後の児童ホームを支える基盤を提供した[78]。したがって、ＯＳＥとＣＫŻＰの方法は、複数のヨーロッパ的伝統が相互に交流した結果として生まれたものであった。つまり、東欧のシオニズム運動における集団主義的実践、中東欧における社会主義および国民主義運動の蓄積、前世紀転換点の進歩主義教育思想、戦間期および戦後フランスの共和主義者による教育的および社会的施設からの学び《レガシー》などである[79]。

ＯＳＥの若者たちは、最終的な結論を大人たちに委ねようとはしなかった。ＯＳＥの文芸雑誌『翌日』は、ＯＳＥの子どもたちが集団生活と家族生活に関する論争に加わろうと著わしたいくつもの小文を掲載している。両親のもとに帰ることができる幸運な子どもたちは、通常はそのことを大いに喜んだ。しかし、幸いにも自分の家族のもとへと戻ることができた子どもたちですら、しばしばＯＳＥのホームでの生活を称賛した。一九四七年、メッスの両親のもとに戻った直後に、ミラ・カプランは、自分の学校の教師たちが唱えている教育論が、彼女にとってまったく重要なものとは感じられなかったと主張している。「私は理論が好きではありません。私は家族生活と集団生活の両方を十分に経験してきたと思います。私は両方を知っています。なぜなら、私は両方を経験してきたし、これらの二つの生活の利点と欠点も実際に経験してきたからです」。カプランがOSEで彼女が過ごした日々を懐かしく想っていたことは確かである。「自分が児童ホームで暮らすようになった日」のことを、彼女は回想している。「[施設への入所は]文字どおりの悲劇であったのかもしれませんが、私の第一印象は驚きでした……崩れかけた天井、トイレの不足にもかかわらず……私の最終的な印象は、やはり驚きのままでした」。家族のもとに帰ったのち、彼女は自分が孤独を感じていることに気づいた。「私はひとり、いつもひとりぼっちでした。学校へ行くときもひとり、学校でもひとり……。集団的な教育方法はとても新鮮な経験で、私はそれに魅了されました。[家族か施設か]どちらが好みかと聞かれれば、私は自信をもってどちらで過ごしても幸せだと答えるでしょう。……でも、どちらかと言えば、私は共同生活のほうが好きです(80)」。

四　権威とジェンダー

ドイツの避難民キャンプでは、東欧難民とユダヤ人活動家もまた、家族が避難民の若者を回復させるという価値観に疑問を呈した。多くの場合、政治的な動機に導かれていたが、彼らもまた、心理学的回復や子どもの「最善の利益」といった言葉をつかった。その典型的な主張として、ミュンヘンのユーゴスラヴィア人指導者が一九四五年、ドイツのアメリカ占領地区にいる一〇〇〇人のユーゴスラヴィアの避難民の子どもたちを避難民キャンプにいる両親から引き離し、子どもだけのキャンプに配置するよう求めたことが挙げられる。「ここにいる子どもたちは大きな共同部屋で生活しなければならない……そこでは、男女が内縁関係で暮らし、飲酒やカード遊びが最大の関心であるような、乱れた交友関係が生まれてしまっている。……われわれの若者たちをこのような将来から保護する唯一の手段は、彼らが身体的、道徳的、知的な教育を受けることのできる彼らのためだけのキャンプを創ることである」。こうした要求に対して、アンラ児童福祉官アイリーン・デイヴィッドソンは、両親がもっと責任を取るよう勧告するのみであった。「集住センターに住むユーゴスラヴィア人の親たちは、自分の子どものためによりよい雰囲気を生み出す責任を引き受けるべきである……コミュニティには自助努力の精神が存在しなければならない」と、彼女は述べた。(81)

避難民のあいだで親の責任が果たされていないのではないかという疑いは、実際にはアンラとIROの人道主義ワーカーのあいだでもつねに懸念されていた。国連ワーカーたちは、抽象的には家族が子どもを回復させることができるとしてその価値を称賛したが、他方で現実的には、難民の母親が自分の子どもを適切に養育できるのかに関して、深い疑念を抱いていた。ケースワーカーは、戦後、避難民キャンプの多くの母親が、実際には自分の子どもを遺棄ないしネグレクトしたことを、驚愕しながら報告した。一九四八年六月、IRO児童保護官イヴォンヌ・ド・ヨンは「彼女たち［避難民の女性］はここ数年のあいだ苦しみに満ちた生活を送ったため、母性本能が深刻なほど低下してしまっている」と述べている。(82) 別のアンラのワーカーは一九四六年、「極端な事例では、乳児が殺されたという事例をいくつか経験した。より頻繁に生じる事例としては、子どもが飢餓状態に陥っているような目に余るネグレクト、そしてかなり多く生じているのは児童遺棄である」と書き記している。(83) しかし、OSEの活動家や東欧の避難民とは異なり、総じて国連ワーカーたちは、脆弱な家族を支援あるいは代替するために集団教育へと向かうことはなかった。その代わり、彼らの関心は、難民の少女と女性に家事技能を身に着けさせるための教育計画に向かった。

こうした計画は、女性が戦時に強制収容所、ゲットー、一時収容施設などで被った経験が、人間性を失わせるだけではない——女性らしさをいちじるしく失わせるものでもある——という確信を反映していた。[84] 避難民女性の回復では、しばしば身体が焦点化された。ソーシャルワーカーは、女性と少女の品位をとりわけ貶める原因として、戦時期のゲットー、強制収容所、労働収容所における嘆かわしいほど劣悪な衛生状態とプライバシーの欠如を指摘した。女性担当の職員は、戦時に女性たちがプライバシーと身体の清潔さを放棄することを強いられたことで、彼女たちは「投げやりになって」滑りやすい坂道を転げ落ちていき、結果として性道徳をも放棄してしまったと主張した。

ユダヤ人ソーシャルワーカーと非ユダヤ人ソーシャルワーカーは、難民女性から道徳性が失われていることに対する懸念を共有していた。しかし、彼女たちを回復させるための方策は互いに異なっていた。避難民のユダヤ人が、生き残ったユダヤ人の高い出生率を喜ぶ傾向があったのに対し、カトリック当局は、避難民の女性や少女の性的退廃を疑い、深い懸念を抱いた。一九四六年のクリスマスに、九〇人のポーランド人の子どもがイギリス占領地区から本国に帰還した。ポーランド帰還担当職員たちは憤慨しつつ、「これらの子どもたちのうち、性的経験の無い者はただのひとりもいない」と報告した。[85] 彼らは、この女子たちがレイプ被害者かもしれないという可能性を考慮していなかったように思われる。フランスおよびベルギーのカトリック救済団体も、ドイツで労働に従事した女性たちの性的退廃が報告されると、危機感を募らせた。戦時中には、およそ五万人のフランス人女性がドイツの戦時工場で過酷な労働をおこなっていた。一九四三年のある報告書は、ドイツで働く外国人女性労働者の収容所が、「不道徳と悲惨に満ちた本物の『地獄』」であり、ある者は、生まれたばかりの幼児の死体がトイレやごみ箱に投げ捨てられているのを見つけた」と述べた。[86] 戦後のベルリンでは、別のフランス人ソーシャルワーカーが母性本能の驚くべき低下に警鐘を鳴らした。

「ドイツ人に子どもを売り払うことが頻繁に起こっており、最新の情報によれば、子どもは一人七〇〇マルクの値を付けられている」(87)。

強制移動が女性らしさの剝奪をもたらしたのだとすれば、その救済策は、戦争が終わった後、伝統的な性別役割を女性に取り戻させることだと考えられた。エディト・オルンシュタインは、テレジーン強制収容所で女性労働力徴収の任を負ったドイツ系ユダヤ人女性であった。彼女は一九四四年ゲットーでおこなった講義で、強制収容所への移送が性別役割に関してもたらした影響を検討した。彼女によれば、テレジーンでは、夫と引き裂かれた女性の多くが当初、緊張性の抑鬱症、無気力、「ヒステリーの発作」を発症した。多くの女性が身体的にも精神的にも「投げやりになった」。しかし、「正常な」家庭生活と女性らしい身だしなみをかろうじて持ちつづけた女性も存在し、彼女たちはほかの女性たちよりも困難をうまく切り抜けた、と彼女は主張した。「大部分の女性が人生にあらゆる関心を失ってしまったように見えました。……こうした状況は、私たちすべての女性にとって耐えがたいものでした。女性たちを無気力状態から覚醒させることが必要でした……私たちは、できるだけ自分の身なりを気にかけるようにしました。そして、私たち自身という実例を通じて、こうした生活条件のもとでも、女性らしい態度を失わないようにすべきであることを示そうとしました」。

自分たちの尊厳を守るために女性らしい身だしなみを維持するよう求める一方で、オルンシュタインは女性労働力の徴収を、伝統的な性別役割に対する明確な挑戦であると理解してもいた。オルンシュタインによれば、強制労働は、自分の家庭で「小さな女王様」として生活することに慣れていた多くの中流階級女性にとって衝撃的なほど過酷なものであった。しかしほとんどの女性は強制収容所の労働にうまく適応し、自分の仕事を首尾よく遂行した。家庭の外で働くことは、テレジーンの女性を「より自己意識が高く、安定し、自立した」存在にすらしたと彼女は主張している。ユダヤ人女性の女性らしさは、こうした経験によって取り返しがつかないほど「損なわれ」たのだろうか。「それは、これから社会の秩序がどのようなものになるかにかかっています」と、彼女は述べた[88]。

早くも一九四四年に、人道主義ワーカーは、避難民女性の女性性が現実に深刻な危険にさらされていることを懸念しはじめていた。この年は、本国に帰還した女性と少女をめぐって、今後予測されるニーズに取り組むための特別委員会をアンラが設置した年でもあった。この委員会は、帰還した女性労働者および強制収容所被収容者の再女性化を、民主化を推進するためのより広範な運動と結びつけ、つぎのように主張した。「いくつかの重要な点で、再女性化というこの計画は、女性を尊重しなかったナチスの理念とは対照的であることを示している」。ジェンダーに特化した回復のためのこの計画は、明らかに、女性に家事技能を身に着けさせようとするものであった。「きちんとした住宅を供給し、そこで食事の準備と給仕、作業活動などをさせるべきである。こうした活動は家事に対する興味の有益なはけ口となり、女性たちを回復させるために重要な効能を持つであろう」。バターや脂肪分をたっぷりと摂取し、裁縫道具を配られ、化粧用品を与えられ、個人用の宿舎とトイレがあてがわれることによって、女性は戦時期のトラウマから回復するのだと考えられた。「集住センターにおける女性宿舎は、施設規模が許す限り最大限のプライバシーを個人や集団に与えることができるようにすべきであり、自分自身の清潔さを促進し、身だしなみに関心を持つようつねに彼女たちを動機づけなければならない。……裁縫、修繕、アイロンがけ、そして簡単な理髪のための設備を整えれば、女性や少女に非常に感謝されるであろうし、将来を悲観している、あるいは将来を心配している女性たちにとって、際立って価値のあるものとなろう[89]」。

ジェンダー化された救済計画は、女性だけでなく幼い少女たちも対象とした。一九四六年六月、ＵＳＣで働く職員たちは、複数のアンラ児童福祉センターを巡回したのち、子どもたちに家政学コースの受講を義務化するよう進言した。難民の少女のあいだでは「母性と家庭生活を求める本能がしばしば抑圧され歪められている」が、このクラスではソーシャルワーカーが「そうした本能を再教育する」とされた。[90] IRO児童保護官ヴィニータ・ルイスは、ドイツのアグラスターハウゼン児童難民キャンプの少女たちは正常な女性本能を失っており、それどころか基礎的な家事技能などまったく身に着けていないという意見に賛意を示した。「ここでは、彼女たちは自分たち以外のいかなる人びとに対しても注意を払わずにすんでしまう。の代償として、彼女たちは自分と同じ年齢の少女としか友人関係を築くことができない。こうした関係を、性別異なる二人の関係へと向けなおすことができればよいのだが。というのも、のちにそれが、調和的な婚姻関係のよき基礎となるからである」と、彼女は主張した。「これらの少女たちのなかで、家政教育を受けたことのある者はほとんどいない。……彼女たちは、床磨きや大量の汚れ物の洗濯の仕方を知らない。……この少女たちがアグラスターハウゼンから出ていくとき、彼女たちは他の人びとと一緒に、同じコミュニティに投げ込まれる。そこで彼女たちは、他の少女と若い女性たちがすることと同じことをするよう求められることになる。戦時中に……避難民キャンプで生活していたからといって、家事ができなくても許されるということにはならないだろう」[91]。

この回復計画は、第二次世界大戦後の救済事業が、戦後の個人主義や家族主義という限界だけでなく、ジェンダー化された次元を持っていたことを示している。児童福祉活動家たちは、ヨーロッパ社会を更新し回復させる潜在的な力であるとする非現実的な期待を家族にかけた一方で、現実の避難民家族に対しては、それらが健全に機能していないと非難した。個人主義に関わる徳目を支持する一方で、彼らは個々の少女たちに心理的安定を回復させる——そして戦争で疲弊したヨーロッパに政治的安定性をもたらす——ためには、女性を家庭へとふたたび縛りつけることが必要なのだと主張した。ヨーロッパの再建において女性と少女が担うべき役割とは、解放された後、普遍的「人権」を備えた個人となることではなく、個人としての男性が健全に発達することを保証するため、自らに割り当てられた母や妻という役割を巧みにこなすことであった。

避難民少女たちの母性的能力が発育不全になっているのではないかという懸念は、戦争と強制移動が子どもと若者に、そして暗黙のうちにヨーロッパ文明に、道徳的な影響を及ぼしているのではないかという恐怖が、広く共有されていたことを示している。人道主義ワーカーや心理学者は、強制移動に対する個人の反応を描く際、退行という精神分析的な概念をしばしば展開した。一九四五年六月のアンラ手引書は、「深刻な心理的緊張状態におかれた人びとに生じる、もっとも典型的な人格の変化は退行である」と述べている。「退行という概念によって、われわれは昔の、より原初的な、つまり幼児のような習慣に戻ってしまう事態を理解することができる。身に着けた文明的な振る舞いは容易に消え去り、文化的な礼儀作法が失われることは、避難民に観察することができる最初の症状である。……清潔さの重要性が失われる、つまり衛生にまったく関心がなくなる。……最終的に、彼らの行動は粗野になり、子どもっぽくなる」。この見解によれば、精神障害のある難民は、人間文明それ自体が何世紀にもわたって退行した痕跡を示すものとなる。OSEの指導者であったジョゼフ・ヴェイユは、フランスが解放された直後、「何年も実家から離れて生活したことによって、彼らは野蛮人になってしまった。それはまるで、破壊され見捨てられた村に取り残された家畜のようだ」と述べている。[92] 戦時の強制移動と退行を関連づけることは、個人の心理的発達が原始社会という起源から市民社会へ（個体発生は系統発生を繰り返す）という人類の発展史をなぞるものであるとするフロイト派の理解を根拠としていた。粗野な難民は、原始的な状態における子どもっぽさと人間としての「自然」状態の両方の痕跡を示しているのだと考えられた。[93]

こうした理論を基礎づけていたのは人間の発達に関する論理であったが、それは同時代の人種的、ジェンダー的、社会的な階層秩序を反映していた。スイスの精神分析家J・ヴォルフ＝マショエルは、危機に直面したとき、難民は「理性を欠如した個人となり、どのような場合であれ手段を選ばず、自己保存本能と安全への欲求のみに突き動かされるようになる」と論じた。しかしこの「集団的な精神異常」はすべての人びとを等しく悩ませるわけではない。マショエルによれば、生得的に発達の遅れた集団は不合理な考え方に屈する可能性がもっとも高い。「この理性の麻痺は、人間を明確な思考を欠いた存在にしてしまい、集団を不定形の大衆へと変えてしまう。これは、女性や老人はもちろんのこと、中流階級のなかの特定の種類の人びとや、より文化的水準の低い人びとにとってとりわけ危険なものとなる」と、彼は述べている[94]。

多くのヨーロッパの教育者は、戦後の若者たちに見いだされた文明の衰退を、権威一般の危機によるものであると考えた。こうした見解によれば、戦時の強制移動、占領、迫害を生き延びた若者たちは、自分たちの両親、教師、宗教的および政治的指導者に対する敬意を完全に喪失してしまった。フランスでは、児童福祉当局はこの危機の原因をはっきりと父親の不在に求めた[95]。心理学者シモンヌ・マルキュス＝ジェスレールは、戦時中に一六〇〇万人のフランス人捕虜が五年以上、実家から離れる経験をしたと報告した。ジェスレールによれば、父親の不在は、フランス人の若者にいくつもの否定的な影響をもたらした。「もっとも重大なのは権威の減少、極端な場合には権威の消失である。これは、問題行動、浮浪、非行を生じさせた……捕虜になった父親の子どもたちの多くが、男性の影響力が失われた結果として、成熟の遅れに悩まされている」[96]。そして父親が家庭に戻ってきたとしても、危険が和らぐわけではなかった。ジェスレールの報告によれば、戦争という状況によって、フランス家庭の寝室では、オイディプスの悲劇が文字どおり何度も再演された。「息子が徐々に父親の地位に取って代わることが頻繁に生じ、母親を守り、母親の『小さな男』になり、そしてしばしば暖房費を節約するために母親とベッドをともにする。こうした状況は……本当の意味での家庭の暴君をつくりだし、自分の母親に性的要求をするまでになる。父親が帰ってきたとき、彼は自分の本当のライバルを権威から押しのけなければならなくなり、父と息子の葛藤がほぼ不可避に生じることは、容易に想像できよう(97)」。

ユダヤ人の子どもを教育していた者たちもまた、戦後に難民の若者に広まっていた権威の喪失が深刻であると診断した。しかしフランスの心理学者とは対照的に、彼らは親によるしつけの欠如に懸念を抱いていたわけではなかった。その代わりに彼らは、ユダヤ人の若者たちが、権威を持ったあらゆる人物を少しも信用することができないことを嘆いた。アンラとイギリス内務省双方に勤めたグウェンダリン・チェスターズは、「彼らの経験の多くが過酷であったために、彼らはあらゆる種類の権威に対して……まったく耐えることができなかった。彼らが何年ものあいだに経験した権威は、あらゆる手段を講じて彼らを搾取しようとする邪悪な権力であったのだから」。したがって、強制収容所を生き延びた若者にとって、権威とは「あらゆる知恵を働かせてその裏をかくべきものか、あるいは決然とした反抗によって挑戦すべきもの(98)」であった。

ＯＳＥ教育者が報告するところによれば、ブーヘンヴァルト強制収容所を生き延びた若者は、アメリカ軍によって十分な食事を与えられるようになって数か月たった後には、相応の身体的状態に回復した。しかし身体的な回復は早く進んだにもかかわらず、彼らの心には深い傷が残った。ロベール・ジョブは「彼らが自分自身に対しても、自分を取り巻く世界に対しても、あらゆる信頼を失っていた(99)」ことに気づいた。アンラのジーン・ヘンショウは、彼らに対してより少ない共感しか示さなかった。一九四七年にプリーンの国際児童センターを訪れた際、彼女は子どもたちをつぎのように診断した。「ひどい勤労態度、不正行為、他者の所有物に対する敬意の欠如、貪欲さ、頻繁な詐欺とペテン、攻撃的か内気かという両極端さ、異常な性行動[100]」。ＯＳＥが運営するアンブロワの児童ホーム（正統派向け）の責任者は、ブーヘンヴァルトを生き残った少年たちは、「本物の反社会性パーソナリティ障害者であり、生まれながらに冷淡で無関心であった。そしてそうであるからこそ、彼らは強制収容所生活を生き延びることができたのだ[101]」と結論づけている。

頻繁に言及される事件だが、エクイの児童ホームに引き取られたブーヘンヴァルトの少年たちは、ある晩、デザートとして特別なフランス風のご馳走をふるまわれた。それは熟成したカマンベールチーズの塊であった。とろけたチーズはすぐに、食堂中を飛び交うことになった。少年たちは、強烈な匂いに顔をしかめ、この食べ物には毒が盛られている、あるいは、カマンベールは実際には「自分たち以外の人たちは食べないほど腐っている」ものなのだと思い込んだと、エルンスト・ジャブロンスキは述べている。「私たちは、これがこのチーズの普通の匂いなのだという説明を彼らにしたが、無駄に終わった。このことは、私たちが毎日取り組まなければならなかった重要な事柄を示している。つまり、不信である[102]」。

カマンベールチーズだけが、難民の子どもと後見人とのあいだに不信をもたらした原因というわけではなく、食事そのものが、絶え間ない衝突を生じさせる主題のひとつであった。第一次世界大戦後の人道主義活動が、主としてカロリーを効率的に供給することに重きをおいていたとするなら、第二次世界大戦後の救済事業ワーカーたちは、食事の感情的な意義を強調し、精神と身体という区別を乗り越えようとした。アンラの一九四五年報告書は、「食事は安全をもっともよく示すしるしである。子ども期に、自分たちが愛すべき存在でありまた実際に愛されていて、価値のある存在であるともっとも安心させてくれるのは、慣れ親しんだ食事や飲み物で、空腹がつねに心地よく満たされる、ということである……飢餓がもたらす心理的な影響は、身体的な影響よりも、それを癒すのにはるかに時間がかかる」。食事の配給は、難民から損なわれた権威に対する信頼を回復させるという、より大きな目的に必須であると考えられた。アンラの専門家は、これ

に加えてつぎのように助言をおこなっている。「配給は寛大に提供されていると感じ
られなければならない。無制限の量を供給するということは現実にはできないとしても、利用可能な資源を公正に分配し、適切かつ惜しみなく供給することは、われわれが寛大な保護権力であるという含意を伝えることになるであろう。それは、避難民自身が切実に求めているものでもある[103]」。しかし強制収容所から解放されて長い時間がたっても、ブーヘンヴァルトの少年たちは強制収容所で身に着けた生存戦略を放棄することはできなかったし、大人への不信感を克服することもできなかった、とロベール・ジョブは嘆いている。彼によれば、「少年たちの暴食癖には際限がなかった」。「彼らは食べきれないほどの量の食べ残しを、ポケットに入れていた。これらの食べ物は、マットレスの下や毛布の隙間など、彼らの持ち物のいたるところから発見された。このことは、彼らが精神的な安定を欠き混乱状態にあることを示していた[104]」。

ソーシャルワーカーや心理学者は、難民が失ってしまった権威に対する信頼を再建しようとする一方で、年齢にかかわらず、避難民をあたかも幼い子どもであるかのように扱った。一九四五年のアンラ指南書は、救済ワーカーに、自立心がなく不信に溢れた難民に関して、彼らが感じている「強力な親権への欲求」を満たしてやることで、自立へと導くことができると助言している。「彼らが成人としての自立を取り戻すための回復過程は……ちょうど子ども期がそうであるように、自分たちの生活を統制する権威に対して、彼らが尊敬と愛情の念を持つことができるようになるということに、きわめて大きな基礎をおかなければならない。子どもはひとたび権威を受け入れれば、離乳という避けがたい措置も受け入れ、その後、仕事や責任を課してもそれを受け入れるようになる。……もし権威への尊敬がなければ……せいぜいのところ、規律は一時的かつ消極的に受け入れられるにすぎなくなる[105]」。

難民が権威への信頼を取り戻すことができなかった場合、人道主義ワーカーはすぐさま犠牲者（あるいは

彼らの母親）を非難した。合衆国のワーカーと同様に、解放後のヨーロッパで活動したソーシャルワーカーたちも、こうした事例に直面した際、普遍主義的な精神分析原理が正当なものであることを確かめようとした。すべての難民がナチ支配体制のもとで困難を経験したが、精神的安定を取り戻すことができなかった者はごく一部であった。幼少期の経験は、回復が失敗した事例の説明になると想定された。ベルゲン＝ベルゼン強制収容所から救い出された子どもたち五〇〇人を養護していたアイルランド人小児科医ロバート・コリスは、つぎのように述べている。「同じ精神的なトラウマを……経験した個々の子どもたちのあいだでも、その反応には予想しえないほどの差異が存在する」のであり、こうした差異を説明するためには、子どもの幼児期に注目しなければならない。「おそらく円満でない離乳と関係するのだが、母乳を吸う経験が十分でなかった子どもは、後の人生において、安心感の欠如や拒絶と結びついた症状を示すことが多い。他方で十分な母乳で育てられ離乳もうまくいった子どもは、自立と精神的安定を示すことが多い。……こうした子どもたちを数多く研究することで、私はつぎのような印象を持つにいたった。つまり、両親が殺され、家屋が破壊され、彼ら自身がもっとも極端なかたちで恐怖に晒された場合、幼いころの家庭生活という要因は、のちに、彼らの反応に非常に大きな影響を与えるということである」[106]。コリスの見解は、戦後ヨーロッパにおける多様な母性主義的エートスを強化する方向に働いた。コリスによれば、うまく適応しているように見える避難民の子どもの場合でさえ、「どこかの時点で母親が子育てに失敗していたならば、心の傷は大きくなりすぎ、子どもの精神的な回復力を超えてしまっていただろう。そして、もはや手の施しようがない不幸な人びとのひとりになってしまっていたかもしれないのである」[107]。

避難民の子どもたちを回復させようとする戦後の運動は、決して一枚岩ではなかった。この運動において、国民主義者、シオニスト、社会主義者の児童福祉専門家たちが持っていた集団主義的な見解は、英米の精神分析家や人道主義ワーカーの家族主義的理論とはっきり対立した。しかし、両者の断絶は深刻なものではあったとはいえ、彼らの努力はいずれも、精神面に焦点化した救済という新しいパラダイムが勝利したことを示している。避難民および難民の子どもたちをめぐる救済活動は、最終的に人間の心理と発達をめぐるより根本的な議論のためのフォーラムを形づくった。そこでは、トラウマの本質、親子の引き離しが感情に及ぼす影響、家族による教育と集団主義教育の持つ対立的な価値といった主題が論じられることになった。精神分析という方法が個人主義的で普遍的な価値を促進すると主張する英米のソーシャルワーカーでさえ、家族という社会的文脈以外で、子どもの健全な精神的発達を促すものがあるとは想像できなかった。彼らは家族という親密圏を、全体主義の脅威に対する防波堤であると捉え、それを構築しようとした。人道主義ワーカーは、民主化と心理的回復という名のもとで、第二次世界大戦後、子どもと女性を家族へと閉じ込めようとした。この過程で、特定のジェンダー規範にもとづいた人道主義と人権の概念が制度化された。そこでは、個人とともに家族が、人権運動の特権的な主体であると同時に客体となったのである。

第4章　避難民の子どもたちの再国民化

一　ジェノサイド条約と人権宣言

一九四八年に採択された国連の「ジェノサイド条約」は、子どもたちの国籍／国民《ナショナリティ》としての帰属の剥奪はジェノサイドに等しいとみなした。この条約は公式に、「全面的に、あるいは一部でも国民、民族、人種あるいは宗教上の集団そのものを故意に破壊することをともなう、ひとつの集団から別の集団への子どもたちの強制的な移転」を非難するものであった。同年、「国籍／国民としての帰属への権利」が、一九四八年の世界人権宣言の第一五条において、「人は誰もその国籍／国民としての帰属を強制的に奪われてはならず、また国籍／国民としての帰属を変更することを妨げられてはならない(1)」という条項とともに規定された。

二〇世紀の終わりまでに、国籍／国民としての帰属の剥奪は人権の侵害に等しいという考えが、国際養子縁組および異人種間の養子縁組やバイリンガル教育、オーストラリアや南アメリカにおける現地住民の子どもたちの誘拐に関する議論のなかで呼び覚まされた(2)。しかしこの道徳的な禁止事項の起源は、二〇世紀の初頭から半ばの東欧固有の社会的背景に遡ることができる。この条約が締結されたわずか一年後、ドイツにおいて国際難民機関（ＩＲＯ）と協力したソーシャルワーカーのヴィニータ・ルイスは、「たとえ、故郷を失った子どもが将来、自分の出身地以外の国で生きる運命にあるとしても、彼は、自分の背景や出自に関して十分な情報を知るという基本的人権を有する」[3]と主張した。戦後ヨーロッパでは、たとえ最終的には生まれた国の外で暮らすことになるのだとしても、子どもはひとつの民族に属するという「人権」を享受する（あるいは民族に属するという苦しみを甘受する）ようになった。

一九四八年のジェノサイド条約と人権宣言は、戦後のヨーロッパ再建を形づくる国民主権、個人の権利、国際主義のあいだの深刻な緊張関係を反映していた。第三帝国の敗北がユートピア的な国際主義の波を生じさせていたとしても、一九四五年は、ヨーロッパの歴史においてもっとも暴力的な国民主義的要素が強調された時期のひとつでもあった。ヨーロッパ中の行政当局者や政策担当者たちは、戦後の再建をあからさまな国民化計画、すなわち国民主権を回復し、ナチスの占領によって傷つけられた国民の「尊厳」を取り戻すための試みであるとみなした。彼らは国民主権を領土や資源の統制と結びつけただけでなく、国民の生物学的な将来を象徴する女性や子どもの統制とも結びつけた。戦後の政府や個人は、ナチ政権によって略奪された家や家具、銀行口座、芸術作品を取り戻すことを求めただけでなく、国民が失った女性や子どもという世襲財産を補償することも求めた。

戦後ヨーロッパの人道主義的ワーカーは、彼らの多くを支援活動へとかりたてた国際的な理想と、国民主権を再度主張することを中心にした再建の将来像とのあいだで、難しいかじ取りを迫られた。国際組織や戦後の政府は、避難民の家族を回復させるために彼らがおこなった活動を通して、最終的に戦後ヨーロッパにおける国民主権の原則を強化した。しかし彼らは、難民の子どもたちを再国民化することを、子どもの心理的な「最善の利益」や民主化、人権の推進と結びつけることで、国民主義者の掲げた目的を、より普遍的な言葉で後押しした。

二　国際主義の潮流のなかの再国民化

一九四八年のジェノサイド条約は、ポーランド系ユダヤ人の活動家で法律家のラファエル・レムキンによって起草された。レムキンは戦間期にも、中東欧におけるマイノリティの権利をめぐる厳しい闘争に身を投じていた。一九三九年にナチスがポーランドを侵略したとき、彼の家は焼失し、彼の母親は亡くなった。一九四一年に、彼は合衆国に移住し、マイノリティのための国際的な保護立法の強化という、人生をかけた運動に取り組みはじめた。レムキンは東欧の子どもたちを強制的にドイツ化したことを、ナチ政権の最大の犯罪のひとつだとして公然と非難した(4)。彼ははじめから、ジェノサイドを広義に理解するよう働きかけた。彼の見解によれば、「文化的なジェノサイド」は、生物学的な絶滅に向けて滑り落ちていく最初の一歩を表わしていた。一九四四年に出版され強い影響を与えた著書『占領下ヨーロッパにおける枢軸国支配』のなかで、彼はつぎのように述べている。「ジェノサイドには二つの局面がある。ひとつは迫害された集団の国民性を破壊することである。もうひとつは、迫害する側の国民性を押しつけることである。さらに、このような押しつけは、領土内にとどまることを許された被迫害者に対してなされることもあれば、その土地の住民を追い出し、迫害者自身の国民がその土地を植民地化するというかたちで、領土そのものになされることもありうる(5)」と。国籍／国民としての帰属の剝奪と人口の強制的な移送をジェノサイドと結びつけることで、レムキンは東欧のドイツ化の犠牲者をホロコースト犠牲者と同列視した。彼はまた、長期間にわたり中東欧に存在しつづけた子どもを「国民の財産」とみなす概念を、当時未発達の人権および国際法の規範に組み込んだ。マーク・マゾワーが論じているように、レムキンの視点は、いくつかの点で古い秩序の最後のあえぎを反映していた。彼の目的は、戦間期の国際連盟を復活させることであったが、それはマイノリティの権利を法的にもっと強めたかたちでなすべきことであった。超大国は、戦間期のマイノリティ保護の体制を不安定化させる要因であるとみなし、マイノリティの権利を新しい国際秩序のなかで具体化することに反対した。ジェノサイド条約そのものは、「文化的ジェノサイド」を犯罪とすることが条文から外されて初めて批准された[6]。

しかしながら、多くの東欧の代表者たちが、文化的ジェノサイドの概念を支持していたことは重要である。国連のチェコ代表は、この条項を擁護するなかで、とくにヒトラーの「チェコ人の完全なるドイツ化という途方もない計画」を引き合いに出した[7]。そして、ユダヤ人および東欧の政策担当者やソーシャルワーカーの言説だけでなく、この分野における国連のソーシャルワーカーの実践をより詳しく見ていくと、レムキンの見解——集団的な権利に関して東欧で広範囲に共有されていた文化を反映していた——のいくつかの側面が、戦後のヨーロッパにもたしかに生き残っていたといえるのである。この集団主義的で、国民主義的な理想は、戦後において人権や人道主義といった理解に統合され、ヨーロッパ難民にとって実際にさまざまな結果をもたらした。

さらにいえば、マイノリティの権利を承認しないことは、自由主義的個人主義を推し進めた結果として生じたのではない。むしろマイノリティの権利の拒否は、第二次世界大戦後においては、国民主権を強化することに関して、国際的な関心がますます高まっていたことを反映している。こうした枠組みのもと、国際連合はジェノサイド条約や一九四八年の世界人権宣言を法的には実質的に骨抜きにすることで、かつての国際連盟が示した「干渉主義的な」アプローチを拒否したのである。われわれは、人権に関する現在の理解を戦後直後の時期に当てはめることはできない。たとえ国際連合が言葉のうえで個人の「人権」の概念を歓迎したときでさえ、国連総会は、強制的な同化や人口の移動といった事柄を何の問題もなく実行していた。なぜなら民族の同質性は、国際的な安定性をもっともよく保証するものだとみなされたからである。国連の創設者たちもまた、人権という言葉と、人種主義的な序列を擁護することのあいだには緊張関係があるとは考えていなかった。帝国を世界における人道主義的な力として正当化するこうした枠組みのなかで、連合国の指導者たちは、国際主義のレトリックと人権のレトリックが帝国主義の統治のもとでも完全に共存できると信じていた(8)。

もっとも、たとえ国際連合の創設憲章の文言のなかに盛り込まれた普遍主義的理想と個人主義的理想の双方が、あくまで理念上のものであったとしても、だからといってそれらが取るに足らないものであったということにはならない。植民地主義に反対する指導者たちは、新たなグローバル秩序におけるレトリックと現実とのあいだの矛盾に気がついていたし、彼らは国際連合を、自らの国民主権という要求を満たすために利用したのである。一九四六年までに国連総会は、反植民地主義を議論する重要な場となった(9)。

ヨーロッパにおける戦後の救済活動の担い手の多くも、国際主義的レトリックを額面どおりに受け取った。スーザン・ペティスは、「第一次世界大戦が終わると同時に、塞がれた街路、疫病そして飢餓の蔓延といった混乱が生じた。こうした混乱は繰り返されてはならない。われわれは、今回こそ恒久の平和を獲得し、統合された世界を確立する手助けをすべきであろう(10)」という固い信念のもと、アンラ（連合国救済復興機関）に加わった。フランス児童福祉慈善団体（ＯＳＥ）のジョゼフ・ヴェイユは、戦時下の苦難が国際主義の高まりの基礎を築いたと楽観的にとらえた。「ヨーロッパのそこかしこでみられた悲惨さや苦難が、大陸の一般市民たちの絆を促進するのに貢献した……戦争は家《ホーム》を破壊しようとしたが、その代わりに戦争は、暴力行為のなかで強い絆で結ばれた偉大な家族をつくりあげた」と、彼は解放直後に主張している[11]。

このような考えは、人びとに、戦後のヨーロッパの子どもを取り戻すための非現実的な計画を抱かせた。慈善活動家であるヴィエラ・ステュアート・アレクザーンダは、解放直後の西インド諸島で「国境なき子どもの聖域（Stateless Children's Sanctuary）」という基金を立ち上げすらした。「子どもたちは偏狭な国民主義の犠牲者であり、われわれは国際連合の認可のもとで、彼らが働き、自由に旅し、世界中のどこででも居住できるように、五五の国すべてによって署名され、裏書きされたパスポートを持つことができればいいと考えている。彼らは生まれながらの権利を失ったが、少なくとも地球を引き継ぐことになるだろう」と、この計画のパンフレットには宣言されている[12]。アレクザーンダの見解は、戦争状態から解放された直後という見えない状況であったことを考慮しても、なお非現実的なものであった。とはいうもののヨーロッパの子どもたちは、国際主義者による教育計画にとって魅力的な対象であった。一九五〇年にテレーズ・ブロッスはユネスコに宛てた書簡のなかで、国際主義者の価値観に染まる新しい世代を育て上げる大切な機会について指摘している。「われわれが戦後の時期に生じた特別な機会をものにしたいのであれば、急いでことを起こす必要がある。というのも、国際的な志を持つ若い世代が……健全で無制限の普遍性に充足感を見いださない場合、彼らは特定の集団という限定された領域で、あらためて充足感を得ようとするだろう。しかしそれはむしろ、世界の均衡を脅かすことになる」と、彼女は警告した[13]。

戦後の国際主義が確固とした実体を持っていたことは、新しい政府間組織および非政府組織が爆発的に増えたことで証明されている。国際連合がおこなったある調査によれば、一九五一年一月の時点で公式に認定された国際組織は一八八あり、その三分の一は一九四五年以降に設立された組織であった。人道主義者による事業は、新しい活動のなかでももっとも野心的なものであった。一九四六年に設立された救世会は、合衆国にある一七のプロテスタントの救済集団を統合したものである。一年もたたないうちに、この組織は合衆国からヨーロッパおよびアジアに送られた救援物資の八〇パーセントを提供するようになっていた。ルター派世界救済組織（一九四五年設立）、カトリック救済サービス（一九四三年設立）、ユニテリアン奉仕委員会（一九四〇年設立）、アメリカ・フレンズ奉仕団（一九一七年設立）、アメリカ・ユダヤ人共同配給委員会（JDC、一九一四年設立）も救世会に引けをとらない存在感を示した。特定宗派に属さない救済組織で最大のものであった、対欧送金組合（一九四五年設立）は、すぐにアンラと力を合わせ、窮乏するヨーロッパの人びとに向けて、かの有名な「愛の小包」を配布した。[14] しかし大規模な新しい組織は、国際連合であり、またユネスコ（一九四六年設立）、世界保健機関（一九四六年設立）、ユニセフ（一九四六年設立）、アンラ（一九四三年設立）などといった国連の関連組織であった。これらの新しい国際組織のうち、国民国家の終焉を前提としていたものはひとつもなかった。しかしながら、これらの組織は、言葉のうえでは国際的な協力の新時代を導き、国境を超える価値観を維持していくことを約束した。

にもかかわらず、国民主義が戦後の再建活動から消え去ったとはとてもいえなかった。東欧において、大変動から立ち上がった政策担当者たちは、民族浄化こそが彼らの国境を保障すると確信していた。一二〇〇万人のドイツ系住民を含めておよそ一八〇〇万人の人びとが、戦後の人口移転の過程で家を失った、と連合国は公式に認めた。[15] 解放されたヨーロッパで国民主権を回復するという運動は、暴力的なまでにジェンダー化されていた。ヨーロッパ中で、国家の「尊厳」を取り戻すことは、どんなかたちであれ敵国に協力した者たちを追放したり罰したりすることをともなったが、それはとくに（申し立てによると）身体を通して国民の敵となりえた女性たちが該当した。フランス、ドイツ、イタリア、チェコスロヴァキアにおいて、占領軍兵士との関係が疑われた女性たちは、その行為に対する人びとからの報復を見世物とするため、公の場で手ひどく辱められた(16)。

強制移動の経験それ自体は、多くの難民たちの国民主義的な感情を強めた(17)。ハンナ・アーレントが『全体主義の起原』のなかで考察したように、「難民のどの集団も、あるいはどの避難民も、獰猛で暴力的な集団意識を形成することには失敗しなかったし、ポーランド人やユダヤ人やドイツ人などとして——そしてそれのみとして——、権利を声高に騒ぎ立てることにも失敗しなかった(18)」。実際には、戦時の強制移動に対する反応は、難民のあいだでもさまざまであり、難民のなかには、自分が忠誠を誓うべき国民を鞍替えしたり、国際主義者や社会主義者の理想を受け入れたり、あるいは国民主義それ自体を完全に拒否する者もいた(19)。しかし避難民キャンプは、東欧の反共主義者がソ連から国民主権を守るという名の下で動員されたとき、そして多くのユダヤ難民が将来的にできるはずの国民国家のためにパレスティナをめざしたときに、亡命国民主義《ナショナリズム》と政治的煽動の温床となっていた。

国連のワーカー自身も、難民の国民化に関与した。アンラおよびＩＲＯが提供するサービスを受けるための個人資格は国籍／国民としての帰属に依っており、それはアンラの幹部たちが、国籍／国民としての帰属があいまいであったり疑わしかったりする多くの難民を序列化したことを意味した。アンラおよびＩＲＯはまた、本国送還を容易にするために、そして国民の争いを避けるために、避難民キャンプを国籍／国民としての帰属に沿って組織した。初めのうち、ユダヤ人は国民としての市民権にもとづいて難民キャンプのなかで区別されていた。しかし一部の非ユダヤ難民が、ユダヤ人は過分な「特別扱い」を受けていると感じるほどの待遇を与えられた場合には、緊張関係が深刻さを増した。一九四五年グラーツでは、ＪＤＣがユダヤ系の人びとに、ユダヤ教の祝祭であるロッシュ・ハシュナとヨム・キプルのための特別食を提供したのち、ポーランド出身のキリスト教徒たちがユダヤ教徒に攻撃するのを防ぐために、軍の兵士が避難民キャンプを監視しなくてはならなかった。また別の機会には、ホーネ＝ベルゼ・キャンプ〔ベルゲン＝ベルゼン強制収容所跡地にイギリスが設置した難民キャンプ〕にいたポーランド難民たちは、トーラの巻物を破り捨て、ユダヤ教の祈りの場を破壊し、ユダヤ教の聖職者であるラビに向かって発砲してポグロム[*1]をもくろんだこともある[20]。明らかに、狂気じみた反ユダヤ主義は、戦争が終結しても消え去ることはなかった。

　アメリカ軍政当局は、一九四五年八月にハリソン卿が、米軍占領地区におけるユダヤ人に対する扱いを、「いまや、われわれはユダヤ人を、虐殺はしないまでも、ナチスがやったように扱っているのは明らかである」といささか挑発的に報告した後で、ユダヤ人のための難民キャンプを他のキャンプと分離した。ハリソン卿は、ユダヤ難民たちが別々のキャンプを要望していることを繰り返し主張し、ユダヤ人を分離するならば、ナチスの人種主義を繰り返してしまうことになるという、連合国側の軍政当局者の多くが共有していた見解に異議を唱えた。「たしかに、特定の人種集団あるいは宗教集団を、本人の国籍／国民としての帰属によるカテゴリーから切り離してしまうことは、通常は望ましいことではない。しかし他方で、ナチスがそうした分離政策をあまりにも長きにわたっておこなってしまった結果、特別なニーズを持つ集団がつくりだされてしまった、ということもまた、ありのままの事実である」と、彼は反論する。「ユダヤ人をそのように認識することを拒絶するのは、この状況でいえば、彼らに対してかつておこなわれた、より野蛮な迫害に対して目をつぶることになる[21]」。

　当初、難民を国籍／国民としての帰属で分離することは、アンラのワーカーの国際主義的な倫理観に反するものであったが、徐々に彼らの多くがその必要性を認識するようになった。「初め、私はなぜ軍とアンラがポーランド人、ウクライナ人、ユダヤ人、西ヨーロッパ人用に別々のキャンプを急いで設置したのか、理解できませんでした」と、スーザン・ペティスは振り返って言う。「『ひとつの世界』という理想化された言葉を吹き込まれていたため、私はそのような統一がすぐに実現しないことに失望しました。しかしながら私はすぐさま、心理学的な理由からも実践的な理由からも、国民主義的な集団分けは、避難民の生活において不安定でトラウマをもたらすような状況下では最良の選択であることに気づきました[22]」。

ペティスのこの所見は、避難民を国民化するための支援が、単に実践的な譲歩のなかで生じただけではないことを示している。人道主義ワーカーたちは、国民主義者の目的を、より個人主義的な言葉で再定義することによって、戦後ヨーロッパにおいて、国民主権を優先することと自分たちの普遍主義的な理想を保持することとのあいだの緊張関係を徐々に解消していった。とくにアンラとＩＲＯのソーシャルワーカーたちは、避難民の再国民化を、個々人の心理学的回復というかたちで促進した。国民主義者たちは、子どもたちには、中東欧におけるシオニスト的、国民主義的、社会主義的な伝統が根づいていると主張した。彼らの主張は、そうした伝統が新たな国際的な規範や国際法に組み込まれたことによって、戦後になって正統性を獲得した[23]。戦後のヨーロッパに人権、家族、民主主義といった理想が浮上してきたことは、それゆえに、連合国側の占領軍政当局や人道主義組織によって上から押しつけられたというのではなく、中東欧における長期的な地域特有の慣習によって形づくられたところもある。

ハプスブルク家が支配した中央ヨーロッパの複数言語地域において、国民主義の活動家たちは一九世紀後半から「国民の宝」としての子どもの価値を称揚しはじめた。ボヘミア諸邦において、ドイツとチェコの国民主義者は、子どもたちを国民の敵が運営する学校や福祉施設で「ドイツ化」や「チェコ化」をされないように、国民ごとの学校、孤児院、託児所、幼稚園を建てたり、サマー・キャンプを組織したりした。これらの国民主義者たちは、それぞれの子どもが、単一かつ真正の国民意識を持つべきだと主張した。彼らは人口学的な生き残りのための防衛戦略として、子どもたちを脱国民化させるような動きに反対するために結集しているのだと主張した。しかしそれは、かなり論争的な主張であった。二〇世紀にいたるまで、東欧における複数言語地域の両親と子どもたちは、ほとんどが二言語話者であり、国民主義には無関心であるか、あるいは国民としての忠誠心という意味では柔軟性に富んでおり、盲目的というわけでは決してなかった。国民主義者が脱国民化と呼ぶものを阻止するために展開した運動は、中流階級の活動家たちが中東欧において国民共同体《ナショナル・コミュニティ》を初めてつくりだそうとし、またそれを、強固にすることをめざした攻撃的な戦略にほかならなかった[24]。

一九一八年以降、国民への無関心〔訳者解題を参照〕を撲滅するという運動は急激に展開した。第一次世界大戦の終了時、超国民的なオーストリア帝国は暴力的なまでに国民化された後継国家によって取って代わられた。ハプスブルク家のオーストリアの二言語地域においては、国籍／国民としての帰属は往々にして個人の選択の問題となった。反対に、戦間期のポーランド、チェコスロヴァキア、ユーゴスラヴィアでは、政府の行政当局者や地方の国民主義の活動家たちは国民への無関心を撲滅し、自分たちの陣営へと人びとを寝返らせるために、強制的な序列化という手段にますます訴えるようになった。一九二一年に実施されたチェコスロヴァキアの国勢調査の際に、自らをドイツ人と主張していた何千もの人びとがチェコ人として分類しなおされたが、その過程で「嘘の」国籍／国民としての帰属を宣言した罪で罰金刑に処せられたり収監されたりした者さえいた。ポーランドのシレジアやユーゴスラヴィアでは、ドイツ人であると自称した両親たちは、国家によってポーランド人あるいはスロヴェニア人だと再分類され、子どもたちをポーランド語の学校あるいはスロヴェニア語の学校に通わせるよう命じられた。

ナチスが東欧を侵略したとき、彼らはドイツ人の「血」を持つと思われる子どもたちをドイツ化することによって、自らが持つ人口学的な活力をさらに高めようとし、戦間期に実行された「ポーランド化」「チェコ化」「スロヴェニア化」に復讐しようとした。ナチ国家は、東欧で数十年にわたって調整されてきた強制的な国民の序列化を実践し、そうした序列化の実践を自らの人種主義による秩序という目的に転用した。アルメニア人ジェノサイドの時期における子どもたちの強奪が、国外追放の途上でその場しのぎの方法で実行されたのに対して、ナチ占領下における東欧の子どもたちのドイツ化は、集中的に計画され、精緻に練り上げられた人種主義イデオロギーによって正当化された。

それにもかかわらず、ナチスのドイツ化政策および「ドイツ性」を計測するための基準は、ナチスが占領した東欧全体で多様性に富んでいた。ボヘミア諸邦では、各地のナチスの官僚たちが、ナチスの民族共同体《コミュニティ》に参入しようとする者なら誰でも受け入れ、子どもの両親がナチスに政治的な共感を示せば、もっぱらそれだけを根拠にして、子どもたちをドイツ語の学校に通わせ、ヒトラー・ユーゲントに加入させた。ボヘミア諸邦の別の地域においては、ドイツ語の学校やヒトラー・ユーゲントに加入する子どもたちのおよそ五〇パーセントは、ドイツ語を一言も話せなかった。ナチ占領下のウッチ市では、ドイツ化政策はより暴力的におこなわれたが、それはポーランドおよびソヴィエト連邦において、ナチスの占領体制がより過酷なものであったことと軌を一にしていた。子どもたちは、人種学者のヘルベルト・グローマン博士によってドイツ化するために選別された。彼はもっぱら子どもたちの家系と身体的な特徴に注目した。一九四一年一月のある一週間だけで、彼は四四八人のポーランド人の里子や孤児をドイツ化するために調査し、うち三二人を「人種的に価値がある」と判断した。そのほか五四人は「人種的に利用しうる」とみなされ、残りはドイツ化には価値がないとされて、ポーランドの里親や孤児院に戻された。[25]

ドイツ化のために選別されたポーランドの子どもたちのほとんどが、孤児院や里親から引き離された者たちであったが、両親のもとから連れ去られた子どももいた。一九四一年一二月、ウッチの地方裁判所は、ポーランド人の未婚女性であるヤニーナ・ルトキーヴィッツに、彼女の一一か月になる息子ヘンリクの監護権を放棄するよう命じた。ヘンリクの父親はドイツ人の警察官であった。彼の出生後すぐに、グローマンはこの子どもが「人種的に価値がある」と判断し、子どもをドイツのレーベンスボルンの児童ホームに移すべきだと決定したが、彼の母親は子どもを手放すことを拒否した。その直後に、裁判所命令によってヘンリクは母親の手から奪われた。「実際、この手続きは子ども自身の最善の利益にかなったものであったが、彼の母親は全力でそれに抵抗した。そのために彼女は子どもが将来受けられるであろう教育や職業訓練の可能性を否定し、ドイツ国民と共同体から価値あるドイツの血を奪っている」と裁判所は裁定した(26)。

ナチ政府は、ドイツ人の血を漁っては捕まえるこの類の行為を正当化するために、「再ドイツ化」という用語を使った。この用語そのものは、東欧の多言語地域において、子どもたちの精神をめぐって長くつづけられた闘いを通じて生み出されたものであった。戦後ナチスのレーベンスボルンの幹部は、ニュルンベルク*[2]で東欧の子どもたちの誘拐とドイツ化の罪状で審理された。ナチスのレーベンスボルン・ホームは、アーリア人の未婚の母親たちに周産期養護を提供したうえに、東欧の子どもたちをドイツ化するためのセンターの役割も担っていた。レーベンスボルン計画の責任者であったマックス・ゾルマンは、ナチスが戦間期にドイツ国民から「奪われた」子どもたちだけを奪取したと主張した。「こんにちであれば、子どもたちが普通に受けることができるような多種多様なテストをわれわれは実施したが、それは小麦ともみ殻とを分離するために、あらゆる子どもを対象として実施したわけではない。多大な費用をかけて選別をおこなったのは、それが子どもの福祉にとってきわめて重要な影響をもたらすがゆえであり、その子どもたちが本当に民族的にドイツ人であることを確実にするためであった」と、彼は主張した(27)。

第二次世界大戦中、子どもたちをドイツ化しようとするナチスの試みは、東欧のいたるところで抵抗を呼び覚ました。ボヘミア諸邦ではナチスは最終的にはチェコの子どもたちのドイツ化という目標を放棄し、「帝国に忠誠を誓うチェコ国民主義」と称された政策、すなわちチェコ人としてナチ的な価値観を彼らに植えつけるという、より摩擦の少ない政策を実施した。一九四三年、ベーメン・メーレン保護領担当国務相カール・H・フランク直属のロベルト・ギースは、ベーメン・メーレン保護領において計画されたドイツ化の措置は、「実施することは不可能であった。……子どもたちを単に検査しただけでも、騒動を生じさせることになり、耐え難い状況がもたらされたであろう。現在の保護領の状況を鑑みるに、とりわけ戦争物資を無制限に生産するために労働秩序を維持しなければならない状態であることを考慮するべきである」と報告し、「さらなるドイツ化の措置をとるべきではない(28)」と命じた。

戦後になると、子どものドイツ化は、人道主義に対してナチ政権がおこなった最悪な犯罪行為のひとつであったとして、さまざまな場所で記憶された。ドイツ化のために奪われた子どもたちの物語は、東欧諸国のなかでも、そしてまた西側のメディアや人道主義組織および救済組織のなかでも、あちこちで取り上げられた。アメリカのジャーナリストであるドロシー・マカーデルは、一九五一年につぎのように報告した。ナチ占領下で、「子どもたちは孤児院、路上や公園、あるいは自宅からも連れ去られた。通常、連れ去られたのは、健康なブロンドの子どもたちであった。双子たちはとくに危険にさらされた。彼らの多くが連れ去られた。ドイツ側の動機は不明であったので、ぞっとするような噂や憶測が流れ、消えた子どもの両親をさらに苦しめた(29)」。

一方、東欧の行政当局者は、ナチスによって連れ去られたとされる子どもたちの数をいちじるしく誇張した。ポーランド政府は、第二次世界大戦中にドイツ化の犠牲者になったポーランドの子どもは、少なくとも二〇万人はいると主張した。戦後の文書を調査した結果、ポーランドから連れ去られたのはおよそ二万人、ヨーロッパ全体で五万人というのが信頼できる数値である。[30] しかし正確な数字を算出するのは困難である。というのも、その数値は、「連れ去り」あるいは「ドイツ化」という言葉にもとづいて算出されていたが、そうした言葉の意味は、国民としての忠誠心があいまいであり、また多くの東欧の人びとが自発的にナチスの民族共同体に参加するか、物質的あるいはイデオロギー上の圧力に屈してドイツ人の家族に子どもたちを預けていたという文脈のなかで定義されていたからである。一九四〇年代の東欧の行政当局者たちは、子どもが生みの両親から強制的に引き離されたことと、チェコ人の子どもが自分の両親によってドイツ語の学校に通わされたこと、そしてポーランド人の母親によって子どもがドイツ人の里親に引き渡されたこととのあいだに違いをほとんど見いださなかった。当時の国民主義者の論理によれば、子どもたちは、彼らの両親からだけでなく、国民集団からも「連れ去られた」のである。この論理は第二次世界大戦後も生き延び、ヨーロッパの失われた子どもたちを回復させ、再国民化するための国連の活動のなかで制度化された。

文化的ジェノサイドというレムキンの概念は、マイノリティ集団を文化的に同化することが、その集団を絶滅させるための手段であると想定していた。実際には、ナチスの人種主義の計画立案者たちは、同化によってドイツ人になれると彼らがみなした子どもたちだけにドイツ化を施すことを考えていた。絶滅の標的にされたのは、（ユダヤ系やロマ〔中東欧に居住する移動型の集団〕のような）まさに同化が不可能だとみなされたマイノリティ集団であった。そのほかの、たとえばドイツ化できないポーランド人やチェコ人たちは、ナチ人種国家における肉体労働者として組み込まれた。しかし、脱国民化と生物学的な絶滅を直接結びつけようとする想定は、戦後においても、広く影響をおよぼしつづけた。東欧の行政当局者は、自らを想像しうる犠牲者のなかで最上位に位置づけようとした際に、ドイツ化とジェノサイドの区別を意図的に消去した。一九四八年にＩＲＯ

宛に書かれたポーランドからの覚書は、おなじみの言い回しでつぎのように断じている。「すべての人権を傷つけ、国民の諸権利を踏みにじって、ドイツは子どもたちの意図的な略奪を、彼ら自身の国民の生物学的な力を強化することと、占領地域の国民を生物学的に絶滅するという二重の目的のために組織した。彼らの計画によれば、このことはポーランド国民を完全な絶滅へと追い込むものであった(31)」。

世紀前半の中東欧に特有の争いは、したがって、第二次世界大戦後に新たな国際組織や人権規範をつくりだした。国際連合の創設者は、人権というより普遍的な原理を用いて、戦間期の国際連盟がつくりあげたマイノリティ保護制度が抱えていたとされる弱点を克服することをめざした(32)。しかし、実際に人権を保障することは、依然として国民としての市民権をもつか否かに左右されつづけた。そして、国民主権と民族的な同質性こそが、ヨーロッパの安全保障の基本的な方途であるとする枠組みにおいては、国民が子どもの返還を要求することは、個人の権利をはるかに越えるものとなり、戦後に新たに設立された国際組織の実践と理想にしっかりと組み込まれることになった。

三　子どもの「最善の利益」——本国への強制送還

アンラの児童捜索チームの中心的な課題は、ナチスによって連れ去られたか、あるいは両親によってドイツの里親家庭あるいは施設で面倒を見てもらうよう置き去りにされた子どもたちを探すために、ドイツの農村部を徹底的に捜索することであった。所在が確認されると、同伴保護者のいない子どもたちは、養子の受け入れや移住、送還に関してあらゆる決定をおこなう権利を有する各国の担当当局の管轄下におかれた。孤児になったり捨てられたりした東欧の子どもたちは、ポーランド、ユーゴスラヴィア、ソヴィエト連邦、チェコスロヴァキアの国内法にしたがえば、法的には他国の国籍／国民としての帰属を持つ里親の養子となることはできないはずであった[33]。国民が子どもたちに対してこうした権利を有するはずだという考えは、国連ワーカーの信念にも根を下ろしていた。一九四八年に書かれたＩＲＯの職員の覚書では、つぎのように警告されている。「すべての子どもの将来は、異なる国民の代表者が決定するには、あまりにも重要すぎる。……保護者は子どもと同じ国籍／国民に帰属する者がなったほうが、ものごとを円滑に進めることができるのは疑いない。この方針にしたがえば、子どもを同化させたり脱国民化したり、あるいは国際人《コスモポリタン》を育てたりすることをＩＲＯが望んでいると非難することは、誰もできないであろう」[34]。バイエルン州の一地区であるプリーンのアンラ子どもセンターについて、ジーン・ヘンショーはつぎのように自慢した。「われわれの主要な課題のひとつは、子どもたちを再国民化する計画を実施することであった。子どもたちの出身国から適切な避難民支援スタッフが来ている場所では、われわれは子どもに国民としての誇りと感情という精神を呼び覚ますのに類まれな成功を収めた」[35]。

避難民の子どもたちを回復させるための諸計画の多くは、表向きには国際主義的であったが、実際には若者の避難民は国民ごとのホームに振り分けられた。スイスのトローゲンにあるペスタロッチ村では、一九五〇年に一三二人の孤児が八つの国民別のホームに住んでおり、それぞれのホームは、「国民の様式にふさわしく装飾され、家具が据えつけられた」[36]。それぞれのホームには、祖国から持ちこまれた教科書を使用して、子どもたちが母語を学ぶ各々の学校があった。この村のある教師は一九四八年につぎのように主張している。「健全に組織化されている場合には、どれほど小さな集団でも、これほど強く、活気に満ちた状態で国民性を保ちつづけることができることを確認できて、たいへん驚き、感銘を受けています。それぞれの小さなコロニーでは、まさに最善の国民文化の要素が花開いており、それらは文学や音楽の才能として、あるいは民俗伝承やユーモアとして、さまざまなかたちで表現されているのです」[37]。国民意識の涵養は、実践上の課題にとどまらない意義が認められた。テレーズ・ブロッスによれば、それぞれの子どもたちに国民としてのアイデンティティを育むことは、個人としての精神的な福祉にとって決定的に重要なことであった。「子どもたちの各コミュニティを訪問するなかで、子どもたちが心理的に正常で、『他者の気持ち』になって考えることができるようになるためには、子どもたちが自身の国を持つことがいかに重要か、われわれには分かった。……ひとつの国から別の国に移動した子どもにとって、もっとも重要な要件は、子どもを移住させ、その子どもに自身の国を用意し、その国の言葉や文化を提供することである」[38]。国連のソーシャルワーカーたちは、安定した家族と同じくらい、国民としてのアイデンティティという確固とした考えが、避難民を心理的に回復させるための基礎となると確信していた。

アンラの捜索チームは、失われた子どもたちを求めて家々を訪ねまわった。オーストリアのフランス占領地区で活動していたアンラの児童福祉職員のH・ウェイツは、捜索活動中に、自分がドイツの農村部の爆撃された街路をどのように見て回ったかを回想した。最初のころ、彼女は地元のドイツ人の行政当局者の抵抗にあったが、徐々に彼らの協力を得られるようになった。「ある地区の役所への訪問は、いつも二〇分程度かかった。煙草に火がつけられたあとで、私が占領軍の一員ではないと、たとえば私が彼らのバターを食べなかったと彼らが気づくや否や、新たに関心がひかれたようで、私たちは活動の全体計画を考えはじめた」[39]と。

単に避難民の子どもを特定するためにすら、集中的な調査が必要となった。多くの子どもたちは、いわゆる民族ドイツ人とポーランド人とのあいだの境界が不明瞭な地域からやってきたし、チェコ人とスロヴェニア人は戦時中に両者のあいだの境界があいまいになった。しかしアンラのワーカーは、すべての避難民の子どもたちが生来ひとつの「真正」の国籍／国民としての帰属を有しているということを、つまり「真正」の国籍／国民としての帰属が何であるかを、民族誌的および心理学的な調査を通して科学的に証明できるという想定のもとに行動していた(40)。人道主義ワーカーたちが国民としての帰属があいまいなものである可能性を認識したのは、例外的な事例に限られた。それはたとえば、IROの職員たちがイタリアで、国民としての忠誠が不確かなまま、ヴェネツィア・ジュリア地域出身の難民を称する「未決のヴェネツィア・ジュリア出身者」というカテゴリーをつくりだしたことに現われている(41)。アンラのあるワーカーは、一九四六年の報告書のなかでつぎのように詳述している。「シレジア出身の子どもたちの国籍／国民としての帰属問題は、この地域が戦前にドイツ人とポーランド人の混交が進んでいたために、もっとも複雑である。身元証明書がないために、あまり信頼できない根拠に頼らざるをえない。……われわれのなかでもっとも腕利きの調査官が、国籍／国民としての帰属は重要であるかという問いに対する子どもたちの心理学的反応を記している。まぎれもないドイツの子どもは、通常ふくむところなく即座に応答する。本人はドイツ人だと申し立ててはいるものの、ドイツの子どもではない子どもの応答は、返答を助けようとするスタッフに対して、しばしば恥じらいやためらい、困惑、大慌てなどの反応を示す(42)」。長きにわたって国籍／国民としての帰属を決められない歴史をもつ地域であるシレジアから来た子どもが、その国民としての帰属意識を問われても、困惑するはずであることや、地域としてはシレジア・コミュニティに属しているという思いをもつ可能性に、誰も思い至らなかった。

子どもの両親のアイデンティティもまた論争を呼び起こした。冷戦の緊張が高まった時期に、連合国側の高官たちは、東欧の諸政府が難民の子どもたちを強制的に送還させるために、その国籍／国民としての帰属を偽ったのではないかという疑いを抱いた。ある事例では、E・M・ウシャコーヴァという名前のロシア人女性が、ドイツにいるリトアニア出身の孤児の少女テレーゼ・シュトラシンカイテの母親であると申し立てた。ウシャコーヴァは、少女の本来の名前はタマーラ・シャルコーフであると主張した。しかしテレーゼは、四歳のときに母親が亡くなったことを自ら証言できると反論し、ロシアへの帰還を拒否した(43)。一九五二年に合衆国の占領軍政当局は、フランスのジョルジェット・カディ夫人およびドイツで避難民の子どもとなったジョゼット・フェリポーを、「人類学的に検査する」ために、ドイツでドイツ人法医学者を雇用した。遺伝生物学者のK・ザラーとH・バイチュは、カディとフェリポーの頭蓋構造および顔の造作を比較して長い報告書を書き、「鼻の形が、ジョゼットがカディ夫人の血を引く子どもである強い証拠とみなされうる」と結論づけている。彼らはまた、二人の被験者の「頭と顔の長さの特徴」および「上唇の肌の細かい形態とあごの形」に類似性を見いだした(44)。

子どもたちのアイデンティティを立証することが困難であるのは、偶然ではなかった。ドイツの行政当局者は、ドイツ化しようともくろんだ東欧の子どもたちの名前を意図的に変え、彼らの記録を故意に破棄していた。多くの避難民の子どもたちは、両親やその出自に関する記憶をまったく持っていなかった。一九四七年にジーン・ヘンショーは、プリーンの子どもセンターにいるポーランドとユーゴスラヴィアの子どもたちについて、「彼らは自分の国、言語、文化を拒絶し、激しい調子で自分はドイツ人だと主張した(45)」と記している。いちどアイデンティティが特定されると、国連の子ども捜索担当者たちは通常、連合国の子どもたちをできるだけ速やかにドイツの里親から引き離したが、そのやり方は暴力的なものになりえた。「引き離しは多くの場合、きわめて残酷なものとなった。子どもは養子に入った家族を非常に慕っており、ほかの家族の記憶はもはや持っていなかった」と、IROの児童福祉相談員であるイヴォンヌ・ド・ヨンは一九四八年に報告している。[46] 子どもたちのなかには、養親から力づくで引き離されなければならないものもいた。子どもの養護を担当する相談員のアイリーン・デイヴィッドソンは一九四六年一〇月一九日の活動日誌に、つぎのように記している。「ポーランド送還局との会議。二年間ドイツの上流の家族とともに暮らした二人のポーランド人の青年たちがとどまる許可を求めてきた。彼らは孤児であり戻るべき家族を持たない。彼らの要請は却下された。子どもたちは送還されるべきとされた。子どもたちの意思に反して彼らをアンスバッハに迎えにいった[47]」。

避難民の子どもたちの監護権をめぐる争いは、アンラ、英米の占領軍政当局、そして地元のドイツ人のあいだに、政治的および感情的な強い緊張感をもたらした。子どもたちの「最善の利益」を引き合いに出しながら、イギリスの軍政当局者は、ドイツの里親家族から引き離すならば、子どもたちは永久に精神的傷跡が残ることになると主張し、概して子どもたちをドイツの里親家族に残そうとした。当然のことながら、イギリス当局もまた、東欧の子どもたちの送還に反対したが、それはより現実的な理由――軍政当局と地元のドイツ人とのあいだの関係をスムーズにするためと、ますます強まる露骨な反共主義への信奉心からであった。[48]

しかし、アンラとＩＲＯのワーカーは一貫して、子どもたちをドイツの家族から引き離し、彼らの出身国に送り返そうとした。一九四八年にアイリーン・デイヴィッドソンは、のちにＩＲＯの子ども捜索部門の部門長になるが、広く回覧された覚書で、この方針が、心理学的、政治的な視点からみて「子どもの最善の利益」を表わしていると論じた。彼女の議論は、ドイツ社会が、まだナチスの人種主義と権威主義を駆逐できていないという信念にもとづいていた。すなわち彼女によれば、それゆえに東欧の子どもたちにとってドイツに本当の意味で統合される可能性はわずかしかなかった。[49]「父親がＳＳに所属し、民族ドイツ人であったことが分かっているポーランド出身の子どもが二人いる。……年上の少女は台所で長時間働いている。……

彼女は周囲からいつも『のろまなポーランド人』といわれると述べた[50]。オーストリアのアレタ・ブラウンリィもまた、オーストリアの里親家族と非ドイツ人の里子とのあいだに本当のきずなが生まれる可能性に懐疑的であった。最高にうまくいった場合ですら、「幼い子どもたちは、まるでペットのように家族にかわいがられたにすぎない――それは、家族が養育する責任のある自分自身の子どものようにいとおしむのではなく、小さくて愛らしい動物であるかのように愛されたにすぎなかった」と、彼女は結論づけた。多くのオーストリアの家族は東欧の里子を低賃金の農場労働者として手もとに置きたがった、と彼女は主張する。アンラの児童ホームに関する論文が雑誌『シュタイアー・ブラット』に掲載されたのち、アンラの事務所には、里子を要求する声が殺到した。「ここに署名している人物は、一四〜一六歳の少女を求めている。もし可能であるならば、きちんとしていて健康で農場の仕事が好きな少女を求めている」と、あるオーストリアの農場主は書き送った[51]。

多くの失われた子どもたちが、ドイツの里親家族から離れることを断固として拒否した一方で、アンラとIROのソーシャルワーカーたちは、子どもたちがいちど自分の出身文化に触れれば速やかにそれに適応するであろうと確信していた。デイヴィッドソンの主張によれば、ポーランドの子どもたちの集団の場合、「彼らは徐々にセンターの生活に同化していき、ポーランド語を話しはじめた。……ポーランドに戻る決意をするまでに、彼らはポーランド人の集団と同化して、ドイツ人の友人との関係を断ち切った[52]」。一九五一年の彼女の覚書のなかで、ブラウンリィはつぎのように結論づけている。「いかなる国民であれ、自分と異なる国民の子どもたちに対して、その子が属する国の人びとよりも、自分たちのほうがはるかに彼らの利益を汲み取ってやることができるなどと結論づけることは、きわめておこがましいことである[53]」。アイリーン・デイヴィッドソンはこれに同意した。彼女は、ドイツの里親家族に預けられた東欧の子どもたちは、たとえ彼らが愛情と物質的な養護を受けたとしても、長い目で見れば心理的ダメージを受けると推測した。「母国でない場所で育てられることは、子どもの最善の利益を守るどころか、長期にわたって人格の発達を歪め捻じ曲げ、里親の国にも母国にも順応出来ない人間を産み出してしまう危険を冒すことになる」(54)。

こうした信念は、国連ワーカーに典型的なものであると同時に、戦後の人道主義的活動を支えたさまざまな想定を浮かび上がらせた。デイヴィッドソンの議論は、「子どもの最善の利益」という概念をめぐって激しい議論が展開されたときでさえ、第二次世界大戦後において、子どもたちの個々の心理的幸福をめぐる議論が、どれほど児童福祉支援に影響を及ぼしていたのかを示している。彼女の覚書は同時に、国連のワーカーたちが、戦後ヨーロッパにおける民主化と非ナチ化の担い手であるという自己認識をもっていたことを反映するものでもあった。アンラのソーシャルワーカーたちは、避難民の子どもたちを本国に送還し、再国民化するための彼らの活動を、ナチスの戦争犯罪に対する正義と賠償を促進する幅広い使命の一部とみなしていた。彼らは、再家族化だけではなく、避難民の子どもたちの再国民化にも特権的な重要性を与えるために、民主化、正義、いわゆる心理学的な「子どもの最善の利益」を定義した。この視点によれば、健康な個人として成長するために、子どもたちには、安定した家族のアイデンティティと国民としてのアイデンティティが必要であるとされた。失われた子どもたちの多くにとって、家族と再会することは不可能であったため、国民としての帰属意識が彼らの幸福にとってきわめて重要であるとみなされた。

四　再家族化と再国民化をめぐって

国民に戻る、そして家族のもとに戻るという、一見非の打ちどころのない方策は、生き残ったユダヤ人の若者にとって深刻な問題をもたらした。第二次世界大戦後に生き残った親戚や財産を探して家に戻ることができたユダヤ人の若者は、帰還後に、敵意と暴力にさらされた。ユダヤ人の住居や家具を差し押さえた近隣住民は、戦時期に得たそれら戦利品を返却する気にはほとんどならなかった。多くの生還者たちは「何、まだ生きていたの？」といった類の感情を向けられた。東欧でひそかに残存していた反ユダヤ主義は、一九四五年後半に息を吹きかえし、あまり知られていない事件であるが、一九四六年七月にポーランドのキェルツェで生じたポグロムで頂点に達した。この結果、およそ二〇万人にのぼるユダヤ人（いわゆる「潜入者」）がドイツのアメリカ占領地区へと避難した。彼らのほとんどはパレスティナへの移住を望んだ。これらのユダヤ難民の大多数は、ソヴィエト連邦で戦争を生き延びた人びとであって、ドイツの強制収容所からの生還者ではなかったため、多くの場合、彼らの家族はそのまま残っていた。しかし多くのユダヤ人の子どもや若者は、両親が生存している者でさえ、キブツにやってきた。これらのキブツはポーランドで形成されることが多かったが、やがて彼らはともに、違法ながらも占領下のドイツへと向かい、そこからパレスティナへと旅立つことを望んだ(55)。

英米のソーシャルワーカーたちは、生還したユダヤ人の若者を彼らの家族から引き離すことには最初から懐疑的であった。いくつかの事例では、キブツに到着したユダヤ人の若者は、実際には彼らの両親の同意なしに、ポーランドの児童ホームから連れ出されていた。ポーランド・ユダヤ人中央委員会（CKŻP）によって運営されていた児童ホームは、多くの場合、移民を奨励してはいない共産主義者もしくはブント主義者*[3]が担い手となっていた。彼らは移民の代わりに、ユダヤ人の若者に、戦後に民主的で社会主義的なポーランドを再建する活動に参加することを呼びかけた。しかし戦後のシオニスト運動の代表者たちは、ポーランドにユダヤ人の将来があるとは思っておらず、ユダヤ系の児童ホームを豊富な人員補充の場とみなした。CKŻPが運営するオトフォツクにある児童ホームに、左翼系のシオニスト青年運動ハショメル・ハツァイル出身のローラと呼ばれたカリスマ的な相談員が一九四六年にスタッフとして入り込み、子どもたちのあいだで人気者になっていたことを、トーマス・バーゲンソールは記憶していた。彼女はある日、当時一一歳であったトーマスを散歩に誘った。彼女は、彼がパレスティナに移住する気があるかを尋ねた。バーゲンソールの父親はシオニストに共感をもっていたため、彼は「汚いユダヤ人と呼ばれる心配もなく、ポーランドの子どもから石を投げられる心配もないなら、パレスティナに住みたいです」と答えた。ローラは移住したいと思っている子どものリストを書いていると話し、計画を説明した。「それはすぐに始まるわ、一人の子どもが孤児院からこっそり外に出ていくと同時に、ハショメル・ハツァイルの人たちが迎えにくることになっているの」。彼らはそれからパレスティナに密航することになっていた。「これらすべてを聞いたとき、かなり興奮した」ことをバーゲンソールは覚えている。「私は最初に逃走する集団にすぐさま立候補しました」[56]。

キブツの人びとともに逃走するというトーマスの計画は、戦争を生き延び、彼をオトフォツクに託した彼の母親が、奇跡的にふたたび現われたことによって中断された。しかしほかの多くの子どもたちは、CKŻP管轄下の児童ホームから、ひそかに姿を消した。戦後ポーランドにおける多くのユダヤ人の若者は、もとはそれほど強いイデオロギーや政治的な信念からキブツに入ったわけではなかった。彼らはヨーロッパの

「呪われた大地」を抜け出す機会や物質的な利益、教育の機会、シオニスト青年集団が提供した仲間づきあいに、惹きつけられたのである。(57) ＣＫŻＰの教育部門は、一九四六年一一月八日から一二日に、オトフォックにあるＣＫŻＰ管轄下の児童ホームから九人の子どもたちがハショメル・ハツァイルの人員と連れだって逃走したことを、警告とともに報告している。これとは別に、一九四六年一〇月二八日から一一月一日のあいだに、ウッチのＣＫŻＰ管轄下の孤児院から三人の子どもが姿を消した。ＣＫŻＰはプシェミスルのホームやほかの地方の児童ホームから、「政治的な集団が、キブツに入れる目的で児童ホームから子どもを集めている(58)」という報告を受けた。

これらの子どもたちの両親は、多くがまだ生存していた。ＣＫŻＰの児童ホームで一九四六年一二月に生活していたユダヤ人の若者八六六人のうち、まったくの孤児であったのは、二二八人にすぎなかった。(59) キブツに逃走した子どもを返せという要求を書いたポーランドの両親からの怒りの手紙が、ＣＫŻＰの事務所やポーランドの赤十字に殺到した。シフィドニツァのカルマン・ヴォルナーマンとシリ・ヴォルナーマン夫妻は、ソヴィエト連邦に亡命することで戦争を生き延びたが、彼らは一九四七年六月に彼らの一〇歳になる娘ギトゥラを返すようにＣＫŻＰに訴えた。ギトゥラはキブツのドロールなる人物と逃げ出す以前には、シフィドニツァの児童ホームで暮らしていた。「ポーランド市民として、私は娘の帰還を要求する権利を持っているはずです」と、ヴォルナーマンは主張した。「しかしここで名前の挙がった人びとは、子どもを海外に送ることを意図して、私の努力を妨害しています。……私はポーランドを離れる意図はありません。私はポーランド共和国に忠実な市民です。……娘を私から遠ざけて戻さないなど、これ以上不埒な権利の侵害はほかにはありません(60)」。ペピ・ノイフェルトもまた、誘拐されたと思われる彼女の息子のことで憤慨していた。彼女はポーランドの赤十字に、一二歳になる息子ジグムントが「キブツの一派であるドロールの管理下で巧妙に私から」奪われたこと、そしてドロールが、彼女の子どもは合法的にパレスティナに移住すること、彼女も一か月後につづいて移住できることを約束した、と訴えた。「これは嘘でした」と、彼女は憤った。その代わりに、彼女の子どもはパレスティナへの集団脱出が失敗してもそれに耐えて、現在ドイツの難民キャンプにいる。ノイフェルトはもし彼女の要求が拒絶されるのであれば、「より上位の機関に正義を求める」つもりがあることを主張して、ドロールのリーダーを脅し、彼女の息子をポーランドにすぐに送還することを要求した。(61) しかしノイフェルトの努力もヴォルナーマンの努力も、いずれも実らなかった――ギトゥラもジグムントも送還される前にパレスティナに向けて出発していたのである。(62)

避難民キャンプでは、シオニスト教育にどのような利点があるのかについて、議論がつづいていた。一九四五年一〇月、バイエルンの解放ユダヤ人中央委員会において、避難民の指導者たちは、イギリスのユダヤ人組織を後援者とする計画を拒否した。その計画はホロコースト生還者の若者一〇〇〇人に戦後の休息と回復を与えるため、イギリスに送る計画であった。バイエルンの解放ユダヤ人中央委員会は、「いかなる状況下にあったとしても、子どもの一人たりとも、唯一可能性のある国――パレスティナ以外への移住を決して許さない」と決議した。バイエルンの中央委員会のメンバーは明らかに、イギリス政府に対して、ユダヤ人のパレスティナへの移住に道を開くよう圧力をかけようとしていた。しかし彼らは同時に、物質的な利益を享受できるかどうかに関係なく、ユダヤ人の子どもたちが、感情の面から言えば、イギリスの一時的なホームにいるよりは、生還者たちのコミュニティにいたほうが望ましいと確信していた。(63)

ユダヤ系組織の代表者や国連の児童福祉官もまた、ユダヤ人の子どもたちへの教育をめぐって、当初は衝突していた。アンラとＩＲＯがユダヤ難民への養護のための物資と支援を提供していたとはいえ、ユダヤ人の避難民指導者や、ＪＤＣやパレスティナ支援ユダヤ機関（ＪＡＦＰ）などのユダヤ系組織は、ユダヤ人の子どもたちのための教育、福祉、職業紹介に関してはかなりの権威を保持していた。アンラのユダヤ人児童養護委員会が一九四七年にハイデルベルクで開かれたとき、JAFPの代表ルート・コーエンは、ユダヤ人の子どもたちを避難民キャンプで両親と一緒にするという政策を再考するようアンラの担当官に迫った。「子どもを……両親や親戚と再会させることは……自国であればスラムと呼ぶべき環境に、かの子どもを送り出してしまうことに等しい」と、彼女は主張した。子どもたちだけで児童ホームやキャンプ、訓練センター（hachsharot）やキブツに入っているほうが、モラルの観点からいってもはるかに望ましく、食料、衣服、医療養護など必要とするものをより手に入れやすい、と彼女は論じた。あるJDCの代表者は、パレスティナに行くためにつくりあげた集団的絆は、家族生活よりも好ましいと主張し、「集団指導者は……避難民キャンプにいる混乱した母親や父親よりも、子どもたちにとってははるかに好ましい」[64]と主張した。

国連のソーシャルワーカーたちは当初、こうした見解には同意しなかった。一九四八年のある覚書のなかで、ドイツ内のイギリス占領地区であるニーダーザクセンにいたIROの児童福祉官のひとりは憤りをもってつぎのように記している。「IROが同伴保護者のいない子どもたちとその親戚に寄り添うことと、孤児はコミュニティに属するというユダヤ教の教えとのあいだの全面的な相違……からすると、保護者のいない子どもに関して、われわれの目的が、つねに対立することは明らかである」[65]。ニューヨーク市の高校教師であるマリー・シルキンも、シオニストの教育学に対する不安を共有していた。シルキンは戦後、ブナイ・ブリス[*4]の代表としてドイツの避難民キャンプを回り、ユダヤ人の避難民キャンプで教育者たちと活動した。一九四七年に開かれたベルリンのアメリカ占領地区における教員会合で、彼女は避難民キャンプにいるユダヤ人の子どもたちへの教育が「一面的」であり、完全な教化に等しいという懸念を表明した。しかしこの会合に出席していたユダヤ人の教員たちは、彼らの方法を擁護した。ある一人の教員は、「たしかに一面だけを示すことはよい教育とはいえないでしょう」と認めた。「しかし私たちはそのようなぜいたくを言っている余裕はないのです。子どもたちは何も、本当に何も持っていません。私たちは何を話すべきか——ポーランドへの祝福でしょうか。彼らはポーランドに祝福が訪れたことを知っています。あるいはアメリカへのビザでしょうか。彼らはそれを手にすることはできません。そうしたなかで、約束された土地〔Eretz. 現在のイスラエルの地〕の地図こそ、彼らの救いなのです」。別の年配の男性教師は、単につぎのように反論した。「私はいままでの人生をすべて教師として生きてきました。そして私は近代的な教育方法も知っています。教化は普通の環境のなかにいる普通の子どもにはよくないことかもしれません。しかしここでの普通とは何を指しているのでしょうか。……曲がった足には、曲がった靴が必要なのです(66)」。

しかしながら当初留保していたにもかかわらず、多くの国連ワーカーやアメリカ軍政当局は、ユダヤ難民の子どもたちについてはシオニスト的な解決策を受け入れるようになった。ソーシャルワーカーたちは、パレスティナに熱烈な視線を送るユダヤ人の若者たちと出会ったことで、こうした方法の有効性に納得するようになった。たとえユダヤ人の若者が、最初は実際的な理由でポーランドのキブツに参加していたのだとしても、その後、彼らが移動した先の占領下ドイツでキブツ集団にとどまるなら、たいていの場合、彼らはより深くシオニストに傾倒するようになった(67)。ルイーゼ・ピンスキーは一九四六年にドイツで彼女が面倒を見ている五〇〇人のユダヤ人の子どもたちについて、つぎのように書いている。「子どもたちは皆シオニストであり、一人の例外もなく、皆パレスティナに行きたいと望み、願っています。……両親は一緒ではありませんが、子どもたちは集団から愛情を受けています。……ここでの環境は施設とはまったく違うものです」。ハンガリー出身で一六歳のホロコースト生還者エディト・フォイライゼンは、このような事例の典型であった。彼女の父親は合衆国に移住し、三人の子どものためにアメリカのビザを取った。エディトは家族とシオニスト運動への忠誠心とのあいだで引き裂かれた。「父の呼びかけに応えなければ、父の心を傷つけてしまうと私は知っています。しかし私は仲間とともにあることが私の義務であることも知っています」と、彼女は書いている。「アメリカでは、私たちは一年、二年、一〇年は快適に過ごせるかもしれません。しかし行き着く先は同じです――私たちは追い出されるでしょう。私はアウシュヴィッツで多くを学びました……国民として祖国を持たないなら、私たちは国民として消滅してしまうでしょう。私は、年齢は若いですが、それなりの経験は積んでいます。私はまだ体力があるので、仲間たちのために働きたいのです」。エディトはアンラのワーカーの助力を受けることができ、ワーカーは彼女の父親に、彼女の決断を受け入れるよう説得を試みた(68)。

アンラの担当官や米軍占領当局もまた、実際的な理由から若者たちのキブツや訓練センターに併設された農場での若者の教育を支持するようになった。ユダヤ人の若者を訓練場に移動させることで、定員超過の避難民キャンプに余裕をつくりだすことができたのである。そしてキブツは、若者の心身を回復させることにかなり役立っているように思われた。アンラの地区管理者であるジャック・ワイティングは、一九四六年三月に米軍占領地区で開催されたユダヤ委員会の最初の会合で、訓練センターの創設を熱心に称賛した。彼の言によれば、農場労働は避難民の若者たちのあいだの「けちな窃盗、闇市、不道徳な行為など」の蔓延に対する有効な手立てとなった(69)。

彼らがシオニストの目的に理解を示したことは、彼らが、ユダヤ人の子どもたちは非ユダヤ系の同年代の子どもとは根本的に異なっているという見解を持っていたことを意味していた。ユダヤ人に対するこうした見解は、戦時中にユダヤ人が途方もない規模で死傷したという認識に由来していたか、あるいは反ユダヤ主義が根強く残っていたことに、もしくはその両方に由来するものであった。ロバート・コリスはユダヤ人の子どもたちは、ベルゲン＝ベルゼン強制収容所から解放されたほかの東欧の子どもたちとは根本的に違っていたと指摘する。彼はこれらの違いを、根強く残る民族の特徴に帰して、つぎのように報告した。「彼ら自身はオランダ人やイタリア人と名乗っていようとも、われわれからすれば彼らはユダヤ人以外の何ものにも見えない。……実際、この考えに突き当たったとき、私はダブリンの小さなユダヤ人の子どもをアイルランド人だとはどうしても思えなかったことを理解した。このような考えは明らかに滑稽に見えるが、いずれにしてもキャンプにいるオランダ語を話す六五人のユダヤ人の子どもたちを、オランダ人の子どもと考えることも、同じように滑稽であろう[70]」。

当然であるが、ホロコースト後のユダヤ人の子どもたちに特別なニーズがあるとする主張すべてが、ステレオタイプな考えにもとづいていたわけではなかった。戦後、ホロコーストについてユダヤ人は「沈黙」したという神話に反して、ユダヤ系組織やユダヤ人コミュニティは、ジェノサイドの犠牲者としてのユダヤ人の子どもたちには、特別なニーズや権利が必要なのだとするロビー活動を熱心に展開した[71]。ユダヤ系の組織はとくに、戦時期にカトリックの家族や施設に隠されていたユダヤ人の子どもたちを取り戻すことに尽力した。これらの子どもたちは、ユダヤ人共同体の将来であると同時に、ナチスに殺された数百万人の人びとの生きた記念碑でもあった。ユダヤ人の慈善活動家や宗教団体は、隠された子どもたちの監護権をめぐって闘う際に、国民の利益と同じくらい、子どもの心理的な最善の利益を引き合いにだした。一九四五年九月に教皇ピウス一二世と面談したなかで、世界ユダヤ会議事務長のレオン・クボヴィッキは、カトリックの監護下にあるユダヤ人の子どもたちを取り戻すよう直接訴えるため、つぎのように主張した。「これらの子どもたちは傷つけられた魂です。われわれは、子どもたちが普通の健康、普通の生活に戻るために必要となる心理的な環境を与えられる唯一の存在だと思います[72]」と。

問題は、隠されたユダヤ人の子どもたちを保護していた人びとの多くが、子どもたちを手放す気がなかったことである。ポーランドでは、CKŻPの教育部門が、JDCの協力のもと、ユダヤ人孤児を非ユダヤ人の監護権からできるだけ早く引き離すことを決定した。しかし中央委員会の担当者は、多くのポーランドの保護者たちが「相応の対価」でないと隠された子どもたちを手放さないと、苦々しく報告している。さらに悪いことには、戦後いくつかのユダヤ系組織や運動のあいだで、子どもの入札競争が勃発した。JDCの担当者は、一九四七年九月の段階で、およそ五〇〇〜六〇〇人のユダヤ人孤児が、なお非ユダヤ人の監護権のもとにあると見積もっており、ユダヤ系組織間の競合のせいで「子どもたちの所有権を握っている人物からの解放金の要求が、途方もない額になっている」と嘆いた。[73] CKŻPの教育部門は一九四六年一月から一九四七年六月のあいだに、六七人の子どもに対して解放金を払った。それは合計で六〇万ポーランド・ズウォティにのぼり、子ども一人あたりおよそ一万ズウォティを払ったことになる。[74]

一九四六年三月にCKŻPが作成した、ポーランド人のキリスト教徒の手から引き離すべきユダヤ人の子どもたちのリストは、さまざまな難しい事案を含んでいた。七歳になるモーゼス・リバーは「おそらくは売春婦でヒステリックな養母」と暮らしているが、この養母は少年の返還を拒んだ。一〇歳のマリエッタ・クラフォーラの両親は、戦争を生き延びてパレスティナに移住したが、マリエッタのポーランド人の養母は、一〇〇〇ドルが支払われるまで、子どもの居場所すら明らかにしなかった。クリシア・ゴルトファイルも、CKŻPの調査によれば、「ヒステリックな」ポーランドの養母とアルコール中毒の養父と暮らしていた。「子どもはおそろしくやせこけていた。……子どもが生活している環境はきわめて危険であり、彼女はしばしば病気になった。この子の解放金の額は、日々変化する」。[75]

監護権をめぐる争いは、フランスにおいてとりわけ数多く生じた。というのもフランスでは、ナチスの手から隠されたユダヤ人の子どもたちが、一万人という夥しい数にのぼったからである。パレスティナのためのフランス・ユダヤ人女性連合（一九二四年設立、WIZOの支部）は戦後、隠された子どもたちを取り戻す運動に多大な労力を注ぎ込んだ。「強制収容所送りとなった家族から二年ないし三年のあいだ、引き離された子どもを目の前にしたとき、私たちは彼らがもはや名ばかりのユダヤ人になっていることに気づいた。……まず彼らをユダヤ性に引き戻し、必要ならば彼らがパレスティナに移住するための準備をする――これらのことは、こんにちのわれわれの主要な活動目的である」(76)。時とともに、この事実は、生き延びた子どもたちの数が、実際には悲しくなるほど少ないことが明らかになったが、生き延びたユダヤ人の子どもへの賭け金をつりあげることにしかならなかった。一九四五年六月にフランスのOSEは、一二〇〇人のユダヤ人の子どもたちが非ユダヤ人家族あるいは施設にとどまっているが、改宗の危機にさらされていたのは、そのうちの五〇人だけであったと報告している(77)。しかしこのことは、子どもたちの象徴としての重要性を損なうものではなかった。一九四六年三月のヴァチカンに向けての抗議のなかで、のちにパレスティナで首席ラビになるラビのイツハク・ハレヴィ・ヘルツォグは、「こんにち、すべての子どもは一人で一〇〇〇人にも匹敵する意味をもつ」(78)と説明している。

戦後フランスにおける監護権をめぐる争いでもっともセンセーショナルであったものは、一九五三年のフィナリー事件であった(79)。この事件は、フランスにおける教会と国家の関係史において、焼けつくほどに扇情的なエピソードとなった。この事件はしばしば一九世紀のモルターラ事件と比べられるが、モルターラ事件では、ボローニャ出身の六歳のユダヤ人の少年、エドガルド・モルターラがひそかに洗礼を受けさせられて両親のもとから連れ出されたあげく、カトリックとして育てられたというものであった。しかしフィナリー事件も、戦後の混乱したアイデンティティの問題に対する多様な関心を反映していた。スキャンダルの中心にあったのは、ナチズムのあとで、「国民」と「家族」をどのように定義づけるかという過熱した議論であった。

オーストリア系ユダヤ人のフリッツ・フィナリーとアニー・フィナリー夫妻は、ナチスに占領されたヨーロッパでは、典型的な逃亡と迫害の日々を耐え忍んだ。彼らははじめ、ドイツ第三帝国がオーストリアを併合した直後の一九三八年に、ナチスの手から逃れて、避難場所を求めてチェコスロヴァキアに移動し、次いでグルノーブルに逃亡した。フランスにおいて、彼らは一九四〇年にロベール、一九四一年にジェラールの二人の息子をもうけた。一九四一年、フィナリー一家は二人の息子に割礼を受けさせたが、それはフランスがドイツに敗北して占領された直後の時期であり、息子たちにユダヤ教への信仰心を育みたいという強い意欲のもとにおこなったことである。一九四二年、逮捕され、収容所へ移送される直前に、フリッツとアニーの夫妻は子どもたちを隣人に預けた。隣人は最終的に、ノートル・ダム・ド・シオン修道会のシスターに、子どもたちをかくまうよう要請した。子どもたちは修道院で目立たなく振る舞うにはあまりにも幼かったため、シスターは彼らをグルノーブルの市立託児所に預けた。この保育所で子どもたちは、アントワネット・ブラン保育所長の庇護下におかれた。

フリッツとアニーの夫妻はドランシー〔フランスにつくられたユダヤ人移送のための収容所〕からアウシュヴィッツに移送された最後の集団の一員で、彼らは戻ってこなかった。一九四五年春には、フィナリーの子どもたちの叔母グレーテ・フィッシャーが、兄とその子どもたちの運命と安否について調査を開始し、ブラン保育所長に連絡を取ることとなった。一九四五年一一月の手紙のなかで、ブランはフィッシャーに対して、フィナリーの子どもたちはユダヤ人のままであるとあいまいに告げた。「あなたの甥たちはユダヤ人です。つまり彼らはその宗教のままです」と、彼女は書いている。しかしブランは子どもたちを引き取ろうとするフィッシャーの要求を巧みにかわし、子どもたちは体が弱いので旅に耐えられないと主張した。最終的に、ブランは子どもたちを養育する権利を獲得したと主張して、この子どもたちを手もとに置くと宣言した。「良心にもとづき、またカトリック教徒として、私は自費で、このことにともなうあらゆるリスクを引き受けるつもりで、あなたの二人の甥を私のもとにおき面倒を見ます。……私は子どもたちが両親の手に戻ることを望みますが、もしそうでないなら私の手もとに置き、彼らが大人になるまで育て上げましょう。……彼らを引き取る勇気を持つ人は、ほかにいません[80]」。

フィッシャーだけではなく、彼女の妹と義弟のイェフディット・ロスナーとモシェ・ロスナー夫妻も、孤児となった甥たちを養子にしたいと願った。しかしブランは二人の叔母が子どもたちを取り戻そうとする努力を巧みにかわして、一九四八年三月に子どもたちにひそかに洗礼を受けさせた。最終的にロスナー夫妻は法的措置をとった。この事件はフランス最高裁まで争われたが、一九五一年の判決では、ブランは子どもたちを親戚に戻すよう命じられた。しかしブランは裁判所の命令を拒否し、監護権をめぐる論争はまもなく世間を沸かせるものとなった。叔母が子どもたちを引き取る前に、子どもたちは夜のうちに、下級聖職者の助けを受けてスイス、次いでスペインへと姿を消した[81]。当時一一歳と一〇歳になっていたロベールとジェラールは、真夜中に吹雪のなか、歩いてピレネー山脈を越えてスペインのバスク地方に入り、そこで修道会の修道士のもとにかくまわれた。

子どもたちが姿を消したことで、この争いはフランスのメディアの一面で大々的に報じられるようになった。一九五三年の年頭、このスキャンダルはフランス世論を深く分断した。ジェラールが病気になり死亡したという噂が流れた[82]。事態を憂いた者のなかには、ユダヤ人コミュニティが仕返しのためにカトリックの子どもを誘拐すべきであると主張する者もいた。「誘拐には、別の誘拐で対抗する必要があります（それだけがわれわれに残された手段です)。……この責任を果たす準備のできている人びとが、すぐに見つかると思います」と、アレクサンドル・コーガンはパリの大ラビであるジャコブ・カプランに手紙で申し出た。[83] この事件は、(フランコ政権は言うまでもないが)もっとも高位のカトリック聖職者たちが関わっていると思われた。カプランとカトリック関係者とのあいだの交渉を通して、そしてスペイン政府への外交的な圧力を通して、子どもたちは最終的に一九五三年六月二五日、姿を消してからおよそ五か月後に、ロスナー一家の監護権に戻された。そのすぐあと、一家はイスラエルに移住し、フィナリー兄弟はイスラエルで過ごすようになった。

フィナリー事件は、フランスにおけるカトリックと反教権主義の活動家とのあいだの、長期にわたる緊張関係を再燃させた。後者は教会を共和国と法の秩序を侮っているとして告発した。第二のドレフュス事件を心配する向きもあった。フランス大統領のジュール゠ヴァンサン・オリオールは、教皇自身が子どもたちの帰還を妨害したのではないかと疑い、この事件を共和国政府に対するきわめて重大な侮辱とみなした。「国家は分断された(フィナリー事件はそのもうひとつの証拠である)」と、オリオールはその冬の日記に絶望感を記した。[84] ユダヤ人弁護士たちはカトリック教会を、救済されたユダヤ人を改宗させることでホロコーストから意図的に利益を得ようとしている、として告発した。「教会が、子どもたちを無期限に隠していたならば、それは『不法な戦争利得』の非道な形態として有罪となるでしょう……そしてそれは、命を助ける代わりに、子どもたちにその精神であがなわせるようなものではないでしょうか」と、ジャーナリストのモーリス・カールはカプランへの私信で意見を述べている。[85]

そのほかにも生じた避難民の子どもたちの監護権をめぐる論争においては、どちらの側も自分たちが「家族」の神聖さを代表していると主張し、子どもたちの「最善の利益」を祈願した。しかしフィナリー事件は、実際には集団の権利に対して個人または家族の権利を対置させたものではなかった。むしろ論争は、これらの孤児に対する権利が、原則としてどの集団――ユダヤ人、フランス人、カトリック――の有する権利であったかをめぐる争いを生じさせたのである。この事件は、フランスにおける世俗権力とカトリックのあいだの長きにわたる緊張関係を燃え上がらせただけでなく、避難民の子どもたちがどの家族およびどの国民に帰属するか、そして家族や国民といった用語が、何を意味するのかをめぐる、当時国際的に進行していた議論の核心に触れるものであった。

　フィナリー事件を議論する人びとのあいだでは、フィナリー兄弟に対するブランの愛情の性質について、とくに意見が分かれた。それゆえに彼らは、彼女の母性的な特質（あるいはそれの欠如）を明確にしようと試みた。子どもたちは寄宿制のホームや教会施設で教育を受け、ブランにはまれにしか会わなかった。子どもたちを叔母やユダヤ人コミュニティに返還することを歓迎する人びとは、ブランを狂信的なオールドミスで、母性本能を欠いた、カトリック教会にだけ忠誠を誓う人物として描いた。ロスナー一家の弁護士モーリス・ギャルソンは、ブランを「その独身状態があまりにも長すぎた、年老いた未婚女性[86]」として描写した。子どもの帰還に尽力した別の弁護士は、「マドモワゼル・ブランの母性的愛情という神話」と彼らが呼んだ事柄を攻撃して、つぎのように主張した。「子どもたちはマドモワゼル・ブランのもとで母性的なホームで育てられたのではなく、宗教施設に継続的に預けられ、彼女のもとには、学校の休暇のときしか戻らなかった[87]」。雑誌『フラン＝ティルール』の編集者は、「彼女が子どもたちを返さなかったのは彼女の母性本能に因る、などということはまったくなかった。彼女はフィナリー兄弟に対する溺愛とでもいうべき感情よりも、カトリックの狂信主義に、より従順であった[88]」。

　ブラン側の弁護士はこの間、これは子どもたちが唯一、母親として思い出すことのできる人物から子どもたちを引き離す、残酷で名誉を損なう行為であると主張した。ブランの弁護士は、彼女の愛情の真摯さを主張して擁護した。「マドモワゼル・ブランがフィナリーの子どもたちを自ら育てなかったというのは正確ではない。……マドモワゼル・ブランは彼らを一九四四年から一九五〇年までの六年間、継続的に自身のそばに置いた。この六年のあいだ、彼女はほかの九人の養子と同じように、彼らも愛情で包み込んだ」[89]。カトリックの雑誌で国民主義的かつ反ドイツ的な『オ・ゼクット』のなかで、ポール・レヴィは、母性的な愛情がブランの唯一の動機であったと擁護している。「どこを探しても、マドモワゼル・ブランの心には狂信主義は存在しておらず、これまでにもそのようなものは存在しなかった。彼女の狂信主義は完全にねつ造されたものである。あるいはもし彼女が狂信的になっているとすれば、それは子どもを奪われた、今現在である。彼女は……母性的な愛情を奪い取られることを望んではいない」[90]。

ユダヤ人コミュニティはこの間に、家族と国民の主権という名のもとに、子どもたちを自分たちの手もとに戻すように要請した。一九五三年三月三一日のスピーチで、ラビのカプランはつぎのように主張した。「ヒトラー主義は、とりわけユダヤ人家族を攻撃した。すべての家族が一掃された。多くの場合、子どもたちは救われたが、それは彼らに避難所を与えてくれた人びとのやさしさのおかげである。しかし解放後これらの子どもたちが親戚のもとに戻るのは自明のことである」[91]。反教権主義の活動家たちも、この事件を利用し、カトリック教会が自分たちこそ家族の価値を代表していると主張したことが偽善であるとして、白日の下にさらそうとした。現実には、とJ・ジョットはカプランへの手紙のなかでつぎのように議論している。「カトリックの家族だけが神聖であり、カノン法にしたがわない人びとなど、家族でもなんでもないというのが教会の本音なのです。……フランス、ヨーロッパ、そして世界において憤りのどよめきが反響している今ほど、自分たちが家族を守っているなどという教会の偽善的な主張がどれほどの欺瞞であるかを暴露するのにふさわしい時期はないでしょう[92]」。一九五三年三月に『ル・モンド』紙に寄稿した記事のなかで、ポール・ベニシューはこうした主張に賛同した。「カトリックによれば、家族は、カトリックであるならば法律によって家族である……カトリックでないならば、それは一種の雑多な集まりであり、一時的なもので、法的な正当性を欠いている。……カトリックの家族は神聖であり、カトリックでない家族は何ものでもない。家族とは言えない家族を粉砕するためには、そうした家族を洗礼の秘蹟に触れさせるだけでいいのだ[93]」。

『週刊ユダヤ』誌に掲載された手紙のなかで、ユダヤ人孤児の集団は、フィナリー兄弟（と広く世論）に対して、彼らが「本当の」家族と国民のもとに戻ったときに、人格的に、そして感情的にどのような恩恵を受けることができるのかを理解してもらおうとした。手紙は「ロベールとジェラールへ」という書き出しから始まる。

私たちは、君たちが兄弟だから今君たちに手紙を書いています。……君たちと同じように、私たちはユダヤ人の両親から引き離され、そして君たちと同じように私たちは占領下で彼らを失うという痛みを経験しています。……私たちは養子として受け入れてくれた両親のもとにとどまりたいと強く思いました。私たちが彼らのもとを離れなくてはならなかったとき……私たちは行き場を失う痛みを経験しました。……そのうえ、なによりも私たちを見つけたおじやおばやいとこを、私たちは知りませんでした。彼らは私たちにしたら異邦人です。私たちに理解できない言葉を話す人もいます。そしてかれらはユダヤ人でした！

フィナリー兄弟のように、彼らはキリスト教の信仰、新しい名前、アイデンティティ、家族を受け入れていた。何人かは洗礼を受けていた。ほかの子どもたちのなかには、隠れているあいだに彼らの周りにあった反ユダヤ主義を吸収した者もいた。生き残った家族に紹介された当初、彼らは「反感」を感じたことを認めた。しかし徐々に、兄弟はつぎのことに気づくようになった。「この『外国人たち』は自分たちと同じ血すじであり、彼らはわれわれの両親を知っていて愛していました……彼らは自分たちのために世界中を探してくれました……そしてついに見つけてくれたのです」。この手紙は、フィナリー兄弟が自分たちと同じように家族に戻り、出自にもとづく信仰に戻るならば、自分たちと同じ道を歩むことができるのだと約束するものであった。たしかにこの手紙が描写しているように、ユダヤ人コミュニティの代表者たちはしばしば、ユダヤ人はみな一心同体であると主張することで、戦後における国民と家族のあいだの区別を消し去った。「今まさに、君たちは家族とふたたび一緒になろうとしています。恐れないで。数千人のユダヤ人の若者が同じ道をたどったのです。そしてこんにちでは、例外なくみんな、そうした道をたどったことに満足しています。……私たちは小さな家族のなかでも、大きな家族〔国民〕のなかでも、安らぎを得ることができました。唯一、家族と国民のなかでのみ、私たちは残酷な悪意やうわべだけの哀れみから守られて生きることができるのです」(94)。

この時期に彼らが書いた短い手紙からは、フィナリー兄弟がこの争いについてどんな感情を抱いたか、おぼろげにしか分からない。ブランから最終的に引き離された数日後の六月三〇日に、ロベールは（投函されなかった）手紙を書いて、つぎのように彼女に請け合った。「あなたが僕たちに教えてくれた宗教を、これまで以上に熱心に信仰しつづけます。……あなたの息子（そしてまだ今でもあなたの息子）、ロベール」(95)。一か月後、フェリックス・ゴルシュミットはラビのカプランに、兄弟が新しいユダヤ人としてのアイデンティティに適応しようと悪戦苦闘していると報告した。なぜならロスナー夫人はフランス語が話せず、兄弟たちはまだドイツ語もヘブライ語も話せなかったため、言語は障壁となった。しかしゴルシュミットはまた、彼らの適応が困難な原因を、彼らが母親を剝奪された経験をもっていることに帰した。フィナリー兄弟は「小さいときにあらゆる母親的な存在から引き離され、愛情を象徴するものを知らない子どもたち」であった、と彼は振り返っている。「ジェラールは数日後に私にこう言いました。僕には三人のお母さんがいます。ママ、僕の母、そして聖母さま！」(96)。しかしわずか一年後には、子どもたちはうまくやっているように見えた。ロベールはフランスにいる友だちに、バル・ミツヴァ〔Bar Mitzvah. ユダヤ教の成人式〕のお祝いの贈り物に対する感謝の言葉を手紙で伝え、イスラエルでの彼の生活について楽し気に報告している。「ここ……イスラエルでは、僕たちは気分もいいし、いい友だちもできて、うまくやっているよ……僕たちはヘブライ語をたくさん覚えて、友だちと流暢に会話もできるようになったよ(97)」。

隠されたユダヤ人の子どもの運命をめぐっては、さまざまな議論がなされたのであり、フィナリー事件は、そのうちの公衆によってもっとも広範に議論されたひとつの論争であったにすぎない。監護権をめぐる似たような争いは、占領されたヨーロッパ全体で生じていた。フランスにおいて、こうした争いはしばしばフランスの政府当局者に対してユダヤ人組織が起こしていた。フランス内務省官僚のフランソワ・ルソーは、ユダヤ系組織による子どもの連れ戻しを、「誘拐」という言葉で非難し、激しく憤慨した。ポーレット・ツイドマンの事例は、とりわけ激しい議論の応酬がなされた。ポーランド系ユダヤ難民の子どもであるポーレットは、一九三七年にフランスで生まれた。一九四三年、彼女の両親は彼女と妹をモレリーのヴィニェ夫妻に預けた。ルソーによれば、ヴィニェ夫妻は「子どもたちを自分の本当の子どものように思って、完璧に、物質的な養護や教育を与えた」。しかし夫妻はまた彼女に洗礼を受けることを許した。一九四八年、一二歳になったポーレットは、ＯＳＥのサマー・キャンプに参加した。夏の終わりに、タヴェルニーのＯＳＥセンターの指導者たちは、ポーレットが改宗したこと、彼女がホームに送られるのを拒否していることを知った。養親と深く結びついたポーレットは、ＯＳＥのホームから二度脱走しヴィニェ家に戻った。その間に、国家の行政当局者たちは調査を進め、「この子どもには、いかなる宗教上の圧力も行使されておらず、自分でカトリックの教えにしたがうことを望んだ[98]」と結論づけた。

一九四八年一二月に、ヴィニェ氏はＯＳＥのジャック・コンと面会し、ポーレットをヴィニェ家に戻すために交渉したが、コンは少女を解放することを拒否した。一九四九年一月四日付のヴィニェ夫妻に宛てた手紙で、彼はつぎのように説明している。「私たちは、ポーレットがある程度の期間、ユダヤの教育を受け、ユダヤ的な環境で生活すべきだと考えています。そうすれば、のちに、彼女が自らの道を自身で決める立場になったとき、彼女は良心にしたがって、自分がそうしたいと望む生き方を選ぶことができるでしょう[99]」。ヴィニェ夫妻は激怒し、ポーレットを自分たちの手に戻すよう訴えつづけた。内務省が介入し、ＯＳＥに国家からの補助金支給を取り消すと脅して、ようやく彼女は解放された。ＯＳＥとヴィニェ夫妻は最終的に、ポーレットがユダヤ教の休日や休暇をＯＳＥのホームで過ごすことで合意し、彼女は一九四八年二月一三日に養親のもとに帰ってきた。彼女は数日後にルソーに宛てて感謝の手紙を書いた。「私の家族のもとに私を帰してくださったことは、大変な救いでした。……心より感謝いたします[100]」。

ルソーとＯＳＥのあいだの対立は、フランスにおける第二次世界大戦の記憶に関する、より大きな争いを反映している。第四共和政は普遍的なレジスタンス活動という記憶の上に構築され、ナチ支配下の苦難を共有していた。共和国の行政当局者から見ると、ユダヤ人の子どもを分離し、彼らを非ユダヤの同胞と異なる扱いをすることは、ナチの人種主義を継続しているように映った（そしてフランス人の対独協力者《コラボ》の不愉快な記憶を呼び覚ます危険性があった）。フランス系ユダヤ人の組織は、この融通の利かない普遍主義に異議を唱えた。彼らはユダヤ人の若者がもつ感情的なニーズを満たし、戦後世界に正義をもたらすことができるのは、ユダヤ人家族（あるいは組織）だけであると主張した[101]。一九四八年七月に、フランス退役軍人会の会長は、パリにあるユダヤ人の中央長老会*[5]に、ユダヤ人孤児を引きつづきキリスト教徒の養親に世話させるように要望を出した。「多くの場合、子どもたちと家族のあいだには絆がはぐくまれているため……それを断ち切ることは、子どもたちに深刻な混乱を生じさせるリスクが高いでしょう」と、彼は主張した。しかし中央長老会の会長レオン・ヴァイスは、生き延びたユダヤ人の子どもはまずもってユダヤ人コミュニティに属すると反論した。「子どもは、その子を救済した家族には属しません……預けた物品が供託所の財産にならないのと同じように。たとえ保護されている期間にどんなリスクがふりかかろうとも、です[102]」。

監護権をめぐるこうした争いの背後には、苦痛に満ちた感情的な葛藤が存在した。のちに哲学者となるサラ・コフマンは、戦時中に彼女と母親をパリのアパートにかくまったメメと呼ばれたキリスト教徒の女性と自身の母親とのあいだでひどく苦しんだ。コフマンは物理的に母親から引き離されたわけではなかったが、彼女の親愛の情は徐々に自分を救ってくれた女性に移っていった。「知ってか知らずか、メメは巧みな技を見事にやってのけました。まさに私の母の鼻先で、彼女は母から私を切り離しました。そしてユダヤ性からも切り離したのです[103]」。サラの母親が昼夜を問わず、不安で打ちひしがれながら意気消沈してアパートに隠れていなければならなかったあいだに、メメは彼女を外に連れ出し、彼女を自身の娘のように扱い、新しい服を着せ、気前よく寝る前のキスとおいしい食べ物を与えた。「私はもはや父のことをまったく考えなくなり、子どものころに学んだ言語を完璧に理解できるにもかかわらず、イディッシュ語は一言も発音できなくなりました。当時の私は戦争が終わることを恐れるほどでした！」と、彼女は思い出している[104]。

パリが解放されるときまでに、サラの母親はメメを嫌うようになった。一夜にして、サラは「自分の母親よりも愛している女性」から強制的に引き離された。彼女の母親は、メメを訪問するのは一日に一時間だけとし、娘の帰宅が遅くなると彼女をぶった。サラはメメのところに逃げたが、彼女の母親は娘を取り戻すために監護権の請願書を提出した。公聴会でサラの母親は、娘に「つけ込んだ」としてメメを訴えた。逆にサラは「法廷で打ち身だらけの太ももを見せて」母親を虐待で訴えた。裁判所はメメに監護権を認めた。しかしこの決定は、サラに予期したほどの喜びをもたらさなかった。「なぜかは理解できないまま、私はとても奇妙なことに不安を感じてしまったのです。勝利も完全な喜びも、安心すらも感じませんでした」。サラがメメのアパートに戻ったとき、母親と二人の男性がドアのところで待ち受けていた。彼らは彼女が住んでいた場所で、蹴ったり怒鳴ったりしながら、彼女を母親の家に連れ戻した。「私はもがき、叫び、すすり泣きました」と、彼女は思い起こしている。「しかし、心の奥では、私は救われたのでした」[105]。

ヨーロッパにおいて、戦時期を生き延びたユダヤ人の子どもたちの監護権は、ほかに類を見ないかたちで争われた。しかし争いがこれほど激しかったのは、単に非常に膨大な数のユダヤ人が死傷したから、というだけではない。たしかに戦後、強制移動をめぐる問題の解決策として好まれた方法——家族に戻すか国民に戻すか——は、その片方かまた両方ともを奪われたユダヤ人孤児にとって問題含みであった。しかし戦後ヨーロッパにおけるユダヤ人の子どもたちの運命をめぐって噴出した論争もまた、より大きな枠組みのなかにおくべきものであった[106]。ヨーロッパ全域で、避難民の子どもたちの監護権をめぐって、競合する家族と国民のあいだで、また子どもを自分たちの望む姿につくり変えようとするさまざまな政治運動のあいだで、激しい争いが引き起こされた。第二次世界大戦後のヨーロッパで活動した人道主義ワーカーたちや国際的な児童福祉の専門家たちは、彼らの活動が、個々の子どもたちの物質的、心理的な「最善の利益」にもとづくものであると主張した。彼らは、ファシストの過去を徹底的に切断しなければならないという大義名分のもとで、個人主義と「人権」を促進しようとした。しかしアンラとＩＲＯの専門家たちは同時に、自分たちの個人主義的な将来像を実現するため、家族と国民の双方に、はっきりとした期待を寄せていた。彼らがもつ個人主義的な将来像を実現するために、家族と国民の双方をあからさまに求めた。最終的に人道主義ワーカーたちは、子どもたちがその年齢、ジェンダー、宗教、国民に固有の精神的なニーズがあると主張することで、難民を特別な種類の個人として回復しようとした。同じく重要なことは、より国民主権に重きをおいた国際的な枠組みのなかで、彼らは国民が、失われた子どもたち、すなわち生物学的な世襲財産というかたちで表象された子どもたちを要求する集合的権利を有するという結論に達したことである。

ハンナ・アーレントが第二次世界大戦後に、戦間期のヨーロッパにおける難民キャンプは「人権」という普遍的な理念の限界を悲劇的にも露呈させたと述べたことは、早くから知られている。結局のところ、そういった権利は、国民として市民権をもたない避難民にとって絵空事でしかなかった。「人類の存在そのものを当然のこととする考えにもとづく人権の概念は、実際にすべての資質や特別な関係を――まだ人間であるということ以外のそれらを――失った人びとと初めて対面した、と人びとが誤って信じたまさにそのときに、打ち砕かれた」と、彼女は主張した。[107] 戦後、人道主義活動家や国際組織は、人権および児童福祉という、国際主義的で普遍主義的な新しい体制を構築した。しかしアーレントの洞察は、戦間期の難民キャンプに向けられているのと同じくらい、戦後の避難民キャンプおよび孤児院の世界に向けられていたように思われる。子どもの権利および彼らの心理的な最善の利益の名のもとに、人道主義ワーカーと政策担当者はともに、あらゆる子どもは、わが家《ホーム》と呼ぶことができるような国民を必要とするのだと結論づけた。

第5章　フランスにおける戦争の戦利品としての子ども

一　戦利品としての子ども

一九四六年、フランス保健相のピエール・フリムランは、ドイツにいる避難民の子どもがフランス国民を脅かす「絶滅の脅威」に対抗することのできる価値ある「輸血」〔同じ血を引く存在〕を表象していると主張した。「戦時中のドイツは巨大な監獄であり、そこではヨーロッパのあらゆる国の国民として生きていた人間が交じり合っていた。……この歴史上初めての人間の混交は、人間の痕跡を残した――つまり子どもが生まれたのである。それも多くの子どもが。そのうちの少なくない数がフランス人の血を引いていた。……人口学的な観点からみると、子どもは理想的な移民である。なぜなら子どもは同化することが約束されているので、その価値がより確実視できる役に立つ人間だからである。大人の移民では同じようには言えない」と、彼は公言した。[1]

フリムラン以外にも、ヨーロッパ難民の子どもを第二次世界大戦後の人口学上の大きな利得とみなす者がいた。ヨーロッパのいたるところで行政当局者は、避難民の子どもを貴重な宝物とみなし、経済的、社会的、生物学的な再建といった言葉を用いて、先を争って彼らを求めた。しかしある一面において、フリムランの計画は注目に値する。それは、彼がフランス市民にしようともくろんだのは、フランス人の父親とドイツ人の母親のもとに生まれた何千もの赤ん坊であったことである。フランスのかつての「敵国の血を引く」子どもは、戦争で消耗したフランスの人口を補充し、その過程でヨーロッパの将来的な平和と安全を保証する存在となることをフリムランは期待したのである。(2)

第二次世界大戦後、連合国は今後、ドイツがヨーロッパに侵略することを阻止すると決めた。帝国主義を未然に防ぐためには、その原因を調査分析することが必要であった。連合国の再建政策を形づくったなかでも、経済的な後進性、プロイセン的官僚制、権威主義的なゲルマン魂が、そうした原因のトップに挙げられる。しかしフリムランが考えた「ドイツ問題」の解決策は、ナチスの拡大政策の基盤となった、別のよく知られた理論にもとづいていた。つまり人口過剰がその根源にあるという考えである。ドイツにおいて「過剰」な人口（とくに子ども）を戦略的に減らすことで、フランスの行政当局者たちはふたたびドイツが東に西に「生存圏（Lebensraum）」を獲得しようとする動きを妨げようと考えた。

フランス政府は第二次世界大戦後、ナチスがヨーロッパの占領地域を人口学的に攻撃したという仮定にもとづいて、ドイツ人とのあいだの子どもをフランス市民にしようともくろんだ。政府当局者、人口学者、外交官たちは、戦後の移民政策をヒトラーが実行した人口学的な戦争の帰結を正すための戦略とみなした。あるフランスの軍当局者は、つぎのように説明している。「ナチスが追い求めた目的のひとつは、大人を大量に強制収容所に移送し、長期間にわたって監禁状態におくことで、彼らが破壊しようと考えた国の出生率を引き下げるというものであった。……避難民局の目標は、連合国が負った被害を修復することに今こそ取り組むことであり……それはつまり領域内に数百万人にのぼる移送者がなお残存しているがゆえに子どもが誕生するという利得を、ドイツから奪うことである」[3]。

ヨーロッパの政策担当者や人道主義者は、戦争で疲弊した社会の再構築を模索し、人口学と人口政策がさまざまな問題を解決する策であるとみなした。ヒトラーは六年間にわたって、ヨーロッパの人種主義的な人口学を改造した純血キャンペーンをはった[4]。にもかかわらずこのキャンペーンは、人口学そのものの科学性を貶めるものではなかったし、ヨーロッパの政策担当者が国内外の人口を再編しようとする野心を鎮めるものでもなかった。ヨーロッパの政府当局者たちは、人口を管理することが戦争と人種主義の道具となっていたのと同様に、国民の安全、社会政策、経済発展にとって重要な手段であるとも認識していた。人口計画は、第二次世界大戦後のヨーロッパにおいて、国内を再建するための中心的な政策であり、また国際的な関心事や外交上の交渉や争いのもとでもあった。家族の規模、避妊法、生活保護、さらには同胞や隣人、あるいは敵の子育て実践でさえ、貿易収支や再軍備と同じく、外交と内政干渉の中心問題となった。子どもは戦争の貴重な戦利品となったのである。

第二次世界大戦によって、外国人兵士が地方都市の酒場に行くようになり、また片田舎の農家の台所や寝室にまで出没するようになった。さらに植民地出身の兵士が大都市の軍隊に配属されるようになり（すでに第一次世界大戦中にみられた展開であったが）、難民や避難民をなじみのない場所に連れていき、ドイツの工場で働かせるための労働者をヨーロッパ中に何百万人と移送した。そして、異なる国民間の性行為もしくは「人種が混交する」性行為を禁止する国民主義的なあるいは人種差別的な法律にもかかわらず、こうした性行為の結果としての子どもが生まれた。これらの子どもたちとともに、単一の国民国家という枠組みのなかでは解決できないジレンマが生じた。戦後、行政当局者たちは、どの子どもを国民としての市民権という特権と義務の範疇に包摂するのか、どの子どもを排除するのかの決定をめぐって争った。ヨーロッパの

（そしてヨーロッパ以外の）各国政府は、その間に有用と思われる移民たちをひきつけること、さらに文化的、経済的あるいは生物学的な見地から同化できそうにない人びとを追い出すことを競い合った。とくに子どもたちは、彼らが将来的な人口学上の強みと弱み、不足と供給の象徴となったために、第二次世界大戦後の人口政策および移民政策に関する国際政治の中心におかれた。

戦後のヨーロッパにおいて国内外で実施された人口調節という野心的な試みは、必要に迫られてのことであった。連合国軍司令部とＮＧＯ組織は、一九四五年におよそ二〇〇〇万人にのぼった戦争捕虜、強制収容所から解放された収容者、強制労働に従事させられた一般市民、被追放民、難民が、深刻な人道上の危機を引き起こさずに、ヨーロッパの街道や難民キャンプを長期にわたって占拠することなどできないと認めていた。アンラは数百万人にのぼる避難民をできるだけ早く本国に送還する方法を模索し、いちじるしい成功を収めた。爆撃された道路や線路、燃料の不足、情報伝達手段の不備といった、一見して克服しがたい物流面での困難さがあったにもかかわらず、一九四五年の五月と六月だけで、五二五万人のヨーロッパ人が連合国政府によって本国に送還された。(5)

戦後の本国送還運動の成功が明らかになると、大規模な人口調整の実験がさらに推し進められた。しかし強制移動の問題が、彼らを単に本国に送還するだけで解決できるものではなかったこともまた、明らかとなった。多くのユダヤ人生存者には、もはや戻るべき家族も家もなく、自身が迫害されたり移送された場所に戻りたいという願望もなかった。東欧の避難民は、彼らが戦時中にナチスに協力したことによる、あるいは戦後の共産主義政権による迫害を恐れた。いずれも戦時中にナチスによって占領されていたバルト三国、ポーランド、ウクライナは、いまやソヴィエトの支配下におかれていた。東欧を共産主義者が支配する状況は、多くの反共主義の避難民が抱いた、家に戻らないという決意を強めることになった。他の避難民は、新しい家族をつくるか、国外でましな機会を見つけるか、新たな生活を開始する道を模索した。

戦時期の大規模な強制移動が、深刻な人道上の危機を引き起こした一方で、それはまさに国内の再建と国際的な安全保障を追い求めるなかで、戦略的に人口を移動させる数少ない機会となった。フランスほど、このような危機をチャンスに転じようと熱心に取り組んだ国はなかった。フランスで新設された国立人口統計学研究所（ＩＮＥＤ）のフランシス・ペランは、一九四六年初頭の時点で、戦後のヨーロッパ中の難民キャンプでひしめきあっていた、数百万人にのぼる避難民が、労働力不足の国においては豊かな資源になると指摘した。彼は、フランス政府がこのおいしいクリームを手に入れる競争で後れをとってはならないと確信するにいたった。「世界中に有力な移民候補者がたくさんいる。いまやもっとも同化しやすい人びとを選ぶときである。二年もしたら手遅れになるだろう(6)」。

とはいえ、戦後のヨーロッパの諸政府が、失った兵士、ユダヤ人、一般市民、子どもの代わりに同じ種類の人間を単に補充しようとしたわけではなかったことは驚くべきことではない。諸政府は、その代わりに、国民主義、ジェンダー、階級、宗教、人種、年齢に特化した言説を用いて、避難民の文化的、経済的な価値を評価した。彼らは、戦時中および戦後の強制移動を、特別な人口学的な必要性を満たすチャンスととらえ、移住者となる可能性の高低にもとづいて定義した。避難民の再定住は、最終的にファシズムの後の移民政策を定義するうえでの、そして同化の可能性と限界を議論するうえでの中心的な場となった。

二　混合婚《インターマリッジ》から生まれた子どもの処遇

フランスは長いあいだ出産奨励主義の風潮が強く、保護施設を提供する伝統があったにもかかわらず、一九四五年の時点では、ドイツ人との子どもをフランス人にする考えは、頻繁に用いられる解決策とは言えなかった。第一次世界大戦中にドイツ人の父親とフランス人の母親とのあいだに生まれた子どもは、望ましい移民というよりも、「蛮族の子ども」とみなされがちであった。フランス人のなかには、ドイツ人とフランス人とのあいだに生まれた子どもの問題解決は、養子縁組や同化よりも、むしろ中絶することにあるとみなす者もいた。一九一五年に、あるフランス人女性の嬰児殺しの罪が、ドイツ人男性からのレイプで生まれた子どもであったという弁明によって、無罪になる事例さえあった。フランスのカトリックと出産奨励主義者は、女性のフランス人としての血とフランス市民の力が、ドイツ人のレイプ犯の影響よりも強いと反論し、フランス人とドイツ人とのあいだに生まれた子どもの同化に賛成した。しかしこの問題についてははっきりした意見の一致はみられなかった。[7] アルザスとロレーヌが一九一八年にフランスに返還されたとき、アルザス人とドイツ人との混合婚で生まれた子ども（アルザスの人口のおよそ一〇パーセント）は、第二級市民として扱われた。彼らは食料の配給量も低く抑えられ、雇用や教育の面でも差別された。一九一八年のある政府文書は、「フランス由来であるアルザス人とロレーヌ人の血統の質の高さが疑う余地もないほど明白な場合、つまり彼らの血がドイツ人と交わらずに純粋さを保っている」場合においてのみ、アルザス人がフランス市民権の特権を享受できたことを詳細に述べている。[8]

こうした態度には、第一次世界大戦下で子どもを妊娠した際の占領地の暴力的な境遇と彼らが体現した権力関係が反映されている。第一次世界大戦中にフランス人女性とドイツ人男性のあいだに生まれた子どもは、ドイツが一九一四年八月に北部フランスやベルギーへ侵略する行程中にできた子どもであった。その多くはレイプされてできた子どもであった。医師たちは、このような暴力的な状況で生まれた子どもは「野蛮な」ドイツ人の父親の特徴によってずっと傷つけられることになると断じた。汚染された種子に関する理論である先天遺伝*〔1〕という考え方は、たとえ子どもの父親が別の男性であったとしても、女性の最初の性行為の相手の特徴が、彼女の子孫たる子どもに拭いきれない痕跡を残すというものであった。そのため、ドイツ人レイプ犯の精子は、フランス人女性および子どもの家系すべてを台無しにすると恐れられた。そしてフランス人とドイツ人のあいだに生まれた子どもが、実際にレイプによって誕生したわけではなくても、第一次世界大戦期において、彼らは野蛮な侵略と占領の目に見える、そして生きた痕跡とみなされたのである(9)。

第二次世界大戦後、ドイツのフランス占領地区においてフランス軍兵士とドイツ人女性のあいだに生まれた子どもは、まったく異なる状況におかれた。彼らの多くはフランス人男性とドイツ人女性とのあいだの、いわゆる敵軍兵士と被征服女性との恋愛関係によって生まれたが、まれに望まない関係によるフランス軍兵士とドイツ侵略の犠牲者である女性とのあいだの子どもであることもあった。実際にフランス占領地区におけるフランス軍兵士によるレイプも多々、報告されている。フロイデンシュタットという街では、フランス軍兵士が「われわれは報復者であり、フランスのＳＳだ」と言って一九四五年四月に街に侵入していき、三日間で約五〇〇〇人の女性をレイプしたと報告されている(10)。このような状況下で生まれた子どもは、ドイツの敗戦と占領の生きた象徴であり、第二次世界大戦後に、フランス人の生殖能力が復活したことを示す証であった。フランス当局にとって重要であったのは、勝利の瞬間が記憶されることであった。フランス人口省と地方都市の自治体は、一九四六年から一九四八年のあいだ、年間五万人近くのフランス人の子ども（ユダヤ系を含む）に、ドイツの黒い森《シュヴァルツヴァルト》でサマー・キャンプをするための補助金を出しさえした。フランスの子どもは、占領下のドイツのサマー・キャンプに「戦争の恐ろしさと敗戦国ドイツにおける平和への希望」を学ぶために、そしてフランス軍の「古強者」たちの英雄譚に思いをはせ、「他国にフランスの真実の姿という高い理想(11)」を残すために送られた。

ドイツ人の成人および子どもの移民を勧誘するというフランス側の政策はゆるやかに実行されたが、それは同時に選別を旨とするものであった。解放後のフランス外務省および内務省の緊急課題は、フランスの地に残るドイツ系ユダヤ難民の移送であった。一九四五年一〇月初めに書かれたフランス政府の覚書は、「フランス政府が、経済的にも人口学的にも関心を引かれない難民に、わが国から立ち去るよう言うべきときがきたことは望ましいことである(12)」とはっきり述べている。同化しうる子どもと同化できない成人とのあいだに目に見えて存在する序列は、ユダヤ難民に対する政府の政策を支えた。成人のユダヤ難民を拒否する一方で、フランスの行政当局者はフランス領域内でホロコーストを生き延びたユダヤ人の子どもを、たとえ彼らがフランスの市民権を持っていなかったとしても歓迎した。これらの子どもの到着は、ヴィシー政権時代にひどくないがしろにされていた、伝統的な共和国の連帯と保護をふたたび主張するための公的な手段としてみなされた(13)。

成人のドイツ系ユダヤ難民は、一九四五年のフランスで人口学的な価値のある存在とはみなされなかった。しかし非ユダヤ系の、ドイツ人の成人労働者、とくに若い男女は、すぐにもひっぱりだこになった。フランスの政策担当者は、フランスで労働力や移住者に対するニーズが高まっている状況において、ドイツ移民を奨励した。第一に、出生率が落ち込んでいる人口不足のフランスは、移民を拒否することなどできなかった。

第二に、移民は「よい移民」、つまりすばやく同化できる移民を選別する政策にもとづくものでなければならなかった。最後に、時間はきわめて重要であった。ヨーロッパの難民キャンプにひしめきあっている避難民のなかから、短い面会時間で「よい移民」を選び、補充しなければならなかったからである。[14]

戦後に移民を選別する過程で、明確な基準をめぐって、フランスの人口省の行政当局者と、ＩＮＥＤの担当者の意見が分かれたときに、この合意は終わりを迎えた。その中心にあったのは、同化の要因に関する見解の相違である。フランスの移民問題専門家でもっとも影響力のあったジョルジュ・モコは、精神分析理論に関する彼独自の分析をもとに、子どもたちの民族にもとづく資質は若い年齢のうちに定着すると論じた。彼の見解にしたがえば、移民の性格や生産労働に対する傾向、犯罪性、そして同化のしやすさを決定するのは、民族および地理的な出自であり、彼らはこれらにもとづいて選ばれるべきであった。これとは対照的に、人口学者のアルフレッド・ソヴィと小児科医で人口問題研究の専門家のロベール・ドブレは、個々人の質に着目し、外国人がフランス人になる能力についてより楽観的な見解を抱いていた。しかしすべての論者が一致したのは、移民をその同化能力にもとづいて選ぶことであり、すべての論者は民族意識をその能力を決定する主要な要素とみなした。民族的な、そして人種的なステレオタイプは、それゆえ、戦後のフランスにおける移民政策の論理にきわめて強い影響を与えたが、それは一九四五年一一月二日に移民を選別する際に民族にもとづく基準を使用することを禁じる政令が成立したあとでさえ、変わらなかった。[15]

フランスの人口学者たちは、ドイツからの移民を歓迎することでも一致していた。一九四五年、モコはフランスへのもっとも望ましい移民候補者のなかで、ドイツ人をスカンディナヴィア諸国出身者、フィンランド人、デンマーク人、アイルランド人、イングランド人、ベルギー人、スイス人とならんで最上位に位置づけた。実際、ドイツ人は「北方の地中海人」やスラヴ系よりも上にランクづけされた。モコはイタリアやスペイン南部からの移民をとりわけ嫌った。というのも彼ら南地中海からの移民は生産性が低く、「犯罪に走りやすい」とみなされていたからである。彼はユダヤ、アルメニア、アッシリアの人びとに関しても、「彼らの受容と同化はとりわけ困難である」と主張して除外した。なぜならこれらの人びとは、人口希薄な農村部ではなく、都市の「非生産的な」経済部門に群がる傾向にあったからである。モコによれば、ジェノサイドの被害者であったというまさにその事実こそが、ユダヤ難民が移民として望ましくないとされた理由であった。すなわち彼は、これらヒトラーの犠牲者を「彼らが絶望を経験したこと、あるいは迫害されたことによって精神的に、そして時として身体的にも消耗させられた」[16]とみなした。モコの人種にもとづく序列は、戦後の移民政策を形づくるうえでかなり強い影響力を発揮し、ド・ゴールも彼の考えを支持した。[17]

ソヴィとドブレは、ドイツ人の欠点をドイツ人の気質と結びつけていくつも並べ立てたときでさえ、ドイツからの移民をモコが熱心に擁護した態度に倣い、歓迎した。一九四六年の声明で彼らはつぎのように主張した。「ドイツ人の欠点である集団的な残虐さ、受動性、従順さ……は、他の民族の人びととの交わりによって消失しうる。……ドイツ人特有の資質が血に混じることで、ラテン系やスラヴ系が大量に押し寄せることで生じるある種の不均衡を改良し、また相殺することに役立つに違いないので、適度にドイツの血を交えることはきわめて重要なことである」[18]。

しかしながら、フランス政府がおこなった、第二次世界大戦後にドイツ人をフランスに呼び寄せる決定は、人種主義に発するものであったことに加えて、ドイツの過剰人口がヨーロッパ内部の安全に対する脅威を生じさせるという確信に発したものでもあった。人口学者たちは、第二次世界大戦後のヨーロッパにおける相対的な人口減少を絶えず比較していたが、彼らは、東欧からおよそ一二〇〇万人のドイツ系難民や被追放民が到来したために、ナチスがヨーロッパの占領地にしかけた人口学的な攻撃に勝利していたことが見てとれたと、狼狽しながらも記している。ヨーロッパ問題の研究に関する国際委員会による一九四六年の報告書は、ナチスが占領した地域の人口を徹底的に減少させたのに対して、ドイツの人口が一九三九年以降、実に七・五パーセントも増加したことを、危険なことだとほのめかしている。「このような国家事項から生じる危険性は、きわめて重大なものである。ドイツの人口が六七〇〇万人から七二〇〇万人に増加した一方で、ドイツの支配地域は東プロイセンとシレジアの喪失により、一九四五年以降およそ四分の一減少しているため、問題はいっそう深刻である(19)」。

フランスの外交官や人口学者たちは、口をそろえてドイツの過剰人口が、マルサスの悲観主義を呼び起こすような深刻な食料不足および難民キャンプの過密さとならんで、ヨーロッパの安全を脅かすと言明した。この過剰人口の問題に加えて、ドイツの家族は戦争によって引き裂かれており、一見すると、道徳と政治的な安定性に関して破滅的な帰結をもたらした。一九四八年デュッセルドルフの三万人の学齢児童のなかで、三二パーセントが父親を失っており、六・九パーセントの父親は失業しており、二・六パーセントの子どもは完全な孤児であった。離婚率は戦時中に二倍になった。「この不安定さによって、ドイツはヨーロッパと世界にとって脅威となる不健全な繁殖場になった。それは過激派の動きに資するものとなるだろう」と、フランス外務省は一九四八年の報告書のなかで警告している(20)。

ドイツのフランス占領地区の軍政長官ピエール・クニーグ将軍は、こうした懸念を共有していた。一九四六年三月、彼はつぎのように警告した。「ドイツが人口過密のために食料供給に苦慮している一方で、ポーランドは、労働力不足のために土地を耕作することがまずかなわない。それほどひどいものではないが、フランスでも状況は同じである」。ドイツの人口をすぐにも減らすことによってのみ、ドイツがふたたび東西に生存圏《レーベンスラウム》を求める危険性に対抗しうると考えられた。幸いにもドイツが敗北し占領されたことは、フランス政府にドイツの人口を戦略的に切り崩す機会を提供した。「ヨーロッパのこの地域は全体として不安定な状況にあるが、ドイツにおいては自然に人口が増加していく傾向がある。このような人口増加は不可避である。それゆえに今すぐにも人口管理を計画し、その方向性を定めることが必要である」と、クニーグは提案した。(21)

産児制限を促し、中絶に対する制限を自由化する方針は、明らかにドイツの人口増加を封じこめるための戦略であった。しかしフランスの外交官たちはその有効性に懐疑的であり、自国近くで人口抑制政策を活気づかせることに疑問を呈した。したがって、ドイツ内の占領軍政当局および人口学の専門家たちからみれば、唯一の解決策は、選別した者に移住を促すことによってドイツの人口を削減することであった。ドイツの若者たちは戦後のフランスで苦もなく同化するだろう、とクニーグは楽観視していた。彼は「フランスに住むドイツ人青年とフランス人の女性が、あるいはドイツ人の少女とフランス人男性が結婚すること」を、フランスでは国を挙げて歓迎すると述べ、「……こうすることで移民の最大のリスク、つまり同化しないマイノリティとなる危険性を取り除くことができるだろう」と示唆した。フランス人家族を同化に向けて中心的な役割を果たす存在だとみなす彼の考え方は、ありふれたものであった。子どもたちがもっとも同化しやすく、したがってもっとも望まれる移民であるとクニーグが認めたことは、驚くにはあたらない。彼が強調して言うには、「すでに人格を形成している——あるいはゆがんでいる——若い人びとをフランスに招き入れるのではなく、同化が容易な子ども、それどころか新生児を招き入れることが、理想的な解決策である。たとえばドイツには、戦時中に生まれた、数千人にのぼるフランス人の血を引く子どもたちがいる。ドイツが敗戦の影響でいまだにモラル上の危機に瀕していることから、これらの移民を近い将来、急いで手に入れなければならない(22)」状況であった。

パリの行政当局者はクニーグが示した意気込みを歓迎した。一九四六年三月にモスクワで開かれた会議の際、外務大臣ジョルジュ・ビドーは「平和のためとドイツ人自身の生活水準向上のために」、一〇〇万人のドイツ人労働者をフランスに移住させる計画を発表した。ドイツ人労働者をフランスの工業と農業のために招き入れることに加えて、ビドーは東欧からの民族ドイツ人の追放を停止するよう要請した。というのも、ドイツに入植することが許されたのは、避難民のなかでもかなり限られた人数だけであった。それなのに送還された難民はすでにドイツに溜まっており、これらの難民はすでに知られているドイツの過剰人口という危機を悪化させる恐れがあるからである、と。[23]

ドイツの行政当局者や他の連合国の代表者は、ビドーの提案を歓迎しながらも懐疑的な反応を示した。ドイツの官僚のなかには頭脳の流出を恐れる者もおり、フランスがドイツの復興にもっとも必要な熟練労働力を盗み取っていくと非難した。ドイツの新聞『ベルリン・アム・ミッターク』は、ビドーの提案がナチスの求めた生存圏の遅ればせながらの検証にほかならないと指摘した。「人口過剰となったドイツが国境を拡張することを認めるのであれば、それは領域を拡張しようとしたヒトラーが正しかったと認めることになる」と、編集者は主張した。[24] しかしながらドイツの行政当局者のなかには、この提案が長年にわたる仏独の敵対関係を克服するものであるとして喜び、期待を寄せた者もいた。ドイツの外務次官のフリッツ・エーバーハルトは、この計画を「両国に存在した宿敵という意識を克服する、最初の本格的な機会[25]」であるとして称賛した。

強い緊張状態にあったドイツの人口過剰に関心を持っていたのは、フランスの外交官だけではなかった。とくにバイエルン州では、小都市に東欧からの避難民と難民が大量に流入していたため、多くのドイツ人が彼ら新参者によって負うことになった経済的な負担について苦々しげに不満を申し立てた。地元住民たちは、東欧出身のいわゆる民族ドイツ人のドイツ性を疑問視したのみならず、怠惰で洗練されておらず、罪を犯し、闇市の常連で、人にたかって生きている避難民（とくにユダヤ系）やドイツ人の被追放民と少ない食料や住宅を分け合わなければならないことを恨んでいた。[26] ドイツあるいは連合国の人口学者のなかにさえ、ヨーロッパにおいてドイツがさらに拡大することをもっとも効果的に防ぐ方法は、余分なドイツ人を「未踏の地が存在する」アフリカや南アメリカに移住させることではないかと示唆する者もいた。国外への植民は、ヨーロッパ内への植民を阻止するものと考えられた。ドイツが植民地を持つという夢想は、皮肉なことに総力戦の要因というよりは、その解決策として復活した。「世界のなかでも人が踏み入っていない空白地帯が、人間を呼んでいる」と、西ドイツのキリスト教民主同盟（ＣＤＵ）の政治家で経済学者でもあるコンラート・タイスは、一九四七年に主張した。「関心をもつ多くの人びと、たとえば土地所有者、商人たちは、手つかずの土地を耕し、より価値のあるものにするために、人びとがこれらの大陸に入植するのを待っている」[27]。

ドイツ人労働者たちは、国外での将来、とくにフランスにおける将来に懐疑的であった。一九四七年二月にバーデン＝バーデンの社会心理学研究所は、フランス占領地区の一五九六人の労働者に聞き取り調査をおこない、フランスへの移住について意見を聞いた。その結果によれば、ドイツ人労働者は移住することをあまり望んでいなかったが、それは「ドイツは彼らを必要とするが、フランスは彼らを嫌っている」[28]からであった。

それに対してイギリスとアメリカの外交官は、フランスに余分なドイツ人を移住させるよりも、自らの占領地区に避難民を割り当てて定住させることを望んだ。しかしアメリカ系の慈善組織のなかには、フランスの計画を、憎むべき国民主義者に対する人道主義の勝利として称賛するものもあった。アメリカのユニテリアン協会は、アメリカ駐在のフランス大使に、ビドーの計画を称賛する手紙を送った。それによれば、ユニテリアン派の人びとは「ドイツの侵略にひどく苦しんだフランスが、かなり多くのかつての敵を、自らの子どもと同様に、母乳で育てるために自宅に招き入れるという崇高なおこないをしていると知り、大いなる喜びを感じました(29)」と褒めちぎった。

フランスの行政当局者は、彼らの動機をこのように都合よく肯定的に解釈されることに異を唱えなかったが、敵の子どもを育てることに対しては、もっと自国の利益にもとづく理由があるとオフレコで述べていた。戦後フランスの経済プランを管轄した計画庁に宛てた覚書で、レイモン・ブスケはフランスでは将来的な労働力需要を満たすために、一四〇万から一五〇万人の移民が必要であると示唆した。問題は彼が述べたように、このように多数の外国人をフランスに迎え入れたなら、「外国人人口の増加によってフランスの人口が平和的であろうとなかろうと、侵害される」恐れがあることであった。ブスケはフランス人の特性が薄められるのを避けるために、同化しやすい移民を注意深く選ぶことが必要であると主張した。彼の見解では、ドイツ人はもっとも魅力的な候補者と位置づけられた。「フランスの人口を、ラテン系で埋めるところを北方系の人びとで相殺したいというわれわれの関心はおいておくとして、モコの移民計画には、少なくともある程度は、フランスの永遠の脅威であるドイツの過剰人口を吸収する利点がある」。ブスケは、同化を容易にするために、フランス政府が避難民となったドイツ人の子どもや若者をとくにターゲットにすべきであると断言した(30)。

フランスの人口学者にとって不幸なことに、ドイツの宗教関係者および政府当局者は、ドイツの孤児を養子に取るというフランスの計画を、無私の人道的な振る舞いだとは受け止めなかった。フランス外務省は一九四七年に、フランスは「ドイツの孤児とデンマークの難民の生活を支援し、教育を与えてフランス人にするために数千人を受け入れる」と高らかに宣言した。一九四六年一月一九日、デンマークから二〇〇人のドイツ人の子どもたちがバーデン＝バーデンに到着した。同化のチャンスを最大限に保証するために、二歳から七歳の孤児だけを、「つまりドイツ式教育をまだ受けていない」子どもたちだけを候補者とみなした。およそ八〇人の幼い難民が選ばれた。しかし子どもたちがフランス占領地区に到着した直後に、クニーグ将軍はドイツ人のカトリック神父やプロテスタントの牧師たちの一団から、このような移民計画は、悪名高いナチスの伝統に連なる「子どもたちの誘拐」にほかならないとして、怒りの抗議を受けた。この計画は、すぐに停止された。(31)

このスキャンダルに対して謝罪することを拒否する一方で、フランス軍政当局は最終的に論争を生まない解決策をめざす方向に転換した。フランスの戦争捕虜と占領軍兵士がドイツ人女性と関係をもつことで新しいかたちの異なる国民間《トランスナショナル》の家族が生まれた。ヒトラーのドイツが崩壊した直後、フランスのメディアは、フランス人とドイツ人のカップルの子どもたちに関する噂、つまり子どもたちはまごうことなく戦争の略奪品だという噂を流布しはじめた。フランスのある新聞は、一九四六年五月に、ドイツの占領地域ではフランス人を父親に持つ子どもが三〇万人ほど生まれていると大雑把に見積もった。このような推定を「純粋なる作り話」として退ける一方で、アンリ・フェスケは一九四六年八月に『ル・モンド』紙上で、これらの子どもたちが将来のフランス市民の候補生となることが約束されていると主張した。「一九四〇年から一九四五年のドイツは……あらゆる人種がひしめき合う巨大なバベルの塔であった。……このような入り混じった生活状況から……子どもたちは生まれた。そして彼らが生まれたことで、私たちが無視しえぬ、痛みをともなう問題が発生したのである」。問題が複雑であるのは明らかであった。敵国の子どもを同化させるのは簡単なことではなかった。しかしフェスケはフランスの人口学上の利益が、考えうる懸念をすべて覆すと結論づけた。実際、一番の問題は、ドイツ人がフランス国家に引き渡すために子どもを手放そうとしない点であった。「彼らは人種主義的な理論にもとづいていたにもかかわらず、フランス人とドイツ人の混交がしばしば素晴らしい結果、つまり優秀な子どもを生み出すことを黙殺することはしなかった。……こうした特殊な事例では、彼らはわれわれが請求権を有する子どもを偽装してドイツ人であると主張することをいとわない」と、フェスケは警告した。このような考えのもと、フェスケはフランス占領軍政当局に、子どもたちを早くドイツの土地（とドイツ人の母）から引き離すよう進言した。「実際、フランス人とのあいだの混血児たちをわれわれが望むとおりの姿にしたいならば、ドイツ人の影響力からできるだけ早く引きはがすことが有益であろう」と、彼は主張した[32]。ここにはボウルビィ主義的な愛着理論はなく、これらの占領地にいる子どもたちを母親から引き離したときの影響など入り込む余地はなかった。

フランス占領軍政当局はすぐにも、戦時下および占領下のドイツで、フランス人の父親とドイツ人の母親のもとに生まれた子どもたちを本国に送還するという、複雑で野心的な計画を考案し実施した。この政策は、ナチスの戦争犯罪に対する人口学的な補償の正当な形式とヨーロッパの安全保障にとっての戦略をまさに体現したものであると、フランスの行政当局者は主張した。フランス占領地区バーデンの大使をつとめたジャック・タルベ・ド・サンタルダンは、外務大臣ジョルジュ・ビドーに宛てた一九四六年の覚書で、この計画を正当化した。彼は厳密な法律の文言を用いて、子どもたちがドイツ国籍／国民《ナショナリティ》としての帰属とみなされるべきだと認めた。しかし子どもたちをドイツに残していくならば、「ドイツは、かの国にふさわしくない人口増加から利益を得るだろうし、そのことは、ドイツの人口を減少させるという……われわれの方針に反することにもなる。これら親を知らない子どもたちは、人口密度の低さが無視できない国からすれば、人的宝庫である[33]」と、彼は論じた。

一九四六年八月までに、フランス占領軍政当局は、自国内の占領地区のテュービンゲン、バート・デュルクハイム、ウンターハウゼンに乳幼児ホームを設立した。子どもをこの施設に捨てたいと望むドイツ人の母親は、父親がフランス人であると証明する必要があった。最終的に子どもを手放すかどうかは二か月の猶予が与えられたが、彼女たちは親権のすべてを放棄する書類に署名しなければならなかった。この乳幼児ホームの目的は、受け入れた子どもたちが将来フランスで養子になるための準備をすることにあった。子どもたちを捨てた母親たちの多くは深刻な貧苦のなかで生活していたため、ホームで最優先とされたのは、乳幼児に十分な食事と医療養護を提供することであった。しかしフランスの保育士《ナース》やソーシャルワーカーたちは、子どもたちを道徳的、文化的に回復させることを重視した。「これらの子どもたちのほとんどは、フランスの血は半分以下しか流れていない。つまりフランス人の父親か母親と、外国人の親から生まれている。彼らはそのため、両親から受け継いだ人種的な遺産と非道徳的な性質の埋め合わせをするために、重要な基礎教育を受ける必要がある」[34]と、フランス軍占領政府の社会サービス部門に所属していたあるソーシャルワーカーは結論づけている。これらのホームに数か月滞在したあとで、(傷だらけであっても)貴重な積み荷である子どもたちは、フランスへと移送され、フランスの「公的扶助」の福祉関係当局に引き渡されたのち、国の被後見人として登録される。子どもたちには、ドイツの出生証明書に代わって、フランスの「出生証明書」が新しく与えられ、フランス風の名前がつけられる。この証明書は、子どもたちの出生地とドイツ由来の痕跡をすべて消し去った。その後、子どもたちは養子縁組をするフランス人家族のもとに送られていくのである[35]。

フランスの法にしたがって、そしてフランスの伝統的な「公的扶助」によって、養子縁組は非公開でおこなわれ、子どもたちの動向は秘匿された。そして将来的に生みの母親と子どもが顔を合わせる機会はもうけられなかった。すでに一九〇四年六月二七日付のフランスの法律によって、「公的扶助」の管轄下に入った子どもの動向は秘匿されることが規定されていた。したがって行政当局者は、捨て子と生物学上の親とのあいだの紐帯をすべて断ち切ろうとした。この政策は、親に子どもを捨てさせないようにする意図があった。非公開の養子縁組もまた、生みの母親とその家族の名誉と自尊心を守ることを意味した。母親の匿名性を保つことで、児童福祉局の職員は嬰児殺しや堕胎のリスクを減らすことを望んでいた。そして当時の児童福祉ワーカーたちは、過去との完全な訣別が、捨てられた子どもたちの最善の利益であり、新しい人生を始められるチャンスだと信じていた[36]。

これらの法律は、第二次世界大戦後にいっそう強化された。一九四八年六月にフランス占領地区のヴュルテンベルクでドイツ人のカトリック女性のもとに生まれたノルベルト・フラッドは六か月後、フランスの乳幼児ホームに捨てられた。一九五〇年になって、ノルベルトの生みの母親はフランス占領地区にいるフランス大使に連絡をとり、息子の所在情報を探した。すなわち彼女は考えを変えたのである。大使は、彼女が自発的に親権を放棄し、「居所不明にすることと子どもとのつながりをすべて断ち切ることを、すでに受諾している」と返答することで、彼女の要求を却下した。大使が伝えたのは、ノルベルトが一九四九年一〇月にフランスに移送されたこと、その後すぐにフランスの家庭に養子縁組されたことだけであった[37]。

早めに養子縁組することに政策担当者たちがこだわったのは、単にフランスにおいて児童福祉の理想が流行していたからというだけではなかった。このことは、すぐに同化できることが最優先の目的であったことを反映していた。都合のいいことに、戦後のフランスで養子縁組に関する法規制が緩和されたことも影響して、養子縁組をしたいという要望が高まっていた。子どもの養子縁組は、フランスでは当時まだ新しい現象であり、最初に合法化されたのは一九二三年であった。フランスの養子縁組に関する法規制は一九三九年七月に成立し、一九四一年八月には四〇歳以上の夫婦で、結婚して一〇年以上子どもができなかった場合に限り、養子をとることができるとされた。つまり、養子を受け入れる両親に、実子がいてはならなかったのである。しかしながら戦後には、三〇歳以上の夫婦か、配偶者と死別した者、離婚者、（成人した）実子のいる夫婦にも養子を認める改革がおこなわれた[38]。フリムランはフランス人とドイツ人の混血の子どもを早急に養子に迎え入れることは、同化を促進し、フランスにおいて子どもの需要が高まっていた状況に合致していると述べた。「最近のフランスでは、養子縁組に適した子どもたちよりも、子どもを養子縁組したいと望む人のほうが多いことをわれわれは知っている……小さな移民たちの大多数は、すぐにも家族を手に入れるだろう。フランスの家族は彼らを本当のフランス市民にしてくれるだろう。……それは疑いもなく、同化の問題を解決する最良の方法である[39]」。

国際的な養子縁組によって人口の増加を図るフランスの試みによって、外交官や軍政当局者は、福祉の権利、子どもの遺棄、子どもの支援といった社会的な諸問題に関心を抱いた。戦時期に生じたフランス人男性とドイツ人女性とのあいだの関係もまた、市民権と国民としての帰属という難しい問題を生じさせた。なぜなら、フランスにおける親権と市民権に関する基本的な法規定とドイツのそれは、対立する内容を含んでいたからである。婚姻していない両親のもとに生まれた子どもは、ドイツにおいては父親が認知していてもしていなくても、母親の国籍／国民としての帰属を自動的に引き継いだ。しかしながらフランスにおいては、一九四五年一〇月一九日の政令によって、一九二七年に制定されていた国籍法が緩和され、これにより国外で生まれた子どもや婚姻外関係から生まれた子どもがフランスの市民権を請求することが容易になったのである。それ以前は結婚関係にない両親のもとに生まれた子どもは、その子どもを最初に認知した親（たいていは母親）の国籍／国民としての帰属を引き継ぐものとされていた。いまや、国外で生まれた子どもは、両親が婚姻関係になかったとしても、フランス人の父親か母親が認知したならば、フランス人として認められることとなった。フランス以外で生まれた子どもには、成人年齢に達してから六か月以内にフランス国籍／

国民としての帰属を放棄するかどうかの選択肢が与えられた。事実上、この法律は、婚姻関係にないフランスの占領軍兵士とドイツ人女性とのあいだの子どもが、ドイツの法によればドイツ人として、フランスの法によればフランス人として、それぞれみなされることを意味した[40]。

フランスの国籍法はまた、アンラや国際難民機関（IRO）、イギリスとアメリカ占領軍が占領地にいる子どもに適用した方針と正反対の立場をとった。占領軍兵士とドイツ人女性のあいだに生まれた婚外子はドイツ国籍／国民としての帰属となると彼らは捉えており、ドイツの福祉当局のみが管轄すると考えていた[41]。戦後のドイツとオーストリアでは、アメリカ占領軍兵士と婚姻関係にない「令嬢《フロイライン》」のあいだにはおよそ三万七〇〇〇人の子どもが生まれた。これらの子どもたちは合衆国市民とはみなされず、合衆国からなんらかの福祉の恩恵を受けることもなかった。一九四六年に、アメリカ軍の情報誌『星条旗新聞』上に発表された「妊娠したフロイラインたちは警告を受けた！」と題する記事は、合衆国の政策の概要を示している。アメリカ人兵士が父親である子どもを妊娠した女性は、米軍からいかなる支援も期待してはならなかった。妊娠したドイツ人女性たちは、ドイツあるいはオーストリアの福祉組織になにがしかの援助を求めるよう助言された。「もし兵士がすでに合衆国に帰還していたならば、彼の住所は、問題となっている女性には教えられるべきではない。……ドイツおよびオーストリアの未婚の母親から出された子どもへの支援要求は、認められない[42]」。

米軍は、アメリカ人男性がいろいろな相手と同衾する権利を綿密に保護した。アメリカ占領地区においては、西ドイツが完全な主権を達成する一九五五年まで、ドイツ人女性がアメリカ人男性に対して父親としての認知を正式に求めることは、法的に不可能であった。米軍は占領軍兵士の子どもを拒否すると同時に、兵士と征服された女性が性的関係を結ぶことに関して相対的にゆるい方針しか示さなかった。短期間ではあるがすべてのそうした関係が（失敗に終わったが）禁止されたのち、米兵たちはドイツ人の個人宅に行くことさえも許された。一九四八年以降、米兵はドイツ人の恋人と結婚することも可能となった[43]。しかしながら、このような自由な恋愛関係は、アフリカ系アメリカ人兵士には適用されなかった。ドイツ人の女性とデートしたアフリカ系アメリカ人兵士のなかには、白人のアメリカ人兵士から暴行を加えられた者もいた。そして彼らがドイツ人の恋人たちと結婚することも、混合婚を否定する軍政当局およびアメリカ移民局によって却下された[44]。

乳児をほしがるフランスの行政当局者は、アメリカが占領地区で生まれた子どもをほしがらないことに目をつけた。一九四六年七月に、あるフランスの行政当局者はつぎのように指摘した。「アメリカ人の父親の元に生まれた多くの子どもは、母親によってアメリカ占領地区で捨てられているだろうし、アメリカも責任を取ろうとは思っていない」。彼はつづけて、フランスこそが「これらの誰もほしがらない子どもを集めるべきだ。……彼らはきっとよい実例になるだろう[45]」と主張した。

結論からいえば、フランスは米兵の子どもを要求することはしなかったが、フランス政府は自国の占領地区で生まれた子どもについてはきちんと養った。フランス人の父親から認知された子どもは、父親がフランス占領地区に居住している場合はフランス出身者と同等の配給を受け取った。父親がフランスに帰国した場合でも、子どもはドイツ人の子どもの二倍の配給を受け取った。フランス占領地区におけるドイツ人への配給量は、四つの占領地区のなかでも最低であったため、この施策は子どもたちの生存のチャンスを大幅に上昇させた[46]。しかしながらこれらの利益を享受するために、ドイツ人の母親は彼らの子どもの父親がフランス人であることを証明することが求められた。ＤＮＡ検査が導入される以前において、このことが意味するのは、フランス軍政当局に援助を求めたドイツ人の女性は、私的な手紙やその他の親密な関係を示す証拠物件の提示を求められ、それらの内容を政府当局者が細かに調べたということである。

これらの援助要請は、フランス軍兵士によって妊娠したドイツ人女性が経験した深刻な経済危機を伝えている。一九四六年に、フランス占領地区にいたドイツの一般市民には、公式記録によれば一日あたり九〇〇キロカロリー分の配給しかなかった。[47] 占領軍兵士の子どもを産んだドイツ人の母親は、子どもたちのためになにがしかを手に入れるためにとりわけ困難な状況に直面した。彼女たちは未婚の母という通常の烙印を背負っていただけでなく、外国人と親密な関係になったとして排斥されることもしばしばであった。[48]「私はいま二四歳で、日ごとに悪化する深刻な貧苦にあえいでいます。くわえて、私は両親や近隣住民に手ひどい扱いをうけて、心情的にも苦しんでいます」と、フランス兵とのあいだに二人の子どもを設けたマリアーネ・デューリンクは書いている。多くの事例で、フランス兵の子どもを妊娠した女性たちは、子どもが法律上はドイツの市民権を有するにもかかわらず、ドイツの自治体当局から福祉支援を拒絶されていた。マルゴ・シュテッフェンスは、ドイツの自治体福祉局から要求を却下されたあとで、コブレンツに住む彼女の子どもを一時的にフランスの児童ホームに受け入れることを認めてくれるようフランス占領軍政当局に宛てて手紙を書いた。そのなかで彼女は、つぎのように懇願している。「爆撃によって私はすべてを失いました……ドイツの当局に対して支援を要請した私の努力はすべて拒否されました、なぜなら……私はフランス人の子どもを産んだからです」。[49]

フランス占領軍政当局に宛てた手紙において、ドイツ人の母親たちはしばしば男性たちが責任を取らない、あるいは子どもの認知すら放棄したことを非難した。母親のなかには、かつての恋人にいまだ本物の愛をささげ、彼らがいなくなったことを嘆いていた者もいた。ほかの母親たちはそれほどロマンティックな幻想を抱いておらず、単に経済的な支援を求めていた。いくつかの事例では、ドイツ人女性は、フランス軍政当局に直接、ずるい父親の居場所を特定するよう訴えたが、成功することはほとんどなかった。ヒルデガルデ・シュタイナーは、子どもの父親であるオーギュスタン・クランバードを捜しているとフランスのクリュジー市長に手紙を書いた。「クランバード氏は私と結婚すると約束したにもかかわらず、彼が出発してから私が何度か書いた手紙に返事もありません。よろしければ、クランバード氏が家に帰っているかどうか、そして彼がまだ私と結婚する気があるかどうかを、私に知らせていただけないでしょうか。私にとっては……私と子どもがどのように養ってもらえるのかを知ることができるかが問題なのです[50]」。彼女には返事がなかった。カイフェンハイムでは、アンナという女性が、父親の責任をいわば呼び起こすために、子どもの父親のところに直接赴いた。「あなたの子どもたちがあなたを求めています。いつかあなたはそれを聞かなくてはなりません」と、彼女は懇願した。「ハンス＝ヨーゼフは七月に五歳になります。彼は毎日、『パパが来るときには、チョコレートをもってきてくれるよね』と言っています。……いちど来て彼らを見てやって。フランスに直接帰ってもいいから。もしあなたが三人全員を連れていく気がなくて、子どもたちのうち一人を望むのなら、一人でも連れていっていいわ[51]」。

　ドイツ西部ラインラントのポンメルンに住むマリアは、これと類似する話を大きな失望とともに伝えた。先述のマリアーネ・Dと同じように、彼女は妊娠期間中に家族や近隣住民から投げかけられた蔑みの声に疲れ切っていた。「あなたから最後に便りをもらってからもう二年もたっています。私たちの関係は決着をつけずには終われないことを、あなたはよくご存じでしょう」と、彼女は書いている。「一九四五年一一月一八日、私は小さな女の子を生みました。しかし妊娠していた九か月間、私が苦しんでいたことについては、あなたに話をすることすらできません。……私は二度、身を投げようと思ってモーゼル川の岸に行きました。でもそのたびに誰かが私を止めたのです。……ありがたいことに私は石頭で、誰も私の強さをくじくことはできませんでした」。幸いなことに、マリアの家族は彼女の娘のインゲが生まれてから考えを変えた。「子どもが生まれると、世界のすべてが戻ってきました。みんなが彼女を甘やかしましたし、私の母は狂喜乱舞しました」と、彼女は記している。フランス軍政当局は彼女に近づき、子どもをフランスに養子に出すよう提案したが、マリアは拒否した。「私は、私たちのインゲのようにすばらしくかわいらしくて愛しい存在と引き離されたくないので、彼女を手もとに置いておくことを決意しました。もし彼らが彼女を私から取り上げるなら、私はとても不幸に感じるでしょう」。

先述のアンナのように、マリアは子どもに対して父親の愛情を与えようと試みた。「どこに行っても、人びとは『なんてかわいらしい子どもでしょう』と言ってくれます。あなたのような父親なら、それも驚くことではありません。彼女はあなたと同じようなかわいらしい目をしています。彼女の鼻と顔はあなたにそっくりで、全体として彼女はあなたによく似ています。……そしてロジェ、あなたにお願いがあります。……ときどきあなたの子どものために私に何か送ることで、私を少しでもいいので助けてください。たとえば布地や靴など、あなたが私に送ることができるものなら何でも[52]」。

これら過ちを犯した父親のほとんどは、子どもを援助することを拒否した。国際法の限界があるために、ドイツ人の母親たちは頼みにできるものがほとんどなかった。ある父親は支援の要求に対して、彼こそがずるい女性の犠牲者だと、敵意もあらわに返答した。「何か月もあとになって、僕が父親だとなぜ決められるんだい。君は本当にほかの男性とデートしなかったとでもいうのか。……僕は何を信じていいか分からないような女性と、こんなに不幸な経験をしてしまった[53]」。国境を越えて子どもへの支援を確保するという困難な状況に直面して、多くの女性たちは子どもの福祉を保障するための唯一の道として、フランス国家に彼女たちの子どもを任せる道を選んだ。フランス占領地区の乏しい配給と、異なる国民と関係した未婚女性の不安定な立場は、占領軍の子どもによって損失を取り戻すというフランスの計画をほう助することになった。

しかしながらフランスの政策担当者やソーシャルワーカーは、養子縁組を進める政策を、ドイツのシングルマザーが非道徳的であること、あるいは育児放棄していることを理由に正当化した。彼らはこれらの子どもが戦後のドイツで直面する悲しい未来と、フランス市民として享受できる、より幸せな未来とを対照的に示した。ドイツ人の母親は、「母親としての愛情の欠如から、あるいは婚外子の存在によって脅かされている本物の家族への忠誠心を欠いているために、子どもを見捨てている」[54]とフランスのソーシャルワーカーは口を揃えて主張した。一九四六年に出されたフランス軍の報告書によれば、占領軍兵士の子どもの数は増加しているが、それは「ドイツの女性たちがたしなみをもっていない」からであった。これらの女性は、「推定上の父親が彼女との結婚を拒んだことに対する失望と、行きずりの相手の子どもを受け入れようとしないドイツ人男性と新しい生活を始めたいという欲求」から、もしくは「ドイツ人の夫が捕虜収容所または戦争から帰還する、あるいは長期の不在を経て帰還する可能性を恐れて」子どもを捨てている、と述べた。フランス軍政当局は、子どもの遺棄の一要因としてシングルマザーが直面する経済的な苦境については、ほとんど言及していなかった。彼らはその代わりに、養子縁組計画を、望まれない子どもを救済するという人道的な意思を表明するものだと主張した。[55]

フランス軍政当局は、占領地区内の母親たちに福祉支援を配分する際に、ドイツ人女性の倫理的、母親的な特性を評価した。いくつかの事例では、彼らは育児放棄や虐待の疑いで子どもたちをドイツ人の母親から引き離した。典型的な事例では、あるフランス外交官が、フランス系アルジェリア人の父を持つ二人の娘を生んだマルゲリーテ・ベトラムを母親として不適格ではないかと述べた。「母親は家賃を長期にわたって滞納している。それは三三六マルクにものぼり、立ち退きを迫られている。彼女はなんとかやりくりして娘たちに食事を与えてはいるが、それは彼女の両親の支援のもとでである。彼女の素行の悪さを見ると、彼女の乏しい資産は、どこかほかから出ている可能性もある。部屋は汚いが子どもたちの健康状態は良好である。おそらく、子どもたちを母親から引き離すほうがいいであろう」[56]。

子どもたちの最善の利益という主張のもと、ドイツの占領地区で活動するフランスのソーシャルワーカーは、国民主義的懸念に突き動かされて行動した。ルネ・ブルシエのドイツ人の母親は、一九四〇年に息子をドイツ人である彼の祖母のもとに置き去りにした。彼を担当したソーシャルワーカーのベントコヴスカ夫人は、子どもを彼の祖母から引き離して、フランス人の父親のもとに送るよう提案した。子どもの祖母が孫息子を完璧に育てていたため、ベントコヴスカ夫人は子どものドイツ化を恐れ、つぎのように警告している。「彼女は子どもをまるで小さなドイツ人のように育てています……くわえて彼女は高齢であり、もし彼女が子どもの成人前に亡くなってしまったら……子どもは完全にドイツ人コミュニティのなかに取り込まれ、ドイツ人になってしまいます」。さらにつづけて、「親権という問題がありますが……それは子どもの利益にならず、同時にフランス市民と同じように、フランスで彼を育てあげるために父親に監護権を与えるようフランス軍政当局に要求することが国民の利益になるのではないでしょうか[57]」と述べた。

異なる国民間の家族は、占領下にあったドイツにおいて主権と市民権の限界を試す存在であり、フランスの国境をはるかに越えて、フランスの社会政策を規制する権限を拡大した。家族が国境を越えてもつれていったように、それは国内政策や国際的な政策も同様であった。フランス占領地区の行政当局者、外交官、政策担当者たちは、フランス国民にとっての最善の利益を追求したが、それはフランスのために占領軍兵士の子どもを取り上げることにほかならなかった。しかし彼らは、それを外交、ソーシャルワーク、人口政策の線引きをぼかしつつ、子ども一人ひとりの最善の利益という表現で理由づけて取り上げたのである。

養育放棄するドイツ人の母親というイメージが養子縁組計画を正当化した一方で、母親たちが書いた手紙からは、子どもと離れることをよしとしない母親が多かったことが分かる。ハノーファーのクラーラ・ヘロンはフランス人戦争捕虜の一人と恋に落ち、この捕虜は彼女と結婚を約束した。彼らは子どもを二人もうけた。「彼がフランスに帰還したのち、私は繰り返し彼と連絡を取ろうと試みましたが、それは無駄に終わりました。……おそらく彼は結婚しているでしょう。私は何も知りません。……もちろん私は子どもたちを手もとに置いておきたいです。なぜなら私は彼らを愛していますし、このフランス人男性を愛してもいるからです。しかし私は目下、耐えられないほどの貧窮にみまわれています」(58)。現実にはドイツ人女性のほとんどは、子どもを放棄する準備などできていなかった。多くがフランス国家からの金銭的な支援を求めたにすぎなかったのである。徐々にフランスの行政当局者のあいだから、養子縁組計画に対する熱意が薄れていった。なぜならそれによるフランスへの人口学的な見返りはほとんどなかったからである。一九四六年には、フランス占領地区の調査において、三二一八人のフランス人とドイツ人の混血の子どもが確認されている(59)。一九四九年までに、フランスの軍政当局内の子ども捜索部門は、フランス人の父親もしくは連合国出身の父親をもつ婚外子が、一万四三五七人もいることを把握していた。これらの子どものうち、実際に、養子縁組のためにフランスへ送還されたのは、わずか四八四四人にすぎなかった(60)。

養子縁組計画はまた、ドイツにおける民主化の担い手になるというフランスの主張と、国民主義者の利己主義と人種主義者および優生学者の方針にもとづいた養子縁組政策とのあいだの緊張関係によって危うくなった。地方のドイツ人たちはすぐにモコが示したフランスの養子縁組政策を、ナチスがレーベンスボルンの児童ホームで子どもたちをドイツ化したやり方と類似していると指摘した。レトリックとして、フランスの人口学者は、ナチスの人種主義的な信条と、フランスの戦後の移民および国籍/国民としての帰属に関する政策を区別することに、慎重に、そして苦心しながら取り組んだ。一九四五年にアルフレッド・ソヴィとロベール・ドブレは「『人種の純粋さを保護する』……という考えは、政治的な論争以外の何ものでもなく、いかなる根拠も価値もない」と主張した。フランスの移民政策の目的は、「存在しない人種の純粋さを維持することではなく」、むしろもっとも同化が容易な移民を選別することによって、「フランス人の類型と特性に関して最適な質を保つこと」(61)にある、と。

しかし、フランス軍政当局は初めから、人種、宗教、優生学、文化にもとづく序列の違いといわれているものを分析することで、ナチスと紙一重のところを歩んでいた。彼らは、すべての占領軍兵士の子どもをフランス国民のコミュニティに受け入れようとは思わなかった。占領軍兵士の子どもたちは、厳格な優生学的、国民主義的、人種的な基準によって価値づけられ、選別された。基本的には、養子縁組計画全体が、占領軍兵士の子どもを産んだドイツ人の母親たちを望まれない移民とみなすことを前提としていた。ドイツ人女性が子どもと離れることをしぶしぶにしか了承しなかったため、フランスの行政当局者が、ドイツ人の母親と子どもたちの双方にフランスの市民権を与えることもあった。一九四七年、フランス占領軍政府司令官のピエール・クニーグは実際にこの行動計画を推挙したが、彼の提案は否定された(62)。

ドイツ人女性と北アフリカ出身の兵士とのあいだの子どもに関する政策は、同化に対する共和国〔フランス〕の信頼が絶対ではないことをあからさまに露呈させた。一九四六年にフランス占領軍政当局が結論づけたところによると、これらの子どもたちは人口学的な利得ではなかった。そうではなくて、彼らは「彼らの血統に見合ったコミュニティに彼らを統合することができる場所、すなわち北アフリカに送られる(63)」べきだとされた。アルジェリア総督は、一九四七年に子どもたちをアルジェリアに再定住させることは、「これらの子どもすべてを、彼らの出身コミュニティに戻すことである(64)」として同意した。

戦後、ドイツにおいてはこれと同様に、アフリカ系アメリカ人兵士とドイツ人女性とのあいだの子どもが問題となった。これらの子どもたちは一九五〇年時点でわずか三〇〇〇人と——占領軍兵士の子どものなかでもかなりのマイノリティであった。しかし彼らは、戦後ドイツとアメリカ合衆国における人種と民主化のあいだの関連性についての幅広い議論の中心となった。ハイデ・フェレンバックは、一九五〇年代初期において、ドイツにおける黒人兵士の子どもの「問題」に対して、ドイツ人が異なる国民間の養子縁組を好ましい解決策として推し進めていたことを明らかにした。西ドイツの政策担当者や児童福祉の行政当局者は、「外国人に見える」子どもたちをドイツの福祉制度に組み込むことは経済的な負担になると主張し、その母親たちを非道徳的で物質主義的かつ強欲であると決めつけた。これらの子どもはドイツでは何の未来もないと彼らは主張して、二つの人種の混血児を彼らの父親の祖国で養子縁組することが人道主義的なやり方だと主張した。[65] 七〇〇〇人にものぼるドイツ人と黒人との混血児は、最終的には一九四五年から一九六八年までのあいだにアフリカ系アメリカ人家族に養子縁組をされたが、そのことは彼らを養子縁組することに乗り気でなかったアメリカ移民局の手によるものではなかった。たとえば、一九五一年に西ドイツ当局との会合の席上で、合衆国避難民委員会のルイス・マクヴェイは、占領軍の黒人兵士の子どもは、そのかわりに「人種の問題がそれほど重要なものとはみなされていない」中央あるいは南アメリカに送られるべきだ、と主張した。マクヴェイは、合衆国にいるドイツ人の孤児を養子縁組することに、はるかに強い熱意を見せた。[66]

フランス当局もドイツ当局も等しく、フランスの植民地出身兵士とドイツ人の母親とのあいだの子どもに対して相反する態度をとった。それは第一次世界大戦期から始まり、とくにフランスが一九二三年にラインラントを占領したときに激化した伝統的な考え方によるものであったが、一般的にドイツ人は戦後、フランスの植民地出身兵士を野蛮で暴力的であるとみなしていた。ドイツ人はこうした子どもたちがまさにドイツにいることを、文明化への耐えがたい侮辱だと捉えた。いわゆる「ラインラントの私生児」といわれたこれらの子どもたちは、ドイツ人女性とフランスの植民地出身兵士とのあいだに戦間期に誕生したが、彼らはナチスの強制断種の対象ともなった。アフリカ系アメリカ人兵士とドイツ人女性との関係は、たいていがドイツ人女性の不道徳さと享楽主義の証として片づけられる一方で、第二次世界大戦後のフランスの植民地出身兵士とドイツ人女性のあいだの関係は、証拠はまったく逆を示していたにもかかわらず、強制的なものとみなされた。ドイツの行政当局者は、フランスの植民地出身兵士とドイツ人女性の子どもがドイツから立ち去ることを熱心に主張した[67]。

異人種間に生まれた占領軍兵士の子どもに対するフランスの政策は、行政当局者がフランス植民地における序列をドイツの占領政策に持ち込んだために、戦後フランスで北アフリカ移民に対して寄せられた広範な懸念を反映するものとなった。フランス帝国において、人種的な序列は文明化の序列として表現されがちであった。この論理にしたがえば、完全な特権を許されたフランス市民権は、フランスの文化や文明化についてのフランスの理想を植民地の人びとが内面化したときには、彼らにも授けられることになるが、それは遠い未来の話であった。戦後のフランスの文脈において、植民地の人びとが「文化的に」劣っているという人口に膾炙した仮定は、移民政策において、フランス植民地の人びとや市民よりも、ドイツ人のほうが、より「望ましい」移民とみなされることを知らしめた[68]。

ロベール・ドブレとアルフレッド・ソヴィが明らかにしたところによれば、北アフリカ出身の移民たちにとっての「障壁」は、「人種の違いよりも、文明化の違いによってはるかに大きくなる。……イスラーム教徒とフランス人という二つの集団を統合するのを困難にし、そして間違いなく望まれないものにする大きな隔たりがあるために、イスラームはフランスの文明化と分かたれている。目下、その結果が、概して公衆衛生の面でも道徳一般の面においても嘆かわしいものであることは誰の目にも明らかである」。アルジェリアやほかの北アフリカ出身者はそれゆえ、望ましい移民リストではドイツ出身者よりはるかに下に位置づけられた。ソヴィとドブレは、とくにつぎの点に注意を払った。すなわち「アルジェリア人の出生率の高さと、それに比べてフランス人の出生率が抑制されていること」が、フランスにおける北アフリカ出身者の「現在の人口学的傾向」をつくりだしていることであった。彼らは「もしそのことが完全に回避できないのであれば、少なくともほかに誘導するかあるいは制限すべきであろう」と、一九四六年に助言した(69)。

一年後、フランスのＩＮＥＤは、ルイ・シュヴァリエが著わした北アフリカ出身の移民に関する詳細な研究を公表した。シュヴァリエは、雑婚《ミックスド・マリッジ》の場合においてでさえ、フランスで北アフリカ出身者が同化できる潜在能力については、彼の同僚と同じように懐疑的であった。ソヴィとドブレのように、彼は同化には文化的な障壁があると強調した。しかし彼はソヴィとドブレとは異なり、これらの障壁はあまりに深いので、同化は望み薄であると主張した。「イスラームとは、単なる信仰や宗教的なしきたり、共同体《コミュニティ》としての誇りにとどまるものではない。それはひとつの生き方、感じ方、考え方なのであり、つまり不十分ながら存在したあらゆる同化を断固拒否する気質や心理なのである(70)」。

国際社会サービスのフランス支部である、移民援助社会福祉局（ＳＳＡÉ）のようなフランスの社会事業組織は、第二次世界大戦後に、白人女性を北アフリカの兵士とのよくない結婚関係から「救出する」ことを使命とする活動にまでも乗り出した。一九四六年に出されたモロッコにおける活動報告において、ＳＳＡＥの職員は、「ヨーロッパ人は、現地の男性一人ひとりをアラブの王子だとみなしたが、詳しく調べてみると、これらの男性は、テントのなかで一人か二人の妻と暮らし、少し裕福なら数頭の羊と山羊を有する遊牧民にすぎないことが明らかになった。……アラブの人びとのなかには、白人の妻にヴェールをかぶることを強要する者もいた。農村部や村でのアラブ人の生活水準は、残念ながら、白人女性が彼らと結婚したことを深刻な心理的誤りであったと断言させるものであった」[71]。

北アフリカ系移民に対する彼らの偏見が純粋に文化によるものであるという専門家の主張にもかかわらず、フランス行政府によって地方で下された決定は、フランスの養子縁組政策を下支えしたあからさまな人種主義を露呈させた。ドイツ人女性と北アフリカ出身の父親とのあいだの子どもは、たとえば彼らの肌の色が薄い場合には、養子縁組をさせるためにフランスに移送された。一九四八年の覚書によれば、フランス公衆衛生・人口省は、「北アフリカの特徴があまりはっきり出ていない子どもの場合、養子縁組をさせるために彼らをフランスに連れていくことは可能であろう[72]」と明記した。一九四七年八月、二人の子どもが、その皮膚の色を理由にフランスで養子縁組をするために選ばれた。「北アフリカ人の父親をもつ子どもである、アニエス・ヴァレンティニとウジェーヌ・キンツェは、彼らの出自の特徴をそれほど色濃く表出させておらず、彼らの肌は白かったため、彼らはストラスブールに送還された。彼らを植民地内に、すなわち有色の肌をもつ子どもが住むために北アフリカに用意された場所にとどめるべきではないとする見解には、根拠がないように思われた」と、現地にいるフランス軍政当局者は報告している[73]。

フランスのソーシャルワーカーたちは、占領したドイツにおいても、養子縁組する子どもたちを生物学的あるいは優生学的な質とみなされた特徴に応じて選別したり却下したりした。一九五〇年に駐ドイツ高等弁務官だったアンドレ・フランソワ゠ポンセは、ドイツの母親によってフランスの児童ホームに捨てられた子どもの四分の一から二分の一は、実際には身体的あるいは発達上の問題があったために拒否されたと報告している[74]。「概して、これらの遺棄された子どもたちは、かなり知能指数が低かった」と、彼は記している。ドイツ人の母親のもとに歓迎されないまま戻されたり、ドイツの孤児院に移送されたりした。ドイツにおいてフランスが民主主義的で人道的な価値規範を示すという使命と、養子縁組計画を推進した国民主義的、優生学的、人種主義的な懸念とのあいだの緊張関係は、はじめからこの計画を悩ませた。戦後初期の報告書では、つぎのように注意が喚起されている。「国民社会主義者《ナチス》たちにきわめてなじみ深い、ある種の誘拐じみたかたちにならないように、これらの子どもたちを取り戻すためには細心の注意を払う必要がある」。他方でこの行政当局者は、積極的に生物学的な選別をする必要性について、つぎのように強調している。「完全に健康でしっかりした子どもだけを、児童ホームやフランスに受け入れることが重要であり、たとえフランス人の父親がいると証明されていても、将来国の重荷になるような子どもは拒否することが肝要である」[75]。フランスの選別政策の偽善は、ドイツの現場でも失われていなかった。「われわれが集めた子どもたちの五〇パーセントをも母親たちに返還することは、フランス政府がナチスと同じくらいの人種主義者であるという考えを感じさせ、広めてしまうのはやむをえない」と、フランソワ＝ポンセは警告している[76]。

一九四〇年代末までにフランスがとった、ヨーロッパの人口バランスを異なる国民間の養子縁組で解決しようとした計画は、多くの障壁によって頓挫した。すなわちドイツ当局が抵抗したこと、ドイツ人の母親たちが子どもを捨てるのをいやがったこと、そしてフランスの選別政策がナチスのやった人種主義的なドイツ化政策とあまりにも類似すると弾劾されたことである。くわえて、フランスのレーベンスボルン計画はそれほど成果があったわけではなかった。一九四九年から一九五〇年までに、人口学者たちはフランスでベビーブームが到来している兆候に注意するよう喚起した。実際、フランスにおける出生率は、早くも一九三九年には上昇しはじめており、第二次世界大戦後に急上昇したことがはっきりと認められた。しかしメディアが一九四六年および一九四七年の出生率上昇を歓迎したときに、人口学者たちはこのような急上昇は、戦時期に夫婦が離れていたために子どもをもつことが延期されただけ、つまり戦争の一時的な帰結にすぎないと推測した。出生率が一九四八年および一九四九年にも継続して上昇したときに、人口学の専門家たちは喜ぶと同時に驚いたが、しかしそれでもなおこれは戦争の帰結にすぎないと結論づけた。しかし一九四九年後半から一九五〇年初頭までに、出生率の増加は戦後の急上昇という以上の人口増加となっていることが証明された。ドイツの占領地域の子どもを養子縁組することは、もはや緊急の課題とはみなされなくなった[77]。

このような傾向のもとで、フランソワ＝ポンセは政治的なコストがかかることと、「フランス共同体への利益がほとんどないこと」[78]を理由に、一九四九年八月には養子縁組を継続しないよう促した。彼はつぎのように結論づけている。「経験上、フランスで受け入れられる余地のある子どもの数は大変少なく、そしてその数を減らしつつある。他方でドイツ側からの政治的側面における障壁は増えつづけ、私の見解では、この計画を継続する根拠はない」[79]。フランス占領地区に最後まで残った乳幼児ホームは、一九四九年一一月一五日に閉鎖された。この年の年末までに、五六二人の子どもたちが養子縁組をするためにフランスに送還された――この数字は、フランスの政策担当者やジャーナリストたちがいちどは想像した三〇万人には遠く及ばない数字であった[80]。この計画は最終的に、連合国の占領政策全体を悩ます緊張関係の犠牲になった。つまり、民主主義的価値規範のモデルとしてのフランスの自己イメージと、避難民の子どもたちの市場を動かしていた国民主義的で人種主義的な序列とのあいだの緊張関係の犠牲になったのである。

養子縁組をすることで多くの新しいフランス市民を生み出す計画は失敗に終わったが、この政策はフランスとドイツの関係、そして戦後ヨーロッパの社会政策および移民政策の発展における重要な出発点を描き出している。かつてフランスの宿敵とまでいわれたドイツは、しだいにフランスの人口に同化可能で価値ある付加物とみなされるようになった。これは戦後ヨーロッパにおける仏独の経済および政治に関する協力関係の新たな時代の幕開けであり、子どもの交換は政治的、経済的な交換の前触れとなった。養子縁組計画は、フランスの移民政策および労働政策の漸次的な変容を促した。ヨーロッパ北部の近隣国家から十分な移民労働力を補充することにフランス政府が失敗したことは、一九五〇年代および一九六〇年代に南欧や北アフリカから大量に外国人労働力を取り入れる次の段階を準備した。

フランスの養子縁組計画が失敗したことはまた、戦後ヨーロッパで社会政策および家族政策が国際化しつつあったことを反映していた。占領という特殊な状況下で、フランス軍政当局者は、権限（および負った義務）を、ドイツ人家族を支援し規制するためにあてた。外交官および軍政当局者は、児童支援、児童虐待、監護権、実父確定をめぐる争い、児童福祉といった課題に重きをおいたうえで、多くの場合、ソーシャルワーカーにそれらを対応させた。ソーシャルワーカーは外交上の論争において重要な役割を担う存在となった。第二次世界大戦中および戦後に、前例のないほど多くの異なる国民間の家族が形成されたことは、市民権や社会福祉を規定する新たな二者間の、あるいは国際的な政策を創出する方向性を促した。このことは、戦後ヨーロッパにおける民主化と人道主義の意味をめぐる議論を引き起こし、家族をつくることがいかにこれらの概念と結びついているかについての議論を活発にした。

フランスの養子縁組計画が家族政策の国際化傾向を反映した一方で、この点はまた、戦後ヨーロッパの再建が国民主義を中心に進行していたことを強調した。ナチスが占領したヨーロッパ全域で、国民主権を取り戻すことは、子どもを取り戻すことと結びついていた。フランス政府は、東欧の諸政府と同様に、ドイツとの人口学的戦争といわれた状況で損失を埋めるために、そしてドイツでこれ以上帝国主義が沸き上がることを阻止するために、避難民の子どもたちを求めて競合した。戦時期および戦後の占領期は、人びとの記憶や公的な記憶のなかでは、しばしば経済的な収奪と結びついていたが、子どもたちもまた、戦時下の略奪品の重要な一形態であった。

戦後の強制移動と移民は、ヨーロッパ全域で、政策担当者と市民を同化の限界に関する問題に直面させた。これらの議論から生じた移民政策と社会政策は、東欧と西欧のあいだの相違を映し出していた。フランスの植民地的な人種の序列は、戦後、失われた子どものうち、どの子どもがフランスの一員とみなされるべきか、どの子どもが除外されるべきかについての前提を形づくった。東欧では、潜在的な同化能力に関する議論には、少し前のドイツ人とスラヴ人の国民主義運動間の争いの歴史が反映されていた。しかし東欧でも西欧でも第二次世界大戦後に少しずつ生まれていたヨーロッパ人は、国民の同質性によって第三次世界大戦の勃発を阻止することができると信じていた。フランスの事例は、その特殊性にもかかわらず、こうした傾向の典型例であった。ヨーロッパ中で、政策担当者たちは第二次世界大戦後に、ナチスの過去と距離を取ろうと試みた。しかし人種主義的、民族的な序列が一夜にして消えるわけではなかったのと同様に、依然として市民権獲得の扉は、開かれた状態とは程遠い状況にありつづけた。(81) あからさまな人種主義的な差別と反ユダヤ主義は、戦後のヨーロッパでも継続しており、それはよりコード化された排除の形態をともなっていた。ヨーロッパでは、人種主義的、文化的な序列はつねに絡み合っていたが、ナチ支配下においてすでにそうであった。ナチ支配下では、時として文化的、政治的な資質が、ある人物をドイツ化に「人種的に適している」とみなす指標となっていた。(82) 第二次世界大戦後、世論からは人種を示唆するあからさまな表現は消失しはしなかったが、しかし人種主義的な序列は徐々に経済的生産性、心理的安定性、文化的同化可能性といった、より柔軟な(そして最終的にはより効率的な)表現に置き換えられていった。(83)

アンラの職員キャサリン・ヒュームは、一九四〇年代後半に移民計画によって避難民キャンプが空っぽになりはじめた過程を描写している。それぞれの計画にはそれ特有の明らかに差別的な基準があった。「オーストラリアは夫、妻、未婚の子どもからなる家族を単位として取り扱った。……ブラジルは一八歳から四〇歳までの農業労働者を主として欲しがったが、それはユダヤ人とアジア系を除いて、どの国籍／国民としての帰属でもどの宗教でもよいというものであった。……ニュージーランドは養子縁組するために二〇〇人の孤児を求め……また精神科病院で働いてもらうために、四〇歳以下の独身女性三〇〇人を求めた[84]」。このような移民プログラムの大部分では、明示的なあるいは暗示的な人種主義的要望がみられた。たとえばオーストラリア当局は、主としてイギリス人の孤児や「戦争ベビー」からなる、同伴保護者のいない子どもによって戦後の国の人口を増やすことを夢想した。少なくとも三〇〇〇人の保護者のいないヨーロッパの子どもがオーストラリアを彼らの故郷と定めた。しかし非白人の子ども、そして身体的、精神的な障害を持つ子どもは除外された。

戦後のオーストリアでは、工業や農業の労働力需要が高かったにもかかわらず、スラヴ人およびユダヤ人の避難民は、望ましくない移民であり市民にふさわしくないとみなされた。一九五〇年に国際赤十字社に送った覚書のなかで、オーストリア内務省の担当者は、熱心に「避難民の問題への最終解決〔ナチスがとった最終解決、つまりユダヤ人虐殺をもじったもの〕を探している。……オーストリア人からすると、この目的は、避難民のなかでも、同化が難しい非ドイツ語話者を退去させることによってのみ達成される[85]」と率直に述べた。しかしながら同時にオーストリア政府は、徐々に東欧からの民族ドイツ人の難民を取り込んでいった。彼ら民族ドイツ人は、オーストリア国家に彼らの地域的、文化的なオーストリアとの紐帯を示すこと、そして彼らが古き「オーストリア人（Altösterreicher)」――ハプスブルク帝国の市民（あるいは市民の子ども）の地位を有すると示すことに成功した。当然、多くの東欧出身の避難民やユダヤ難民もかつてのハプスブルク帝国の市民であったが、彼らは言うまでもなく除外された[86]。

アメリカ合衆国では一九四八年と一九五〇年の避難民法によって、四〇万人にものぼるヨーロッパの移民を合衆国に受け入れることができるようになった。この法律は、新たにアメリカの市民権を得る者のうち、三〇パーセントが農業労働者でなければならず、同じく四〇パーセントがソ連に併合された地域出身者でなければならないと定めていた。バルト海域出身の難民（ラトヴィア、エストニア、リトアニア出身者）は非公式にもっとも好まれる難民という地位を享受した。なぜなら彼らは、ほとんどが農夫でありプロテスタントであったからである。ドイツを訪れた際、ケンタッキー州の連邦議会下院議員フランク・シェルフは、バルト海域出身者を「疑いもなく優秀で勤勉で意欲的であり、よい種族や育種であることを示すあらゆる証を持っている」と称賛している。残念なことに、多くのバルト海域出身の難民はナチスの協力者でもあった。彼らの多くが、強制労働者やユダヤ人とは異なり、戦時中に資金と財産を携えてドイツに自発的に移住したために、ある程度、身ぎれいに見えた(87)。

一九四八年の避難民法は、避難民を一九四五年一二月二二日の時点でドイツ、オーストリア、イタリアの西側連合国の占領地域にいた国民と規定しており、戦後になって東欧から避難してきた「充填者」と呼ばれたユダヤ人を意図的に除外した（一九五〇年改正法では、一九五〇年一月一日まで期限が延長された）。トルーマンはこの法に署名したが、これを「あまりにも差別的」「反ユダヤ主義的」「反カトリック的」とみなした。しかし最終的に――ヨーロッパの地では補助労働者が要件をゆるく解釈したこともあって、さまざまな制限にもかかわらず、一九四八年法および一九五〇年法によっておよそ一〇万人の避難民のユダヤ人が合衆国入国を認められた。しかし合衆国は他の移民受け入れ国とともに、選択的な人道主義政策をとる方向で歩みを同じくしていた(88)。

戦後のヨーロッパと合衆国では、「同化しやすい」移民を補充するという関心が広くみられたが、このことは、人種的な序列を温存し、ふたたびそれを想起させただけではなかった。こうして温存された人種的序列によって、若者がもっとも魅力的な移民であり、したがってあらゆる移民のなかで、もっとも理想的な将来の市民であるとみなされたがゆえに、大人よりも子どもが優遇されるようになったのである。第二次世界大戦後の異なる国民間の養子縁組は、人道主義的な危機の解決以上のものであった。それは、人口を渇望している国や子どもを切望している家族に同化できる子どもを提供したが、他方で「同化できない」両親を都合よく排除するものであった。したがって戦後の移民政策を支えた国民主義的で人種主義的な序列は、再家族化を優先しなければならないというレトリックに対しては、抑制的に働いたのである。

東欧でも西欧でも戦後の移民政策は、ヨーロッパの人口バランスを取り、同質な国民国家を構築することをめざして考案された。そしてヨーロッパ中で、政策担当者たちはこれらの目的を、ナチ犯罪への償い、経済的な再建そして国民主権の保護の名のもとに実現しようとした。フランスでは、当局がかつての敵の子どもたちをフランス市民として迎え入れることによって、「ドイツ問題」と目に映る人口問題を同時に解決しようとした。東欧の政策担当者たちは、第二次世界大戦後に人口を増加させることと、同質な国民にもとづく国家を構築するという相反する目的を比較検討した際、同様のジレンマに直面した。しかし東欧の政府当局者は、最終的には異なった解決策にたどり着いた。それはもっと狭く同化の限界を定義することであった。ドイツ人労働者と子どもを取り込むことによって人口を増やす試みを実施するよりも、チェコスロヴァキア、ポーランド、ユーゴスラヴィアでは、一九四五年から一九四八年のあいだに数百万人のドイツ人を「帝国に送り返す」方法をとった。しかしながら、ここでも複数の国民を内包する家族の存在が、混じり気のない人口にするという目的を難しくした。中東欧において、戦後の再建という計画は、最終的には領土においても家族のなかにおいても、民族浄化を要求したのである。

第6章　チェコスロヴァキアにおける民族浄化と家族

一　国民の境界と家族の境界

一九四二年五月二七日の朝、ベーメン・メーレン保護領総督代行であり国家保安本部長官のラインハルト・ハイドリヒが、プラハでチェコ人のパルチザン〔ゲリラ兵〕の襲撃を受けた*〔1〕。数日後、ハイドリヒは、そのときの負傷がもとで命を落とした。この報復として、一九四二年六月一〇日、ドイツ人兵士がボヘミアの小さな村リジツェの男性すべてを一斉検挙し、射殺して集団墓地に埋めた。彼らはその存在の痕跡のすべてを消すために村を焼き払い、徹底的に破壊した。その間に、ドイツ人兵士は村の女性と子どもを集めて、クラドノの高校に連行した。彼らはドイツ人として育てるために二人の子どもを選別し、残りはポーランドへ送った。ポーランドでは、さらに七人の子どもがドイツ化可能とみなされた。一方、残りの女性と子どもは強制収容所に移送された。ナチスの行政当局者は、この九人の子どもをポズナン近郊のプシュカウにあるレーベンスボルン・ホームに移した。当時、一二歳であったマリア・ハンフォヴァーがのちにニュルンベルクで証言したところによると、プシュカウで子どもたちはドイツ語で話すよう教えられ、チェコ語を話した場合にはぶたれるか、食事抜きになったという。彼女の名前は二度変更され、はじめはマリア・ハンノフに、その後、マリア・リヒターとされた。

二歳であったハナ・シュポトヴァーも、ドイツ化のために選ばれた子どものうちのひとりであった。ドイツ人の人種の専門家は彼女に新しい名前をあてがい、ハンナ・シュポットとした。プシュカウに短期間滞在したのち、クララ・ヴァルナーと名乗るドイツ人女性がハンナと養子縁組をした。レーベンスボルンの担当者はヴァルナーに、ハンナは連合国の爆撃で両親を殺されたドイツ人の孤児であると説明していた。しかし、すぐに彼女は、子どもの素性についての当局の言い分とは矛盾する噂を聞いた。「私が子どもを引き取ったとき、幼稚園の先生が言ったのです。『その子が行ってしまうなんて、なんて残念なことでしょう。この子はここでもいちばん可愛くて、すばらしいドイツ語を話せるようになったのに』と。私は当然、驚きました。そして、それはどういう意味なのか、彼女の出身はどこなのかをたずねました。幼稚園の先生は、『知らないのですか？　両親が殺されたチェコ人の子どもたちがここにいるのですよ』と答えました。夫にすすめられたので、私はのちにポズナンの地区児童ホームに手紙を書いて、子どもの素性についての情報を求めました。けれども、私が受け取った返事は、子どもは人種的に完璧であるとだけ。……私はハンナ・シュポットを一九四四年三月まで育てていました。ある日、NSV（ナチ党の福祉組織である「国民社会主義民族福祉」）の看護師がやってきて、彼女を何の説明もなしに奪っていきました」(1)。

ハンフォヴァーとシュポトヴァーは、生きて家に戻ることができた、ごくわずかな幸運の持ち主であった。リジツェ出身の一〇五人の子どものうち悲劇を生き延びることができたのは、わずか一七人にすぎなかった——八二人は一九四二年の虐殺のあとすぐにヘウムノ強制収容所のガス室で殺された(2)。しかし、終戦直後には、リジツェの行方不明になった一〇五人の子どもたちの運命は謎のままであった。チェコ政府当局者と多くの公衆はなお、子どもたちは素性がわからないまま隠されており、いずれ生きてチェコ国民に戻されるだろうと希望を抱いていた。

第二次世界大戦後のリジツェ出身の失われた子どもたちの捜索は、ナチスのひどい仕打ちによって分断された家族をふたたび一つにすることへの、ごく当たり前の要求とみなされていた。チェコスロヴァキア政府は、ヨーロッパ中の政府と同様に、第二次世界大戦中に強制収容所への移送や誘拐、強制労働によって強制的に移動させられた子どもたちの返還を、他の国民と奪い合うように求めた。ちょうどフランスの行政当局者が、フランス国民を、フランス人兵士とドイツ人女性の子どもで補充しようとしたように、チェコ政府は正義とチェコ国民の生物学的再建の名のもとに、リジツェの子どもたちを捜索した。しかし、戦後の東欧では、再家族化という目的は、同質の国民国家を形成しようとする野心と矛盾をきたした。チェコの行政当局者は、「ドイツ化」された子どもの奪還とチェコ人家族への帰還を求めるキャンペーンを広く展開すると同時に、同時代人が「国民浄化（národní očista）」と呼んだ大規模プロジェクトに着手した。そのプロジェクトとは三〇〇万人のチェコスロヴァキアにいるドイツ人の市民権と財産を没収し、貨物車で彼らをドイツに移送するというものであった。子どもたちはチェコ国民とドイツ国民の生物学的未来を象徴する存在として、東欧における民族浄化という戦後プロジェクトの中心にいた(3)。

追放は、地域住民、ソヴィエトの占領軍政当局、そしてチェコの政治指導者の後押しによって、チェコスロヴァキアの解放直後から始まった。いわゆる「移動」は、六五万人以上の避難民となった（リジツェの子どもたちも含む）チェコスロヴァキアの市民をドイツから本国に帰国させる活動と表裏一体であり、望ましくないドイツ避難民をチェコスロヴァキアにある自分の家に戻らせない方策でもあった。民族浄化はまた、少なくとも二〇〇万のチェコ人を、かつてはドイツ人が占めていた住居や職業に再定住させる運動を促した。

これらの人口移動のすべては、国民の帰属が混合する、あるいは国民の帰属があいまいな家族の存在によって複雑なものとなった。同質の国民国家は、国民としても同質の家族集団を求めていた。そしてチェコスロヴァキアは、一九四五年時点で、チェコ人とドイツ人のあいだで結婚した九万組の夫婦と、少なくとも一五万人を数えた彼らの子どもたちの故郷でもあった[4]。

これと同じような人口構成の組み替えは、解放された東欧全域で起こっていた。東欧からのドイツ人の移動は、第二次世界大戦の最後の年から始まっていた。七〇〇万人近くのドイツ人が赤軍の侵攻を免れるために、逃亡するか、あるいは西側に避難した。一九四五年二月のヤルタ会談では、連合国はさらに大規模な人口移送の土台を築いていた。ルーズヴェルトとチャーチルは東欧がソヴィエトの影響下におかれることに同意した。赤軍はすでにポーランドとルーマニアに駐屯し、ベルリンからわずか四〇マイルのところで態勢を整えていた。それゆえ、ソヴィエトの影響下にあることは既成事実になっていた。連合国の指導者たちはまた、ドイツの東部地域から得た領土でポーランドの損失を埋め合わせることにして、カーゾン線以東のポーランド領併合というソヴィエトの要求にも同意した。合意書に一筆署名するだけで、数百万の人びとが強制移動を強いられ故郷を失うという決定がくだった。一九四四年のはじめ、ポーランドとソヴィエトの境界線のソヴィエト側に居住していた一五〇万人以上のポーランド人は西へ移送された。同時に、四八万二〇〇〇人のウクライナ人はソヴィエト連邦に「本国送還」された。それとは別に一四万人のウクライナ人が一九四七年四月から六月までのあいだに、相次ぐ暴力的な移送によって、強制的にポーランドの西側領域に再定住させられた。そしてハンガリーとチェコスロヴァキアの国境でスロヴァキア人とハンガリー人が交換された際、八万九〇〇〇人のスロヴァキア人は少なくとも七万人のハンガリー人と入れ替えられた[5]。

戦後の行政当局者は人口を混交させないようにしたため、国民の境界と同様に家族の境界についても決定せざるをえなくなった――しかし人びとは、この二つの境界を容易にすり抜けたので、それは困難な仕事であった。政府当局者や人道主義ワーカーは、再家族化が戦後再建の広範なプロジェクトの中心にあると公言した。しかし戦時中の家族の崩壊はまた、新しい基準によって国民主義的な人口政策を実行するための絶好の機会をつくりだした。チェコスロヴァキアの行政当局者は、ある家族をふたたび結びつけるに値すると考えたが、一方で別の家族に対しては国民としてあいまいであるという理由で解体するか、あるいは浄化するように仕向けた。戦後のチェコスロヴァキアの行政当局者は、国民国家のためにドイツ人から都市、町、家、農場、工場を奪おうとドイツ人を移動させようとしただけではなかった。浄化は、領土だけではなく家族にも、第二次世界大戦後の清算によって市民権を奪われた人びとだけではなくチェコスロヴァキアにとどまった人びとにも向けられた。

二　チェコスロヴァキアにおける民族浄化

リジツェの子どもたちの追跡は、戦後チェコスロヴァキアにおける国民的「浄化」と再建の物語において際立って劇的な事件であった。チェコスロヴァキアの失われた子どもたちの捜索は、犠牲者性という特徴を帯びながら一体化したチェコ国民のイメージを肯定し、ドイツの悪事の記憶を裏づけ、戦後補償を求めるキャンペーンを盛り上げた(6)。ジェノサイドののちにトルコ人の家からアルメニア人の子どもを要求した活動と同じように、その捜索はナチスの占領後の余波のなかで、チェコ国民の戦後の再生と象徴的に結びつけられた。

一九四六年一月八日のあるラジオ講演では、すべてのチェコ国民に捜索が呼びかけられ、一〇五人の行方不明の子どもについて、どのような目撃情報であっても、郡国民委員会にただちに報告するよう求められた[7]。解放されたベルリンでは、ドイツ人の反ファシストたちが、行方不明のリジツェの犠牲者たちの名前と写真を載せたビラやポスターをばらまき、つぎのように強く勧告した。「ドイツの、どの市庁も、警察も、役所も、教会も、新聞も、ラジオ局も、政党も、団体も……家族も、こう嘆かずにはいられないだろう。『リジツェの子どもたちにいったい何が起こったのか[8]』」。チェコスロヴァキア内務省は、同じ年に『誘拐されたチェコの子ども』というタイトルの小冊子を公刊し、八九〇人以上の行方不明のチェコ人の子どもを列挙した。ほとんどが実際にはチェコスロヴァキア当局の後押しで強制収容所へと移送されたユダヤ人の子どもであった。五二番のエドムント・ブルムは「混血だという理由で、一九四四年にテレジーンに移送された。一〇月二四日から二八日にアウシュヴィッツに移送された。それ以降の情報はない[9]」。

広範な出版物によるキャンペーンは、捜索に注がれた努力と、有名になった本国送還の成功の詳細を伝えた。一九四七年の『国民の解放』紙の論説では、四三〇〇人の行方不明のチェコスロヴァキアの子どもたちがプラハの児童局に登録されていた（そのなかには移送されたユダヤ人の子どもも含まれていた）。身元が突き止められ、家族のもとに帰ったのは、そのうちたった二八九人だけであった。アンラの活動が一九四七年七月に終了することになると、新聞はさらなるアンラの努力を求め、つぎのように強く迫った。「七月までに、できる限り多くのチェコスロヴァキアの子どもを探し出さなければならない。そうすれば、共和国のもっとも小さき市民を苦しめた、計り知れないナチスの犯罪が償われるであろう[10]」。しかし、一九四九年一月に、社会福祉省が強制収容所に移送された子どもの捜索を終えた時点でも、わずか七四〇人の子どもの居場所しかわからず、親元に帰ったのは六二九人だけであった[11]。

リジツェの事例は、他の事柄にも当てはまる共通の傾向を示していた。チェコ、ポーランド、フランス、ユーゴスラヴィア、そしてユダヤの機関や政府はすべて、第二次世界大戦後に行方不明になった子どもの数を誇張した。無数の失われた子どもたちの噂は、戦後政府が連合国の関係当局者、ドイツ政府やオーストリア政府、そして国際組織に要求した一種の道義上の通貨として機能した。チェコスロヴァキアのメディアは、ドイツ市民や連合国当局がチェコスロヴァキアの子どもの祖国への返還を妨害していると主張し、戦後になってもなおつづく悪行を告発した。「誘拐された子どもが、ドイツ人によって奴隷化されている」と、一九四七年三月の『自由新聞』は断じた。ナチ・ドイツの敗北から二年後、新聞は、多くの強制移送されたチェコ人の若者が、家に帰れる可能性を知らずに、いまだにドイツの農場で働いていると断言した。一四歳のミシャ・ケッセルナウアーは、伝えられるところによれば、一九四六年末まで、バイエルンの農民のもとで働いていた。なぜなら、彼女の雇用主が本国送還の可能性があるというニュースを伝えずにいたためだという。『自由新聞』によれば、強制労働者は「ごくわずかな食料しか受け取れず、外の世界との接触もできなかった。その大部分は、まだ年端もいかないころにドイツへ移送された子どもであった」(12)。

共産党が戦後チェコスロヴァキアで影響力を増すと、メディアと政府当局者はアメリカの占領軍政当局と国際連合に対し、本国送還が遅いと非難しはじめた。一九四七年一〇月に『国民の解放』紙が報道したところによれば、リジツェ出身の一三歳の少女ハナ・Š.は、彼女の返還を拒むドイツ人の里親のもとで暮らしていた。アメリカの軍政当局は、頑なにドイツ人の里親をかばっている、と同紙は主張した。この争いは決着のみえないままつづき、ついにチェコの本国送還の担当者たちは自らの手で解決しようとした。「われわれ人民は女の子を連れ去ることを決めた」と、同紙は報じた。「そしてハナちゃんはついに彼女の生地であるチェコに戻ってきた。この解決方法は劇的であった。しかし、なんと悲劇的なことか！　一九四七年に、チェコ人はチェコ人の子どもたちをドイツ人の家族から誘拐しなければならなかったのである。この子どもたちは一九四二年にリジツェから盗まれた子どもたちである。ハナちゃんを誘拐しなければならなくなったのは、アメリカ当局のせいである。というのもアメリカ当局こそが、ナチスによって戦時中に誘拐された子どもをわれわれに渡さないように守っていたからである」[13]。

その後の一〇年間を通して、ドイツとチェコスロヴァキアの多くの市民が、失われた子どもたちの追跡に関わった。リジツェ出身の子どもの目撃情報が中央ヨーロッパの各地で報告された。コリーン出身のマリエ・イラースコヴァーは、新聞で捜索についての発表を読んでリジツェの国民委員会に手紙を書いた。戦時中のコリーンで、彼女は自らナチ党員だと公言する夫妻の隣に住んでいた。一九四三年、三〜四歳のある少女の姿を、その隣家で見るようになった。「黒い瞳とカールした黒色の髪を持ち、全体的に弱っていました。彼らは彼女を養子にしたと言っていました」。しかし、イラースコヴァーはすぐに疑った。「ふいにいくつかのことが思い浮かびました。どうやって、女の子がハレからコリーンまでやってくるというのでしょうか。なぜなら『母親』も一緒におらず、その子はとても上手にチェコ語を話したからです。チェコ語を話すドイツ人に特有のアクセントもなく。そして、なぜ、その子はリジツェの悲劇のすぐあとに養子縁組をしたのでしょうか[14]」。

イフラヴァにいたアルノシュト・チェトコフスキーも、リジツェで誘拐された子どもとひそかに遭遇したと報告した。チェトコフスキーは一九四二年八月、リジツェの子どもたちが地元の公立小学校に住んでいるという噂を聞いた、と断言した。噂を確かめるため、彼は学校に行った。その学校は、悪名高い「チェコの子どもたちをドイツ化するのに使われた」学校であった。建物は厳重に監視されていた。しかし彼は、開いた窓からチェコ語とドイツ語の声を聞いた。彼は、窓のそばに寄って叫んだ。「そこの女の子！　君はリジツェから来たのかい?」。ある少女が「そう!」と答えた。「私も!」という声が他からも響いた。しかし彼がその名前を訊ねる前に、ドイツ人兵士が姿を現わし、むりやり彼を追い出した。五日後、子どもたちは消えていた(15)。

どちらの目撃情報もたくましすぎる想像の産物であった。警察の調査では、イフラヴァの学校にはチェコ語を話す子どもが住んでいたが、子どもたちはナチ党員の子どもであったと結論づけられた。コリーンの養子縁組された少女は近所の子どもからチェコ語を習ったのであって、リジツェにいたわけではなかった(16)。

リジツェの目撃情報が拡大した理由は、ひとつには、リジツェの虐殺が、ナチ支配のもとでのナチスの残虐性とチェコ人の犠牲者性を示すうえで重要な象徴となったからであった。しかし、理由はそれだけではなかった。リジツェの子どもの捜索が、ヨーロッパ全体にとって、喪失したアイデンティティをめぐる魅惑的なメロドラマでもあったがゆえに広まったのである。ヨーロッパ社会が第二次世界大戦後に自らを復活させようと格闘した際、混乱したアイデンティティの物語は、人びとの想像力を惹きつけた。失われた子どもたちは、多くの場合、自らの出自を知らなかった。だからこそ、そうした子どもたちは、戦時中に身元を詐称する危険性と可能性の両方を、際立った仕方で体現する存在となった。

チェコの著作家であるズデンカ・ベズジェコヴァーは大衆向けの児童書で、失われた子どもたちの苦境を脚色しさえした。彼女の小説『レニとよばれたわたし』は一九四八年に初版が出され、英語、ドイツ語、オランダ語、スロヴェニア語、スウェーデン語、日本語、ウクライナ語、スロヴァキア語、ソルブ語に翻訳された。この本はチェコ語では八版まで重ねた(最新の版は二〇〇一年である)。序文でベズジェコヴァーは、失われた子どもたちの実話についての新聞記事に触発されたと書いている。「一九四七年、私はドイツ人家族とともに何年も過ごしたのちに祖国に戻ったという、小さなチェコ人の少女についての新聞記事を読みました。彼女は、第二次世界大戦中にドイツ人によって自分の祖国から誘拐され、ナチ党員の家族のもとに移され再教育された、たくさんの子どもたちのうちのひとりでした。私は、彼女の悲しい運命と、このようにすべての盗まれた子どもたちの運命についてじっくり考えました。そして私はこの話について書こうと決めたのです[17]」。

レニ・フライヴァルトというこの物語の主人公は、アレナ・シーコロヴァーとして生まれた。一九四六年、アレナはドイツのヘレンシュタットでナチ党員の家族とともに生活していた——彼女は自分がチェコ人であることにまったく気づいていなかった。少しずつレニは、彼女の本当のアイデンティティについての謎めいた手がかりに直面させられる。彼女は、養母と養祖母が閉じたドアの向こうで、自分のことをめぐって争っているのを聞いてしまう。あるクラスメイトが彼女を「外国のチェコの雑種」と呼ぶ。ついに彼女は屋根裏でスーツケースを見つける。そのスーツケースは彼女の過去の痕跡でいっぱいであった——農民風の人形、白い帽子、ASというイニシャルの刺繍が入った一組の靴下。最終的に彼女の出自がチェコ人とわかり、レニは逃げ出して地元のアンラのオフィスに向かい、「私のお母さんがチェコスロヴァキアにいる!」と言った。親身になってくれる教師と好意的なアンラのソーシャルワーカーの助けで、ついにレニは母を捜し当て、彼女はもともとの家族、言語、そして国民に戻された。しかしながら物語の最後は、レニが自分の失ったものがなにかを認識し、感傷的な調子で終わる。「最初、私は愛を感じました。しかし私はなにも言うことができませんでした。私は、どうやって母とチェコ語で話せばいいのかわかりませんでした[18]」。

チェコの避難民の子どもたちの苦境はまた、映画化のため、またアメリカ人の観客のために脚色された。モンゴメリー・クリフト主演の一九四八年の映画『捜索』〔日本語タイトルは『山河遥かなり』〕は、オーストリア系アメリカ人でユダヤ系の監督フレッド・ジンネマンが指揮をとった。五つの部門でアカデミー賞にノミネートされ、映画は大ヒットとなり、一九四八年のアカデミー賞脚本賞を受賞した。『捜索』は実際のアンラの子ども用の避難民キャンプにおけるジンネマンの調査にもとづいていた。ここでジンネマンはアメリカのアンラのソーシャルワーカーであったスーザン・ペティスの後を付いて回った。撮影はバイエルンにあったアンラのローゼンハイム交通センターでおこなわれ、四〇〇人の難民の子どもがエキストラとして出演した。

『捜索』の謎めいた若い主人公はアンラの事務所に招き入れられる。ソーシャルワーカーたちは彼に自身の出自について質問をするが、彼は自分の名前さえ思い出すことができない。アンラのワーカーたちの粘り強い質問に対する彼の唯一の答えは、「(ドイツ語で) わからない」であった。話が進むにつれ、私たちは、この特徴的な失われた子どもが、チェコの中流階級の両親をもつカレル・マリークだとわかる。彼は奇跡的にアウシュヴィッツを生き延びた子どもで、肘と手首のあいだに入れ墨が入っていた。しかしながら、彼がユダヤ系ではないということがあとから判明する。チェコの子どもを通してヨーロッパの失われた子どもたちの運命をドラマ化するという選択は偶然ではなかった。とはいえ、(アウシュヴィッツの生き残りのなかではもちろんだが) アンラのキャンプにいる子どものうちでもユダヤ系ではないチェコ市民の子どもはごくわずかであり、多数派ではなかった。そうではなく、第一次世界大戦以降、チェコ人はもっとも「西側的」で「文明化されている」中央ヨーロッパ人として広く認識されていた。第二次世界大戦後のアメリカとヨーロッパにおいてなお反ユダヤ主義は残っていたため、中流階級のチェコ人の子どもは、ヨーロッパの難民キャンプに多くいたユダヤ系の子ども、あるいはそれ以上にエキゾチックなポーランド人やウクライナ人の子どもよりも感情移入しやすい主役としてつくりあげられたのであった(19)。

荒廃したドイツの都市を象徴的な背景にしつつ、観客はカレルの母親が家族をふたたび一つにしようと壮絶な努力をしながら、ヨーロッパを徒歩で横断するのを追体験する。彼女はアンラの児童ホームで働き、そこでほかの失われた子どもの世話をするうちに彼女の母性本能のはけ口を見つける。そうしている間に、ラルフ・スティーヴンソン（スティーヴ）という名の、あるアメリカの若い将校がカレルと親しくなる。スティーヴの助けで、カレルは英語を学ぶ。さらに、彼は子ども用の将校の制服、アメリカの靴、そしてジミーという名を与えられた。スティーヴは、ついにカレルを養子にすることを決め、アメリカの彼の家に連れて帰る。しかし、映画の感傷的なクライマックスでは、カレルと彼の母親が、偶然ふたたび出会う。このハッピー・エンドでカレルは母親の家に、すなわち彼の国民としてのルーツがある祖国に戻る。『捜索』は、徹底して戦後の強制移動をめぐる問題に対してよくとられた解決方法を肯定する。つまり、家族と国民のもとへ返すという方法を用いたのであった。[20]

現実の生活のなかで家族が再会することは、戦後のチェコスロヴァキアにおける主要なメディアイベントであった。ドイツからチェコスロヴァキアに送還されたごくわずかな子どもたちは、著名人のように歓迎された。七歳のハナ・シュポトヴァーは、一九四七年四月二日に生家へと戻った。帰りの列車には、彼女と同じくドイツに強制的に移住させられていた三一人のチェコ人の子どもが同乗していた。列車がプラハのウィルソン駅に入ってきたとき、「尋常でない興奮と緊張に包まれていた一般の市民たち」がそれを迎え入れた。「そのなかには、カーキ色の制服を着たアンラの職員と代表者、そして私たちの兵士が混じっていた」と、『人民の防衛』紙は報告した。出迎えた人びとのほとんどは映画制作者、報道写真家、そして新聞記者であった。彼らは「興奮しながら親と、野蛮なドイツ支配によって盗まれた子どもが再会する貴重な瞬間を捕えようと構えていた」[21]。ついに、その瞬間がきた。「涙するシュポトヴァー夫人は彼女の七歳の娘を抱いた。娘は二歳のときにゲシュタポによってさらわれていた」[22]。

実際には、遠い親戚や施設に返された孤児たちは、不安定な境遇におかれたと感じることが多かった。一九四五年一二月、社会福祉省の行政当局者は「若い帰還者の不幸な生活状況と彼らの道徳的、身体的な健康を脅かす危険」について警鐘を鳴らした[23]。チェコの行政当局者たちのなかには、リジツェの子どもたちの評判が不当に利用されていると心配する者さえいた。一九四五年九月には、内務省が社会福祉省に対しつぎのように警告した。「戻ってきたリジツェ出身の子どもたち、とくにアウシュヴィッツやラーフェンスブリュックの強制収容所で母親を亡くした子どもたちは……親戚や他人に完全に依存している……彼らは文字どおりの意味で虐待されている。なぜなら、彼らの保護者が彼らの名声を不当に利用しようとしているからである[24]」。

失われた子どもたちを送還する大々的なキャンペーンは、チェコスロヴァキアにいるドイツ市民の追放と表裏一体の関係にあった。一九四五年一二月、チェコスロヴァキアの行政当局者はモラヴィアの州委員会の地域支部に対して、チェコ人の子どもがドイツ人と間違えられて国外に追放されないように、ドイツ系の児童ホームと里親のもとを捜索するよう指示した。しかしながら、徹底した捜索ののち、チェコ人のソーシャルワーカーは、ドイツの施設で二〇〜三〇人しかチェコ人の子どもを見つけられなかったと報告した。ほとんどは捨てられたか孤児になった子どもで、ナチスの福祉当局によってドイツ人家族のもとにきた雑婚《ミックスド・マリッジ》の子どもたちであった。一九四六年一月、この結果に納得できず、政府当局者は、ふたたびチェコ人のソーシャルワーカーにすべてのドイツの収容所を捜索するよう命じた。それは「チェコの血」を持つ誘拐された子どもが偶発的に追放されないようにするためであった。一九四六年四月の内務省からの覚書では、つぎのように説明されていた。「ナチスのテロの犠牲者となり、自身の親が死刑に処されるか、拷問を受けたのちに、ドイツ人家族に預けられ育てられた行方不明の子どもがたくさんいる――リジツェやそのほかの事例のように――ことはよく知られた事実である。それゆえ、こうした悲劇的な現実を変えられる方法を少しもを見逃さないことは、関係機関の業務や職務というだけでなく、職務を超えた道徳の、そして愛国心の問題なのである」[25]。しばらくすると、社会福祉省はすべての主要なチェコの新聞の編集者に、ドイツ人の被追放民のなかからチェコ人の子どもを探し出すことを宣伝するよう依頼した。「一人たりともチェコ人あるいはスロヴァキア人の子どもをドイツ領内に移送させず、われわれの手もとに残しておくことは、われわれ国民の主権の利害に関わることである」[26]。しかし、二度目の捜索でも、雑婚で生まれたごく一握りの子どもたちを見つけただけで終わった。そのなかのある一人の子どもは、彼女のドイツ人の祖母（祖母は追放された）から引き離され、チェコの叔父のもとに預けられた[27]。

実際には、チェコスロヴァキア当局にとって、自分たちが国外に移送しようとしている「ドイツ人の」子どもと、チェコ国民のために救い出したい「ドイツ化された」子どもの区別をつけることは難しかった。ナチ占領下の四年間に、その作業が簡単になったわけではなかった。アメリカの外交官であるジョージ・ケナンが、侵攻後すぐにボヘミアのある都市について、つぎのように書き残している。「どこでチェコ人が終わり、どこからドイツ人がはじまるのかを見定めるのは難しくなった」[28]。一九四五年七月、ボヘミアの州児童福祉委員会は内務省に緊急の覚書を送った。その内容は、関係機関がドイツ人の子どもとチェコ人の子どもをどのようにして区別すべきかを問うものであった。雑婚の子どもたちの存在は、とくに行政当局者たちに、二つの相反する国民主義的な目的のうち、いずれかを選択するよう迫った。すなわち、ボヘミア諸邦からひとつのこらずドイツ的なものの痕跡を消してしまおうという野心と、「小さな」チェコ国民のために一滴でも多くの「チェコの血」を残しておこうという人口増加主義者の目的である。歴史家ベンジャミン・フロマーは説得力を持ってつぎのように述べた。「国家の『浄化（očistit）』に国民が合意したことは、異なる民族で形成された家族の運命を破壊した」[29]。

連合国が勝利するとすぐに、チェコ人兵士、地元の治安当局と準軍事的組織は、ボヘミア諸邦からドイツ人を追い出そうというキャンペーンを開始し、一九四五年末までに七〇万人以上のドイツ人を追放した。そのほとんどが何世代にもわたってボヘミア諸邦に住んできた人びとであった。一九四五年七月のポツダム会談では、連合国はすでに実施された追放を支持した。二〇〇万人以上のドイツ人が市民権を奪われた。そして国際社会の祝福とともに、一九四六年一月にはじまる、いわゆる組織化された移動を通じて西方へと移された。一九四五年八月二日、エドヴァルド・ベネシュ大統領は大統領令第三三号を発布し、ドイツ人とハンガリー人からチェコスロヴァキアの市民権と財産権を正式に剝奪した。国籍／国民としての帰属は法的には、一九三〇年のチェコスロヴァキアの国勢調査の記録をもとに決定された（この国勢調査は保存されており、また匿名ではなかった）[30]。「チェコ国民とスロヴァキア国民に対してひどい行為を決してせず、積極的にその解放のための努力に貢献した」という個人は、市民権を得るための請願を提出することができた。しかし多くのチェコ人は、ドイツ人を反ファシストであっても信頼できないと感じていた。一九四四年五月、チェコの諜報員がつぎのような広く行きわたった見解を報告している。すなわち、「私たちのところにいるドイツ人は誰ひとりとしてここにとどまることはできない。誰もだ。たとえ社会主義者であっても、ズデーテン・ドイツ人であっても、みんな同じだ。……私たちは、少なくとも、私たちの子どもがドイツ人から離れ、いくぶんかでも安心していられると確信する必要がある」[31]。大統領令第三三号はまた、チェコスロヴァキアの法律に埋め込まれていた家父長的な伝統にもとづく取り扱いをやめた。というのも、両大戦間期のチェコスロヴァキアでは、結婚した女性は自動的に彼女の夫の市民権を得て、婚内子は父親と同じ国籍／国民としての帰属を得ていた。それに対して、大統領令第三三号は、女性と子どもの国籍／国民としての帰属と市民権を「独立したものとして」査定することを要求したのである。しかしながら、大統領令は同時に、親権が認められた場合には、チェコ人男性と結婚しているドイツ人女性によって提出された市民権申請を「好意的に」判断するよう義務づけた[32]。

追放がおこなわれると同時に、チェコの行政当局者は六九万二〇〇〇人のチェコ市民を外国から本国に送還することを急いだ。そのほとんどは戦時中に、自発的あるいは強制されてドイツで働いていた外国人労働者であった。このうち、約二〇万人はいわゆる再移民——チェコ人あるいはスロヴァキア人とその子孫であり、かつて移民し、いまやプラハの政府の後押しでチェコスロヴァキア市民権の返還を要求する人びとであった[33]。しかしながら再移民は、三〇〇万人のドイツ人の労働力の代替にはほとんどならなかった。チェコ政府はそれゆえ、空白となった国境地帯に、国内のチェコ人とスロヴァキア人を移住させる野心的な計画に着手した。

北ボヘミアは、第一共和政のあいだ、工業生産にとって決定的に重要な場所であった。戦後チェコスロヴァキア経済は、ドイツ系の工場とビジネスを操業停止にする余裕はなかった。一九四五年の夏だけで五〇～六五万の新しいチェコ人入植者が国境地帯に到着したが、この数は同時期に追放されたドイツ人の数に匹敵する。追放と再定住の同時進行は、地方当局と定住者が財産を求め、ドイツ人被追放民の家屋、仕事、家具、家禽類、そして土地を競って強奪しようとする一攫千金文化を助長した。中央政府当局者は一九四九年までに、国境地帯に二五〇万人のチェコ人とスロヴァキア人を再定住させようとしていた。しかし、産業労働者、農民そして鉱山労働者を補充しようというプラハの定住局のもくろみは、パブのオーナーや土地所有者になりたい新参者のチェコ人の夢と衝突した[34]。

共産主義が支配するプラハの内務省は、公式には、市民権と財産権についての決定を定めた。しかし、基本的には、郡と地方の国民委員会が、ドイツ人の抑留と追放、ドイツ人資産の再配分、そして市民権の回復の申請を取り扱った。郡、地方、そして州レベルの国民委員会は、一九四四年一二月に大統領令によって創設された。一九四五年には、郡国民委員会メンバーの約四〇パーセントと委員会のリーダーの多くは共産党員であった。最初は一時的なものとされていたが、戦後、国民委員会は地方政府を掌握し、ナチスがいなくなったあとに残された権力の空白を埋めた。彼らはいわゆる「国民の名誉に対する罪」を訴追する権限、および仕事を得て、学校に通い、家を見つけ、福祉の恩恵を受けるのに、いまや必須となった「国民としての信頼性の証明」を発行する権限を掌握した。内務省は正式に市民権法を作ろうとしていたが、他方で郡国民委員会もまた、これらの大統領令をかなり自由に解釈し実行していた[35]。

こうした状況においてはたちまち、プラハの中央省庁の行政当局者、郡国民委員会委員、国境地帯の新しい定住者、そして一九三八年以前から国境地帯に住む「旧住民（straousedliky）」と呼ばれた人びとのあいだで深刻な争いが起こった[36]。これらの紛争の要因となったのは財産であったが、それらがはっきりと現われたのは、雑婚の子どもに関する議論においてであった。ドイツ語話者とチェコ語話者は、ボヘミア諸邦において長いあいだ混合婚《インターマリッジ》をつづけてきた。ナチスの人種法にもかかわらず、第二次世界大戦中を通してずっと、混合婚はつづいた。一九三九年のベーメン・メーレン保護領における結婚の五分の一は、ドイツ市民とチェコ臣民のあいだの結婚であった。一九四一年以後、ラインハルト・ハイドリヒの支配下での保護領では、SSがドイツ化や市民権政策に大きな影響を及ぼした。しかし、チェコ人のパートナーが人種検査にしたがう限りは、混合婚は合法のままであった。事実、一九四五年一〇月になって初めて正式に雑婚を禁止したのは、チェコスロヴァキア政府であった。もちろん、この「雑婚」という用語自体が問題含みである。なぜなら、この用語には、それぞれのパートナーが、はじめから、ある特定の国民アイデンティティを持っており、その国民への帰属は不変であるという前提があるからだ。多くの、いわゆる「混合の」夫婦は、自分たちを、そのような用語で表現するようなことはなかった[37]。

収容所とドイツに向かう抑留列車はチェコ語を話す子どもたちでいっぱいであったという噂によって、政治領域全体が不安に包まれた。大統領令第三三号の発布からわずか一週間で、内務省はさらなる規定を発布するまで、「雑婚の子どもたちを連れた家族の強制立ち退きを一時的に中止する」という命令を出した。しかし、地方レベルの委員会は混合婚のカップルとその子どもの国外移送を進めた[38]。混乱が継続する状況を前にして、青少年福祉のボヘミア郡委員会は、内務省につぎのように要求した。すなわち、内務省が「これらマイノリティの子どもたちの国民としての帰属と法的な立場を決定する方法に関して……原理原則にもとづき、責任ある、統一的な決断をするべきである……雑婚のもとに生まれた子どもたちがとても多く、そしてドイツ人の強制退去が着々と進んでいるため、この決断を迅速におこなうことが必要不可欠である」と。郡委員会は、自分たちとしては、「国民の重大な利益を鑑みて……チェコ人の血が流れているすべての子どもは、たとえ両親のうち片方だけがチェコ人であったとしても、チェコ人の子どもと考え、チェコ人として教育すべきである[39]」と提案した。このことについての内務省のたび重なる命令にもかかわらず、誰がチェコ人で誰がドイツ人かについての決定は、地域ごとに異なる矛盾とご都合主義に支配されていた。一九四六年四月、社会福祉省は問題を明確化しようと地域の国民評議会に命令を出した。「子どもの出自を決める際に、この活動［追放のこと］は、子どもがドイツ国民に帰属している、つまり両親がドイツ人であると間違いなく特定できる子どもに限って適用されることを強調する必要がある[40]」。

チェコ国民かどうかの線引きをめぐる議論は、あらゆる市民がチェコ人かドイツ人のどちらかであるとする、国民としてのアイデンティティの二元的な理解に疑義を投げかけた。この理解によってすべての市民はチェコ人かドイツ人とされた。行政当局者はそうした理解に代えて、個々の子どもと家族は多かれ少なかれドイツ人かチェコ人と言えるとし、国籍／国民としての帰属を連続的なものと判断した。たとえば、一九四六年初頭に、社会福祉省の担当者は、ポーランドのゴジュフ出身の三八の「チェコ人」家族の一団をチェコスロヴァキアに送還することを許可した。この家族たちは、一九〇五年から一九一〇年にかけてオーストリア帝国期のガリツィアに工場で働くために移住したボヘミアの人びとの子孫であった。その間に彼らは、ポーランドの地元のドイツ語話者のコミュニティに同化し、子どもたちはドイツ語の学校へ通っていた。「家族内の国民としての関係はとてもあいまいであった。たしかに家族の父親たちは流暢なチェコ語を話すが、わずかな例外を除いて、彼らの妻や子どもはまったくチェコ語が話せない」と、チェコの行政当局者は伝えている。[41] このような事例は、戦後の国民主義者が抱く絶対論の文脈では問題含みであった。彼らの絶対論の文脈では、特定の個人や家族がチェコ人かドイツ人かをただ決めるというだけでは、まったく不十分であった。問題は彼らが十分にチェコ人かどうか、ある家族メンバーがほかのメンバーよりもチェコ人であるように見える場合、どうすべきなのか、ということであった。

　子どもたちは、戦後チェコスロヴァキアでの雑婚をめぐる議論において中心的な存在であった。チェコ人の政策担当者が直面した問題は、チェコ国民のもとに子どもを最大限確保したうえで、ドイツ的なるものを取り除いてチェコ社会を浄化するにはどうしたらよいのか、ということであった。明白な解決方法は、単純に複数の国民が混ざった家族を解体することであった。ウースチー・ナド・ラベムはもっとも暴力的な追放がおこなわれた地域のひとつであったが、当地の児童福祉当局者は、一九四五年の七月に「［雑婚の］両親には離婚する機会を与え、それによって子どもを救い出す」[42] ことを奨励した。一年後、州児童福祉委員会は政府に雑婚のあいだに生まれた子どもを、そのドイツ人の親たちから強制的に引き離すことを許可するよう求めた。たとえドイツ人の親たちが、ナチ当局者の子どもの誘拐と脱国民化をはげしく糾弾していたとしても、このように、戦後のチェコの国民主義者は自身の国民の利益という名のもとで、複数の国民が混ざった家族の離散を促進したのであった[43]。

雑婚の家族の強制的な解体という提案は極端なものであったが、政府当局者やメディア、あるいは一般市民はそれを真剣に考えていた。ヨゼフ・ブジェツカは進歩的なチェコの中等学校の教員であったが、一九四六年、彼はお節介じみた助言を政府当局者に伝えた。長々とした文書のなかで、彼は雑婚の子どもたちは強制的にドイツ人の親から引き離すべきだと提案した。彼の見解によれば、「ドイツ化された」チェコ人の子どもを追放することは、人口学的な優位性をめぐるチェコ人とドイツ人の闘争において敗北を受け入れるも同然であった。ブジェツカにとって、人口主義者がめざす目的は、雑婚の家族によって引き起こされるかもしれない政治的脅威よりも、はるかに重要なものであった。「ドイツからの最新のニュースによれば、ドイツではもっとも若い世代の人口がきわめて多いという。しかしながら、私たちは雑婚で生まれた子どもたちとドイツ化された地域の子どもたちを追放したために、そのドイツ人の人口をさらに増やしてしまっている。これほど馬鹿げたことはないのではないか」。もしこれらの子どもをすばやくチェコ内に再定住させ、再チェコ化すれば、チェコ国民のために取りおくことができるというのである。他方で、「家族にドイツ化の傾向を示す者がいる場合は……その人物がほかの家族に影響を与えないようにしなければならない。……たとえその人物に罪がなくとも、彼らは強制労働を課せられ、家族のもとには短期間しか戻れないようにしなければならない[44]」。

ブジェツカの提案は、いくつかの政府省庁で回覧された。それぞれの省庁の担当者たちは、真剣にそのメリットについて議論をおこなったが、全員がそれに賛成したわけではなかった。外務省はその案を支持したが、国家統計局の担当者はもっと懐疑的であった。だが、それは親子の引き離しが当事者に困難をもたらすからではなかった。むしろ統計局はブジェッカを、「国籍／国民としての帰属に関するナチスの理論、つまり国籍／国民としての帰属を身体的、物質的な事実として考える理論」を支持していると非難した。そして、自分たちの、より寛容な計画を対峙させた。「いわゆるドイツ化されたチェコ人、あるいは祖先はチェコ人であったというような者は、ドイツ人である。結婚やドイツ人の影響によってドイツ国民に帰属し、それゆえに私たちを見捨てたチェコ人男性あるいは女性は、感傷的に便宜を図ってやるに値しない。ドイツ国民といううがらくたで、チェコ国民という身分《ランク》を拡張してしまうことは、チェコ国民の利益にならない。われわれが追い出した数千人のドイツ人の子どもは、何百万人もいるドイツ国民のなかでは多くはないが、しかし数百万人しかいないチェコ国民にとっては、これらの子どもは将来の協力者やスパイとなる可能性を秘めた多数の胚となるであろう(45)」。

ブジェッカの意見書は活発な議論を引き起こした。なぜなら、チェコの行政当局者のあいだで長らくつづけられてきた論争の核心に切り込んできたからである。それは、人口を増加させることと、国民的な同質性を達成することの、どちらが重要なのか、という問いである。二つの目的は、いわゆる「ドイツ問題」に対しての異なるアプローチを反映しており、雑婚の子どもに対する異なる態度を内包していた。プラハの中央政府の省庁が人口増加に関心を集中させているあいだ、雑婚のチェコ市民は、人口増加主義者のレトリックを使った。なぜなら彼らは、チェコ国民の境界を流動的なままにしておくことに個人的関心を持っていたからである。その一方で、そのほかの雑婚には関係のないチェコ人、とくに国境地帯の新しい定住者たちは、チェコスロヴァキアの土地からすべてのドイツ的なものの痕跡を排除することを求めた。異なる国民間の恋愛を国民に対する反逆罪のひとつとみなす視点は、法律にも根を下ろしていた。一九四五年の「小大統領令」は、いわゆる「国民の名誉に対する罪」を罰することを定めていたが、戦時中のドイツ人との恋愛関係

を犯罪化した。国民の敵と同衾したことで有罪判決を受けた個人（ほとんどが女性たち）は禁固と罰金の対象となりえた。(46)

三　「雑婚」と民族浄化

戦後、ヨーロッパ全域とアメリカでは出産奨励主義が席捲したが、チェコスロヴァキアも例外ではなかった。しかしながら、ほとんどのヨーロッパの国々とは異なり、チェコスロヴァキアの人口は実際にはナチ支配下で増加した。チェコスロヴァキアは、ドイツによる侵攻にともなう軍事上の死傷者はなく、占領された保護領のなかでは、ナチ帝国のほかのどこよりも、食料配給量が多かった。さらにチェコ人女性たちは、ナチ支配の当初から、出産奨励主義者が矢継ぎ早に展開したプロパガンダに晒された。多くの若いチェコ人女性が妊娠したが、それは、ドイツの軍需工場への徴用を免れるための戦略であった。「私たちはナチスのおかげで出生率をかなり上昇させることになりました。プラハあるいは農村地帯でも、これほど多くの妊娠した女性は見たことがありません――妊娠は強制労働から逃れる唯一の方法だったのです」と、一九四三年末、チェコのある情報提供者は述べた。(47)チェコの出生数は一九三八年の一〇万三六四二人から一九四四年の一五万三九五三人に増加したが、この値は一九三二年以来、もっとも高い数値であった。一九六二年に、ドイツの人口学者アルベルト・エッシナーは、チェコ人口は、終戦までに正味で二三万六〇〇〇人の増加をみた、と見積もっている。(48)

ドイツの侵攻が戦時中の人口増加をもたらしたが、一方で、戦後の三〇〇〇万人にのぼるドイツ人の追放もまたベビーブームを加速させた。ドイツ人追放によって人口減少への懸念が広がったため、一九四六年六月、チェコスロヴァキア保健省は、人口問題についての新たな省庁間委員会を発足させた。委員会の目的は、人口政策に取り組む主だった国家あるいは任意組織を調整することであった[49]。一九四六年一二月には、社会福祉省が、人口増加と乳幼児死亡率の減少をめざし、広範な分野を包括する法案を起草した。同省の提案には、出産一時金の支給、結婚ローン、大家族への住居費補助、育児休暇の拡大、政府の援助する保育所の拡大、そして堕胎法の厳格化が含まれていた。さらに、同省は人口と人口学を研究するための、新しい国立の人口研究所の創設も計画していた[50]。一九四八年、共産主義者が実権を掌握するとすぐに、これらの提案のいくつかが実施された[51]。メディアもまた、人口危機が生じているという感覚を強く意識していた。一九四六年五月、『人民民主主義』の編集部は、つぎのように述べた。「これからの二〇～三〇年で、共和国は、どうやって人口減少分を埋め合わせるかという深刻な問題に直面することは明白である。……それは、共和国再建という事業を停滞させせないための、私たちのもとから去った三〇〇万のドイツ人の補塡という問題である[52]」。

人口問題はすぐに子ども、つまり民族浄化について展開されていた議論、そして国境地帯の経済的、人口学的な変化についての議論に結びつけられた。チェコスロヴァキア社会の内部における異議申し立ての声は、とりわけ子どもに着目して追放そのものを疑問視しはじめていた。プラハの中央省庁のなかでは、人口増加主義者の懸念が勝っていたが、実際の運用では、地方当局に市民権の規定を自由に解釈する余地が残されていた。一九四六年三月、外務省は追放の実行について、つぎのように明言した。すなわち、地方の行政当局者たちは「チェコ人あるいはスロヴァキア人の血が流れるチェコスロヴァキア国民のために、できる限り多くの人口を確保することを優先すべきなのは明らかである[53]」と。社会福祉省は雑婚の子どもの健康と福祉について、同様の趣旨を表明した。一九四五年五月一七日の内務省令では、戦後にチェコスロヴァキアに残っていた子どもも含むすべてのドイツ人への配給を、戦時中にナチスによってユダヤ人に割り当てられたのと同じ量にすべきである、と定められた。この省令を持ち出して、地方の当局者たちは、多くの雑婚の子どもたちを、この飢餓による支配のもとにおいた。これに対し、社会福祉省の担当者たちは、この政策がチェコ人の子どもの健康を危険にさらすとして反対した。そして「人口規模の小さい国民である私たちは、チェコ人の子どもを一人たりとも失う余裕などない(54)」と抗議した。

内務省もまた、この件に関わっていた。一九四五年一二月、同省はチェコ人の女性がドイツ人の男性と結婚しているならば、その夫は収容所へ移送されるべきではないという要請を記した覚書を出している。しかし複数の国民が混ざった家族の最終的な位置づけは、あいまいなままであった。一九四六年五月になって初めて、内務省はその位置づけを、つぎのように明確にした。すなわち、混合婚のドイツ人のうち、一九三八年五月二日以前に婚姻関係を結び、かつ「反国家行為」に関わっていない者であればすべて、追放や懲罰的手段の対象とならない、と。原則として、一九四六年五月以後、混合婚をしたドイツ人とその子どもたちは、それ以外のドイツ人に課されたいかなる懲罰的手段の対象からも外された。この手段のうちには、財産の押収、居室からの立ち退き、そして「N」という文字が記された腕章を身につけることも含まれていた。混合婚をしたドイツ人たちは、法的には「チェコ人」としての配給量と賃金受給の資格を持ち、ふたたび公共交通機関を利用することを許された(55)。

しかしながら、これらの規則が存在しても、実際には、雑婚による家族の扱いはほとんど変わらなかった。地方では、地区の国民委員会が政府の指示をあっさり無視した。一九四六年六月に内務省は、何百人ものチェコ人が追放の中止後も、配偶者とともにドイツへと追放されたという報告を数え切れないほど受けていた。プラハの定住局はつぎのように嘆いた。「不幸にも多くの地区が政府の指示を無視するか、拒絶している」

と。一九四六年六月一一日にドイツに移送された被追放民のなかには、六歳未満の子ども一二〇人が含まれており、その半分がドイツ語をひとことも話せなかった。「移送のあいだ中、聞こえてくるのはほぼチェコ語であり、まるでドイツ人ではなくチェコ人の移送のようであった」。定住局は、こうした事態はチェコ国民の大いなる損失を招くと警告した。なぜなら、こうした子どもたちは、すぐにドイツ人の隊列に加わり、これを拡大させ、「無事に生き残った暁には、チェコ国民の敵」[56]になるからだ。一九四八年七月末、プラハの中央省庁と地方の国民委員会の緊張関係はつづき、内務省が繰り返し規則を発布していた一方で、地方の関係当局はこれを公然と無視しつづけた[57]。

しかしながら、ベンジャミン・フロマーが示しているように、すべての雑婚夫婦が平等に扱われるわけではなかった。チェコ人男性と結婚したドイツ人女性は、チェコ人女性と結婚したドイツ人男性よりもはるかによい状況で暮らすことができた。大統領令第三三号によって、チェコ人男性と結婚したすべてのドイツ人女性は、ただちにチェコスロヴァキア市民権復活の申請ができるようになった。さらに、この法令は、地方の当局に対し、こうした申請を「寛大に」扱うよう求めた。しかし、チェコ人女性と結婚したドイツ人男性は、一九四七年一月になるまで、市民権の回復を申請する権利を得ることができなかった[58]。このダブルスタンダードにはいくつかの理由があった。国家は、伝統的な家父長制的特権、なかでもチェコ人男性が自分の子どもに自分の国籍/国民としての帰属を受け継がせる権利に干渉しようとはしなかった。さらにチェコ人女性と結婚したドイツ人男性は、国家の安全保障上、より大きな脅威として考えられていた。なぜなら、彼らはドイツ国防軍やナチスの政治組織に仕えていた可能性が高かったからである。ドイツ人女性は、これに対して、女性としての美徳から非政治的で脅威ではないとみなされていた[59]。

この政策は、ドイツ人男性と結婚したチェコ人女性からの激しい抵抗を引き起こした。しかしチェコ人女性の抗議もまた、伝統的なジェンダー役割を前提とするものであった。チェコ人女性は、財政的にも感情的にも夫に依存する妻や母親としての地位を引き合いに出し、夫に対するひどい扱いは自分たちのチェコ人の子どもの生活、生命を脅かすと主張した。彼女たちは子どもをよいチェコ人として育て、子どもたちをドイツ化しようとするすべてのナチスの試みに抵抗してきたと主張した[60]。一九四六年四月の「チェコ人女性と雑婚の子ども」のための請願を提出した女性団体は、閣僚会議に対し、つぎのように訴えた。すなわち、「私たちのほとんどは一家の稼ぎ手のいない状況です。……私たちの収入源がすべて差し押さえられただけでなく、住まい、家具、食器、リネン類、衣服、子どもの服も没収されてしまい、もう私たちには子どもに着せる服もないのです」と。この扱いはあまりに不当である、というのも、彼女たちはナチスが占領していたあいだも忠誠心をもって子どもをチェコ人として育ててきたからだ、と彼女たちは主張した。「とても苦労したのです……よきチェコ人の子どもを国民のために教育しようとした私たちの努力が誤解されています。私たちの愛国的感情が無視されています。それどころか侮辱され、屈辱を与えられています。私たちと私たちの家族は永遠につづく苦難にさらされています[61]」。

チェコ人女性はまた、自分たちのほうがドイツ人の夫よりも子どもたちの国民としての志向性に大きな影響を与えたのだと主張した。「私たちの大部分は占領のあいだであってもずっと、純粋なチェコ人精神のもとで私たちの家族を導いてきました。一方で、チェコ人男性とドイツ人女性の結婚はこんにちでは大統領令で寛大に扱われていますが、この結婚はドイツ人の精神のもとで導かれているのです」と、チェコ人である妻たちは抗議した。くわえて混合婚をした女性は、彼女たち自身の目的のために人口増加主義者のレトリックを適用した。「私たちは、どのような状況にあれ、あらゆるチェコ人の子どもたちのための完璧な世界を探し求めています——なぜ、私たちは雑婚で生まれたチェコ人の子どもたちを忘れようとしているのでしょうか。これらの雑婚のチェコ人の子どもたちを、その家と父親のもとに返してくださったら、私たちは子どもたちを、国民の模範となるような息子や娘に教育します」[62]。

これらの女性のなかで、結婚は私的な事柄であると主張する者はいなかった。誰も民族浄化の論理全般に反対はしなかった。むしろ、混合婚をしたチェコ人女性は、彼女の家族がチェコ／ドイツの分断においてしっかりとチェコ側にいると国家に対して主張した。自分たちをナチ支配の犠牲者として、そして家庭におけるチェコ国民の信頼のおけるしもべとして表現することで、彼女たちは自分たちが加害者側のドイツ人ではなく、むしろ犠牲者集団であるチェコ人のひとりであると主張した。レトリックとして、彼女たちは彼女たち自身の家族の民族浄化に参与したのである。

混合婚をした夫婦に肩入れする主張のなかには、いわゆる「旧住民」、つまりドイツ人近隣者との社会的関係、親族関係を持つ、国境地帯で長期にわたって暮らしてきたチェコ人住民からのものもあった。一九四六年四月七日に起こった、ウースチー・ナド・ラベムに住む旧定住者の大規模デモンストレーションでは、チェコ人女性と結婚したドイツ人男性が市民権の復活を申請できるよう要求する請願を出した[63]。法律家で国境地帯のジャムベルクの活動家であったヨゼフ・クレメントは、一九四五年に内務省に対しつぎのように主張した。「大国のドイツ人が、チェコ人の魂をいたるところで誘惑して横領しようとしたのに対し……私たちの地方の国民委員会は、私たちが一人ひとりに頼るしかない小国であるにもかかわらず、チェコ人の母親と子どもたちを、たとえそれが乳飲み子であっても、ドイツ人とみなして放り出し排除しようとしている」[64]。

中央省庁の行政当局者たちと傷心の夫婦は、人口増加主義者の言葉を用いて自分たちの議論を構築した一方で、国境地帯の新しい定住者は例外のない民族浄化を要求した。ホシュトカ村からチェコスロヴァキア共産党の指導者のクレメント・ゴットワルトのオフィスに届いた一九四七年一二月の請願には、つぎのような要求が示されていた。「私たち、境界領域のホシュトカ村の定住者は、没収されたドイツ人の財産を雑婚の二人の手に返すことを認めることはできない。……私たちは私たちの町ホシュトカと国境地帯全体がチェコ的になることを望んでいる。……このチェコへの財産の移転が完璧に、そして成功裏に終わって初めて、私たちは自由に呼吸し働くことができる」(65)。オストラヴァでも、一九四八年一月、ある共産主義国民女性戦線の地方支部が混合婚の夫婦に対する寛容な扱いに抗議した。この団体は、何にも増して雑婚をおこなった個人に財産を返還することを拒絶した。「これらのドイツ人の、つまり裏切り者とナチ協力者の財産は……適切に押収され……国家によって価値があるとみなされた人びとに再分配された。……いまになって奇妙で複雑な指示と法令が出され、この財産が私たちの敵の手に返されることになるかもしれないというのである。このときの、押収された財産を受け取るはずであった人びとの、とてつもなくひどい落胆は如何ばかりのものか(66)」。

国籍/国民としての帰属と市民権は、一九三〇年の国勢調査をもとに決められたので、何千もの市民が内務省に対し、一九三〇年もしくは一九三九年の国勢調査の様式が偽造されており、市民権を復活させてほしいという手紙を書いた。そのような要求は、たいていの場合、拒絶された。しかし、ときに国家が国民に対する特別な貢献として、市民権の復活を認めることもあった。たとえばヴァレンティーン・ボロムはドイツ人の妻と離婚したのち、正式にチェコ国民として認められた。彼は、妻のマリー・マイクスナーが一九三九年の国勢調査の際、自分の同意なしにドイツ人として登録したと主張した。彼の主張では、自分の意志に反して、妻は娘をドイツ語学校に入学させた。「国民問題をめぐって、意見が合わなかったこと、そしてとりわけ、自分の娘を妻の母校であるドイツ語学校に入学させることに申請者が反対したことを理由に、結局、離婚することになった」と、彼の弁護士は代理として述べた。本当に国民の違いのために離婚となったのかどうかは不明であるが、ボロムは結婚の破綻と引き換えにチェコスロヴァキアの市民権を復活させた(67)。

チェコスロヴァキアの市民も、自分たちの考えに合わせて子どもの監護権争いを解決しようとする際に、国民主義者の議論を展開した。プラハのヤロスラヴ・コウジクはアメリカとチェコスロヴァキアの行政当局者に協力を求め、母親とともにドイツへ追放されていた彼の四人の子どもであるネラ（一三歳）、イレーナ（一一歳）、イジナ（一〇歳）、イジー（六歳）の監護権を勝ち取った。彼はアメリカの軍政当局につぎのように訴えた。「私の前の妻はアンナ・コウジーコヴァー、旧姓はフライオヴァーといいますが、まったく子どもの面倒を見なかったのです……彼女の生活があまりにも乱れていたために（ゲシュタポのメンバーと関係をもっていました）離婚しました。……私は母親以上のものを子どもたちに与えることができると確信しています(68)」。コウジーコヴァーは、ドイツで厳しい物資不足という苦境のなかで生きていた。彼女は農場労働者として働き、ドイツ人のパートナーとその四人の子どもとともに狭い二部屋の住居で暮らしていた。チェコの裁判所はコウジクの監護権を認め、子どもたちは強制的に母親と引き離され送還された。バイエルンのドイツ児童福祉局はコウジーコヴァーが「親切で母親らしい女性であり、彼女の子どものためによくやっていた」と抗議し、アメリカ占領当局の「横暴な」方法の一例としてこの事例を引用したが、その効果はなかった(69)。

チェコスロヴァキア領土内での国民の分類をめぐる争いが、闘争全体の半面でしかなかったことは明らかである。チェコスロヴァキア当局もまた、本国送還政策で戦後の人口を再構築しようとしていた。彼らは人口のうちある特定の人びとを誘い出すか強制するかして、チェコスロヴァキアに戻らせようとし、別の人びとの帰還の要求を拒絶した。本国送還の申請者は、国民的に複雑な家族の出身者であり、しばしば配偶者や子どもがチェコスロヴァキアに入ることを望んだ。申請者のなかには、チェコ人の女性と結婚した捕虜、あるいはドイツ国防軍のメンバーであったドイツ人の男性や、追放されチェコスロヴァキアにいる家族との再会を望む人びとがいた。一九四六年、内務省は通達を出し、つぎのように警告した。すなわち、「[家族のなかで]チェコ人ではない人物が支配的で、その状況を変える望みがない」場合には、雑婚をした個人をチェコスロヴァキアに送還するべきではない、と。しかしながら、その覚書において、チェコ人あるいはドイツ人の配偶者が当該の家族のなかで「支配的」かどうかを決める特定の指標は示されていなかった。「ドイツ人が支配的な」婚姻関係にあるチェコ人もしくはスロヴァキア人は、チェコスロヴァキアに戻るためにはドイツ人の配偶者と離婚しなければならないことが明確に定められていた。(70) ドイツにいる孤児や同伴保護者のいない子どもには、それとは別の一連の規則が適用された。内務省の行政当局者は、アンラに対し、同伴保護者のいない一四歳以上の子どもは、もし十分にチェコ語やスロヴァキア語を習得しているのであればチェコスロヴァキアに帰還できると伝えた。八歳以上の孤児は「客観的特徴」にもとづいて国民としての帰属を決定するため調査の対象となった。そしてチェコ人もしくはスロヴァキア人と認められた場合に限り、戻ることが認められた。しかしながら、八歳未満の孤児はたとえドイツ人やハンガリー人とされていても本国送還がありえた。なぜなら、子どもたちはチェコの孤児院や里親のもとでチェコ人として再教育できると考えられたからである。(71)

チェコスロヴァキア国内では、亡命した家族メンバーの代わりに、チェコに残った家族が内務省や地方の国民委員会に嘆願をおこなった。請願が認められるかどうかにとって決定的な要因となったのが、多くの場合、チェコ国民のために「保存され」うる低年齢の子どもがいるかどうかであったことは、驚くべきことではない。ここでもまた、強制移動、本国送還、そして追放をめぐる議論を通じて、国家の行政関係者や市民が、チェコ人とドイツ人の法的な境界だけでなく、正統な家族と正統でない家族の境界を決めた。たとえば、一九四六年、プロスチェヨフにおいて、市の健康福祉局に雇用されていたソーシャルワーカーのラジスラフ・ヴィータシェクは、レオポルダ、オトマーラ、ヘレンの母親であるヘレナ・ルドミロヴァーを擁護しようと内務省に訴えた。ヴィータシェクはドイツ国防軍に従事し、ロシアの捕虜収容所からドイツに戻ってきたばかりのルドゥミロヴァーのドイツ人の夫を、チェコに送還するよう求めた。ヘレナの夫はドイツ人であったが、ヴィータシェクはつぎのように報告した。「彼は家ではチェコ語しか話さず、三人の子ども全員がチェコ語でのみ育っている」。子どもたちの教師もまた、「子どもたちは真によきチェコ人として育っている」と証言した。しかし、ヘレナの一家はきわめて困窮していたために迅速な行動が必要であった。ヴィータシェクは彼女を擁護するために、チェコ国民にとって長期的な人口学上の利益を引き合いに出した。「いたるところで、人びとは口々に言い立てています。私たちのもとから消え去った子どもたちは、なんと気の毒なことか、と。……子どもたちの母親は自身も完全に精神のバランスを崩してしまっています。なぜなら彼女もどうしたらいいかわからないからです。……普通の妻のように、彼女は夫と子どもたちとともにいたいと思っています……しかし、一方でチェコ人として彼女はそれに抗っているのです。彼女はここにいたいと思っていますし、また子どもたちを共和国のために守りたいとも思っています」。[72] プロスチェヨフ家庭裁判所は、「チェコ国民のためにとどめておきうる三人の子どもたちの利益にのっとって」最終的にヘレナの求めを支持した。

しかしながら、実際に結婚していなければ、家族がチェコの領土で再会し、ふたたび一つになることを許されなかった――それは、たとえ子どもがいたとしても、である。イジー・バウディシュはドイツ人の恋人をチェコスロヴァキアに送還してほしいと訴えた。恋人である彼女は、一九四六年七月に、チェコスロヴァキアから追放されていた。彼女は彼の子どもを出産したばかりであった。バウディシュは彼女との結婚を望んでいた。「私は子どもをチェコ人として育て、チェコ語の学校に行かせたいので、私の妻と子どもを呼び戻し、可能ならば彼女と結婚したいと思っています。……私はこんにち、すなわち新しく生まれた子どもたちすべてが頼りであるようなこの時代において……半分はチェコ人の血を持つ子どもが無為となり、外国のどこかで死んでしまうようなことは許されないと思います」。彼の請願は国民主義者や人口増加主義者のレトリックを道具的に使う典型であった。またそれは、再家族化が、当然のことではなく、国民としての忠誠心のある態度に対する報酬であるという暗黙の了解を意味していたという点でも典型的であった。しかし、一九四五年一〇月以降、チェコスロヴァキアでは雑婚が非合法となり、彼の要求は却下された。(73)

第二次世界大戦後、ユダヤ人の子どもはチェコスロヴァキアの人口にとって人口学的な資産とみなされてはいなかった。それゆえ、多くのユダヤ人家族は、チェコスロヴァキア領土内で再家族化の権利を認められなかった。(74) 戦前に三五万四三四二人を数えたユダヤ人口のうち、戦争を生き延びて一九四六年一一月までにスロヴァキアに戻ってきたのは、およそ三万人であった。ボヘミア諸邦では、一九四八年六月時点で、ユダヤ人口はわずか二万四三九五人であった。そのなかには一九四五年のソ連によるウクライナ占領以降に、チェコスロヴァキアに再定住した約八五〇〇人のユダヤ人も含まれていた。(75) 一九四五年五月、チェコスロヴァキア内務省は、プラハのユダヤ人コミュニティに対して覚書を送った。それによれば、一九三〇年の国勢調査でドイツ人として登録されたユダヤ人は誰であっても、チェコスロヴァキア市民とは認められない、とされていた。これらのユダヤ人は、ドイツ人に適用される措置に服す義務のある「ドイツ市民として扱われる」べきであり、「そのなかには、チェコへと移送された人びとも含まれる」。(76) 一九四六年二月、在プラハの国連代表はためらいながらつぎのように報告した。「チェコスロヴァキア当局は、なおユダヤ人と親ナチスのズデーテン・ドイツ人の区別をつけておらず、そのため彼らのドイツへの追放を主張している。多くのユダヤ人は悲嘆に暮れている[77]」と。

プラハのユダヤ人コミュニティの指導者は当然激高し、内務省への書簡のなかで、つぎのように抗議した。「私たちはチェコスロヴァキア第一共和国において……国民としての帰属がドイツ人だとされたユダヤ人が……ドイツ市民として扱われてはいなかったと述べたいと思います。ヒトラーの帝国は決してユダヤ人にまでドイツ市民権を拡張することはありませんでした。よもや、チェコスロヴァキアの立法者が、これらの人びとに対して事後的に、ドイツ市民権を強いようなどと考えるはずはないでしょう[78]」。一九四六年四月、アメリカ・ユダヤ人共同配給委員会（ＪＤＣ）の報告によれば、チェコスロヴァキアから、ユダヤ人がいまやチェコスロヴァキアの市民権の回復を申請しているが、「ごくわずかしか返事を受け取っていな」かった。それまでのあいだ、ドイツ人の追放においてユダヤ人と非ユダヤ人の区別はつけられていなかった[79]。一九四六年九月、追放が完了するころになってようやく、内務省は形式的に政策を変更した。これによって、すべてのチェコスロヴァキアのユダヤ人は「チェコ人、スロヴァキア人、あるいはその他のスラヴ人の国民《ナショナリティ》に属し、決してチェコあるいはスロヴァキア国民に敵対する行動を取らないこと」を宣誓するのであれば、チェコスロヴァキア市民権を得ることが可能になった[80]。

しかしながら、実際には、ユダヤ人の市民権、本国送還、そして財産の返還の要求を、地方の行政当局者は申請者がドイツ化に関与したという理由で手続きを遅延するかもしくは拒絶した。一九四七年末の時点で、一万六〇〇〇件にのぼるユダヤ人による個別の財産返還請求のうち、三〇〇〇件しか受理されなかった[81]。反ユダヤ主義はさらに暴力的な方法でも現われた。共産党によるクーデタ直後の一九四八年八月、ブラチスラヴァでは、フランク夫人というあるユダヤ人女性が果物の行商人の前にできた列に割って入ったことで責められたのち、ポグロムが勃発した。フランク夫人は、行商人に彼女が他の買い物をするあいだ、いくつかのリンゴをとっておいてほしいと頼んだ。彼女が戻ってみると、行列ができていた。行商人はフランク夫人のリンゴを包んでおくのを忘れていたので、行列のわきで、彼女は自分でリンゴの重さをはかり、包みに入れた。列に並んでいた妊婦が反ユダヤ主義的な中傷を叫び、結果的に小競り合いになった。警察が到着して女性たちを警察署に連れていった。その間に野次馬たちが口々に、ユダヤ人女性が妊婦に暴行したから子どもが死産になっただの、ユダヤ人のせいで妊婦が亡くなっただのと噂した。

その日の夕方早い時間から人びとが集まり、ユダヤ人の病院や食堂、孤児院を破壊しはじめた。暴徒と化した集団は五〇軒のユダヤ人の個人宅、シナゴーグ、タルムード学院のガラスを割った。彼らはユダヤ人宅の台所で、窓ガラスや食器をことごとく割り、テーブルと椅子を壊し、倉庫からシャンデリアを引きずりだし、壁や床からシンクやトイレを引き剝がした。ユダヤ人病院では、銃で建物を守ろうとしたユダヤ人医師による脅しのおかげで、同じような惨禍を免れた。JDCのレポートによれば、警察は蛮行のおこなわれている現場に着くまでに四五分かかったという。ユダヤ人病院は警察に電話をかけたが、つながらなかった。警察は暴徒集団が形成される前に到着することは決してなく、それを防ごうともしなかった。結局、政府はこの事件で六七人を逮捕し、「ファシスト分子と怠惰な人物たちからなる小集団」に暴力の責任を取らせた。しかし、戦後の東欧における他のポグロムと同じように、この事件によってチェコスロヴァキアに残っていた多くのユダヤ人が国外に脱出した[82]。

一方、郡工場評議会は、ユダヤ人の経営者が戦間期のドイツ化に協力したと主張して、彼らが所有する工場を国有化の標的にした。国民評議会は、ユダヤ人は子どもをドイツ語学校に入れた、あるいはドイツ語を家庭で話していたと申し立てて、内務省令を露骨に無視したかたちでユダヤ人の財産を没収し財産返還要求を拒否した。評議会は大統領令第一〇八号の条項にもとづいてこれらの決定を正当化した。この条項では、

（一九三八年五月二一日からの）共和国の「きわめて危機的な時期」のあいだに「ドイツ化を支持した」者すべてに対し、その財産を接収することを求めるものであった[83]。

典型的な事例では、国防省の担当者が、戦後のチェコスロヴァキアへの帰還を求めるエマヌエル・ゴルドベルゲルの申請を、彼がドイツ人であることを理由に拒否したということがあった。ゴルドベルゲルは自分自身をチェコ人と考え、戦間期のシオニズム運動に積極的に関与していた。彼は一九四二年に強制収容所を脱走し、国外で組織されたチェコスロヴァキア軍に加わった。しかし国防省の担当者は、ゴルドベルゲルについて、彼は御都合主義的理由で国外の軍に参加しただけで、純粋な愛国心ではなく、「ユダヤ人として人種的に迫害されるのを避けるため」、そして「隠れて注意を引かないようにするため」だけにチェコ人であると宣誓したと結論づけた。ゴルドベルゲルは子どものころドイツ語学校に通い、「家ではドイツ語しか話さず、ドイツ語の新聞を読んでいた」と、担当者は主張した。それゆえ、彼は「国家市民という観点から忠誠を誓っているとは考えられない[84]」ドイツ人のままだとされた。これらの事例は、一九五三年のスランスキー公開裁判と称された、一四人のチェコスロヴァキアの共産主義者の高官（うち一一人がユダヤ人だった）が反逆罪で裁判にかけられた――そのうち一一人は死刑に処された――事件に示唆を与える。国家が露骨に反ユダヤ主義を支持したこれら一連の行動によって、事件が単にソヴィエトのしわざだったとは考えられないことを示唆している。裁判は、ホロコーストによっても静まることのなかったチェコスロヴァキア固有の反ユダヤ主義をもとに成り立っていた[85]。

四　国民と家族をめぐる二律背反の要求

戦後チェコスロヴァキアからの追放もそこへの帰還も、子どもを標的とし、また褒美とするような、より大きな民族浄化計画の一部であった。民族浄化は、公式には領土に焦点を定めており、チェコ人の領域からドイツ人を物理的に引き離すことを通じて、同質な国民による国家を創設しようとするものであった。しかし、この民族浄化は本国にいたチェコスロヴァキア家族だけではなく、戦時中に強制移動させられた家族にも向けられた。追放と帰還の二重のプロセスによって、一人ひとりが自己浄化を強いられた。それぞれが、チェコ人家族かドイツ人家族のどちらに入るかを選択し、自身の家族や意識のなかにある国民帰属のあいまいさを抹消しなければならなかった。

戦後のチェコスロヴァキアにおいては、世界の再建をめぐる複数の目的が相互にぶつかり合った。一方においては、同質のチェコスロヴァキア国民国家を建設するという悲願があった。この理想のもとでは、すべてのドイツ性の痕跡は、国民の安全保障と主権の名のもとで抹消された。もう一方では、人口増加という目標があった。この目標を達成するには、チェコ国民の理想をいっそう融通の利くものとする必要があった。人口増加主義者の論理がプラハの中央省庁において支配的であったとしても、そうした論理は、実際には地方での民族浄化の実践者や受益者によって打ち負かされた。一九四六年末の時点で、チェコスロヴァキアに残っていた混合婚をしたドイツ人男性は三万人、女性はおよそ一万四〇〇〇人から一万五〇〇〇人にすぎなかった。一方、一九四八年から一九五〇年のあいだに、一万八〇〇〇人以上のチェコスロヴァキアのユダヤ人たちがパレスティナに移住した。一九五〇年末の時点でも、一万四〇〇〇人から一万八〇〇〇人のユダヤ人が残っていたが、この数は戦前のユダヤ人口の一〇パーセントにも満たなかった。一九五〇年までに、ほぼすべてのユダヤ人と複数の国民が混ざった家族は、自発的にか強制的にかどうかにかかわらず、チェコスロヴァキアを去った(86)。

民族浄化は第二次世界大戦後のヨーロッパの人口をつくりかえただけではなく、家族をもつくりかえた。第二次世界大戦後、再家族化は個人および集団の回復のための手法としてヨーロッパ中で宣伝された。この枠組みにおいて、チェコスロヴァキアの失われた子どもたちの帰還は、戦後の正義、非ナチ化、そしてチェコスロヴァキア国民の生物学的な再建と結びつけられた。しかし結局のところ、すべての家族が同じとは考えられなかった。戦争で疲弊した家族を再建するという理想は、しばしば同質な国民による国家の形成という野望と衝突した。国民のカテゴリーに挑戦し、攪乱するような家族は、戦後チェコスロヴァキアにおいて内部で浄化されるか、あるいは解体された。家族の解体は、結局、戦後における安定の希求であったのと同時に、報道機関や人道主義組織が褒めそやした国民および家族の感傷的なつくりなおし《センチメンタル・リユニオン》でもあった。

一般には、第二次世界大戦後、数百万人のドイツ人が東欧から追放されたことで、東欧での数十年にわたる国民主義者間の対立が暴力をともないながら最高潮に達したとみなされている。しかし、それは、戦時中にも戦後にも、東欧に限らずヨーロッパ全域にわたって広がった住民の強制移動という文脈を反映してもいた。戦間期と戦時中のヨーロッパではいたるところで、政府当局者は同質の国民国家の創出を念頭におきながら移民政策を策定した。この歩みは第二次世界大戦後に最高潮に達するが、それは中東欧の、いわゆる「国境地帯」だけではなく、西欧やヨーロッパ以外の諸国民国家（フランス、アメリカ、カナダ、オーストラリア）においてもそうであった。これらの国民国家は、潜在的な移民や避難民を、人種、民族、そして同化可能性の認定にもとづいて拒絶したり、招き入れたりした。ヨーロッパ解放後の、移民と帰還の政策と、より暴力的な追放の波はいずれも、一九四五年以降、同質な国民から形成された家族と領土を創出しようという共通の目的を反映していた。

東西ヨーロッパの政府は国民の同質性と人口増加のどちらを選択するか、そして異なる国民間で形成された家族のつくりなおしと解体のどちらを促進するかという、同じような選択に直面した。しかし、戦後の数十年のあいだに、イギリス、フランス、そして西ドイツには結果的に、多くの外国人労働力がもたらされたが、一方で、東欧ではすぐに移民流入の門戸が閉ざされた。移動の自由は、共産主義支配のもとで五〇年ものあいだ厳しく制限されることになった。皮肉にも、かつてはヨーロッパにおいてもっとも言語的に多様であった地域が、いまやもっとも同質な地域になった。一方で、もっとも同質的であるとされたところはより多様になった――しかし、外国人労働者と市民のあいだでは深刻な不平等が生み出された。

フランス政府はドイツの子どもたちをフランスの領土に招き入れたが、一方で、チェコスロヴァキア政府は（少なくとも初期は）彼らを追放した。ドイツという敵の子どもを引き取るというフランスの決定は、表面上では、排他的で民族主義的な東欧の国民主義とは対照的な、寛容な共和国の同化の伝統を反映しているようにみえる。しかし、実際には、フランス人とドイツ人夫婦の子どもを受け入れるという強引なフランスの計画も、雑婚の子どもに対するチェコスロヴァキアの政策も、同じ指針を反映していた。すなわち、フランスとチェコスロヴァキアの当局はどちらも、第二次世界大戦後に、国民の安全保障の名のもとで、同質の国民による国家の形成をめざしていた。どちらの政策も、もっとも国民体に同化可能な人員だと想定できる子どもを好んだ。そして東西ヨーロッパのいずれにおいても、戦後の移民政策は、一貫した人種、民族、ジェンダーの序列を反映していた。この序列は子どもたちの「最善の利益」の名のもとで、国民主義者の政策担当者たちの利害を最優先するものであった。

第7章　本国送還と冷戦

一　再建と本国送還

一九四八年、ユーゴスラヴィアでは、ベルグラードの新聞『タンユグ』が戦後オーストリアにおけるユーゴスラヴィアの子どもの悲劇的な運命を報じた。「オーストリアには現時点においても、戦時中、強制的に連れ去られたたくさんのユーゴスラヴィアの子どもたちがいる。子どもたちは、オーストリアでちりぢりになり、ドイツ化と自分自身の国を憎むよう仕向けられた教育を受けている。卑劣なことに、この子どもたちは無償の肉体労働者として搾取されている」と、新聞は報じた。「ユーゴスラヴィア政府と赤十字は子どもたちを探し出し、彼らの祖国に戻すよう努力しているが、この努力は西側地区の占領当局によって妨害されている。……こうした情勢は、大部分が国際難民機関（ＩＲＯ）によって引き起こされている。ＩＲＯはユーゴスラヴィアの子どもたちが祖国に帰るのを阻止するために手段を選ばない」(1)。

『タンユグ』の言い回しからもわかるように、一九四八年までにヨーロッパの失われた子どもたちは、激化する冷戦対立における一種の人質となった。ナチスが敗北したすぐあとには、難民の子どもたちの再定住は、ドイツとその東西の隣接国とのあいだで、以前からみられた人口をめぐる国民主義者間の対立を引き起こした。しかしながら、一九四八年になると、避難民の若者の運命は、徐々に冷戦の用語で言い換えられるようになった。ヨーロッパの未来が難民の子どもの身体に投影されるようになるにつれて、ナチスとスラヴ人のあいだで争われた、国民主義者同士の闘いは、東西の政治闘争へとかたちを変えた。しかしながら、解放後のヨーロッパにおける冷戦対立は、東と西の国々を争わせただけではなかった。避難民の若者の運命をめぐる議論は、国民の境界線を超えておこなわれた。冷戦によって、チェコ人がチェコ人と、ポーランド人がポーランド人と、ドイツ人がドイツ人と争うようになり、新たな、思いもかけない政治的な同盟関係を創出した。オーストリアのアメリカ占領地区で、アンラ（連合国救済復興機関）とＩＲＯの児童福祉部門の長であったアレタ・ブラウンリィは、つぎのように回想する。すなわち、冷戦による分断が確実になるにつれ、かつての連合国は互いに争うようになり、かつての敵が友となり、「東西は攻撃をしあい、カトリック教会は共産主義に敵対した」と。英米の行政当局者のなかには、ナチスと同じように反ユダヤ主義的で反スラヴ的な偏見を持つ者もいた。オーストリアにいる避難民の子どもたちは、ほぼすべて東欧出身であったために、ブラウンリィの回想によれば、少なくともあるイギリス当局の高官は「どこにいってもあまりにスラヴ人が多い」ので、子どもたちをドイツに残しておくべきである、という立場に立っていた(2)。

戦後のヨーロッパでは、避難民の子どもたちの本国送還をめぐって外交対立が噴出した。このことは、本国送還が政治的に高くつくものであったことを意味していた。避難民の大部分は——大人も子どもも——第二次世界大戦後、自分の家に帰ることを切望していた。一九四五年の五月と六月だけで、五二五万人のヨーロッパ人が帰路の途上にいた。しかし必ずしもすべての人が望んで本国送還の列車に乗ったわけではなく、帰ったとしても諸手を挙げて歓迎されたわけではなかった。一九四五年二月、連合国の指導者たちはヤルタ宣言に調印し、西側占領地区のソヴィエト市民を強制的に送還することで合意した。一九四五年九月末までに、二二七万二〇〇〇人の避難民がソヴィエト連邦に帰還した。ソヴィエト政府の統計によれば、一九四六年三月一日時点でソヴィエト連邦に戻ってきた市民と捕虜のうち、六・五パーセントが「ＮＫＶＤ〔ソ連の内務省秘密警察〕に引き渡され」、一四・四八パーセントが到着してすぐに強制労働大隊に徴用された(3)。

ドイツやオーストリアの英米占領地区からの強制送還は、一九四五年末になると徐々におこなわれなくなり、一九四七年には正式に終了した。そのことにより、すでに一九四五年九月になると、帰還できない、あるいは帰還したくない、およそ一三二万五〇〇〇人の東欧出身の避難民がアンラのキャンプに溢れていた。一九四七年七月には、ＩＲＯが、六五万人の東欧の避難民のうち、いわゆる「中核」と呼ばれた人びとの処遇を引き受けることになった。ＩＲＯは少なくとも大人については、本国送還よりも再定住に重点をおいた。世界中で、諸政府が避難民を、戦後経済を立てなおす労働力の資源として引き抜きはじめていた。諸政府はしばしば若者には特別措置をおこなった。というのも、若者たちはとくに望ましい移民であり労働者だとみなされたからである。たとえば、アメリカ合衆国は、一九四八年に避難民法を制定し、三〇〇〇人のヨーロッパの戦争孤児を受け入れると約束した。東欧の若い難民の多くはアメリカ合衆国をめざした(4)。

同伴保護者のいない子どもたちは、解放後の数年間にわたって、ドイツに残っていた難民の「中核」集団のうち、ごくわずかしかいなかった。しかしその運命をめぐって暴力をともなう争いが生じた。一九四七年六月、ＩＲＯは、英米の占領地区にいた一万六八〇〇人の同伴保護者のいない子どものうち、ＩＲＯの見積もりでは、六八七一人が（そのほとんどが東欧へ）本国送還されたと報告した。その一方、一八八九人（そのほとんどがユダヤ人の子ども）は外国に再定住することになった。また別の三七九三人（うち、二四〇〇人のユダヤ人の子どもを含む）は「消息を絶った」（パレスティナへ行ったか、ドイツ経済に吸収された）。

一一三八人は、解放後の数年のあいだに一八歳になり、一般人口のなかに吸収された。また一〇七三人は亡命していた親戚と再会した。残りはＩＲＯの保護下にいたが、彼らの身元が確認された際、その監護権が争いの的となり、この争いは数年間にわたってつづいた。(5)

本国送還は戦後ヨーロッパにおける再建の中心的な要素であった。ベルギー、フランス、そしてオランダでは、本国送還計画の成功が新しい戦後政府の正当性と結びつけられた。新しい戦後政府は、迅速に捕虜や戦時中の被追放民の帰還を進め、彼らに住居や医療養護、そして福祉給付を提供しようとした。そうすることで、新しい政府の気概を示そうとしたのである。(6)東欧では、人口を呼び込むための賭け金はより高くなった。東欧の諸国家は、概して第二次世界大戦のあいだに、西欧諸国よりも多くの人的被害を受けていた。東欧の経済は荒廃していた。多数の死者で生じた不足を補い、再建を進めるためには（さらに、東欧諸国はかつて政府が何百万ものドイツ人を移送したので、なおさらに）、肉体労働力も知的労働力も必要であった。それゆえに、本国送還はなんとしても必要であった。避難民が帰還を拒絶するということは、ヨーロッパの東側で新たに成立した共産主義政府への裏切り行為以外の何ものでもなかった。一九四八年に共産主義が権力を掌握すると、移動を強いられた捕虜、強制労働者、そして失われた子どもたちが帰還するかどうかが、共産主義支配の正当性を決する、高度に政治化された住民投票のようなものとなった。

東欧の新しい社会主義国家の市民は、もはや自由に投票箱に投票できなくなっていた。しかし、東西の国境地帯が銃と鉄条網で警備されるまでは、彼らは自分たちの足を使って投票をおこなった――共産主義政治から逃げるか、あるいは西側の避難先から帰還しないと決意することによって。ドイツだけでも三〇〇万人以上の市民が、ベルリンの壁が築かれる前に東から西へと移った。離反者の半数は、二五歳未満の若者あるいは子どもであった。(7)社会主義の行政当局者は、他国に逃亡するか、あるいは本国送還を拒否した大人たちを、ファシストや裏切り者として糾弾した。しかし、子どもの場合は、帰還を拒否したとしても、大人のようには悪者扱いできなかった。東欧諸国の政府はその代わりに、連合国の軍政当局、国際組織、ドイツの行政当局者、そしてカトリックの聖職者を、戦後、本国送還を拒む（あるいは西側に逃げた）避難民の若者を洗脳して、自分たちから引き離したと非難した。

二　「もっとも子どもを失った国」ポーランド

ポーランドは、あるポーランド軍当局者の言葉を借りれば「もっとも子どもを失った国」であり、避難民の子どもの本国送還はとくに論争の的となった。ポーランドの行政当局者は、ポーランドの子どものドイツ化を、ポーランド国民の徹底的殲滅というナチスのより大きな企みの一部だと考えた。一九四八年のポーランドの労働・社会福祉省による覚書には、つぎのように記されていた。すなわち、「あらゆる人権を侵害し国民の権利を蹂躙しながら、ドイツは自身の国民の生物学的な力を強め、さらに、ドイツが占領した国民の生物学的な破壊を促進しようとした。この二重の目的を達成するために、子どもたちは組織的に強奪された。彼らの企みのもとで、占領された国民は絶滅を宣告された」と。(8)このようなレトリックによって、第二次世界大戦中のナチスのポーランド政策とユダヤ政策は同一視されたが、これは誤った理解であった。ポーランドの子どもの強制移動と脱国民化を、ナチスによるポーランド人に対する計画的ジェノサイドと関連づけることによって、ポーランド当局は、戦後、ポーランドの子どもをドイツから強制的に本国送還させる要求を正当化しようとした。

アンラとIROの管轄下におかれた同伴保護者のいない子どものうち、約七五パーセントが非ユダヤのポーランド人と登録されていた（子どもたちの国籍／国民としての帰属は頻繁に論争となった）[9]。この数は、東欧から子どもを誘拐し移送するというナチスの計画が、ポーランドでは他の占領地域に比べて「成功」したことを反映していた。チェコスロヴァキアでは、ナチスのドイツ化計画はうまくいかず、一九四二年のリジツェ村の虐殺後すぐに、ほとんどが放棄された。しかし、ポーランドでは、当地の子どもの組織的なドイツ化が戦時中ずっとつづいていた。とはいえ、最終的にドイツ化政策の犠牲となった子どもたちの数は、激しい議論の的となった。一九四八年、ワルシャワのポーランド政府は、二〇万人以上のポーランドの子どもたちが西側の占領地区でナチスのもとにいると主張した。しかし、信頼できる推計では、その数は二万から五万あたりだったとされている[10]。

中央ヨーロッパでは、長いあいだ広範な地域で国民の境界があいまいであったがゆえに、人数を特定することはやっかいな作業であった。たとえば、ドイツのヘッセン州のIROは当初、子どものうち約四三パーセントを東欧の国民の可能性があるとみていたが、のちにその多くが民族ドイツ人に分類された[11]。ドイツの孤児院や里親のもとへ移された多くの子どもたちは、シレジア出身であった。こうした場合、たいていは子どもたちの国籍／国民としての帰属が争われた。ドイツ当局はこれらの子どもたちを、「ポーランド化されたドイツ人」と考えていたが、一方でポーランド政府は、一般にシレジア生まれの人びとをポーランド人か、ポーランド国民として「回復」されうる「ドイツ化されたポーランド人」とみなしていた。たとえば、一九四五年には、バイエルン在住でポーランド人の本国送還を担当していた行政当局者は、混乱しながらシレジアのクロレフスカ・フタの市当局に書簡を送った。この担当者は、一〇歳から一五歳までの、この街出身の六〇人の子どもたちがポーランド人かドイツ人かを決める必要に迫られていた。彼の報告によれば、子どもたちは一九三九年以前、全員がポーランド市民であったが、現在は、「非常にドイツ化されており帰属意識が失われている」のであった。子どもたちに国民としての忠誠を訊ねても無駄であった。「子どもたちにこの複雑であいまいな問題を説明させるのは不可能である」と、彼は報告した。担当者は、子どもたちの親に、こんどこそきっぱりと「現時点で、子どもたちがポーランドとドイツのどちらの国民に帰属しているのか」を決めてほしいと願った。(12)

終戦後すぐに、ポーランド赤十字はアンラと協力して、ポーランドの失われた子どもたちを追跡し、送還しようとしはじめた。一九四七年、ローマン・フラバル率いるポーランド労働・社会福祉省が、「子どもの再証明(Akcja rewindikacji dzieci)」のための特別作戦を開始したことで、さらに活発な捜索がおこなわれた。しかし一九五〇年末になっても、再証明事業の成果は乏しかった。戦後、占領統治下のドイツからポーランドに送還された同伴保護者のいない子どもは、わずか三四〇四人にすぎなかった。その内訳は、アメリカ占領地区から一一九五人、イギリス占領地区から一〇四〇人、フランス占領地区から一九六人、ソヴィエト占領地区から九六五人であった。(13)

ポーランド政府、赤十字の代表者、そしてアンラの関係は、当初は友好的なものであった。一九四七年、ポーランド赤十字の代表ステファン・ティスカは、レーゲンスブルクのアンラチーム一〇四gに文書を添付し、つぎのように報告した。「アンラは持てる力と手段を使って、連合国の行方不明の子どもたちを捜索しようとした。アンラは、この活動を自分たちの本来の仕事と位置づけている。アンラと、そしてこの問題の解決を導こうとしている方々に対し、その慈悲深い意志と最大限の努力に、われわれは非常に感謝している」。一方、ティスカは本国送還がゆっくりとしか進まないことに対し不満を漏らしてはいたが、彼の非難の矛先は、連合軍の妨害ではなくドイツ人の抵抗に向けられていた。(14) 一九四五年から一九四七年の時点ではまだ、一般的に、ポーランド当局は、送還をめぐる争いを、東欧の犠牲者と反省しない元ナチ党員のドイツ人との衝突とみていた。たとえばオーストリアでは、ポーランド赤十字の担当者は、オーストリアの里親がポーランド人の子どもを隠すために、組織的に偽情報を流し、文書を偽造さえしていると不平を述べていた。「戦時中、子どもは便利に使える奴隷労働の一形態であることが証明された。……オーストリアの里親たちは、子どもたちを手もとに置くためには手段を選ばない」と、赤十字は主張した。多くのポーランドの避難民の子どもたちは、当初、ドイツ人の里親のもとから離れることを拒絶していた。しかし、赤十字の報告によれば、ウィーンに向かう途上で安心を得ると、子どもたちは、彼らがオーストリアの農場で苦しい労働に耐え、「罰が怖くてドイツ人の里親へ愛があるふりをしただけ」[15]と告白したという。

一九四五年から一九四七年までは、深刻な対立が生じた場合でも、ポーランドの行政当局者はいくらか柔軟に対応しようとした。ヤニナ・カズミエシュとマチコヴィアク・カズミエシュの事例はその典型である。子どもたちは一九三一年と一九三二年に生まれた。二人は一九三六年に父を、一九三八年には母を失い、その後、ポーランド人向けの孤児院に入った。ナチ当局者は、二人はドイツ化しうると考え、彼らの名前をヨハンナ・マルカートとフリッツ・マルカートに変更した。一九四〇年、二人はドイツ人向けの孤児院に移された。最終的には、ヴィースバーデン近くに住む、子どものいないドイツ人のコッペンラート夫妻の保護下におかれた。戦後には、コッペンラート夫妻は彼らを養子にしたいと望んだ。しかし、一九四六年一〇月、二人は、意志に反してポーランドに送還された。ポーランドに着いてわずか一週間後、ヤニナ／ヨハンナとマチコヴィアク／フリッツはポーランド赤十字児童センターから逃げ出した。二人はコッペンラート夫妻のもとに帰るために、二か月間、徒歩で中央ヨーロッパを横断した。一九四七年の覚書では、ポーランドの公共行政省の担当者は、子どもたちは「里親にかなり強い愛着を持っていた。ポーランドの代表者たちは、なんとか子どもたちのポーランド精神を呼び覚まし、祖国へ戻そうとした。しかし、そうした努力は実を結ばなかった」ことを認めた。同省は子どもたちがドイツにとどまることを許可するよう勧めた。なぜなら、もしまた本国に戻しても、「二人が正常に発達しうるか」、あるいは「ポーランド社会にとって価値ある人材となるか」が疑わしかったからである。コッペンラート夫妻は最終的に子どもたちを養子とした[16]。

一九四八年、こうした現実的なアプローチは劇的に変化した。この年、ポーランドでは共産主義政権の一党独裁体制が確立され、アンラは廃止され、ＩＲＯがその業務を引き継いだ。徐々に、ポーランドの赤十字代表団と政府当局者は、子どもたちの年齢にかかわらず、またポーランドに生存する親戚がいるかいないかも考慮せず、そして子どもたちの個人的な願いを無視して、すべてのポーランド人未成年者の送還を求めるようになった。子どもの最善の利益という名のもとで、彼らはこの政策を擁護した。一九四八年三月には、たとえば、在オーストリアのポーランド赤十字は、オーストリアから孤児を強制的に送還することを主張した。「彼らはオーストリアの家族のもとよりも、祖国の孤児院や里親家族のもとでのほうが確実によりよい養護を受けられるのだから、たとえまったくの孤児だとしても、ポーランドの子どもは祖国に戻されなければならない[17]」という理由であった。

さらに、ポーランド当局は、徐々に、ドイツを非難するのではなく、西側の占領当局とＩＲＯを告発するようになった。ポーランドの言い分では、西側は意図的にポーランドの子どもを隔離していたというのである。なかでも、イギリス占領軍政当局は最悪の犯罪者であった。なぜなら、イギリスの当局者は、一般的に、ポーランド人の子どもをドイツ人の里親のもとに残すよう指示したからである。その根拠は、部分的であるが、つぎのようなアンナ・フロイトの主張であった。すなわち、持続的に養育することが子どもの心理的な幸福において唯一のもっとも重要な要因だという主張である。ポーランド赤十字の担当者は、子どもをイギリスの占領地区から送還させるのに必要とされる、際限ない書類仕事に飽き飽きしていた。その書類には、親あるいは親戚と子どもとの個人的な書簡という証拠も含まれていた。[18]とくに彼らを激怒させたのは、避難民の子どもが、ポーランドに住んだとして、ドイツやオーストリアと同じような物質的な生活水準を享受できるのかを証明せよ、というイギリス側の要求であった。たとえば、エウゲニシュ・バルチャクとゾフィア・アルデンの場合、IROの児童捜索担当官であったE・ドゥンケルは、「ポーランドにいる親戚が、子どもたちがドイツで受けていたのと同等の世話をするつもりであり、また提供できることを記した親戚本人からの手紙[19]」を求めた。ポーランドとイギリスの担当者は、そもそも同伴保護者のいない子どもとは誰か、という基本的な定義をめぐって衝突した。たとえば、一二歳のソフィア・ポゴダは、シレジアで親代わりの叔母に育てられた孤児であった。一九四五年、彼女は侵攻してきたロシア軍から逃れ、別の叔母のいるドイツへと向かった。一九四八年、ポーランドの赤十字は、この少女をドイツ在住の叔母から引き離し、ポーランド在住の親代わりであった叔母の監護権のもとに移そうとした。イギリスの占領軍政当局はこの要求を拒否した。イギリス当局からすると、ソフィアは法的には同伴保護者のいない子どもではなく、ましてや避難民の子どもでもなかった。「子どもはもうすぐ一三歳になり、同伴保護者のいない子どもの定義からはずれる。その上、ポーランドに帰りたいとも思っていない。彼女は叔母とともに暮らし、ドイツ経済に根を下ろしている……彼女をポーランドに戻すよう命じることは、本司令部の管轄の範囲外である[20]」。

しかしながら、意外なことにソヴィエト占領地区でも本国送還が非常に好都合な方策であったとはいえなかった。一九四七年、ローマン・フラバルは、ソヴィエト占領地区出身のポーランド人の子どもの捜索、身元特定、そして送還は「散発的」にしか実施されておらず、「計画的あるいは組織的なプログラムという性格」を欠いている、と記録している。[21]ソヴィエト当局は避難民のソヴィエトの子どもを帰還させようという意図は持っていたが、ドイツのソヴィエト占領地区にいるポーランド人や、そのほかの同盟国出身の子どもの本国送還については無関心であった。ポーランド当局が戦後に見積もったところによると、ソヴィエト占領地区には少なくとも一万四〇〇〇人の同伴保護者のいないポーランド人の子どもがいるはずであったが、一九五〇年までにポーランドに送還されたのは九六五人にすぎなかった。こうした子どもの多くは、おそらく西側占領地区に消えたのだろう(22)。しかしながら、ポーランドの赤十字代表団は、ソヴィエトの行政当局者を責めず、ソヴィエト占領当局が本国送還について「中立」だと明言した。代表団はソヴィエト占領地区からの本国送還が遅滞した理由を、その地域のドイツ人たちによる妨害に帰した(23)。

一方で、ポーランドの共産主義者は西側連合国に対する攻撃を強め、ポーランド人の子どもたちを意図的に強奪したと非難した。ベルリンのポーランド軍代表団長であったヤクブ・プラーヴィンは、一九四八年一二月末、アメリカ、イギリス、そしてフランス占領地区の軍政当局代表者に、憎々しげに抗議の文書を送りつけた。ポーランド人の子どもたちがドイツ人の家でみじめに暮らしているという状況は、民主主義そのものへの侮辱である、と彼は論じた。「ドイツ人が享受すべき民主主義的な生活様式の解釈が何であれ、何千人もの外国の子どもたちが彼らの家庭と故国から連れ去られ、ドイツ人として育つ限り、それは決して民主主義ではありません。……私の国は……赤ん坊を取り返す……ために必要なことをしてほしいという何千もの母親たちの要求の声を抑えることはもはやできません(24)」。プラーヴィンは、ポーランド赤十字代表団や他のさまざまな政府機関と同じように、西側諸国の妨害のせいで、本国送還率がきわめて低いままだと非難した。しかし、現実には、避難民の子どもたちをめぐる争いは、ことあるごとに、ポーランド人同士の対立につながった。なぜなら、ポーランドの行政当局者がワルシャワの共産主義政府と結びついている一方で、ドイツに残ったポーランド難民は、政治的、社会的、宗教的、あるいは実際的な理由で共産主義政府をきらい、本国送還を拒絶したのであって、両者が衝突したのは必然であったからである。

政治的には本国送還を嫌がっていなかったポーランド難民ですら、概して、ワルシャワのポーランド政府代表が思うより、子どものドイツ化を気にしていなかった。たとえば、一九四七年に、ベルリン・ポーランド児童養護委員会はドイツにいる六〇〇人の難民の子どものためにポーランドにおいてサマー・キャンプを組織した。この組織の報告によれば、これらのキャンプは、異郷にいる子どもたちの「ポーランドへの忠誠心を呼び起こし」、ポーランド語スキルを向上させるのに成功した。問題は、子どもたち自身のポーランド人の親が家庭でドイツ語を話しつづけていることであった。「かなりの数の就学前の子どもたちが、親とともにいる家庭ですらポーランド語を耳にしない」と、委員会は嘆いた。「ドイツ化の影響力は、ヒトラー体制のあいだに家庭内にまで浸食し、日常言語までドイツ語になってしまった。家庭でのポーランド語使用をめぐる戦いに、委員会が勝利するのはきわめて困難である」[25]。ポーランド当局が秘密裏に告白したことによると、さらに苛立たしいのは、解放後になっても、ポーランド人の親たちがドイツ領内に子どもを遺棄しているという問題であった。ドイツのポーランド赤十字は、ドイツにいた独身のポーランド人女性の多くが「子どもから逃げようとしていた。なぜなら、子どもは彼女たちにとって重荷になるからである」と報告した。こうした女性のほとんどは、かつての強制労働者であり、自分の子どもをドイツ人家庭や施設に預けてそのままにしていた。彼女たちはポーランドに戻りたがっていたが、シングルマザーである彼女たちを待ち受ける（物質的な困難ではなく）社会的な承認を得ることの困難さを怖れていた[26]。

ポーランド人の母親たちのなかには、のちに、子どもをいやおうなく強制的に遺棄させられたと訴え、ドイツにいる自分の子どもを取り戻そうとする場合もあった。一九四四年時点で、第三帝国には、強制労働者と捕虜は七七〇万人いたが、そのうち約二〇〇万人が女性であった。一九四二年以前ならば、女性の強制労働者がドイツで妊娠した場合、その女性は帰宅を許された。しかし一九四三年春になると、ナチ当局は、数多くの外国人労働者に対して、不本意な中絶を強いるようになった。東欧出身の強制労働者がドイツ人男性の子どもを身ごもった場合、人種と医療の専門家委員会が、新生児について「人種的に価値があるか」を決定した。ドイツ化可能とみなされた乳児は母親から引き離され、レーベンスボルン・ホームに預けられた。一方で、ドイツ化を却下された子どもたちは、ネグレクトや飢餓によってほとんどが死んでしまうような施設で衰弱していった。(27)

その他の強制労働者のなかには、それほど公式的なものではないにせよ、子どもの遺棄を求める圧力にさらされた者もいた。一九四三年、ポーランド人労働者であるヴィクトリア・ガルハンとフェリクス・ガルハンは、彼らのあいだに新しく生まれたヘンリク・ガルハンの監護権を、ドイツのカール・ライトハウザーとアマリーゼ・ライトハウザー夫妻に譲渡する文書に署名した。ガルハン夫妻はのちに子どもをポーランドに戻すよう要求した。夫妻は書類がドイツ語で書かれていたため監護権の同意文書を読めず、もし子どもの譲渡を拒否すれば強制収容所に送られるかもしれないと怖れていたと証言した。一九四九年になっても監護権をめぐる争いは決着がつかず、ヴィクトリアは「ポーランド人として、私は自分自身の子どもをポーランド精神とカトリック信仰をもとに教育するつもりです」と断言した。しかしイギリスの行政当局者は、乳児は「里親がこまやかに面倒をみなかったら、いまごろ死んでしまっていただろう」と主張し、子どもをポーランドに戻すことに反対した。(28)

しかしながら、他の多くの場合では、ポーランドの親たちは戦後に子どもを要求しなかった。エリカ・シュミガスはポーランド人の強制労働者のもと、一九四四年の元旦に生まれた。彼女の母親は連合国の空爆により死亡し、父親は子どもをドイツのボルグデン家に預け、そのまま外国に定住した。ポーランド赤十字の担当者は、エリカをドイツ人の里親から引き離し、ポーランドに連れ戻そうとした。しかし、IRO担当者のクリフォード・コック・ファン・ブリューゲルはその要求を拒否した。「この特殊な事案は、『失われた』子どもの問題ではない。父親はボルグデン家とともに過ごし、彼らのもとに子どもを置いていった。エリカはボルグデン家の子どもとして扱われ、またそう見なされており、家族すべてがこの子どもに強い愛着を抱いている。……彼女の現在の家は豪奢ではないかもしれないが、しかし子どもがなんらかの苦難を背負うようなことはなく、里親が与えうる最良の養護を受けていると確信している」[29]。

一九四〇年代末になると、ワルシャワの共産主義政府とロンドンのポーランド亡命政府とのあいだで、ドイツにいるポーランドの避難民の子どもの運命をめぐり、内紛が生じた。このとき議論の中心にあったのは、難民の子どもの最終的な定住地に加えて、教育に関することであった。亡命したポーランド人の親と教育者は解放後、自発的にドイツにいる難民の子どものための学校制度を創設していた。一九四五年の秋、約三万八〇〇〇人の生徒が、アメリカ、イギリス、フランスの占領地区にある四三七のポーランド人用の小学校に通っていた。しかし、これらの学校の管轄権限をめぐって、ワルシャワ政府寄りの「ドイツ・ポーランド中央学校」と、ロンドン亡命政府寄りで反共主義的な「中央学校教育委員会」が争いはじめた。双方とも、ポーランド人の子どもたちをドイツ化から守る必要があるという点では一致していた。一九四五年にロンドンから送られたパンフレットによれば、これらの学校の目的は、難民の子どもを「ポーランドとポーランド性のために[30]」救うというものであった。しかしカリキュラムの政治的な内容が激しい論争の的となった。一九四七年、ポーランド難民の在ドイツ反共主義同盟は、ポーランド難民の子ども向けの学校が、徐々にワルシャワ政府の権威に支配されつつあると公然と非難した。そして、(皮肉にもアンラによって)「ワルシャワの教育行政に、親がその教育行政を認めていないのにもかかわらず、その子どもたちを教育する権限を与えようとしてしまっている」[31]と批判した。

ドイツにいたポーランド人の反共主義者はまた、ポーランドの孤児が共産主義ポーランドに送還されることを積極的に妨害した。一九四八年に、ポーランド人戦争難民同盟は、六〇〇人のポーランド人孤児の「強制送還」を非難した。「大部分は……身寄りのない孤児で、アメリカでの民主的な教育から利益を得ることができる。……すでにポーランドにいる一〇〇万人近くの孤児や半孤児はひどい状況のもとで暮らしており、適切な教育も受けられないままである。強制送還はこうした子どもの数を増やすことになる。これは、子どもにとって適切なものでも賢明なものでもない」。同盟は、子どもたち自身が送還に激しく反発していると主張し、ポーランドに向かう途上で起こった「悲劇的なシーン」を訴えた。同盟の申し立てによれば、子どもたちのなかには、送還列車から飛び降りて逃げ出す者や、また、自分の認めない「祖国」に帰ったとしても、すぐにドイツへ逃げ戻ってくる者もいた[32]。

一方で、共産主義の行政当局者は、避難民となった東欧の若者をアメリカ、カナダ、オーストラリアに再定住させるという計画に激怒した。一九四八年のＩＲＯへの覚書のなかでポーランド赤十字は、西側政府が避難民のポーランド人の子どもたちを奴隷労働の供給源として取り込もうとしていると主張した。「われわれの国から盗まれたポーランド人の子どもたちがふたたび脱国民化に脅かされているというのに、黙っていることなどできない。……ＩＲＯは外国産業のための安価な労働力を探す担当者の味方をしている。……外国にいる難民を利用した労働力の調達はまるで奴隷オークションである。リンカーン以来、奴隷制が禁じられたというのに」[33]と。

しかし、こうした組織が避難民の子どもと若者の帰還を要求したときでさえ、ポーランドの政府当局者は（他のヨーロッパ政府と同じように）、しかるべき種類の失われた子どもたちを確実にポーランドに帰還させることを望んだ。たとえば共産主義当局は、ユダヤ人の若者の送還にはほとんど関心がなかった。一九四七年一〇月、ポーランドの『人民新聞』は、ドイツ政府が生物学的に劣っている子どもをポーランドに投げ捨てようとしていると非難さえした。その記事では、ポーランドに送還されたかなりの数の子どもたちが「奇形の子どもたちであった。……おこなわれた調査によれば、大部分の子どもが精神的な障害を抱えており、ドイツ語しか話さず、ドイツで生まれた私生児であった。……ドイツ人たちはこの送還という機会を利用して、彼らにとって重荷となる集団をポーランドに押しつけようとしているだけだ……と疑うことは正当である……こうした子どもの養護は非常に高くつく」。[34]

アンラとＩＲＯのソーシャルワーカーは、西と東、共産主義とカトリック、里親と生みの親、占領軍政当局と地元住民のあいだを仲裁するなかで、自分たちが板挟みになっていることを自覚していた。しかしながら、東欧諸国が主張していたのとは逆に、国際連合のワーカーたちは、たとえ共産主義が権力を握ったあとでも、概して避難民の子どもを東欧に送還することを好んだ。しかし問題は、避難民の子どもたちやその家族であった。彼らもまた発言権をもっており、その動向によっては非常にやっかいな状況が生じた。さらに重要な点は、これらの冷戦の監護権闘争が激化し、勝利によって得られる政治的利害が強まったときですら、ポーランドの共産主義者たち、アンラのソーシャルワーカー、英米の占領軍政当局は、つぎの点においては一致していた。すなわち、彼らはみな、子どもの「最善の利益」を守るよう求めたが、その利益を物質的あるいは道徳的な言葉によってだけではなく、心理学用語を用いて定義づけたという点においてである。しかしながら、子どもの心理的安寧を保障するのは、東欧への本国送還と外国での再定住のどちらか、という点で鋭く対立した。

同伴保護者のいない子どもたちがＩＲＯの保護下に落ち着くころには、そうした子どもたちの多くは、もともとの家族や祖国について遠い記憶しか持たなくなっていた。このことは、一九四八年から一九四九年にかけて激しさを増した外交的対立の中心にいた一四八人のポーランドの子どもたちに関して、まさに当てはまる。[35] 一九四一年七月三〇日、ヒトラーがソ連に侵攻した直後、ポーランドとソ連の外交官は、ポーランド国家再建の合意を結んだ。そして、ソ連領内のポーランド市民を解放した。そのなかにはシベリアで拘留されていた反共主義者も含まれていた。さらに、この合意によって、ソ連領土内でのポーランド軍の編制が認められた。この軍は、ヴラディスラフ・アンデルス将軍の指揮下におかれた。一九四二年三月、アンデルスは七万四〇〇〇人にのぼるポーランド人の一団をイランに避難させた。そのうち、約四万一〇〇〇人は一般市民であり、そのなかには多くの子どもが含まれていた。この子どもたちはすぐにイラン、パレスティナ、インド、アフリカにあった避難民キャンプにちりぢりに移された。戦争が終わると、ロンドンのポーランド亡命政府とイギリスのポーランド再定住団の保護と監督のもと、一四八人のポーランド人の子どもと若者がアフリカのタンガニーカに移された。さらに、アフリカのキャンプが閉鎖されると、ＩＲＯは子どもたちをイタリアのサレルノに移した。一九四八年、最終的に、カナダ・カトリック移民協会が、カナダに若者を再定住させることを提案した。この事例は、国際的な危機のきっかけとなった。

　ポーランド政府の立場からすれば、予想されるように、子どもの本国送還以外の選択肢はすべて、ポーランド国民に対するヒトラーの犯罪を容認することと同じであった。ポーランド政府とＩＲＯは、国民のアイデンティティの安定が、心理学的に重要であるという点では一致しており、ＩＲＯ当局はポーランド政府の主張を大筋で支持していた。ＩＲＯの事務局長Ｊ・ドナルド・キングズリは、一九四九年一一月、国連総会の前につぎのように説明した。「普通の状況においては、避難民にとって理想的な解決方法は祖国への帰還です。そこでなら、なじみのある社会の組織形態を目にし、なじんだ言葉を聞くことができます。……祖国では完全な市民権を得ることができます。ここで、自分のルーツを持つことができるのです」。同時に、IROの方針は、明らかに、本人の意志に反した強制的な本国送還を禁じていた。未成年者の場合でさえ、IROの規則はつぎのように規定していた。「子どもの本国送還や定住への後押しは、子どもの希望に反してはならない。子どもの希望は、子どもの年齢やすべての状況を見て判断されるべきである。子どもの希望は、自由に自身の考えを表現できる場合のみ、そして一七歳以上の場合には、彼らの希望が提示された処遇に対して、考え抜かれたうえでの明確な拒否であると解釈できる場合に、考慮されるべきである」。そしてタンガニーカにいたポーランド人の若者はみな、頑なにポーランドへの帰国を拒んだ。さらに、一四八人の若者のうち一六歳以上は八一人にのぼり、一三歳未満はわずか二四人にすぎなかった。また、ポーランドに親のいる子どもも二八人しかいなかった[36]。

しかしながら、IROは、ポーランド政府が避難民に自身の「自由意志」のもとで送還に同意させようとすることや、あるいは配給食料で懐柔することを禁じているわけではなかった。一九四九年八月、IROは、三週間ほど行政当局者のチームをサレルノ児童センターに派遣した。そのなかには、ピエール・クリシュという名のポーランド側の送還担当者も含まれていた。クリシュは、子どもたちそれぞれにインタビューをおこない、子どもたち一人ひとりの送還拒否の理由をただしく理解しようとした。IROやポーランド政府が考える子どもの「最善の利益」は、子どもたち自身の見解とはまったく一致していなかったことを知って、クリシュは失望した。その代わり、クリシュと児童捜索担当官シャルロッテ・バビンスキは、自分たちには、若い難民が、自分の家族や祖国に対して「無関心」という感情しか持ち合わせていないように見える、と記している。「組織集団にいる多くの子どもや若者は、予想よりもはるかに冷静で、両親を探すことや親戚の手がかりを探すことに、冷淡か無関心であるように見える。ある若い男性は、意図的に母親の洗礼名について嘘をつき、のちに誤りを認めたが、そうした嘘をついたのは彼がポーランドに帰るよう圧力をかけられるのではないかと怖れたからだと説明した」と、バビンスキは報告している(37)。クリシュは嘆きながらも「ほとんどの場合では、［子どもたちは］明らかに親や家族の保護などどうでもいいと思っている(38)」ことに同意した。

クリシュとバビンスキはこれらの態度が、反共主義的な教師が子どもを唆したためではないかと考えた。しかし、子どもたち自身の証言から推察されるに、子どもたちは、IROの信念である国民と家族の癒しの力を信じてはいなかった。彼らの多くはほとんど一〇年近く、家族と故郷《ホーム》から引き離されていた。ポーランドにいる親戚や、ポーランドそのものは遠い記憶であった。新たなスタートの持つ魅力、カナダでの教育機会、彼ら自身の政治的、宗教的な信念、そして集団そのものの連帯感が、家族の結びつきや国民主義的な感情よりも意味があるものであった。別の場合では、子どもたち自身の親戚が、ポーランドに戻ってこないように説得した場合もあった(39)。

ボグダン・シピンツキは、母親がポーランドで生存していたにもかかわらず、クリシュに、つぎのように告げた。自分は「勉強を終えたいです。しかし、それはポーランドにおいてではありません。共産主義者にはなりたくないからです」と。一四歳のエウゲニア・ズラウスカは、父親と一緒になるよりも、カナダの孤児院で過ごすほうがよいと主張した。「なぜなら、父親は再婚して、三人の継子がおり、彼女は父親が自分に十分な教育を与えられないと『考え』ていたからである」と、クリシュは彼女の言い分に対して批判的に記した。ポーランドにいるボレスラウ・カップラの姉は、援助することが難しいので、家《ホーム》に戻ってこないよう彼に警告した。彼は、自分が「飢えたくない」という理由で送還を拒否した。それぞれの事案について、クリシュは子どもたちが送還に「根拠のある反論をしていない」と結論づけている。しかしながら、彼の質問に対する子どもたちの応答からは、彼らが概して理性的に自分の将来の計画を立てていたことがわかる。

この間に、ＩＲＯはあらゆる方面から政治的な集中砲火を浴びていた。一方で、再定住を計画したカトリックと反共主義の活動家は、ＩＲＯが過度に子どもに対して本国帰還の圧力を与えていると非難した。ヴァチカンから子どもの同伴役を任ぜられたモンシニョール・メイストヴィッツは、一九四九年八月六日付のＩＲＯ本部宛の緊急電報のなかで、つぎのように抗議した。「この継続的な圧力と嫌がらせは、強制的な本国送還としてしか解釈できない」[40]と。Ｅ・Ｈ・チャプスキ伯爵は、イタリアで孤児の世話を任された後見人委員会の委員長を務めていた反共主義のポーランド人であるが、ＩＲＯ本部に対し感情的な抗議の手紙を送った。「懸案となっている若い人びとはソ連の侵略の結果、すべてを失いました――国、家族そして未来を。ほとんど奇跡的に救済された彼らが……自発的にソ連の支配のもとで暮らすために国に帰るなどということが信じられるでしょうか。もしかするとあなた方は、一〇〇〇人近くのポーランドの子どもたちが、テヘランのたったひとつの墓に埋められているという事実も無視しているのかもしれません。あの子どもたちは、ロシア帝国からは逃れられました。しかし『ソヴィエトという楽園』での人生を生き抜けなかったのです[41]」。

他方で、アメリカ合衆国では、反共主義者が、ソヴィエト陣営への東欧の子どもの送還に対する抗議に便乗した。『ニューヨーク・タイムズ』は一九四八年九月の記事で、満を持して論争に加わった。「衝撃的で警戒すべき案がアメリカ、イギリス、オランダ、そしてブラジルの代表団によって国連経済社会理事会に提案された。すなわち、ヨーロッパの避難民キャンプにいる一六歳未満の『同伴保護者のいない子ども』はすべて、もともとの国に帰還させるという案であった」。『タイムズ』紙は人道的理由からこの「無情の結論」に対して反対を表明し、若い難民のほとんどが祖国への帰還を望んでおらず、家族もまた帰ってきてほしいとは思っていない、と論じた。東欧の若者たちがどこに定住するかを「自分自身で決める」権利を獲得するために、合衆国は「差別なしに」彼らに対し「真に心を」開く道徳的な義務がある、と論じたのである。(42)『ニューヨーク・タイムズ』の編集部は、監護権をめぐる争いの背後にある冷戦の緊張をあからさまに語ることはなかった。しかし、その直後に公表された反共主義活動家からの手紙では、政治的利害が明確に示されていた。その手紙によれば、「アンラは、たしかにすばらしい救済事業をおこなったが、だとしても、とくに避難民の本国送還に関しては、ソ連とその衛星国の目的にしたがうことがあまりに多すぎる。……共産主義国家は、こんにち、一国全体に広がる強制収容所よりはましなのだろうか。ソ連の成立当初、ソ連の占領国において、何千もの孤児となった子どもたちが物乞いをしながら、村から村へとさまよっているという情報が流れてきたが、最近の報告から、この情報が本当であったとわかっている。……しかしこれ以上にもっとひどいのは、帰還させられた人びとが……われわれが重視する理想への憎しみを教え込まれ、共産主義者の世界征服を準備する軍国主義に染まったということである」。この書簡には、コモン・コーズ〔一九七〇年に創立。アメリカの政治圧力団体〕、大量追放反対委員会、難民保護委員会、労働者保護同盟を含むいくつかのアメリカの反共主義組織の代表者が名を連ねていた。(43)

とはいえ、IROは子どもの本国送還を望む側からも、さらに集中的に批判された。当然ながら、ポーランド赤十字、ポーランド政府、そして他の共産主義に同調する人びとがもっとも激しい表現を用いた。IROへの書簡のなかで、東ドイツ民主主義女性協会は、子どもたちが送還を拒否しているのは彼らの性格に欠陥があることを反映したものであり、それは強制移動そのものの結果であると主張した。「これらの若者たちは子どものころに家庭から切り離され、自分の国や親とは遠く離れた、まったく新しい環境に入れられました。そのような環境で、成長期の若者の発達に必要な新しい家を創出するなどできるわけもなく、そのため子どもたちは根無し草となってしまいました」。こうした子どもたちを――そしてヨーロッパの民主主義を——再生するには、若者たちを国民と家族のもとに戻す必要があるとし、さらに書簡はつぎのようにつづけた。「いまや、戦争が終結して四年がたち、ファシストの殺戮者や犯罪者によってなされた間違いを正すことは、民主主義的思想と感情を持つすべての人びとにとって責務です。その責務には、明らかに、ヒトラーによって、生まれついた国から引き離されてしまった人びとすべてを故郷に戻すことが含まれています。これらの若い人びとは、ここ数年間、アフリカで過ごしていたとしても、国籍／国民《ナショナリティ》としての帰属も伝統も性格もポーランド人であり、またポーランド人民に属している人たちなのです。そんな彼らが、つねに外国でホームレス状態で過ごすことになるのです」[44]。ポーランドの共産主義者たちもまた、事件を西側の民主主義的な信頼を問う手段として使った。ポーランドの雑誌『送還』はつぎのように抗議した。「この数年のうち、ポーランド人は、何度か祖国に戻るべき子どもを横取りされるという経験をした。……そのような態度は西側で促進されている人道主義的な原則に適合しているのだろうか」[45]。

　しかしながら、子どもたちを送還させようとする圧力は、単に共産主義者の言説からのみ生み出されたわけではない。国連総会議長に宛てた書簡のなかで、国際セーブ・ザ・チルドレン連盟（ＳＣＩＵ）が、避難民の子どもたちを元の国民と家族のもとに戻すことは、人権の問題であると主張した。セーブ・ザ・チルドレンの指導者は、「われわれはあなた方に、理由が何であれ親元から連れ去られ、親と引き離された子どもの問題について……われわれがどのように関係してきたかを知らせる義務があると感じている。……児童の権利宣言、これは一九二三年にわれわれ連盟が発布したものだが、子どもに対する親の、他者が触れることのできない権利と義務への敬意を要求している。世界人権宣言も同じことが当てはまる」[46]と明言した。

　このような抗議にもかかわらず、一九四九年八月二九日、子どもたちの第一団がカナダに向けて出航し、その後すぐに残りの集団もつづいた。最終的に、ＩＲＯによる強制送還の差止命令（と西側での反共主義的な感情の増大）は、さまざまな互いに競合する国民と家族への要求に打ち勝った。その後、国連総会のスピーチにおいて、ドナルド・キングズリは再定住を擁護した。彼は再定住が、戦後の新しい種類の移民を映し出すという希望を、つまり、より民主的で人道主義的な世界を象徴するという希望をつぎのように表現した。「人類の長い歴史のなかで、多くの大量移民が存在しました。なかには海を越えるものもありました。しかしながら、ほとんどは悪意、あるいは狂信に動機づけられたものでした。移民は、暴力に追い立てられ、あるいは必要に迫られておこなわれたのです。……これまでに、今回のような移民の動きはまったくありませんでした。つまり、今回の移民の動きは、よき意志によって動機づけられ、寛容の精神にもとづいた対応がされ、くわえて確実に平和的な生活をえようというたくさんの人びとの希望に満ちています(47)」。

三　家族と民主主義

同じような争いは、オーストリアに強制移動させられたユーゴスラヴィアの避難民の子どもを本国送還させるか、それとも再定住させるかをめぐっても沸き起こった。とくに一触即発の争いは、八歳から一七歳までの四九人の少年集団をめぐって起こった。少年たちのほとんどは、ボスニアとダルマティアの農民家族の出身であった。子どもたちは、一九四二年に、クロアチア当局あるいは自分の親によって、ローマ・カトリックの修道女の保護のもとに移された。一九四四年一〇月、子どもたちはナチスの運営する学校の生徒として、ザグレブからオーストリアのラムサウに疎開した。終戦後、この村はイギリス占領地区となった。終戦後も、子どもたちはこの村にとどまり、風光明媚なホテル・アルムフリーデンで暮らしていた。このホテルは、遠くに雪で覆われた氷河のみえる、高原の中ほどに建った山荘であった。子どもたちはみな、ナチスから親はパルチザンに殺されたと言い含められており、聖職に就くための教育を受けつつあった。しかしアンラの調査によって、四九人の少年のうち四四人の親は、ユーゴスラヴィアでまだ生きていることがわかった。

ユーゴスラヴィア政府は、たとえ親が見つかっていなくとも、子どもたちをすぐに送還させるよう要求した。しかし、イギリスの軍政当局者たちとカトリック組織はどちらも激しく本国送還に反対し、子どもたち自身も戻ることを拒否した。アンラのアレタ・ブラウンリィは、イギリス当局が反共主義的な共感から、意図的にユーゴスラヴィア人の子どもたちの送還を妨害していると確信していた。一九四六年一一月、彼女はつぎのように話した。すなわち、「本国送還はイギリス占領地区では進んでおらず、単なるリップサービスだけになっていると私は強く確信していますので、その点を申し立てます(48)」。ヴァイトマンスドルフの避難民キャンプで、彼女は首席児童福祉官のアシスタントが「明確に本国送還に反対」し、ユーゴスラヴィア人は国に戻ると裏切り者扱いされると考えていると気づいた。事実、多くのナチスの協力者たちはキャンプに潜み、イギリス、アメリカ、オーストリアとユーゴスラヴィアが一体となってティトーを倒すだろう(彼らはそう期待していた)ときまで、自分たちの出番を待っていた。イギリス占領地区での避難民作戦の指揮者であったイギリスのローガン・グレイ大佐もまた、あからさまにユーゴスラヴィア人の子どもたちの送還に反対していた。その理由は、「ユーゴスラヴィアとソ連の子どもたちを戻したら、そのすべてがのちにわれわれに敵対する存在となる(49)」からであった。

しかしながら、アンラの代表者は本国送還を強く望んでいた。アレタ・ブラウンリィ自身、子どもの社会状況と福祉制度を調査するために、個人的にユーゴスラヴィアを訪れた。そして、彼女は、つぎのようにユーゴスラヴィアの健全な発展を報告した。「ユーゴスラヴィアには目的意識を持ち、経済的な回復だけでなく人びとのよりよい生活のために知的に計画を立てている政府がある。それゆえ、自分自身の家族と暮らす子どもたちもまた、満足できる住居、教育、必要な医療養護を享受することができるに違いない。……オーストリアにいるユーゴスラヴィア人の子どもたちすべてが、できる限り早く本国に送還されるべきである。自らの国民や郷土から子どもたちをこれ以上引き離しつづけるのは残酷であり、恒久的な分離に同意することは、ドイツの残虐行為を許容することになる」と、彼女は結論づけた(50)。

しかし、カトリックの担当者は、子どもたちを手放そうとはしなかった。一九四六年一一月、対立は頂点に達した。一一月二五日、イギリス赤十字の代表者、ブラウンリィ、ユーゴスラヴィア赤十字およびユーゴスラヴィア福祉省の代表者の出席のもと、子どもたちの運命を決める会議がおこなわれた。ユーゴスラヴィア赤十字の代表者はつぎのように主張した。「これらの子どもたちはユーゴスラヴィア人である……このことについて、カトリック教会が口をはさむ余地はない。ローマ・カトリック教会は子どもたちがユーゴスラヴィア人か、他の国民に帰属するのかを決めることはできない(51)」。翌日の会議は、イギリスの占領当局の代表者と、一九四四年以来子どもたちの面倒を見てきたメトディウス・ケラヴァ神父とシスター・アンカの、二者のあいだでおこなわれた。いままで、イギリス政府の代表者も、子どもの本国送還には消極的にしか同意していなかった。しかしケラヴァは教会として反対の立場を表明しつづけた。「親たちは貧しく、子どもを適切に世話できません。……ローマ教皇庁はこの件について、とくにユーゴスラヴィアのカトリック教会が難しい立場に立たされたことについて関心を持っています」と、彼は主張した。ケラヴァは、自分の議論を立てるために、人権という新しい言語をも、戦略的に利用した。彼はつぎのように主張した。「私たちの権利は道徳的な権利です。私たちの権利は人権です。私たちは、イギリス政府がこの子どもたちをイタリアに連れていくのに、可能な限りの支援を与えることを望みます(52)」。

しかし、彼の抗議は徒労に終わった。翌日早く、アンラのトラックが、子どもたちをレオーベン〔オーストリア南東部の都市〕にあるアンラのホームに運ぶために、ホテル・アルムフリーデンに到着した。しかしながら、トラックを見たとたん、四九人の子どもたちのうち四〇人がオーバーコートを着て、食料を詰め込んだ背負い袋を持ち、森の中に逃げていった。数日すると、二人を除いて、全員が一人きりで、あるいは二、三人の集団で、お腹をすかせ、喉も渇ききった状態で姿を現わした。新しかった一揃いの服はボロボロになり泥と草で汚れていた。(53)

ひとたび、子どもたちがレオーベンに戻ると、アンラのソーシャルワーカーたちは、しだいに本国送還への態度を軟化させた。アンラの児童福祉担当官で子どもたちの再教育に対する責任を負っていたスィマ・クロクは、一九四七年の覚書で、少年たちに、ユーゴスラヴィアに帰還する準備をさせることは難しい課題であると報告した。「この集団は五年以上、親はすでに死んでおり、ユーゴスラヴィアの現政府は悪なのだから、戻るべきではないといわれて教育され、訓練を受けてきた。私たちの仕事は二か月で、自ら進んで本国送還を受け入れるよう子どもたちを再教育することである。この任務は現実的ではない」。たとえば、なぜ逃げたのかと訊ねると、ある少年はつぎのように答えた。「僕らは［ユーゴスラヴィアに］到着したらすぐに、絞首刑にされると思ったんだ」、と。別の少年は司祭になりたいと思っていたが、ユーゴスラヴィアでは「司祭は銃殺される」と主張した。別の者は、親があまりに貧しすぎて自分たちを扶養できないと反駁した。「それぞれの子どもに何時間もかけて……家族と国への愛を取り戻し、かつての教えの結果、ねじ曲がった態度を回復させよう努力した」と、クロクは回想している。一人また一人と、子どもたちはしだいに自分から帰還するようになった。(54)

少年たちがついに本国に送還されたときには、まるで有名人のように歓迎された。「私たちがクロアチアへの国境をまたいだとき、彼らは甲高い声で叫んだ。『見て、クロクさん、クロアチアだ！　僕たちはもう外国人じゃない。故郷《ホーム》にいるんだ！』」と、クロクは報告書に記している。ザグレブでは、子どもたちを乗せた列車が到着すると、何百人もの人びとが駅で旗を振っていた。ピオネール〔一〇歳から一五歳の共産国の少年団〕の制服を着た子どもたちのパレード、オーケストラ、国民主義者的な歌がお祝いムードを盛り上げていた。少年たちのなかで最年長であったイン・ソコロヴィッツは、かつては頑なに本国送還に反対していたが、集まった人びとに向かってスピーチをし、「僕たちはこのような長い時を経て、ふたたび故郷《ホーム》に戻ってきたことが嬉しいです」と断言した。クロクはこうした少年たちの話を聞いて、幸せで誇らしいと感じた。「少し前と比べて、この少年はなんとよいことを話すようになったことか。彼はいまや、本国送還を選んだからこそ味わえる利点を経験している」。少年たちの心境の変化は、アンラの再国民化という教育学的理念の妥当性を確認する生きた証拠としての役割を果たした。

　クロクの話しぶりは、国連のワーカーたちが東欧に向かう本国送還列車の旅について語るときの常套句であった。以下のことは、アンラやＩＲＯの核となる価値観を肯定するものであった――子どもたちは、元の国民に戻ることによってもっともよいかたちで満たされる。こうした東欧からの報告書や書簡の背後には、オーストリアやドイツの避難民キャンプにいる若者を、本国送還の列車に乗るよう促す意図もあった。もっとも成功した本国送還のための宣伝は、成功裏に旅を終えた人びとからのものであった。ヨシップ・ムシッチは一九四七年一月初旬に、彼の友人であるヨームス・ズデンコにつぎのように報告した。「いま僕たちはザグレブにいるよ。僕たちはこんなに歓迎されるとは思ってもいなかったよ。……十分に食べることもできているよ。みんなは僕たちがティトーのピオネールの若き一員になるだろうと言っている。僕たちはとてもそれを楽しみにしているんだ」。別の少年は十分な配給を自慢し、友だちにも帰ってくるよう勧めて、つぎのように手紙を書いた。「家に帰った初日には、僕たちはたくさんの豚肉とベーコンを食べたよ。だから、そのあと僕は気持ち悪くなったんだ」。幼いアンテは友人のマテに、「そこにいる君よりも、僕はここでずっといい暮らしをしている。できるなら、僕のあとについておいでよ[55]」と自慢げに言った。

しかし、家族の再会はつねに喜びに満ちていたわけではない。たとえば、ユーゴスラヴィア政府は一九五〇年に、オーストリアに住む、ナチスによって攫われたとされる一〇〇人の子どもの一団を本国送還するように求めた。実際には、この子どもたちの多くは、親自身の手で国境を越えてオーストリアに送られ、里親や親戚のもとで暮らしていた。ユーゴスラヴィア政府は、一九四五年には彼らを民族ドイツ人の外国人として追放したが、五年後のいまや、ユーゴスラヴィア国民として彼らを要求したのである[56]。親のなかには、自分自身の子どもの本国送還に反対する者もいた。あるスロヴェニア人の母親は、つぎのような手紙を書いた。「親愛なる〇〇、あなたはこの前の手紙で、ミフコについて私が取り戻すべきだと書いていましたね。しかし、もし配給カードを手に入れることができなかった場合、ミフコはここで何ができるのでしょう。……あの子はスロヴェニア語もわかりませんから、スロヴァニア人たちは雄牛のように彼をむち打つような仕打ちをするでしょう。ユーゴスラヴィアで重宝されている優秀なエンジニアにでもならない限りは。……いずれにせよ、あの子は、政府に必要だといわしめるほど重要な存在というわけではないのです。どうか彼をあなたの手もとに置いたまま、まともな生活をさせてあげてください[57]」。

別の事例では、子どもの親たち自身も亡命しながら暮らしていた。ＩＲＯは、再家族化と本国送還という二つの目的が衝突した場合には、前者を優先させた。それゆえ、こういう状況のもとでは、ＩＲＯはたいていの場合、本国送還に反対した。しかし、ユーゴスラヴィアの行政当局者は親とともにドイツやオーストリアにいる場合でも、子どもたちを祖国に戻すように求めた。親に関する限り、ユーゴスラヴィアに戻ることを拒否する場合は、彼らは道徳的にも政治的にも疑いの目でみられた。ユーゴスラヴィアの送還担当者イーヴォ・バーインは、一九四八年一二月につぎのように主張した。「そのような人びとは……ユーゴスラヴィアに戻り、そこで子どもたちと合流するべきである。もし彼らが［本国への帰還を］望まないのであれば……それは彼らがおそらく、自分の国の正義を怖れる理由がある戦争犯罪者か対独協力者であるということだ」。これに対し、ブラウンリィは、子どもは「まず親に、そのあとに国に」帰属すると考えるという、IROの立場を説明した(58)。

バーインは明らかに、戦時中の避難民の子どもを、大人の亡命者を家《ホーム》におびき寄せる餌として使おうとしていた。それはソヴィエト政府も使っていた手口であった。そのような事例として、白系ロシア人とユーゴスラヴィアのセルビア人の母親のあいだに生まれた一二〇人の子どもたちが挙げられる。この子どもたちは戦時中、ベルグラードの寄宿学校で学んでいた。一九四四年九月、ドイツ人は学校をオーストリアのリンツ近郊にある小さな町に疎開させた。同年一一月、子どもたちはさらにザクセンのエルツ山地のアンナベルクに移動した。しかし、子どもたちの親のほとんどは、オーストリアの避難民キャンプに残ったままであった。ソヴィエト当局は、子どもたちをドイツのソヴィエト占領地区からソ連へ、親の同意なしに送還した(59)。子どもたちのなかには、明らかにもう二度と親とは会えないと考えている者もいた。本国送還の前日、アラはつぎのように書いた。「私たちはロシアに移送されるでしょう。……もし親が望めば、子どもの居場所を知ることもできるし、子どもと再会するためにロシアに行くこともできる［と私たちは告げられました］。……親愛なるお母さん、お父さん、お願いだから、心配しないで……いずれにせよ、私の状況は変わらないわ。どれほど私のことを心配してくれたとしても、お母さんとお父さんは自分の人生を生きなければならないのだから。……私はもう二度とあなたたちと会えないと思うと、涙が止まりません(60)」。ブラウンリィは著書のなかで、子どもたちを親のもとに戻すように嘆願するために、ウィーンのホテル・インペリアルにおかれたソ連司令部を訪れた、とつづっている。一年間の慎重な交渉ののち、子どもたちはついに、オーストリアにいた親たちのもとに戻ってきた。ソヴィエト当局はのちに、子どもの親は死んだと考えていたと主張した。[61]

一九五〇年までは、ドイツのアメリカ占領当局は総じて、アンラやＩＲＯによる、同伴保護者のいない子どもの本国送還あるいは再定住の勧告を受け入れていた。しかし、一九五〇年一〇月五日、ドイツのアメリカ高等弁務官は、第一一号法に署名し、アメリカ占領地区における本国送還と再定住をめぐる争いについて仲裁方法を変更した。これにより、アメリカ占領地区での同伴保護者のいない子どもの定住場所に関する最終決定は、唯一、アメリカ高等弁務官の占領地区裁判所によってのみおこなわれることになった。占領地区裁判所はいずれの事例でも、監護権に関するヒアリングを開催したが、そこにはＩＲＯの代表者、子どもの生存する血縁のなかでもっとも近しい「血縁者」、子どもの（ドイツの）里親、ドイツの児童福祉局代表者、子どもの「最善の利益」を代弁するために裁判所に任命された後見人が出席した。重要なのは、裁判所の自由裁量で出席できる余地は残されていたものの、子どものルーツである国の代表者はヒアリングに招かれていなかったことである。[62]

第一一号法は、公式には同伴保護者のいない子どもの「最善の利益」を守るために設けられたものであったが、深刻化する冷戦対立をはっきりと反映していた。とくにアメリカ占領軍政当局は、ＩＲＯが同伴保護者のいない子どもの東側陣営への送還に好意的な態度を示していたことに失望していた。地元のドイツ人たちもしだいに、連合国が子どもをドイツの里親の家から引き離すことに激怒し声を上げるようになっていた。このころには、西ドイツはアメリカに打ち負かされた敵から冷戦の同盟者へと変貌していた。こうした状況のもと、アメリカにとって、ドイツとの平和的な関係維持は最優先すべき課題のひとつとなった。一九五一年七月、ジュネーヴでおこなわれた会議で、アメリカの児童評議会の職員はつぎのように説明した。「活動の初期には、多くの事業がＩＲＯによっておこなわれていた。熱意が過ぎるあまりに、子どもをドイツ人家庭から強制的に連れ出してしまうこともあった。このことが……（ドイツの）人びとのあいだでＩＲＯに対するかなりの憤懣をかき立てることになった。……第一一号法は……そうした憤懣を……和らげ、そうした行為の確実な再発防止を課するために制定されたものである」。ＩＲＯの当局者は、当然、第一一号法に失望した。この法は、避難民の若者の運命に対する組織自身の権限をいちじるしく制限するものであったからである。(63)

当然の帰結として、第一一号法によって、アメリカ占領地区から東欧に戻る、同伴保護者のいない子どもの数が急激に減少した。（著者が収集した）ドイツのアメリカ裁判所が裁定を下した約一五〇件の判例のうち、東側陣営に実際に戻った子どもは六人だけであった。子どものほとんどは、一九四八年の避難民法の庇護のもとで、アメリカに再定住した。これら本国に戻ったわずかな子どもたちはとても幼く、主として母親や近い親戚自身によって返還要求の出された子どもであった。東欧の諸政府が孤児を要求した場合、あるいは子ども自身が本国送還を拒否した場合には、裁判所はほとんどつねに、アメリカでの再定住を選択した。

裁判所の訴訟記録をみると、アメリカの裁判所がどのようにして「子どもの最善の利益」を冷戦の用語で再定義したのかが明らかになる。たとえば、ハンネローレ・ポスピシルの例をみてみよう。彼女は、チェコスロヴァキアに生まれた。彼女の親は正式な婚姻関係を結ばず、またどの国民に帰属したのかもあいまいであった。戦時中には、ナチスは彼女を里親に預けた。戦後、彼女はドイツ人の里親とともにチェコスロヴァキアから追放された。彼女の母親は、まだチェコスロヴァキアにいてチェコ人男性と再婚していたが、ハンネローレが強制的に自分から取り上げられたと主張し、戦後に娘をチェコスロヴァキアに送還するよう要求した。しかし、一九五一年までに一三歳になっていたハンネローレは、生みの母親のもとへ戻ることを望まなかった。この事案を聴取したアメリカ人裁判官は、少女を彼女の祖国に戻すことを拒否した。この決定について、裁判官はつぎのように主張した。「どのような家庭がこの子どもにとって幸せな家庭なのかを決めるにあたり、家庭がどのような種類の国家のもとにあるのかが重要なのは明白である。それゆえ、私たちの責務は、現時点でチェコスロヴァキアがどういった種類の国なのかをよく考えることである。チェコスロヴァキアは、明らかに共産主義者の独裁国家である。……こうした国において、個人の自由などまったくない」。判決の前例として、彼は一九三六年のニュージャージーでの離婚の事案を引き合いに出した。この事案では、母親が共産主義者とされたため、裁判所は子どもの監護権を父親に与えた。ニュージャージー裁判所が出した判決によれば、この母親が、「父親の意志に反し、大部分の人びとが嫌悪する主義主張（共産主義的で無神論的な）を子どもに教え込む」[64] ことは許されないとされた。

アメリカ国務省内の関係当局は、この決定に、あるいは少なくとも裁判官の論争を呼び起こすような言い回しに反発した。「この判決によれば、子どもに意思決定能力があり、子どもが本当に祖国に帰りたいと決断したと裁判所が納得しない限り、鉄のカーテンの向こうの国々へ子どもを戻すことを禁止することになる」[65] と述べた。しかしこうした異議が出されたところで、その後も、裁判所は決定の基本方針どころか、論調すら変えなかった。ヨゼフ・オホタの事例はその典型である。オホタの聴取において、レオ・グッドマン判事が裁判の前にこの少年に質問をした。ヨゼフはチェコスロヴァキアのヒトラー・ユーゲントの施設で暮らしていたが、ソヴィエト軍がドイツに侵攻すると西側に避難した。数年後、チェコスロヴァキアにいた母親は彼を探し出し、彼の送還を求めた。しかし、ハンネローレと同じように、ヨゼフは帰ることを拒否した。

裁判官がヨゼフになぜ母親のもとに帰りたくないのかと聞くと、彼はつぎのように答えた。「僕はもう、五年間も母とは離れて暮らしているし、僕が母のもとから連れ去られたというのは本当じゃありません。母自身が僕を施設に入れたんです」と。彼は、明らかに、ＩＲＯの児童ホームで出会った他の若者たちの影響を受けていた。「チェコスロヴァキアから来た少年たちは僕にすべてを教えてくれました。かの国ではどれくらい事態が悪化しているか、かの国ではどれくらいひどい教育が幅を利かせているか」と、彼は証言した。それでもＩＲＯとチェコ政府の代表者は、少年に、本国に戻ることを勧めた。一方で、少年を後見していたドイツの児童福祉局とヨゼフ自身は再定住を主張した。ヨゼフの願いは叶えられ、アメリカに移住することが許された。この決定について、グッドマンはつぎのように説明した。「自分なりの考えを持つ人びとを強制的に送還させない、あるいは再定住させないというのが、この裁判所の方針である。これは、世界の文明化されたすべてのコミュニティにおいて、したがうべき方針である。……私はこの裁判所が、子どもの誘拐業務に従事しているといわれることを望まない。他方で、この裁判所は成熟した人びとに、行きたくない場所に行くことを強制することは決してしない」(66)。

オホタの事例や、そのほかの似たような事案でも、アメリカの裁判官と占領軍政当局の反共主義的な信条は、彼らが表向きでは公言していた再家族化という理念と矛盾した。きわめて例外的ではあるが、幼い子どもについての事案では、再家族化の理念が勝利することもあった。たとえば、ヨハンナ・ボブロヴィッチュの事例は、高度に政治化していったため、グッドマン判事は最終的に、子どもをソ連に戻す決定を下した。ヨハンナは一九五一年時点でわずか八歳であった。彼女は一九四二年のクリスマスにクラクフで、シナイダ・ボブロヴィッチュのもとに生まれた。生まれてすぐに、ヨハンナはドイツの乳幼児ホームに預けられた。この乳幼児ホームはその後、ソ連軍が都市に近づいてきたため西側に疎開した。ヨハンナは、彼女が最終的にポーランド国民だと判明し、アンラの保護下に移される一九四六年五月まで、バイエルンに設立されていた複数の児童ホームで暮らした。数年にわたって、ソーシャルワーカーたちは彼女の母親を捜索したが、見つからなかった。そのあいだ、彼女はアンラ／IROの保護下におかれた。一九五〇年九月になってようやく、シナイダ・ボブロヴィッチュが、自分の失われた娘を捜索するなかでIROに連絡をしてきた。「心の底からのお願いです。可能なあらゆる手段を使って、できる限り早く母である私の胸に、実の娘を抱くことができるようにしてください」と、彼女は嘆願した。

この例外的な事例では、レオ・グッドマン判事は、個人的には、懸念を抱いていたにもかかわらず、ソ連への子どもの送還を命じた。「たとえ民主主義の精神に敵対的であることが明らかな体制の国であっても、この子どもを母親とふたたび結び合わせるためには、かの国に返すほかない」と、彼は論じた。しかし、アメリカの裁判所が「母親がいる国を非民主的だと非難しているからといって、この母親に子どもを渡さないと判断することは、果たして妥当なのだろうか」。判事は子どもを渡さないことは、子どもの最善の利益にもならなければ、在外アメリカ人の利益にもならないと結論づけた。「子どもは現在、八歳である。この子どもは、生まれた日からずっと孤児として施設を転々とするような生活であり、慈善団体の被後見人として生きてきた。もし母親の要求を却下すれば、この生活がこれからも彼女に降りかかることになるだろう」。彼はドイツに子どもをとどめておくことは、危険な前例になると結論づけた。「これが前例となってしまえば、単に自分たちがその国の政治哲学に反対の立場であるという理由だけで、アメリカの裁判所が、一時的に管轄するにすぎない個人を、母国に返さないという判決を下すことを許してしまうことになる。……私たちは政治に正義をしたがわせることはできない」[67]。

ソ連が集中的にロビー活動やこの事例の宣伝をしたことも、子どもを返還するという決定に影響を与えただろう。裁判初期のとある審問のさなかに、二人のソ連の行政当局者がすさまじい勢いで法廷に入ってきて、子どもの本国送還を擁護する政治的な演説をさせるよう要求した。裁判所は、正規の出頭通告書に記入しない限り、二人の発言権を認めることはできないとした。これに対して、ソ連当局の二人は、通告書への記入を拒否した。なぜなら、ここで記入すると、ソ連がアメリカの裁判所の司法権を正当なものと認めたことになってしまうと考えたためである。その代わり、彼らは、ホテル・アストリアに構えた自らの本部で記者会見を開き、そこでつぎのように発表した。「ソ連当局は、ソ連の子どもたちがアメリカや第三国に強制的に連れていかれること、あるいは使用人として外国人に与えられることを絶対的に不当だとみなすものである。……アメリカの裁判所がそのような決定をした場合、ソ連当局はこれを認めない」。ベルリンのロシア総領事ボリース・ナリヴァーイコは、総会でＩＲＯは「子どもを売る」業務に従事していると主張し、「たとえ子どもたちが月にいようとも」ロシア政府は、国外に追放されたすべてのロシア人の子どもたちを送還させるつもりであると明言した(68)。ソ連のメディアもまた、国内《ホーム》でこの事件を報道した。一九五一年一一月一一日、『労働』に掲載された「法服を着た子どもの売人」と題する長い論説では、つぎのような主張がなされた。「アメリカに囚われてみじめな生活を送っているソ連の子どもたちは、母国に戻されなければならない。アメリカの裁判所であれ、イギリスの裁判所であれ、ソ連の子どもの運命を決め、外国にとどめておくなど許されない！　アメリカ当局の横暴で高圧的な行為は、囚われている子どもたちの親だけでなく、ソヴィエトの世論全体の憤激を引き起こしている(69)」。

一般的に、アメリカ人裁判官たちは、東欧の難民の子どものアメリカへの再定住を決定するとき、同時に、家族の価値と民主主義的な理想も実現されると考えていた。アメリカ人裁判官は、東側に送還された場合、子どもたちはソ連やポーランドの孤児院で寂しい子ども時代を送ることを余儀なくされるだろうが、もしアメリカに再定住するならば、子どもたちは愛情に溢れた里親家族を見つけることができる、と主張した。ディータ・ストローエフの事案がその好例である。彼は、ドイツで出生直後にロシア人の母親に捨てられた。彼の事案に関して、グッドマン判事はつぎのように詳述した。「この少年の適切かつ全面的な発達のために必要なことは、親としてふさわしい人間による愛情と養護である。……これを可能にするためには、彼は一刻も早く、生まれてからずっと過ごしてきた施設の生活から引き離されるべきである。ロシアに引き渡した場合、この少年がもはや施設生活をつづけることはないという証拠や確証は、法廷にひとつも提出されていない」。IROは、ディータをソ連に送還するように推奨したが、グッドマンはアメリカでの定住を支持する判決を選択した。グッドマンは「全体主義の」東側と民主的なアメリカの違いを長々と説明することで、この決定を正当化した。「合衆国に再定住することで、この少年は……全体主義国家で搾取され、管理される従僕としてではなく……市民の福祉を保証する国家のなかで成長することができる。……合衆国では、少年は、個人の自由の保証が単なるお題目ではなく、個々の市民が国家に対抗するために行使することが可能な生きた権利である国で成長することができる。……こうした機会や権利を与えることのできる環境が、彼の全面的な発達にとって、決して有害なものとはならない(70)」。

第一一号法を通じて、アメリカ占領軍政当局者は、占領下のドイツにおける共産主義それ自体を審理に付した。このことは、連合国が結託して、ソ連市民を祖国に強制的に送還していた戦後直後の方針からの、明らかな転換であった。東欧に戻ることを拒んだ避難民がドイツにとどまることは、連合国と政府間組織の双方に、大きな経済的、政治的な負担をもたらした。しかし、冷戦の激化という文脈のなかで、避難民の子どもは、貴重な象徴資本にもなった。結局のところ、アメリカの占領当局は、たとえアメリカの司法が下す決定が、自国が公言している家族をふたたび一つにするというレトリックと食い違ったとしても、子どもたちの事案を、アメリカの生活様式（そして里親養育というアメリカ流の制度）の優越性を世界に誇示するために利用した。

一九四五年から一九五一年のあいだに、避難民の子どもの運命は、再建下のヨーロッパにおける政治情勢によって翻弄された。再建の当初、ドイツ、フランス、そして東欧の国民主義者が人口増加と国家〔国民《ナショナル》〕主権を得ようと激しく競合しあうなかで、東欧出身の難民の子どもたちは、いったんは、国民主義者たちの獲得すべき目標物となった。しかし、東西が対立する冷戦のもとで、この子どもたちは東西それぞれの陣営の人質として扱われるようになった。たしかに子どもに対する国民の「諸権利」は、新しいヨーロッパの、そして国際的な規範、法、そして制度のなかに埋め込まれた。しかし、たとえそうだとしても、こうした本国送還をめぐる抗争によって、この子どもに対する国民の「諸権利」と理解されたものが、現実にはどのような意味を持っているのかが露呈した。とはいえ、難民の子どもたちの運命をめぐる見解の相違は、必ずしも対極的であったわけではない。東側と西側のあいだには、国際組織、カトリック教会、そして避難民自身といった多数の関係者が存在し、彼らには難民家族の再建に関して、それぞれ独自のもくろみがあった。第二次世界大戦後のヨーロッパの子どもをめぐる争いに勝者はいなかった。しかしこの争いそのものは、ナチ支配の後に共産主義が忍び寄るという情勢下において、民主主義と家族の意味を明確にするための場となったのである。

第8章　分断された家族から分断されたヨーロッパへ

一　国民の「融和」／家族の回復／ヨーロッパの再建

一九四七年一一月、エルゼ・プロルスドルフは、一六年間離れ離れになっていた息子ハンス＝ヨアヒム・フライシュミットの居場所を突き止めた。ハンス＝ヨアヒムは一七歳の元ヒトラー・ユーゲントであったが、戦後、チェコ人のキリスト教徒で平和主義者でもあったプシェミスル・ピッテルが運営していた、チェコスロヴァキアにある避難民の子どもたちのためのホームで見つかった。西ドイツのタブロイド紙『レヴュー』によると、エルゼの「母の愛の苦難の旅」は、一九三〇年、家庭内暴力とともに始まった。夫のロベルトが彼女を最初に殴打した夜――彼女は初めて息子の胎動を感じたのであった。

ロベルト・プロルスドルフは、伝えられるところによると、その夜、酔って帰宅し、エルゼに言い寄ったが、拒絶された。彼は激怒し、彼女を殴りはじめた。子どもが生まれると、彼は素行を改めると約束したが、その後も酔っ払って辺り構わず寝てしまうことがつづいた。ある夜、ロベルトはかっとなってエルゼを家の外に放り出した。彼は息子を彼女の腕からもぎ取ると、彼女の顔を殴り、こう怒鳴った。「この子はここに残る！　お前は二度とこの子には会えない！」。エルゼは両親の家に逃げ、「悲嘆にくれた。彼女のすべては息子であったが、彼はそのすべてを取り上げた」と、『レヴュー』は報じている。彼女はハンス＝ヨアヒムを誘拐することまで試みたが、息子を取り戻すことはできなかった。ほどなくして、エルゼはオランダ人男性と出会い、再婚してユトレヒトに転居した。やがて彼女はドイツに戻ると、ふたたび息子を取り戻そうと試みた。しかしいまや、ナチスが権力を握っていた。青少年局の当局者たちは、彼女の監護権請求の訴えを人種的な理由で退けた。「それは土台無理なことだ」と、ナチ当局者は彼女に告げた。「純粋なるドイツ人の子ども」をオランダ人として育てることは、もはやできなくなっていた。

エルゼが南アフリカに渡り、第三帝国が崩壊した後の一九四六年になってようやく、彼女はハンス＝ヨアヒムの所在について知らせを受けた。戦争終結時に彼女の息子は、「ヒトラーに忠誠を誓った騒々しくて熱狂的なナチス」の集団と一緒に、チェコスロヴァキアのヒトラー・ユーゲントの訓練キャンプにいた。ハンス＝ヨアヒムはロシア人に抑留されたが、結核を患った後に解放され、ピッテルのホームに移された。しかし息子と再会して家族を再建したいというエルゼの願いは、復讐心の強いチェコの政府当局者たちが彼女のビザ申請を毎回却下したため、何度も妨害されることとなった。ある女性は彼女の申請書を手にし、それをくしゃくしゃにして、激しく床に叩きつけた。「あんたはドイツ人に生まれたんだから、どこか他所でビザを手に入れな。あたしはあんたにビザはやらないよ！」と、彼女は叫んだ。エルゼは泣きながら叫び返した。「この人たちは私の子どもを今まさに殺そうとしている！　あなたには魂はないの？　憎悪しかないの？」」。エルゼはビザを手に入れたものの、搭乗予定の飛行機に乗ることができなかった。数日間にわたって旅をつづけたすえ、プロルスドルフは髪を振り乱し、不安な面持ちで、プラハ郊外の美しい建物の玄関にたどり着いた。彼女はピッテルに迎えられるとすぐに、息子と会わせてほしいと願い出た。しかしピッテルは、出迎えた彼女に悲報を告げた。彼女の息子はわずか三日前に「永遠に目を閉じた[1]」と。
一九五五年に『レヴュー』に掲載され（そして感傷的に扱われ）たエルゼの物語は、戦後西ドイツにおける冷戦という文脈にとりわけふさわしいものであった。一九五〇年代において、多くのドイツ人は、第二次世界大戦後の世界において、自分たちこそが、被害者の筆頭であると考えていた。彼らは、自分たちがナチスの主導者たちによって間違った方向に導かれたことを強調し、その後にまずロシア人兵士に、つぎに連合国側の占領軍に、そして復讐心に燃える東欧の国民主義者たちによって、つぎつぎに蹂躙されたと主張した[2]。『レヴュー』はエルゼを、家庭内暴力の犠牲者として、そしてナチスとチェコ国家双方の犠牲者として英雄的に描いた。さらにこの犠牲者としての地位は、彼女が母親として被った苦痛から意味づけられた。彼女の物語において、家族の絆という普遍的な価値は、ナチ体制およびチェコスロヴァキア当局の邪悪さに対抗するものとして位置づけられた。この教訓は、ドイツ連邦共和国〔西ドイツ〕が北大西洋条約機構（ＮＡＴＯ）に加盟した一九五五年の状況に、実にふさわしいものであった。エルゼの物語は、家族の重要性を説く特殊な価値観によって、民主主義を意味づける西側諸国のなかに西ドイツを統合するためのレトリックとして用いられた。

その一方で、ハンス＝ヨアヒム自身の生と死は、冷戦期におけるもうひとつの道徳的な物語となった。彼の短い人生における最後の数年間で、フライシュミットはプシェミスル・ピッテルが戦後におこなった厚顔無恥な教育学的実験における模範的な被験者となっていた。一九四五年から一九五一年のあいだに、チェコのキリスト教徒で平和主義者であり、教育改革者かつ反共主義者であったピッテルは、チェコスロヴァキアにおける「融和」を促進しようと、集団生活をする児童ホームに、ドイツ人、ユダヤ人、チェコ人の難民の子どもたちを一緒に住まわせた[3]。難民の子どもたちを融和させることによって、ピッテルは、ドイツ人、ユダヤ人、チェコ人の大人たちが、中央ヨーロッパで平和的に共存できることを証明しようとしていた。一九四七年の児童ホーム居住者向けの会報で、ピッテルはフライシュミットを賞賛した。「亡くなる前の数日間の半ば意識の薄れた状況のなかで、彼は、この国のそれぞれの若者たちが融和すべきであるということについて、自分はドイツ人の若者に手本を示さなければならないと繰り返し述べました。いまや彼はわれわれに融和という仕事を残していきました。私たちは同胞の生きた手本とならなければなりません……ヨヘンの純粋で高貴な魂は、天国からわれわれを助けてくれるでしょう。ヨヘンとともに、そしてヨヘンの精神において、お互いとともにあらんことを」。

プシェミスル・ピッテルは、多くの点で戦後ヨーロッパにおいて例外的な存在であった。彼は報復が当たり前であった時代に、チェコ人、ドイツ人、そしてユダヤ人の共存を奨励した。彼はまた、戦後すぐにチェコスロヴァキアからドイツ人を追放することに対して、声高に異議を申し立てた数少ないチェコの公人のひとりであった。しかし他の点についていえば、ピッテルは、戦後、ヨーロッパの子どもたちを回復させるために動員された多数の人道主義ワーカーや教育者の典型であった。難民の子どもたちの再教育を通じて、ピッテルは、中央ヨーロッパの再建のためにキリスト教と反共主義にもとづく独特の将来像を提示しようとした。彼が掲げた将来像は、一九四〇年代のチェコスロヴァキアでは断固拒否されたが、一九五〇年代のバイエルンでは強い共鳴を呼び起こした。

第二次世界大戦後のヨーロッパにおいては、平和主義と融和のどちらも、多くの支持を集めた主張ではなかった。軍政当局、政府間の諸組織、犠牲者、そして自警団はむしろ、加害者に法の裁きを受けさせることに注力した。ニュルンベルク裁判における告発者たちは、ナチスに、戦争犯罪の責任を取らせようとした。チェコスロヴァキアでは人民裁判で、一三万五〇〇〇人の市民が「国民の名誉に対する罪」を理由に訴追された。そのなかにはユダヤ人の隣人を死に追いやったことから、ドイツ語を大声で話していたことにいたるまで、あらゆることが含まれていた。[4] 報復行為は、解放されたヨーロッパ全域で一般的な光景であった。フランス、イタリア、そしてドイツでは、敵と社会的あるいは性的な関係を結んだと疑われた女性が、公共の場で暴力と屈辱を受けた。何百万ものドイツ人女性は、性暴力をドイツ人に復讐するための正当な方法であると考えるロシア人（や他の占領軍）兵士によるレイプの被害者となった。[5] ソヴィエト連邦での亡命生活やナチスの強制収容所から戻った東欧のユダヤ人も、剝き出しの敵意と暴力で彼らを迎えた隣人たちと融和する望みを抱くことはできなかった。[6] 国民の平和的共存が不可能だという意識は、戦後の東欧から何百万人ものドイツ人を追放し、彼らの土地を収用するように駆り立てた。

融和のための教育というピッテルの特異な試みは、彼が反共主義の立場からチェコスロヴァキアの再建をめざしていたことと深く結びついていた。共産党は、解放されたチェコスロヴァキアにすばやく拠点を築いた。一九三八年のミュンヘン会談における合意以降、多くのチェコ人の目には、西側諸国が大いに疑わしく映るようになった。「われわれの時代の平和」のためという名目で、連合国はヒトラーにズデーテン地方を受け渡した。多くのチェコ人は西側への信頼を失い、第二次世界大戦中とその後に、ソ連の支援を当てにするようになった。一九四六年五月のチェコスロヴァキア議会の自由選挙で、チェコスロヴァキアの有権者の実に三八パーセントが共産党に投票し、一二・一パーセントが社会民主党に投票した。ボヘミアとモラヴィアでは、共産党員が投票数の四〇パーセントを獲得した。このことは、二年後の共産主義政権樹立を促し、それを正当化する決定的な勝利となった。[7]

こうした状況はピッテルをひどく悩ませた。チェコ人が隣人たるドイツ人を恐れ嫌悪している限り、彼らがソヴィエト連邦に支援を求めざるをえないと、彼は考えた。ピッテルは、第二次世界大戦が終結する以前から、一種の反共主義的な多文化主義を唱えはじめ、チェコ人とドイツ人は歴史、文化、経済、そして運命をともにしていると主張した。「ドイツ人はわれわれの隣人としてともに暮らしてきたし、これからもともに暮らしつづける。好むと好まざるとにかかわらず、われわれはお互いを頼りにし、経済的には彼らの影響下にある。ジェットエンジン飛行機の時代に、『鉄のカーテン』を長期間維持することは不可能である。西側から孤立して東側に依存することは、われわれの国民に損害を与えることになる」と、彼は予言した。「チェコ人がドイツ人を嫌悪するあいだは、彼らはロシア人からの援助と支援を求めるだろう。……われわれがドイツ人を恐れることも、彼らからわれわれ自身を守ることもせずに済む道を探さなければならない」[8]。

しかしピッテルは共産主義をつねに忌避していたわけではなかった。彼は一八九五年、プラハの中流階級家庭に生まれた。第一次世界大戦は、ピッテルを敬虔なキリスト教徒に変え、平和主義者にした。彼は国際友和会〔一九一四年設立。反戦主義のキリスト教徒の団体〕の会員であると同時に、キリスト教社会主義の急進的な一派である、キリスト教共産主義国際運動のメンバーでもあった。戦間期チェコスロヴァキアにおいて、ピッテルは、プラハのジジュコフ近隣のプロレタリアの子どもを教育する使命に乗り出した。一九三三年までに、ピッテルと、彼の生涯にわたる仲間、同僚であり、スイス人教師かつ教育理論家でもあったオルガ・フィルツは、「ミリーチの家（Milíčův Dům）」と呼ばれたプラハの労働者階級の子どもたちのための託児所を設立した。この施設は、労働者階級の母親を持つ子どもたちを監督し、彼らに道徳教育を施そうとするものであった。戦間期ヨーロッパにおいては、集団主義者による教育実験が数多くおこなわれたが、これらと同様に、ミリーチの家は、脆弱な家族には国家と任意団体の支援が必要だとする理念にもとづいて設立された。「両親が、道徳的、経済的、あるいは社会的な環境のせいで、彼らの責任を十分に果たすことができない場合、福祉事業をおこなう任意団体が介入しなければならない」と、ピッテルは主張した[9]。

第二次世界大戦期に、ピッテルは、ミリーチの家にプラハのユダヤ人の子どもたちを喜んで迎えた。一九四一年以降、これらの子どもたちの多くが最終的にはテレジーンへと強制移送され、家に戻ったのはほんのわずかの子どもだけであった。しかしプラハが一九四五年五月に解放されると、チェコ国民評議会はピッテルに接近し、彼にドイツの強制収容所とテレジーン・ゲットーから解放されたユダヤ人の子どもを回復させる事業を担当するよう、依頼した。彼はプラハの郊外に三つの館を提供されたが、それらはすべて、ドイツ人貴族のオレショヴィツェ、カメニツェ、ロヨヴィツェの館を接収したものであった。彼はのちにストゥジンで四番目の施設を手に入れた。すぐに、第一陣として、二六〇人の子どもたちがドイツの強制収容所から赤十字の救急車で施設へとやってきた[10]。

この間には、チェコスロヴァキアからのドイツ人の追放が始まっていた。休戦の一週間後、ピッテルは匿名の電話を受け、プラハのフローラ地区のある家族を助けにきてほしいと依頼された。そこは戦時中、ナチスが多くのユダヤ人の家を占拠していた場所であった。一〇〇〇人以上のドイツ人女性と子どもたちが地域の学校に詰め込まれ、移送されるのを待っていた。フィルツはその場面をつぎのように描写した。「病気の者も、健康な者も、大人も子どもも、全員がまるで寒い日に捕まった弱々しいハエのように横たわっていた。被抑留者のひとりであった汚い仕事着姿のドイツ人医師は、赤ん坊を隔離するための部屋を絶望した顔で指差した。その部屋には、しわしわの顔をした骨と皮だけの赤ん坊が机の上に寝かせられていたが、彼らはまるで干からびた老人のようであった。彼らはミルクを与えられていなかった。というのも、ドイツ人には彼らがかつてユダヤ人に許した配給量だけしか食料を与えてはいけない、という命令がなされていたからであった[11]」。

その年の八月に、チェコスロヴァキアの社会福祉省が、ピッテルにドイツ人捕虜収容所を査察するよう任じた。彼がそこで見たのは、凄まじい状況であった。郊外も含めてプラハにはドイツ人と対独協力者のための収容所が三〇ほど存在した。そこにはおよそ一万人の大人と一五〇〇人の子どもが住んでいた。もっとも悪名高かったのはソコルスタジアムであり、「夏の暑いなか、寄生虫だらけで言葉にならないほどの不潔な場所に、絶望した病人と子どもたちが寝転がっていた」と、フィルツは回想している。一九四五年八月に、チェコスロヴァキアの内務省は、一四歳未満のすべての子どもたちを収容所から解放するよう命じた。しかしこの命令は大っぴらに無視された。一九四五年九月の時点で、一四歳未満の子どもおよそ一万人が、いまだチェコスロヴァキアで抑留されていた(12)。

社会福祉省はピッテルに、解放された子どもたちの養護を依頼した。しかし多くの抑留されていた女性たちが子どもと離れることを拒否したので、ピッテルのもとに引き渡されたのは、もっぱら戦争の混乱によって、両親から引き離された孤児や難民の子どもたちであった。最終的に八〇〇人以上の子どもたちが、ピッテルの城にやってきた。このうち二六六人がユダヤ人であった。また一〇三人が雑婚《ミックスド・マリッジ》で生まれた子ども、三五人が対独協力者であったチェコ人の子ども、五五人が国民としての出自が「不明」の子どもであった。そして二一四人がドイツ人の子どもであり、彼らのなかにはハンス＝ヨハヒムのような元ヒトラー・ユーゲントも数多く含まれていた。しかし二か国語を話すことや国民への無関心が広まっていた状況のもとでは、国籍《ナショナリティ》／国民としての帰属によって子どもを分類することはたやすいことではなかった。「どの子どもがチェコの公立学校に通うことが許されるべきであり、どの子どもがドイツ人として追い払われるべきなのかを、われわれが判断することは、必ずしも容易ではなかった」と、フィルツは回想した。「のちに、いくつかの事例で、われわれが間違いを犯したことが明らかとなった(13)」。

戦後において、ピッテルは、個人主義と集団主義の理想を調和させようと模索していた。一九四六年に社会福祉省に提出した文書のなかで、彼はつぎのように説明している。「個人を抑圧することは、悪い部類の集団主義である。ちょうど間違った個人主義と自由主義が公共善より個人の成功を優先するのと同じである。新しい秩序の創造者は両方の要素を心に留め、二つに調和をもたらさなければならない」[14]。彼は、大家族に対して国家が助成金を支給することを求める一方で、孤児と婚外子に対する国家の支援も要求した。広く普及していた出産奨励主義の立場から、彼は、子どものいない個人に特別な課税をおこなうことを提案した。彼は自分の家族主義的な考え方に、強力な集団主義的価値観を結びつけた。きょうだいのいない子どもたちは、集団主義にもとづく社会化を経験するために、託児所に通わせるべきだと彼は主張した。すべての子どもたちは三歳からサマー・キャンプに参加すべきとされた。ピッテルはまた、新しいチェコスロヴァキア政府が、一個人やひと家族が蓄積できる富や財産の総額に厳しい制限を課すことを求めた[15]。

ピッテルが心に描いた融和は、双方向的な過程であった。それは、一方でナチスに自らの罪を償うことを求めつつ、他方で第三帝国の犠牲者に対して、加害者を許すことを求めるものであった。彼ら以上に許しを求められる被害者はほとんどいなかったので、ユダヤ人の子どもたちは、ピッテルの融和を重んじる教育学において、特別な地位を占めた。ユダヤ人の若者が、ピッテルの運営する城の玄関に到着したとき、彼らは、戦後のヨーロッパにおいて、いたるところで活動していた人道主義ワーカーにはおなじみの反応を示した。すなわち彼らは不信に満ちていた。彼らは敵対的な態度を示し、自分たちは養護を受けて当然だと思っているように見えた。何年間もナチスのために奴隷のような生活を強いられたので、彼らは働くことを拒否した。しかし彼らの教師アントニーン・モラヴェッツ（トニークとして知られていた）によれば、ほんの数か月後には、ピッテルの養護を受けたユダヤ人の若者は、「抑留されたドイツ人の子どもを受け入れるため、快くホームの準備を整えた。……大人が、自分たちのあいだで、新たに憎悪の壁を作りつづけたのに対して、ホームで暮らすわれわれの若者たちは、すでに憎悪の壁を取り壊すやり方を見つけていたのである」[16]。

トニークの逸話はよくあるパターンそのものであった。ピッテルとフィルツは、彼らの保護下にあったユダヤ人の若者を、キリスト教的な同胞愛の模範へとつくり変えた。これは、ユダヤ人の若者のあいだに、英雄的とは言い難い思考と行動が生じるわずかな余地も残さないための常套手段であった。そしてまた、ホロコーストに対する反応を許容できるものとするために、〔ユダヤ人の〕復讐心を全面的に抑制しようとするやり方でもあった。一九五三年のラジオ放送での説教で、ピッテルはつぎのように説いた。「両親が拷問の末に殺されたか、あるいはガス室で窒息死させられたにもかかわらず、これらのユダヤ人の若い娘と息子たちは……もはや復讐心を抱いてはいません。彼らが、自らを苦しめた者たちの子どもを、無実の犠牲者と考えてくれているのに、キリスト教徒であるはずのわれわれは、彼らを飢えで苦しませたのです。今こそ、報復と復讐をめぐるあらゆる考えを捨て去るときなのです！」[17]。ユダヤ人とドイツ人の融和をめぐるこの類の寓話は、ヨーロッパとアメリカにおいて、ホロコーストの犠牲者をキリスト教徒の殉教者へと変えてしまおうとする傾向が広くみられたことを反映している[18]。一九四六年にはすでに、ピッテルは会報に、「これらの〔ユダヤ人の〕子どもたちは、多くのキリスト教徒以上にキリストの精神を持っている」[19]と報告している。

これに対して、ユダヤ人と同じ地域に住むチェコ人は、ユダヤ人がたどり着いた高みまで到達できていないと、ピッテルとフィルツは嘆いた。ピッテルの城の近隣に住むチェコ人は、児童ホームから聞こえてくるドイツ語の声について、しばしば当局に不平を申し立てた。彼らは新聞でピッテルを糾弾し、彼の保護下にいるドイツ人とユダヤ人は全脂肪牛乳を飲んでいたのに対し、チェコ人の子どもたちが、配給制のうえに量も十分ではない水で薄めた代替品を飲んでいたことに対して不満を述べた。チェコ警察は、真夜中にもかかわらず、ピッテルの城の強制捜査をおこない、子どもたちの寝台の下に、ナチ協力者が隠れていないか、あるいは闇市場の品物がないかを捜索した。一九四六年の六月に、共産党系の新聞『ルーデ・プラーヴォ』はつぎのように申し立てる記事を掲載した。「ロヨヴィツェの城で、プシェミスル・ピッテルはドイツ人の子どもたちに住居を提供しているが、それが地元住民の激しい憤りを生むほどになっている。しかも子ども二人に対し看護婦一人がつくほど多くのドイツ人看護婦がいる。……驚くべきことに、われわれの子どもたちの健康を取り戻すために使われるべき小ぎれいな建物に、六〇人のドイツ人が住んでいる[20]」。

強制収容所の生き残りが、復讐の幻想を心に抱いていたことを示す証拠はたくさんある。ある者はたしかにそれらの幻想にしたがって行動した[21]。しかしピッテルの養護を受けていたユダヤ人の若者は、チェコ国民の模範として振る舞うことを少なくともある程度、自らの役割として内面化していたように思われる。一九四五年一〇月に、ストゥジンとオレショヴィツェの施設のユダヤ人の子どもたちは、つぎのように異議を申し立てた。「以前は強制収容所で苦しめられたのはユダヤ人でしたが、いまやドイツ人が同じ状況になっています。唯一異なるのはガス室での死が彼らを待ち受けてはいないことだけです。……私たちは、家族のなかで唯一生き残ったメンバーとして強制収容所から戻りました……ドイツ人に対して恨みと憎しみを間違いなく感じたのですが、私たちはそのようには行動しません。……もし私たちが真に平和を望むなら、自分の心のなかに憎しみを持ってはならないのです[22]」と。

ユダヤ人の子どもたちに、キリスト教徒の同胞愛の象徴という役割を割り振る一方で、ピッテルとフィルツは、ハンス゠ヨアヒムのような元ナチスにまで融和のための教育を施した。ピッテルの城の教師であったドブロスラヴァ・シュチェパンコヴァーは、ドイツ人の子どもたちが、ドイツの敗北の後は、体調を崩していたと報告した。彼らは「国民や総統への崇拝を学習会で教えられていた。いまやすべてが焼けて灰になった。信じる者もなく、愛する者もいない。……今後、自分たちがどうなってしまうのかについても、無関心になっている」。ピッテルのホームでは、ヒトラー・ユーゲントはヒトラーの代わりに神への崇拝について教えられた。「ドイツを含めた全世界には唯一の良薬がある。それは神への信仰に帰ることである」と、シュチェパンコヴァーは論じた。(23) ある一五歳の少年が、一九四七年に自らの回復過程を振り返り、つぎのように記録した。「チェコと名がつくすべてのものを僕たちが嫌っていたことを誰も否定することはできません。僕たちはいつも恐怖とともにチェコ国民を見ていましたし、すべてのチェコ人を十把一絡げに考えていました。僕たちはストゥジンに連れていかれました。僕たちが最初に出会ったのは、ユダヤ人の少年たちでした……僕たちはテレジーン［ヒトラー・ユーゲントは戦後、そこに抑留された］のことを思い出しました。そこには、僕たちをまさにもっとも恐怖に陥れたユダヤ人が数名いたのです。……しかしストゥジンで出会ったユダヤ人の少年たちは、僕たちに食事を与え、衣服を渡し、お風呂を使わせてくれ、快適なベッドに寝かせてくれました。神への信仰が蘇りました。すぐに僕たちはチェコ国民をこれまでとは違う目で見るようになりました。僕の嫌悪感は消え去りました」(24)。

共産党は一九四八年の三月に、チェコスロヴァキアにおける政治権力の独占を強化した。その後、およそ二年間、ピッテルはミリーチの家を運営しつづけていた。しかし一九四九年一二月に、ミリーチの家は共産党指導部によって閉鎖を余儀なくされた。一九五一年八月に、ピッテル自身が難民となり、共産主義から逃げ出すためにチェコスロヴァキアからドイツへと国境を超えた。一九五一年の英国国営放送（ＢＢＣ）のインタビューで、彼は共産党が家族を攻撃したために、国外に逃れることになったと主張した。「ある日、私は、子どもと若者のための施設について、親との会合で話をするよう命じられました。この施設は、母親が家庭外で就労できるようにするために、国内全域で設立が進んでいるものでした。……私は著名なロシア人共産主義者で教育者のマカレンコの一節、『秩序正しい家族生活は社会主義社会の基盤である』を引用しました。そして私は、たとえもっとも優れた施設が存在しようとも、それは理想的なものとしてみなしえないことをつけ加えました。なぜなら理想とすべきは、母親自身が子どもたちのために献身できる家族だからです」と、彼は述べた[25]。親たちは拍手喝采し、同席していた共産党員はピッテルの演説を侮辱と解釈した。地方の共産党員がピッテルを辞任させるよう圧力をかけ、警察が彼の家を捜索し、彼は尋問された。逮捕を恐れて、彼はドイツへ逃亡した。

一九五二年に、ピッテルは、バイエルン州のニュルンベルク郊外のヴァルカ難民キャンプの説教者になることを引き受けた。そこは、東欧からやってくる「筋金入り」の冷戦難民を収容するための、ドイツでもっとも大きなキャンプであった。偶然にも、ヴァルカは元ナチ協力者が数多く暮らす場所でもあった。皮肉なことに、ドイツ語の知識や東欧の政治に関する知識を持っていたがゆえに、これらの元協力者たちは、ズデーテン地方出身のドイツ人とシレジアからの被追放民とともに、キャンプで影響力のある地位につくことも多かった。共産主義から避難したチェコ人が、一九四八年以降に国境を越えてドイツに流れ込むにつれて、元ナチ協力者たちは、結果的に収容所の意思決定に重要な役割を果たすようになった[26]。

ヴァルカのキャンプでは、一九五一年一〇月に四三〇〇人の難民が暮らしていた。ピッテルはラジオ・フリー・ヨーロッパとBBCでレギュラー番組を持つようになった。ヨーロッパとアメリカの多くの反共主義者と同様に、彼は家族の崩壊という観点から、全体主義の概念を定義した。一九五四年の母の日に、ピッテルはBBCの番組で、「共産主義者は入念に手をかけ、子どもたちに両親の影響が残らないようにしている」と主張した。家庭の外で働くことは、女性の評判を落とし、彼女たちを堕落した女性へと貶めるとピッテルは論じた。「女性がもはや、家庭に献身する聖職者として振る舞わないのであれば、彼女は売春婦になるよりほかにありません。一部の理想主義者は、共産主義者の考えによって女性の地位が向上し、自由になると想像しています。しかしこれが間違った幻想であることは、すでに証明されています。共産主義者が統治している国々で、女性は何から自由になっているというのでしょうか。彼女がもっとも熱望し、神と自然によって与えられた務めから自由になっているのです」[27]。

ピッテルは、戦後におこなった演説のなかで、熱狂的な反共主義と家族主義を奨励した。このことは、チェコスロヴァキアにおける彼のキャリアと食い違う後日談のように見える。なんといっても、それ以前の彼は、二〇年間にわたって、難民の子どもたちと働く母親を持つ子どもたちのための託児所や、集団生活をするホームを運営しつづけてきたのである。彼は、かつては家の外で女性が働くことをいちども反対したことはなかった。働くことは、戦間期のチェコスロヴァキアにおいて、ほとんどの労働者階級の女性にとって当たり前のことであった。それがいまや、どのような母子分離も、家族に対する全体主義からの攻撃と捉えられ、神の意思に背くものとみなされるようになった。

ピッテルの活動方針の転換は、戦後のヨーロッパにおいて、政治情勢および教育情勢が深いレベルで変容しつつあったことを反映していた。冷戦初期の文脈において、反共主義は、家族の崩壊という観点から、ナチズムと東欧の共産党支配の両方を危険視した。家族への攻撃という点から全体主義を定義することによって、ドイツの反共主義者は、ナチ体制と結びついた罪悪感から一般のドイツ人と東欧の人びとを都合よく救済した。チェコ人、ポーランド人、ドイツ人、あるいはユダヤ人であっても、あらゆる親が、自分を全体主義国家の犠牲者であると考えることができた。一九五五年、反共活動家のケーテ・フィードラーは、共産主義圏では、女性たちが子どもを国営の保育園に通わせることを求められる件に関して、「共産主義者の世界観を邪魔されることなく、子どもに吹き込む」ためであると論じた。一九五五年の西ドイツ政府の刊行物のなかで、同様にハンス・ケーラーは、東側では「どんなに必要な場合でも、母親が子どものために献身する機会を持つことはない」[28]と主張した。ピッテルはＢＢＣでの説教において、同様のレトリックを用いた。「全体主義国家は人間のあらゆる権利を奪っていきます。程なく、私的生活のための時間は、完全に失われることになるでしょう。共産主義者は穏やかな家族生活が彼らにとって危険であることをよく知っているのです[29]」。

アメリカでは、大衆紙が東欧では家族が滅んだと報じた。一九五〇年の『サタデー・イブニング・ポスト』の「共産主義が子どもを人質に」というタイトルの記事のなかで、ジョセフ・ウエクスバーグは、リジツェ村のチェコ人の子どもたちの哀しい運命を跡づけた。リジツェ村の虐殺とドイツの強制収容所への追放を生き延びた人びとが、ようやくチェコスロヴァキアに帰還したとき、彼らを待っていたのは、共産主義体制による洗脳だけであった、と彼は主張した。「こんにち、中欧、東欧、南東欧の人民民主主義国家の子どもたちは、ものを考えないロボットに変えられている」と、彼は断言した。「これは、ナチスが子どもたちを家族から引き離しはじめたときに成功裏に取り入れたのと同じやり方である。東欧には、絶望と無力さを抱えながら、自分の子どもが取り上げられるのを見ていることしかできなかった何百万人もの親たちが、ふたたび生み出されている[30]」。

社会主義体制下の社会と教育をめぐるこうしたイメージは、冷戦という鏡によって歪められた。歴史的に、集団主義教育は固有のイデオロギーや政治的内実を持たなかった。戦間期のヨーロッパでは、社会主義者、カトリック、ファシスト、国民主義者、共和主義者、そして共産主義者は皆、それぞれの目的のために集団主義教育を用いた。共産主義のもとでは、家族は「消滅する運命」にあるとする、アレクサンドラ・コロンタイの革命的な予言にもかかわらず、核家族は戦後の東欧においても健在であった[31]。一九三〇年代後半までに、たとえば、とりわけ一九二〇年代における自由主義化の改革が支持を失うと、ソ連政府は、出生率を向上させ、中絶を抑制し、離婚を防止するための積極的な運動に乗り出した[32]。

戦後の東欧諸国の政府はいずれも、伝統的な家族を「破壊すること」には無関心であった。立法によって、女性の法的平等を拡大し、女性が労働力となることを奨励した場合でさえも、諸政府は、家族をいまだ、社会主義社会の基本単位とみなしていた。そしてまた、女性たちは、社会主義国家によって子どもの世話と家事という責任を解除されることはなかった。戦後の東欧政府は、保育所の建設よりもむしろ産業上の生産能力を上げることに力を注いだので、児童支援施設の建設はゆっくりとした速度でしか進まなかった。一九五五年の東ドイツでは、乳幼児のうち、一〇人に一人しか託児所には預けられず、未就学児の三人に一人しか幼稚園には通っていなかった。幼い子どもの大部分が、国営の託児所に預けられるようになるのは、ようやく一九七〇年代になってからのことであった。児童保育所の不足に対しては、東ドイツの働く女性からつねに不満の声があがっていた[33]。

家族は東欧においても消滅しなかった。しかしいわゆる全体主義の脅威から家族を守ることは、一九五〇年代の西ドイツ、とりわけバイエルン州の政治状況を支配していたキリスト教民主同盟／キリスト教社会同盟（CDU／CSU）の政策担当者のあいだで力強いスローガンとなった[34]。第二次世界大戦後、ピッテルがおかれたのは、こうした環境であり、彼は自身の政治的課題にCDU／CSUの家族主義的なレトリックを用いた。「政治的な観点からではなく、神とイエス・キリストの名のもとに、われわれは女性らしさに恥辱や退廃をもたらすことに対して抗議をしなければなりません！　共産主義が、まさに神の律法と自然の摂理に背いているという事実は、われわれに大いなる希望を抱かせます。なぜなら神と自然に背いては、何者も持ちこたえることはできないからです」と、ピッテルは一九五四年の母の日の説教で公言した[35]。

ピッテルは、難民キャンプの集団的な生活環境を、ヨーロッパの若者の――さらにヨーロッパ文明全般の

――道徳的、心理的な退廃と結びつけた。彼はとりわけ、ヴァルカの難民キャンプで暮らしている若い男性について、男性の市民権に付帯する本質的な要素、すなわち安定した家庭における私生活、妻と子どもたちの扶養、生産労働が奪われた結果、男性らしさを剝奪された犠牲者として描いた。家族の主権も、扶養すべき妻や子どもも、もつことができず、渡り労働をする若い男性は、アルコール依存症、不特定多数を相手にした性行為、犯罪行為に手を染めてしまうとされた。ピッテルは、「われわれの時代の独裁者たちは、物理的な攻撃や殺人を通してよりもむしろ、道徳的な破壊を通して、より深刻な悪事を働いたのだということが、時がたてば明らかとなるだろう」と苦々しい様子で予言した。難民キャンプにいる骨抜きにされた男性たちは、「戦場で殺されるか、強制収容所で物理的に抹殺されたのと同じくらい、戦争と恐怖の犠牲者であった」[36]と、彼は結論づけた。

一九五〇年代を通して、ヴァルカの難民キャンプにあった彼の説教壇から、ピッテルは、チェコの人びとにロシア人との絆を断ち、ドイツ人の隣人と平和を築くように熱心に説いた。彼は、ドイツ人とチェコ人の共存は、神の計画の一部であり、ドイツ人の追放は神の意志に背くことであるとさえ主張した。「われわれには共通の、分割することのできない故郷（Heimat）があり、そこでわれわれが共存することを、神は望んでおられると認識することが、最初の一歩である。……われわれが互いに手を伸ばし、互いに非難し合うことなく、新しい生活を始めることこそ、神の御心である」[37]。

ピッテルにとって、国民の融和が、チェコ国民と家族主権の両方を救うことができる唯一の手段であり、彼の言説では、このふたつが民主主義それ自体と同じ意味で用いられていた。このような家族は、国家の「干渉」から自由であるべきであり、男性の扶養者と専業主婦によって管理されるべきであった。一九五〇年代のバイエルン州では、戦間期のチェコスロヴァキアにおいて、ピッテルの教育学を活気づけた集団主義者の理想は、もはや彼のキリスト教徒や反共主義者としての価値観と相容れるものではなくなった。結局のところ、ピッテルによる融和の教育学は、ある種の対立を他のものと取り替えることをめざすものとなった。彼は、ドイツ人、チェコ人、ユダヤ人のあいだに存在した分断と憎悪を、東と西のあいだのより先鋭的な分断へと変換させることを望んだ。戦後のヨーロッパに関するこうした構想のもとでは、チェコ人、ドイツ人、ユダヤ人の子どもたちは、最終的に共存することを学び——そしてチェコスロヴァキアは、鉄のカーテンの西側で正当な立場を確保するはずであった。

戦後ヨーロッパの国際的な秩序の構築に関与したのは、ピッテルのような人びとであった。彼らは皆、ドイツ国民主義者対スラヴ国民主義者という古い対立を、東西のゼロサム・ゲームにおける闘いへと転換した。子どもというイメージを融和のモデルとして組み立てたときでさえ、ピッテルは冷戦の幕開けにおける新たな政治的分断を生み出す楔として、子どものイメージを利用した。解放後のヨーロッパでは、家族の理念とヨーロッパの政治的未来の双方を展開しようとする教育実験が数多くの場所でおこなわれ、ピッテルが運営した城は、その一例にすぎなかった。人びとの回復を担った実験場は、単なる孤児院や難民キャンプにとどまらない、ヨーロッパ再建のための実験場でもあった。

二　失われた子どもたちの経験

戦後のヨーロッパにおいて、失われた子どもたちのための活動に政治的利害が含まれていたことは、さして珍しくもなく、また自明のことでもあった。しかし、こうした努力がどの程度、実を結んだのかを評価することは難しい。この領域で何年も活動したのちに、多くの人道主義ワーカーは、自分たちが果たして何かひとつでも成し遂げることができたのか、疑問を抱いた。一九四九年に児童福祉慈善団体（ＯＳＥ）のジャック・コンは、「われわれが子ども全員を……正義と人道という偉大な思想にもとづいて教育することは、たやすいことだろうと考えていた」と回想した。しかし戦後のフランスにおいて、ユダヤ人の若者のための活動を始めて五年後に、彼の理想主義は経験によってくじかれた。「こんにち……われわれは世界を変えられなかったし、ＯＳＥの子どもが何か素晴らしいことを成し遂げるということはなかったこと、またおそらく今後も成し遂げることは決してないであろうことを認めなければならない」と、彼は絶望した[38]。コンの相反する感情のなかで生じた葛藤は、戦後の再建活動を特徴づけることになる根本的な緊張関係を示すものであった。ヨーロッパの、とりわけ若者を回復するための活動は、ヨーロッパ文明が全面的に崩壊してしまうのではないかというディストピア的恐怖と、ヨーロッパ文明は再生されるのだとするユートピア的未来像を同時に反映していた。児童福祉の専門家は、自身が受けた衝撃を鑑みるとき、楽観主義と絶望のあいだで揺らいでいた。

難民の子どもたちもまた、戦後の生活を再建しようとした際、極端な浮き沈みを経験した。ルート・クリューガーは、ナチスの死の行進から逃れた直後から、自分が自由を得てふわふわとした気持ちになったと回想している。彼女が東欧から逃げてきた民族ドイツ人の難民のふりをして、バイエルン州にたどり着いたとき、「私はいまだ、幸せすぎて目が回る気持ちでいました……純粋なドイツ人難民が経験したこととはまさに正反対でした。というのも彼らはすべて、つまり彼らが持っていたものすべてを失いましたが、それに対して私たちはすべて、つまり残りの人生すべてを得られるという希望を持っていたからです[39]」。しかし数年後、彼女が新しい生活をニューヨークで始めようとしたときには、彼女はひどい鬱状態に陥っていた。彼女は、一九六〇年代に精神分析家たちが「生き残ったことへの罪責感《サバイバー・ギルト》」と呼ぶことになる激しい羞恥心に悩まされた(40)。ルートの罪責感は彼女のジェンダーによって複雑化した。「自分は解放されたのではなく、害虫駆除業者から逃げ回るゴキブリのように、ただ這いずり回っているだけだという気分になることが何度もありました。……女性が自らの立場を折に触れて思い知らされるたびに、若い難民女性が、果たして自分自身に価値などあるのだろうかと考えてしまうのは自然のことでした。私の家族のなかでは、女性だけが生き延び、男性は生き残れませんでした。私にとってこのことは、より価値のある人間のほうが命を失ってしまったことを意味したのです(41)」。

両親と再会することができた子どもたちでさえ、いわゆる正常な状態へ適応するためには、その過程において苦痛に満ちた体験をしなければならなかった。エディト・ミルトンは一四歳のときにニューヨークで母親と再会した。エディトはキンダートランスポートによってナチ政権下のドイツからイギリスへと避難した。離れ離れになっていたあいだに、彼女は空想上の母親をつくりだし、その姿を細かく思い描いてしまっていた。しかし実際の母親は、彼女の空想とはかけ離れた人物であった。母と娘の待ちに待った再会は、離れ離れになった当初のショックと同じくらい不穏な感情を掻き立てるものとなった。彼女はのちにつぎのように回想した。「実の母親と私が自分でつくりあげた理想の母親のあいだには、同じ母親という種類のなかでもこれ以上隔たることはできないというほどの距離がありました。この変わり者の女性と再会したことは、これまで私に起こった出来事のなかで、間違いなくもっともひどいことであると思いました」。ルートと同様、エディトも、アメリカでの新しい生活が落ち着いたときに、鬱状態に悩まされた。「アメリカで暮らすようになった最初の二年間の記憶の片隅には、つねに絶望の気配が漂っていました。そしてこの絶望感は、私たち難民が生きる……世界を覆い尽くしかねませんでした(42)」。

一九八〇年代に書かれたOSEのジュディス・サミュエルへの手紙のなかで、エリ・ヴィーゼルはブーヘンヴァルトを生き延びた若者たちが、何かを得ようと努力することがほとんどできなくなってしまっていると述べた。「あの当時、生存者たちはどのように生きるべきかについて、言うべき言葉を何も持っていませんでした。ヨーロッパと世界は、ヒトラーのドイツとその共犯者たちに勝利したことを、私たち抜きで祝福しました。私たちの子ども時代は、ひどく傷つけられ、奪われ、軽んじられていました。私たちは、そのような孤独な子ども時代など壁で塞いで、外の世界に背を向けて暮らしたいと望んでいました……私たちはあなた方の手助けも、理解も、心理テストも、施しも、望んではいませんでした」。しかしヴィーゼルは、こうした困難にもかかわらず、OSEの教育者たちが意義深いことを成し遂げたと信じていた。「わずかな期間で、私たちは世界のこちら側に戻ってきていたのです」と、彼は回想した。「あの奇跡はどうして起こったのでしょうか。それをどうやって説明できるでしょうか。あらゆる子どもたちが暴力へと舞い戻るか、破壊主義を選んでしまう可能性があったことは間違いありません。あなた方は彼らを信頼と融和の世界へと導く方法を知っていたのですね[43]」。

戦時体験という心理的外傷は、(戦後の教育学が被った心理学的衝撃と同様に)、戦争が終わってから数年後、あるいは数十年後になってようやく顕在化することが多かった。とりわけ強制収容所の生存者の場合、戦後の数年間、自分たちの生活を建て直すという基礎的な課題に精力をつぎ込まなければならなかったため、そのあいだは、トラウマ的な症状に悩まされることが比較的少なかった。しかしながらひとたび生活が落ち着き、行方不明の家族がいつか帰ってくるだろうという望みを捨てざるをえなくなると、絶望へと沈む者もいた[44]。

しかしヨーロッパの失われた子どもたちが大人になると、喜ばしい驚きも生じた。たとえばイギリスのハムステッドの託児室にいた子どもたちを、その後の二〇年にわたり追跡調査した研究によれば、アンナ・フロイトとジョン・ボウルビィがもっとも危ぶんだ懸念が彼らに起こるようなことはなく、まったくの杞憂に終わった。一九四〇年代にロンドンから母親と離れて疎開した幼い子どもたちは、結局、犯罪少年になることも「愛情不足の性格」になることもなかった。「戦禍を経験したにもかかわらず、すなわち母親と離れ、まったく異なる新しい環境に適応することを余儀なくされたにもかかわらず、彼らは、精神に深刻な損傷を受けることもなく、またなんらかの治療を受けることもなく普通の大人に成長した」と、その研究は結論づけた(45)。

アメリカに移住したユダヤ難民の子どもたちはまた、親が一緒であろうとなかろうと、予想以上にうまくやっていた。彼らは大人になると、結婚生活の安定や幸せの実感と同様、平均以上の教育や専門的能力を獲得したことを誇った。多くの若いドイツ出身のユダヤ難民、とりわけ戦前にナチ政権下のドイツから逃げてきた人びとは、一種のトラウマというよりもむしろ、大冒険として移住を経験した。破壊的な規模の死傷者の存在が、いまだ影を落としていたにもかかわらず、戦後になると、彼らは生きる喜びと誇りをかなりの程度取り戻し、あらゆる場所で、そこがあたかも故郷《ホーム》であるかのように振る舞うようになった(46)。

ルート・クリューガーは、彼女の物語に生存者としての贖罪の教訓を込めてはいない。しかし彼女は、第二次世界大戦中の子どもの生活について、幾度となく繰り返される一つの物語《ナラティヴ》を彼女自身の語りに当てはめること、すなわち彼女は子ども期をまったく持つことがなかったという想定を、きっぱりと否定した。「これも子ども期でした」と、彼女は回顧した。「あらゆる子どもが成長すればそうするように、私だって成長し、何かしらを学んだのです。……もし別のもっと普通の環境のもとでなら、今とは違う、もっとよいことを学ぶことができたかもしれません。……もし別の子ども期を振り返ることができたなら、私にとって子ども期は、もっと意味のあるものであったかもしれません。しかしそれはもう過ぎたことです。そしてもういちど言いますが、私が経験したこれもまた、子ども期であったのです[47]」。

三　子どもの最善の利益としての家族の絆

ヨーロッパの失われた子どもたちにとって、心理学的マーシャルプランが与えた影響は、現在では記憶の彼方に覆い隠されてしまっている。一九七〇年代以降に、第二次世界大戦とホロコーストをめぐって記憶の文化が発展したが、もと難民の子どもたちの回想は、この運動によってつくりだされたものである。彼らの記憶はまた、避難民の子どもたちが大人になってからたどった生活の軌跡にもとづいてつくられてもいる。子ども期の記憶は、大人になってからの自己認識と経験から切り離すことはできない。私たちは現在の自己認識や経験を過去へと投射して、意識的であれ、無意識的であれ、首尾一貫した人生の物語を無理やりに構築してしまいがちである。

しかしヨーロッパにおける回復の実験場で展開された諸理論には、戦後の政治文化のより具体的な痕跡が残されていた。一九四〇年、ロンドンから子どもたちを疎開させるイギリス初の運動に加わった際に、イギリスの児童文学作家アマベル・ウィリアムズ＝エリスはつぎのように述べた。「戦争は、われわれがそれをどのように考えようとも、学ぶ意思のある者には何かしらのことを教えてくれる。……空から爆撃される危険のおかげで、この戦争はわれわれに――なによりも――子どもについて多くのことを教えてくれた。子どもの健康状態や清潔さの度合い、『文明化』の程度などについてだけではなく……子どもがいかにして……

普通ではない環境でどのように振る舞うかを教えてくれた。このことを通して、われわれはあらゆる子どもに当てはまる根本的な真実のいくらかを学んだのである」[48]。これらの「人間に関する根本的な真理」は、第二次世界大戦後のヨーロッパの里子家族、難民キャンプ、そして孤児院から少しずつ外の世界へ流れ出て広まった。これらの制度や施設は、ヨーロッパ再建の時期に、子どもの養育実践、福祉と移民政策、そして人権についての国際的な規範を伝えつづけた。

一九五一年に、国際連合は難民の地位に関する条約と議定書を採択し、これを一九五四年から施行した。第二次世界大戦で得た教訓にもとづいて築き上げられたこの国連の難民の地位に関する条約の最終的な条文は、家族の絆を「難民の基本的な権利」とするべきだと明確に宣言した。そしてとりわけ、「家族の長が特定の国に入国するための必要な条件を満たした場合」、家族の絆を保護するために特別な措置をとることを各国政府に強く要求した[49]。したがって、難民の権利に関する国連の創設時の文書は、家族の離別が基本的人権の侵害であり、子どもの福祉に対する脅威であるという、新たに生まれた信念を反映していた。しかしこの条約はまた、難民とは政治的理由で男性がなるものであり、女性や子どもはその被扶養者として彼に同伴するにすぎないという想定にもとづいていた。国連代表団は、家族の絆を人権として支援すると同時に、家族という単位における女性と子どもの従属的な位置づけを強固にした。

国際連合が公布した一九五九年の「児童の権利に関する宣言」も、子どものニーズと権利をめぐる思想が、二〇世紀を通じて周期的に変化しつづけていたことを反映していた。一九二四年に国際連盟は、セーブ・ザ・チルドレン基金の創設者であるエグランティン・ジェップが起草した、児童の権利に関するジュネーヴ宣言を採択した。一九二四年の宣言は、戦間期の人道主義組織と児童福祉の専門家の主要な関心事を映し出していた。それは、危機の時代に、なによりもまず、子どもたちの基本的な物資的ニーズを保証することに重きをおいた。「飢えた子どもは、食物を与えられなければならない。病気の子どもは看病されなければならない。発達の遅れている子どもは援助されなければならない。非行を犯した子どもは更生されなければならない。そして孤児および浮浪児は住居を与えられ、かつ援助されなければならない」と、それは宣言した。[50]

それから三五年後の国連児童権利宣言は、子どもの権利という概念を劇的に拡大し、家族の絆と心理的安寧をとくに重視するものであった。「子どもは、調和のとれた豊かな人格の発達のために、愛と理解を必要とする」と、一九五九年の宣言では主張された。「子どもは、必要なときはいつでも、両親の責任のもとで保護され、どんな場合でも、愛情と道徳的、身体的な安全を確保された雰囲気のなかで、養育されるべきである。すなわち、幼い子どもは特別な環境の場合を除いては、母親から引き離されるべきではない[51]」。

この三五年間に、子どもは愛される「権利」と母親のもとにとどまる「権利」を手に入れた。家族のなかの感情的な不和は、いまや家族の外での政治的、社会的な大変動と同じくらい、子どもたちの幸福に脅威をもたらすと考えられるようになった。一九五〇年代および一九六〇年代に政策担当者と心理学者は、戦争とは無関係に生じたネグレクト、離婚、虐待で苦しむ子どもに対しても、こうした知見を熱心に当てはめるようになった。たとえばブルーノ・ベッテルハイム*[1]は、よく知られているように、両親が強制収容所で亡くなった子どもたちの観察を通して、子ども期の統合失調症に関する理論を展開した。ベッテルハイムは親によるネグレクトの犠牲者とナチ国家の犠牲者を直接比較し、一九五二年につぎのように書き記した。「ある人間の人格が、独裁的な政治体制によって破壊された場合であれ、両親から拒絶され、遺棄されたがゆえに破壊された場合であれ、人間を回復させる過程はいずれも同じである[52]」。

エルンスト・パパネックは、アメリカの精神分析学者が主張する家族主義的な解決策を拒否した一方で、自分が一九五八年まで管轄していたニューヨークのブルックリン女子トレーニング・スクールと男子ウィルトウィック学校に在籍したアフリカ系アメリカ人の非行少年に、強制移動による心理学的結果に関して、彼が知り得た知見を当てはめることに、戦後の数年間を費やした。[53] 一方、フランスの心理学者アンドレ・レイは、戦時中の強制移動による犠牲者と離婚した家庭の子どもを同列におき、両者に同様の治療をおこなうよう主張した。すなわち「子どもの戦争犠牲者と、居住地に関係なく家族の崩壊を経験した子どもや孤児は似ていると考えることができるだろう。どちらの場合も、同じ構造が、心理的、精神的な健康を阻害する原因となっている」。[54] 家族のなかで感情的なネグレクトを受けることと、戦争や人種的迫害の結果とを同列に扱うことによって、心理学者たちは、どちらに対しても両親（とりわけ母親）に対して、彼らの役割を完全に遂行するように強く圧力をかける一方で、ヨーロッパにおける戦時下の子どもたちの経験が、どのような政治的意味をもっているのかを強調することはなかった。

第二次世界大戦はまた、その後数十年で国際養子縁組の大きな流れをつくりだした。国際養子縁組はそれ自体が、第二次世界大戦の主要な遺産であった。一九四〇年代には、ヨーロッパの戦争孤児に対する人道主義者の関心が増大したが、それと同時に、ヨーロッパとアメリカにおいて、施設内養育からの転換と養子縁組に関わる法規制の緩和もおこなわれた。国際社会事業団（ＩＳＳ）は、戦後の数十年間において、国際養子縁組を主導する組織となった。この組織は、ヨーロッパにおける戦時中の経験にもとづいて設置された。朝鮮戦争とヴェトナム戦争の際には、空前の数の子どもたちを、アジアからアメリカとヨーロッパの里親家族に送り出した。[55] 一九五六年だけで、ＩＳＳは三五〇〇組の国家間の養子縁組を手がけた。これはこんにちの水準からすると小規模（一九九九年から二〇〇九年までで二一万八〇〇〇人以上の子どもたちが外国からアメリカの家庭に養子縁組された）といえるが、しかし国際養子縁組が、第二次世界大戦後の例外的な出来事というよりもむしろ、発展傾向にあったと考える根拠としては十分である。[56]

この傾向を認識した結果、一九五七年一月に国連とＩＳＳは、ジュネーヴで国際養子縁組に関する重要な会議を開催した。会議の委員たちは、一一の基本原則を採用したが、それは倫理的な国際養子縁組のための各国共通のガイドラインとして役立つことを意図したものであった。これらの原則のいくつかは、第二次世界大戦とその影響から得られた教訓を反映していた。第二次世界大戦後のヨーロッパにおけるアンラのワーカーと同じように、委員たちは、混乱した国民としてのアイデンティティが心理学的機能不全を導くと捉え、「子ども自身が享受している文化的環境の外に、その子どもを移住させることは危険に満ちている」[57]と警鐘を鳴らした。種々のリスクを考えて、国際養子縁組は例外的な場合にのみ正当化された。それは「別の国での養子縁組が、通常の家族生活を得る唯一の機会となる」場合であった。養子縁組の候補者には、「婚外子であることが子どもの欠陥とみなされる」国に住む婚外子の子どもたち、不義あるいは近親相姦の親のもとに生まれた子どもたち、「貧困あるいは不道徳な親のもとに生まれ、かつ親の行動が子どもの性格にも表われるに違いないと信じられている共同体《コミュニティ》に住んでいる子どもたち」、最後に「彼らが住んでいる環境にいる多数派の人種とは異なる人種の両親のもとに生まれた子どもたち」も含まれていた。[58]

この最後の基準は、第二次世界大戦終結後のドイツ占領期に、アフリカ系アメリカ人兵士とドイツ人女性とのあいだに生まれた子どもに対する特別な指示のなかに現われ、その後、アメリカ軍兵士と日本人および韓国人女性とのあいだに生まれた子どもたちにも適用されたものである。合衆国の社会福祉事業者やメディアは、異人種間に生まれた子どもたちが、ドイツや東アジアといった「遅れた」「閉鎖的な」社会から拒否されるに違いないと信じ、異人種間に生まれた子どもたちをアメリカへ送りだした。もっとも送り先のアメリカでは、ジム・クロウ法による人種差別が存続していた。[59]にもかかわらず、彼らはこの子どもの移送を、無私で人道主義的な行為であると考えていた。つまり、国際的な子どもの福祉を提唱する者たちが、国際養子縁組は最後の手段であるべきだと主張した場合でさえ、彼らは「普通の家族生活」の条件を、きわめて狭く定義することによって、国際養子縁組市場に子どもが安定的に供給されることを確実にした。

一九五七年の国際養子縁組に関する会議はまた、子どもの「最善の利益」を物質的な観点からというよりもむしろ、心理学的な観点から明確に定義し、つぎのように助言した。「子どもと家族の幸福を決定する心理学的な要因は、物質的、社会的な要因よりも重きをおかれるべきである」。これはまた第二次世界大戦の教訓としても提示された。第二次世界大戦中と戦後に、国連のハンドブックはつぎのように述べている。「子どもたちは、あまりにも拙速に里親家族に差し出されてしまっている。とくにアメリカの里親家庭に差し出される場合、物質的な利点のみが追求されている。多くの場合、子どもの両親は親権を手放すことの意味を理解してはいなかった。そのため、彼らのなかには養子縁組が［アメリカ合衆国への］彼ら自身の移住を容易にすると誤解している者さえいた(60)」。

避難民の子どもたちを観察することを通して構築された理論は、子どもの最善の利益というものの見方を、養子縁組を担った諸機関だけではなく、一般の人びとと公的機関の双方に広めることで、戦後の子どもの養育に関する広範な文化を形成した。戦中戦後に活動していた人道主義ワーカーが、生物学上の両親から子どもたちを引き離すことこそ、トラウマを生じさせてしまう普遍的な要因だと述べたとき、彼らは、家父長制家族が特権的に有する法的、社会的な地位を高め、女性を家庭に繋ぎとめるための政策を奨励した。一九四六年の二月に、イギリスのセーブ・ザ・チルドレン基金のバーバラ・ボサンケは、何よりも戦争と疎開によって、「家庭を持つ母親が外でフルタイムの仕事をすべきではない」ことが証明されたと主張した。女性が軍需工場に働きにいくとき、「子どもへの影響は多くの場合、悲劇的である。悲劇を引き起こす真の原因は、親として子どもを育てることが、唯一にしてもっとも重要な人間の機能であり、それよりも優先されるべき仕事などほかにはないという考えが支持され、尊ばれるべきであるのに、それを政府とコミュニティが実現させないことである」[61]と、彼女は主張した。

女性の就労率は、第二次世界大戦のあいだで劇的に上昇したのち、ヨーロッパのほとんどの国とアメリカで戦前の水準に急落した。西ドイツでは、女性の就労率が一九三九年の三六・一パーセントから一九五〇年の三一・三パーセントへと、戦間期の水準を下回るほどに低下した。アメリカでは、女性の労働参加率が、第二次世界大戦中に二五パーセントから三六パーセントに急上昇したが、その後は減少しつづけ、一九六〇年代初頭になってようやく、戦時中の水準にまで回復した[62]。戦後の西ヨーロッパと、とりわけアメリカおよびイギリスにおいて、伝統的な家族こそが子どもの心理的発達にもっとも有益であるとする主張は、女性の賃金労働と国家による子育て支援に対する反対意見を活気づけることになった。

近年、アメリカの中流階級の親たちのあいだでは、第二次世界大戦中にアンナ・フロイトとジョン・ボウルビィが発展させた精神分析理論に、ふたたび関心が寄せられている。「愛着育児」〔ふれあい子育て〕を主張する者たちは、両親と赤ん坊のあいだに感情的な愛着関係を育むための育児方法を奨励している。このやり方では、母親は、粉ミルクではなく母乳を与え、ベビーカーではなくスリングを使い、子どもをベビーベッドに一人で寝かせるのではなく添い寝をすることが奨励され、はては子どもが排泄したいというサインを親が感知し、タイミングを見計らって排泄させる「おむつなし育児」をすることが求められている。言うまでもなく、これらの実践をおこなうためには、子どもの世話をする人が家にずっといて、子どもをそばで見守ることが必要である。愛着育児は歴史的、文化的に特殊な起源をもっているが、子どもの養育をめぐる現代的な議論のなかで、そうした起源が言及されることはほとんどない。むしろこれらの理論は、感情と発達をめぐる子どものニーズに関する自明の事実であると一般的に考えられている。愛着育児の支持者たちは、そうした実践が自然で普遍的なものであるという主張を裏づけるために、非西洋文化に関する文化人類学的研究を頻繁に（そして恣意的に）引き合いに出している。(63)

四　分断と序列化

解放後のヨーロッパにおいて、愛着育児を先駆的に実現しようとしていた人びとはまた、彼らが子どもの発達という、時代を超えた普遍的な秘密を解き明かしたのだと主張した。しかし、ヨーロッパの若者を回復させるために彼らが提示した処方箋は、どこからも異論が出なかったというわけではなかった。子どもの「最善の利益」についての議論は、最初から高度に政治化されており、集団主義的な伝統にすっかり染められた大陸の教育者と、「個人主義的な」精神分析の原理に忠実な英米の児童福祉の専門家を対立させた。

しかしながら両者の対立は、しだいに妥協路線へと落ち着いていった。ヨーロッパの若者の回復についての――そしてヨーロッパ再建についての――集団主義者と個人主義者の将来像は、複雑に絡み合うものになった。アメリカとイギリスの人道主義ワーカーは、しだいに彼らが中東欧で出会った国民主義者の理想の多くを、彼らが展開した子どもの最善の利益についての理解に組み込むようになっていった。彼らは何よりも、子どもたちが健康的な個人として発達するためには、安定した家族と同様、安定した国民としてのアイデンティティが必要だと主張するようになった。一部の戦後のソーシャルワーカーと政治活動家は、家族と国民を同一視さえして、家族と国民は、心理的安定性と政治的安定性の両方をもたらすことができる互換的な存在と論じた。それゆえ、第二次世界大戦後にデトロイトでユダヤ難民の子どもたちの相談にのっていたソーシャルワーカーのひとり、エディト・シュチェルバは、祖国の喪失を母乳の喪失になぞらえた。彼女は「祖国喪失と母乳」という表題の一九四〇年の論考で、「母国の喪失は口さびしさとしてたびたび経験された……祖国の喪失は乳離れしたばかりの子どものトラウマとまったく同じようなものとして経験される」(64)と述べた。より典型的なのは、児童福祉の専門家と政府の当局者が、孤児にとって国民共同体《ナショナル・コミュニティ》は家族に代わるものだと表現したことであった。国民と家族を同じものとみなす感覚は、戦後のシオニストにとって抗いがたい魅力をもつものであったが、それはまた、戦後に避難民の孤児を本国に送還することを求める東欧諸国の要求に根拠を与えるものでもあった。

　個人主義者と集団主義者のあいだには、たしかに民主主義に関して明白な緊張関係が存在したが、この緊張関係こそがまさにヨーロッパ再建の核心を構成した。こうした緊張関係は、子どもの教育と養護をめぐる非常にありふれた、しかしきわめて重い責任をともなう意思決定のなかに現われた——たとえば、児童ホームと里親家族のどちらが子どもの発達にとってもっともよいのかをめぐる議論においてみられた。それにもかかわらず、ヨーロッパ再建をめぐる将来像に関して、「個人主義者」と「集団主義者」(そして国民主義者《ナショナリスト》と国際主義者《インターナショナリスト》)のあいだに、言葉のうえでは表層的な対立があったにせよ、その裏側で両者は、いくつもの想定を共有していた。結局のところ、難民の子どもたちは、抽象的な個人としては扱われなかった。彼らはポーランド人、ユダヤ人、ドイツ人、あるいはフランス人の子ども、また少女や少年といったように、あくまでも集団を構成する要素として扱われた。戦後の個人主義の限界を、人道主義的活動の「政治化」だけに帰すことはできない。こうした限界は、戦後の救済活動の論理に内在するものであった。二〇世紀ヨーロッパで展開した人道主義体制と人権主義体制は、重なり合いながらも、その内部に緊張関係を抱えており、個人主義の限界は、両者のあいだの根本的な緊張関係を反映していた。

一九四〇年代において、基本的人権をめぐる同時代の施策は、いまだ緒についたばかりであった。人権についての語り口は、ひとつの決まったものではなかった（し、今でもそうありつづけている）。たとえば、難民の子どもたちを東欧の本国に送還することに賛成する場合も反対する場合も、人権という概念は、鉄のカーテンの両側で用いられた。戦後ヨーロッパを再建する際に、いまだ産声をあげたばかりの「人権」という概念は、人道主義的救済という伝統的な考え方と一部で共存し、ときに衝突した。人種的な階層にもとづく論理が、歴史的に人道主義的活動を支えてきたのは、とりわけ人道主義活動が植民地およびポスト植民地という文脈で展開したからであった。人道主義者が用いたレトリックは、「同情する者と苦しむ者」という不均衡な関係を強化するものであったが、それは人権をめぐる言説が前提とする普遍主義や平等主義とは相容れないものであった(65)。

二〇世紀ヨーロッパにおける児童救済の担い手たちは、人道主義的な援助の提供者と受給者とのあいだに存在する上下関係、そして「近代的」社会と「遅れた」社会とのあいだに存在する上下関係を強化しただけではなかった。彼らはまた、男性と女性、そして子どもと大人のあいだに存在する不平等な関係も強化した。戦後ヨーロッパにおいて、子どもと女性が、彼らも平等な権利を持っている、あるいは同じ人間であると考えられたがゆえに、人道主義者による保護の対象になったことはほとんどなかった。むしろ彼らは、脆弱で無垢だと思われていたがゆえに、援助を受けることができた(66)。

とりわけ、無垢であることは第二次世界大戦の文脈ではきわめて重要であった。ナチ占領下の時代に、ヨーロッパ中の一般市民は、かつてないほど道徳的に危ぶまれていた。しかし子どもたちは、一九四五年においても、「無垢な犠牲者」とみなしうる唯一の存在と考えられた。もっとも実は、ここにさえ疑いがあった。子どももやはり、ウィーンでは反ユダヤ主義にもとづく中傷の言葉でルート・クリューガーを怒鳴りつけ、ポーランドのトーマス・バーゲンソールに石を投げつけた。そして子ども期と成人期、犠牲者と加害者の境界線はひどくあいまいであった。一九四四年に武装ＳＳによって徴兵された（ギュンター・グラスのような）一六歳のドイツ人少年は子どもであったのだろうか。彼は無垢な犠牲者だと言えるのだろうか。[67]

これらの質問に答えることはそれ自体、戦後の再建における中心的課題であった。国連のワーカーと戦後の各国政府は、ヨーロッパ人を、それぞれ異なる権利と機会が与えられるべき別々の人間のカテゴリーに分類する任を負った。彼らは子どもを大人と、ドイツ人をチェコ人と、ポーランド人をロシア人と、ユダヤ教徒をキリスト教徒と、犠牲者を加害者と区別した。彼らは人権という普遍的な言語を使ったにもかかわらず、彼らによる決定は、食料や避難所、移住する機会、そして市民権といった生きるための基本的な必需品を手に入れられるかどうかに深く関係した。子ども——親よりも同化しやすいと考えられており、したがって、親よりも望ましい移民や市民と考えられた——は、しばしば大人よりも多くの権利と機会を享受した。

人道主義ワーカーはまた、とりわけ東欧の子どもたちの監護権争いを調停した際に、東西の区分の構築に関与した。しかし一九四五年から一九四八年までのあいだには、ヨーロッパの未来は多様な選択肢に開かれていたことを忘れるべきではない。つづく五〇年のあいだにヨーロッパの政治を構築することになる東西の区分は、あらかじめ決まっていたものではなかった。もちろん、東欧と西欧のあいだで、戦争から占領、そして解放へといたる経験は大いに異なっていた。ナチ政権下の熱狂的な反共主義は、人間より下等な存在として、ユダヤ人とスラヴ民族を描く人種的なイデオロギーと結びついていた。このイデオロギーによって、東部戦線での戦争は、兵士と市民の両方に西欧よりも甚大な被害を与えることとなった。東欧はナチスのジェノサイドが実際におこなわれた場所であり、それに地方住民の共犯者があてにされていたことは公然の秘密であった。ナチスの人種政策は、東欧の異なる言語・宗教集団同士の対立を深め、戦争につづいて生じた暴力的な住民の移動のきっかけとなった。赤軍が東欧のほとんどを解放し、その後、支配したという事実は、再建の多くの条件を定めた(68)。

しかし、戦後の再建計画を支えた基本的な前提の多くは、東西の分断線を越えて共有されていた。東欧でも西欧でも、政策担当者は子どもを国民の財産とみなしていた。さらに東西の双方で、第二次世界大戦は、同質の国民国家のみがヨーロッパの平和と安定を保証するという確信を強化した。この確信は、追放と民族浄化という東欧の政策を正当化しただけではなく、第二次世界大戦後の西欧の移民政策を支えた人種にもとづく序列を正当化した。同質の国民国家を形成することが何よりも優先された結果、再家族化を重視する人道主義の言説は、とりわけ多国籍家族の事例を扱う場合には、あまり重きをおかれなくなった。したがって、フランスの行政当局者は、フランス占領地区にいる子どもの母親がドイツ人であった場合、その母親に自分の子どもをフランス国家に委ねるよう勧める一方で、チェコ当局は、ドイツ人とチェコ人の夫婦に、彼らの結婚を解消するか、移住するか、あるいは国籍／国民としての帰属があいまいな家族を浄化するよう強く主張した。

こうした文脈において、失われた子どもたちは、第二次世界大戦後の世界で、市民権の境界をどのように引くべきか、民主主義とは何を意味するのかに関して、広くおこなわれた議論の中心的な論点になった。最終的に、アメリカ、イギリス、ドイツ、フランス、チェコスロヴァキア、ポーランドで構築された境界線は、それぞれ異なっていた。しかしヨーロッパ全般で、第二次世界大戦のあいだに、数百万もの人びとが強制的に移動させられたことは、人道主義的な危機として非難されると同時に、人口を再構築する好機としても理解された。したがって、ヨーロッパの失われた子どもたちの歴史は、解放されたヨーロッパにおいて何が優先的に取り組むべき課題として共有されたのかについての物語を明らかにしている。それは東西の政策担当者たちが、家族を再建し、人口を補充し、同質の国民国家を形成し、そして将来のドイツ帝国主義の出現を阻むために結集した物語であった。子どもたちはこれらのすべての目的において、もっとも重要な存在であった。

避難民の家族の歴史は、西欧と東欧の対立という見方を揺るがしているだけではない。それはまた、それぞれの難民集団を孤立したものとして捉え、彼らの経験をそれぞれ別個に分析しようとする傾向に異議を唱えるものでもある。(69)たしかに、ユダヤ人の避難民、ドイツ人の被追放民、東欧の避難民では、戦時中と戦後の経験は異なっていた。占領下のドイツとオーストリアにおいて、彼らは異なる法体系を適用され、食料やその他の福祉手当を得られる機会もそれぞれ不平等に割り当てられた。彼らはしばしば物理的に分離され、ドイツ人住民、占領軍政当局、国連スタッフによるさまざまな程度の同情（あるいは敵意）をともなった対応を受けた。しかしプシェミスル・ピッテルの物語が示しているように、種々の難民集団はまた、日常生活では協力し合い、資源を交換し、相互関係のなかで自分が何者であるのかを理解しあった。戦時中には、それぞれ特有の経験をしたにもかかわらず、彼らは、強制移動に対して同じような戦略を用い、将来的な安定と再生の源泉として、国民共同体と子どもに希望を託した。(70)

第二次世界大戦後のドイツ人、ユダヤ人、そして東欧の難民たちの歴史を並置することは、ヨーロッパ再建を形づくった普遍主義と個別主義のあいだの明白な緊張関係に、光を当てることでもある。とりわけ、ユダヤ難民は、第二次世界大戦後に人権を必要とする典型的な集団として広く認識された。(71)しかし他方で、戦後ヨーロッパの各国政府は、自らの政策が、特異かつ組織的なジェノサイドとしての性格を持つナチスのユダヤ人政策と、何がしかの関係があることを認めなかった。というのも彼らはナチ支配のもとでも、国民は苦難と抵抗によって連帯したという愛国的な記憶を広めていたからであった。人道主義ワーカーによって採用された精神分析学の原理も、子どもの発達に関する普遍主義者の理論のなかで、ユダヤ人の子どもたちの特別な経験を覆い隠した。戦時中の強制移動に対する主要な解決策——国民と家族のもとに帰すこと——は、「戻る」ことのできる家族や国民を（一九四八年まで）持たなかったユダヤ人の生き残りにとって、ほとんど役に立たなかった。もっとも、ユダヤ人組織、ユダヤ人支持者、ユダヤ難民は、彼らの戦時中の経験に関して、普遍主義者による物語を従順に受け入れたわけではなかった。戦後に、ホロコーストは「沈黙」されたという神話に反して、ユダヤ人たちは、第二次世界大戦中に彼らが経験したジェノサイドがいかに特異なものであったのかを、赤裸々に語った。彼らは、シオニズムを通してのみならず、ユダヤ人の子どものための活動を通じて、戦後ユダヤ人が陥ったホームレスという問題に対する特別の解決策を要求した(72)。

ユダヤ難民の事例は、戦後にさまざまな現実があったことを示している。普遍主義者の価値観や主張と、個別主義者のそれらは、戦後ヨーロッパの再建を形づくる「人権」「人道主義」「民主主義」といった概念の中心的な部分で絡み合っていた。第二次世界大戦後、人道主義ワーカーは、心理的健康、人権、そして子どもの最善の利益といったより普遍的な言語で、国民主義者の理想をつくり変えたと言えるかもしれない。しかし国民主義者の原理、とりわけ国民主権と国民の同質性を優先的に保障することは、第二次世界大戦後の安定を希求するヨーロッパ人にとって、なによりも重要であった。

とりわけ難民の子どもたちの物語は、二〇世紀ヨーロッパにおける人道主義の歴史と民族浄化の歴史が、無関係なものでも矛盾するものでもないことを示している。若者に特権的な地位を与えることによって、ヨーロッパとアメリカの政策決定者や市民は、人道主義的な支援というレトリックのなかに、人種と国民の序列——戦後のヨーロッパの「民主化」という文脈においては、そのうちのいくつかは公に表現することができなかったとはいえ——を覆い隠した。一九〇〇年にスウェーデンの教育学者エレン・ケイが公言したように、二〇世紀が「子どもの世紀」ならば、これは人道主義と同じくらい熱狂的愛国主義の産物であった。アルメニア人ジェノサイドからキンダートランスポート、そしてヨーロッパ難民の戦後の再定住にいたるまで、子どもたちは暴力、人種的迫害、難民キャンプにおける苦難から救済された（彼らが実際に救われた限りにおいてではある）が、それは彼らが無垢で傷つきやすいとみなされていたからではなかった。子どもたちが救済されたのは、彼らが国民の生物学的な未来の象徴とみなされていたからであった。そして彼らがどの程度、救済されるのかは、彼らがどの程度、同化可能であり、したがって同質な国民国家を構築するという政策担当者の夢にどの程度、役に立つかに応じて決まったのである。

　危機と破壊の時代に、人びとはしばしば心から信じる何か、そしてそのために生き延びようとする何かを探し求める。子どもたちは、一九四五年の時点で、ヨーロッパ人が抱くもっとも大胆な希望を具体化した存在であると同時に、彼らのもっとも深い懸念を具体化した姿でもあった。政策担当者と国際的な組織は、再建のための政策課題にそうした希望と懸念を利用することに成功した。ヨーロッパの離散家族やそのせいで生まれた孤児、あるいは失われた子どもたちが、ファシスト後の秩序をつくりだす器となった。しかし失われた子どもたちは、ヨーロッパの決定的瞬間（Zero Hour）と呼ばれたときにおいてさえ、空の器であったわけではない。彼らはしばしば将来に対する夢を持ち、ソーシャルワーカー、外交官、子どもたちの将来の監護権を求めた親戚の考えと、時に対立するような計画を立てた。

　前例のない数のヨーロッパ人が、第二次世界大戦中に故郷《ホーム》や家をあとにした。戦後、彼らのうちのほとんどが故郷や家に帰ろうとした。彼らはそこで安定した生活を取り戻そうとし、故郷や家が戦争や強制移動といった大変動から、そしておそらくは政治そのものから逃れることのできる場所であることを望んだ。しかし多くのヨーロッパ人は、一九四五年という時点では、故郷や家に戻ることはできなかった。少なくとも彼らが残してきた社会や家族のもとに帰ることはできなかった。また、そうした家族が大衆政治とかかわりなく、平穏な避難所になるということも、もはやありえなかった。問題は、子どもと親が離れて育つことや家が略奪を受け爆撃されたこと、そして隣人や親戚が殺されたことだけではなかった。幸せな家とはどのような家を指すのかをめぐる基本的な考え方が変化するにつれて、家族それ自体の重要性が増した。家族は、ヨーロッパの平和と未来の民主主義を成功させる鍵を握っているとみなされたがゆえに、一九四五年においてかつてないほどに政治化された。第二次世界大戦は、単にヨーロッパの地理的、人口学的、政治的な状況を変えただけではない。戦時中の強制移動は、子どもと子ども期の双方を変容させ、こんにちの家《ホーム》と故郷《ホームランド》をつくりだしたのであった。

訳者解題

本書は、Tara Zahra, *The Lost Children: Reconstructing Europe's Families after World War II* (Cambridge, MA: Harvard University Press, 2011) の全訳である。

第二次世界大戦は多数の子どもたちを餓えさせ、追放し、彼らを孤児や難民にした。さらに、実際に彼らの命を奪い、あるいは彼らの存在を抹消した。しかしこの時期には、こうした「失われた子どもたち（lost children)」を救済するための活動もまた、大規模に展開されることになった。本書は、「失われた子どもたち」を救い出し、保護しようと展開された国際的な子どもの救済活動に焦点を当て、この救済活動が国民と家族の再建を目指すものであったこと、さらにこの救済活動を通じて、国民と家族の再建こそが戦後ヨーロッパ再建計画の中核に据えられていく歴史的経緯を明らかにしようとする研究である。

本書は東欧と西欧の人びとや文化が遭遇し、葛藤と交渉、妥協、対立そして受容と承認の磁場となった子どもの救済活動に焦点を当てた研究であり、本書の訳出も東欧と西欧それぞれの研究者が集ったことで可能となった。東欧と西欧を分断的に捉えるのではなく、双方が遭遇したことで生み出された歴史的ダイナミズムと、現在にまで影響を与えつづけている重要な「遺産」を鋭く暴く本書の歴史叙述に刺激を受け、私たちは本書の翻訳に取り組むことになった。

とはいえ、翻訳の過程でも、そして翻訳を終えた現時点でも、いまだザーラが展開した議論を十分に理解できたのかについては、つねに不安がつきまとっている。なぜなら、後述するように、本書が東欧史の最新の議論を踏まえた、いわば試金石のようなものであることに加えて、そうした研究動向を踏まえてもなお、ザーラが示した刺激に満ちた歴史叙述をこれまでのさまざまな研究領域の文脈のなかで理解するには、私たち四名の知見だけでは難しいと感じているからである。その意味でも、本書で描かれた歴史叙述をどのように受け止めるかは、読者の方々にお任せするしかない。

一方で、ドイツ史（北村）、オーストリア史（江口）、イギリス教育史（三時）、アイルランド教育史（岩下）という専門の異なる四名が議論しながら翻訳をおこなうなかで、本書の意義と課題も一部ではあるものの、みえてきた。そこで、読者が本書を理解・批判する手がかりとするために、私たちが考えたことを訳者解題として示したい。まずは、本書の著者タラ・ザーラの略歴とこれまでの研究を紹介し、ザーラが本書で述べようとした新しい歴史叙述についての彼女の思いを示すところから始めよう。

タラ・ザーラの経歴と研究に込めた歴史的展望

著者タラ・ザーラは、アメリカにおいて注目度の高い研究者のひとりだが、本書は彼女の研究書のなかで、初めて日本で翻訳されるものである。ザーラは一九七六年にアメリカに生まれ、スワースモア大学を経て、二〇〇五年にミシガン大学で博士号を取得した。現在は、シカゴ大学歴史学部の教授である。本書のほかには、以下のような著作がある。

Kidnapped Souls: National Indifference and the Battle for Children in the Bohemian Lands, 1900–1948 (Ithaca: Cornell University Press, 2008).

The Great Departure: Mass Migration from Eastern Europe and the Making of the Free World (New York: W.W. Norton, 2016).

Objects of War: The Material Culture of Conflict and Displacement (co-author: Leora Auslander, Ithaca: Cornell University Press, 2018).

ザーラの研究は早くから注目を集め、すでに最初の単著からチェコスロヴァキア研究協会著作賞など五つの賞を受賞した。二作目となる本書は、アメリカ歴史学会のジョージ・ルイス・ベア賞などを受賞し、二〇一四年からはマッカーサー研究助成を受けている。こうした受賞歴からわかるように、彼女の研究は、専門の中東欧史を越え、幅広い関心を集めている。実際、本書もまた、地域的な広がりを持つだけでなく、国民主義、難民、人道主義、ジェンダー、家族、子ども、移民、階級といったテーマを縦横に論じている。

しかしながら、本書も含め、ザーラの研究の魅力は、地域やテーマの網羅性や包括性にとどまらない。むしろ、野心的ともいえる歴史叙述の仕方こそが魅力である。それは彼女自身、明確に意識している。マッカーサー研究助成の受賞後、ワシントン大学に本部を置く非営利団体「歴史ニュースネットワーク」のインタビューに際し、彼女は、自身の研究の目的として以下の五つの点を挙げた(1)。

①私の研究目的をもっとも広く捉えるなら、それは、人びとの生きた歴史を描き、人びとが現在と過去について批判的に考える手がかりを提供することです。国民、人種、家族、ジェンダー役割などの多くのことが、つねに変わることのない普遍的な概念であり、生物学的なものにもとづいているとさえいわれています。しかしながら実は、これらの概念は、ごく最近になってつくられたものであり、その意味が根本的に覆されることもあります。こうしたことを認識することは、人びとに政治的な力を与えてくれると私は考えています。というのも、このことは、物事は未来において（きっとよりよいものに）変わりうるということを意味しているからです。この世の中に変わらないものはひとつもありません。

②歴史のなかでよく知られている逸話を、これまであまり知られてこなかった視点、たとえば、子ども、アメリカに渡った移民のなかでヨーロッパに戻った人びと、難民、人生のなかで何度も言語や国籍／国民としての帰属を変えた人びとなどの視点から描きたいと考えています。

③具体的な目的のひとつは、東欧と西欧の歴史が根本的に異なるものであるという観念を覆すことです。もちろん、すべての歴史は個別的なものです。しかし東欧は「西」とは異なり、言語的にも宗教的にも国民的にも統合が難しい社会であり、それゆえに、「西」に比べ後進的で暴力的で非民主的であるというような固定概念に異議を唱えたいと考えています。多文化社会では暴力や対立が必ず起こるという考えを信じることはできません。そうした対立は歴史や政治の産物なのです。

④一九世紀から二〇世紀を通じて、歴史は国民主義者の政治の道具として用いられ、そのなかで諸国民が歴史の主たる対象として描かれてきました。このことは、東欧史において、歴史家たちが「チェコ人」「ポーランド人」「ドイツ人」等々の歴史を描いてきたことを意味します。これに対し、国民主義に無関心な人びと、多言語の人びと、国民としての忠誠心を向ける対象を臨機応変に切り変える人びとに焦点

を当てることによって、あるいは（移民のような）ある国民から抜け出し、別の国民に変わろうとする過程を解き明かすことを通じて、これまで私たちの歴史理解をつくりあげてきた国民主義的な歴史とは異なる歴史を描き出したいと考えています。

⑤研究にフェミニズム的視点、とりわけ家族と子ども期の歴史を取り入れることは、私にとってきわめて重要なことです。普遍的で非歴史的とわれわれが考えている家族と子どもの観念が、しばしばまったく新しい考え方をともなったものであることを示したいと考えます。たとえば、母子分離が子どもの心理的なトラウマとなるという基本的な考え方は、第二次世界大戦の難民キャンプや強制収容所で実際に編み出されたものです。私はだんだんと、子どもや子ども期の歴史に着目するようになったのですが、それは、子どもや子ども期の歴史が、社会や普通の人びとが未来についてどのように考えているのかを浮かび上がらせる窓となる、と考えているからです。

これは、本書の刊行後におこなわれたインタビューであるが、ここで挙げられた点は一貫して本書においても関心の中心となっている。とくに③と④については、ザーラの諸研究の核心部分であり、本書と前後して、いずれのテーマについても理論構築が試みられている。[2] ④で触れられた「国民主義への無関心（あるいは『国民への無関心（national indifference）』）」は、彼女がこれまで取り組んできたテーマであるが、本書を理解するうえでもとりわけ重要な概念である。

国民への無関心[3]

「国民への無関心」は、中東欧史研究、とくにハプスブルク帝国史研究の成果をもとに、ザーラや、二〇一六年に通史『ハプスブルク帝国』を著わしたピーター・ジャドソンが提起している仮説的な分析概念である[4]。前述のインタビューでも、ザーラが批判的に言及しているように、「民族にもとづいた国民主義の台頭によるハプスブルク帝国の崩壊」という図式は、東欧イメージの構成要素のひとつであったし、今日でもなお一般的には流通している。だが、すくなくとも歴史学の領域では、一九九〇年代以降、こうした見方は反転した。帝国は、憲法に教育や政治での言語選択の権利を盛り込み、さらに、その理念を制度的にも実践しようとしていたと指摘されるようになった。ユーゴスラヴィア紛争をはじめとする「民族紛争」と対置されながら、調和的な多文化社会としてのハプスブルク帝国が強調されるようになったのである。

帝国の再評価と呼応しながら、大衆政治の登場によって人びとのあいだに国民主義が浸透し、多文化社会を侵食したという筋立ても批判された。むしろ人びとは、それほど容易にはある特定の国民共同体に囲い込まれなかった。国民主義者の世界観では、ズデーテン地方——本書でも何度か登場する——のような「言語境界地域」は国民間競合の最前線であり、住民たちは国民の守り手となることが期待されたが、当の住民たちは、国民主義運動に冷淡な態度を示した。人びとは、教育による社会的上昇や福祉支給といった物質的な利益を求めて、あるいは、その時々の個人的な愛着意識から、いともたやすく国民の帰属を切り替えた。さらには、「国民」という考え方そのものに理解を示さず、たとえば「カトリック国民」や「ブジェヨヴィツェ／ブドヴァイス人」といった表現を用いる場合もあった[5]。

一九九〇年代以降、ハプスブルク帝国の再評価を通して、東欧における国民主義や国民（の「目覚め」や「解放」）の歴史は十分すぎるほど批判的に検討され、虚構性や作為性が暴かれた。それにもかかわらず、これらの歴史叙述の多くは、なおも国民主義者の語りのままであるというのがザーラの研究の出発点である。いくら「トランスナショナル」や「ハイブリディティ」、「グローバル・ヒストリー」、「帝国」を論じたところで、いままでの語彙や文法で歴史を語る限り、国民主義者の世界観を反復しているにすぎない、と彼女は指摘する。

とはいえ、本書でのザーラの叙述も、国民主義者の語彙や文法を用いておこなわれており、「Czech」、「German」といった国民／民族を表わす形容詞が、基本的な用語として頻出する。たとえば、ズデーテン地方の「Czech Children」は、実態に即するならば、（本人ではなく）親が国勢調査や学校入学時の調査において「チェコ語／人」と登録した子ども、と記すのが正確であろう。しかし、このような煩雑な表現にすれば、読みやすさは失われる。さらに、本書を日本語に移す際に、これを「チェコ系の子ども」とするのか、「チェコ人の子ども」とするのか、ほかの訳し方をするのか、という困難に直面した。結果的に、本訳書においても読みやすさを重視し、「チェコ人の子ども」という表現を使用した。このように、現時点、歴史叙述から国民主義者の語りを一掃することは、不可能に等しい。しかし、それでもなお、そのような歴史叙述に風穴を開けようと提起したのが、「国民への無関心」という概念であった。

ザーラらが提起する「国民への無関心」は、国民主義者の政治に対して冷淡な態度を取る行為の総称である。この行為自体は、先にも述べたように、ザーラに限らず歴史研究者の多くが指摘してきたことである。ザーラやジャドソンらの新しい点は、「国民への無関心」の近代性に言及したことである。国民主義批判に立脚する歴史研究の多くは、国民主義者の政治に対する人びとの無関心で冷淡な態度を、伝統的で前近代的なものとして位置づけてきた。これに対してザーラは、無関心な態度や行為は国民主義のあとに現われたと主張する。たしかに、「混合婚《インターマリッジ》」と表現すべき婚姻関係や「二言語話者《バイリンガル》」と表わされる言語状況は、近代以前からあったが、それが「インター」であり「バイ」であると知覚するのは、「すべての人間は国民としてのアイデンティティを持つ」という前提のもとで人口を分類し、整序し、調整する政治、すなわち国民主義者の政治が社会に浸透して初めて可能となる。

このように理解したとき、国民の制度化や国家化が、むしろ「国民への無関心」をいっそう活発化させるという逆説的な状況が生じる。国民主義者は国民の力の源泉たる人口を増やし「質」をあげるため、教育運動や選挙権拡大運動などを通じて人びとに接近した。一方で、住民は自分の利益や考えに沿って、国民別に制度化されていく社会的な資源を都合よく選択した。帰属する国民を固定化しないこの態度を「無関心」と認知した国民主義者は、住民の無関心を排除するために、さらに人びとを囲い込む諸制度や言説を張り巡らすことになる。つまり、東欧の国民主義は、人びとが国民主義に熱狂しているからではなく、むしろ人びとが国民という概念に無関心でいることに対し、国民主義者がそれを躍起になって一掃しようとしたがゆえに、急進的、民族的、排他的な様相を呈するようになったといえる。

ザーラの研究で特筆すべきは、中東欧において、この無関心な態度が、帝国の解体、継承国家の成立、そしてナチ支配を経験してもなお継続したさまを示したこと、そして第二次世界大戦後に見られた、「国民への無関心」の多義性をより鮮明に描いたことにある。国民に対して無関心な人びとは、国民主義者の集団に対置されるような集団的な存在ではなかった。すなわち、本解題の註（3）に挙げたザーラの論文タイトル「想像の非共同体」という言葉が示すように、反あるいは非国民主義的な「無関心な人びと」という集合体が存在するわけではない。あるいは、どこにも属さないというアイデンティティを持つ人びとがいるわけでもなかった。彼らはそれぞれ独自の理由と文脈のなかで、個々に無関心と捉えられる態度をとったのである。

さらに、本書では、「国民への無関心」と国民主義者の政治は、東欧にとどまるものではなかったことも示されている。[6] ザーラは、普遍主義的、個人主義的、家族主義的な志向性を持つフランスや国際組織を議論に組み入れたことで、「国民への無関心」論をもう一歩先に進めた。国境なき子どもの救済を目指した国際組織は、本書第4章で示されたように、混沌とした「難民」を整序し管理するために、あるいはその「難民」を選別し、争奪する国民主義者たちと交渉するために、あらゆる人がどこかの国籍に帰属することを前提とするようになった。すなわち国際組織は、支援業務をすすめるなかで、「国民」を国際秩序の基礎単位として受け入れていったのである。こうした事実をもとに、ザーラは、中東欧の「急進的」で「民族的」な国民主義者の政治が、国際組織の救済活動を通して、普遍を装う国際秩序に埋め込まれた、と指摘する。

むろん、「無関心」の概念には、批判がないわけではない。なにより、あまりの融通無碍さに、カテゴリーとして無意味となるのではないか、という懸念が出てくるのは当然のことかもしれない。しかし、ザーラは、この「無関心」の概念を、国民主義だけでなく、ひろくアイデンティティ・ポリティクスの分析にも適用可能な概念として提起する。東欧史においてきわめて重要な論点として提示された「国民への無関心」が社会のなかでどのような意味をもったのかを実証的に検討した本書は、その妥当性を問うひとつの試金石といえるだろう。

普遍性と歴史性

「国民」という包括的な概念を用いながら、ザーラが具体的に検討するのは、「失われた子どもたち」とその家族である。だが、ここで指摘しておくべきことは、本書は子どもや家族を中心的な主題として採り上げているものの、狭い意味での子ども史・家族史ではないという点である。ザーラの関心は、第二次世界大戦後のヨーロッパにおいて特定の政治文化（国民主義と自由主義）が支配的なものとして構築されるプロセスにあり、本書において「家族と子ども」はそうした主題を明瞭に浮かび上がらせるための、まさに窓のような役割を担っている。こうした意味で、本書はまず何よりも政治史であり、最近相次いで翻訳が出版されている、マーク・マゾワーによる一連のヨーロッパ現代史と深い共鳴関係にあるといえる。
一方で、「失われた子どもたち」が翻弄される文脈は政治だけではない。本書で繰り返し言及されているように、ジョン・ボウルビィやアンナ・フロイトら心理学者の理論が、精神分析学を志向するソーシャルワーカーを通じて、「失われた子どもたち」の処遇に大きな影響を及ぼした。戦間期においてヨーロッパでは多くの子どもが、物質的危機と道徳的危機から子どもを守ることを掲げた人道主義組織によって、親から引き離され、疎開に出され、孤児院等の施設に収容されるなどした。しかし第二次世界大戦後は対照的に、こうした親子分離、とりわけ母親との分離を「人道主義的危機」として激しく非難する風潮が生まれたと、ザーラは主張している。ザーラによれば、その根拠とされたのが、アンナ・フロイトとドロシー・バーリンガムの第二次世界大戦中の疎開の研究および「子どもは本来暴力に対する自然な欲求を持つ」といった子ども理解と、ジョン・ボウルビィの「愛着理論」に代表される母親の役割を強調する一連の研究成果であった。[7]
フロイトとバーリンガムが、農村の中流階級家庭と都市貧困層の子どもとのあいだに生じた葛藤を、階級や文化の差異を考慮せずに、親子分離の問題へと回収させてしまったという問題点は、ザーラが本書でも述べているようにすでに指摘されてきた。ボウルビィに対しても、研究分析の方法論的課題や女性を育児に縛りつけるイデオロギー的な作用について多くの批判がなされてきた。その一方で、彼の論を継承する実証的、臨床的な研究の蓄積もなされ、彼の母子関係論は、現在においてもどう評価すべきかについて、いまだ意見が分かれている。[8]
問題は、フロイトやボウルビィの理論形成が疑問視されていることではない。それ以上に大きな問題は、ザーラが本書の随所で繰り返し指摘しているように、こうした問題含みの理論が、世界保健機関などを通じた彼らの国際的なネットワークによって、広く世界的に普及したことである。その結果、第二次世界大戦後の精神分析理論を重んじた組織やソーシャルワーカーによる支援活動において、子どもの処遇や難民・避難民への対応が社会の大きな枠組みではなく、家族の問題として処理されることになった。

この点は、きわめて重要である。というのも、この生物学的な家族、とりわけ母親とともにいることを過度に強調する理論は、戦後の一時期だけではなく、その後の家族／児童福祉政策に強い影響を及ぼしつづけたからである。もちろん、ボウルビィやフロイトの時代よりも以前から、母親役割や「母性」を強調する論がなかったわけではない。しかしながら、これらの理論が、「正しい」かどうかは別にして、この時期に、科学的な「確実性」や「普遍性」をまとうことで、論理の正当性を強化されながら国際的に普及したことが、きわめて重要であった。とりわけ、こうしたまなざしが、現在の日本でも児童福祉施設の処遇において課題とされている「家庭復帰の原則」を縛りつづけ、保育園に子どもを預ける親への偏見を促したことに留意する必要がある。

フロイトやボウルビィが主張した、「虐待をする親であっても、子どもから親を引き離すことのほうが悪い結果を及ぼす」、あるいは「問題を抱えた家族であっても、もっとも優れた共同保育よりも良いとする」考え方は、いまでも強固に残りつづけている。しかしこうした理論が、戦争というきわめて特殊な状況下におかれた子どもたちを対象とした研究から生み出されたこと、さらにいえば、それを信じたワーカーたちが社会的状況を考慮することなしに、これらの理論を「普遍的な理解」として捉えつづけていることへのザーラの痛烈な批判は、子どもの教育や養育に関わるものすべてに対する警鐘でもあるだろう。

とりわけ教育史的な視点から重要なのは、ザーラが折に触れて戦中・戦後ヨーロッパの児童救済事業における新教育（進歩主義教育）運動・実践——とくに中東欧における——の存在を指摘している点である。この新教育運動と実践が展開された中心的な場として抉り出されているのが、ＯＳＥ、ＣＫŻＰといったユダヤ人福祉団体であり、テレジーンやワルシャワのゲットーであることは注目に値する。なぜなら、その評価が肯定的か批判的かを問わず、新教育は教育学研究の中心的な主題のひとつでありつづけてきたにもかかわらず、日本における新教育研究では、こうした教育実践が中心的に論じられることはあまりないからである。もちろん、日本で展開されている新教育研究においても、本書でも言及されるヤヌシュ・コルチャック研究など、東欧の教育思想や実践に関するいくつかの研究が存在する。[9] しかしながらその大部分は、圧倒的にアメリカが対象とされており、ジョン・デューイを中心とする教育思想および教育方法に関する研究に偏っている。もしザーラが本書で示しているように、新教育の可能性と限界が、ともに東欧における極限的な状況においてこそ明瞭に示されるのであれば、東欧での実践を踏まえてこそ、東西の区分を超えた「新教育」の持つ意味、あるいは「普遍的な言葉」に覆い隠されたそれぞれの思惑、そして何より実践の現場で繰り広げられた教育をめぐる人びとの葛藤と選択を検討することが可能となるのではないだろうか。

こうした日本の研究のアンバランスさを鑑みるとき、著者の本来の意図からは外れているかもしれないが、本書は、われわれに単なる思想や方法に還元されることのない、「教育実践とは何か」という問いを突きつけていると受け止めることができる。この重要な問いを、あらためて考える必要があるだろう。[10]

本書の翻訳にあたっては、多くの方々に助けていただいた。というのも、序文にもあるとおり、ザーラは、ヨーロッパ各地を回り、ドイツ語、フランス語、チェコ語、ポーランド語、英語で書かれた膨大な史資料を扱っている。そのため、訳者にもそうした多言語の能力と知見が必要とされたが、残念ながら訳者四人ではそれらをカバーすることはできなかった。とくに人名表記に苦戦したが、ありがたいことに、研究者仲間たちが快く表記の確認を引き受けてくれた。ポーランドについては割田聖史氏、チェコスロヴァキアについては中田瑞穂氏と森下嘉之氏、フランスについては前田更子氏、スペインについては青木利夫氏、ロシアについては畠山禎氏がその任を引き受けてくれた。心からお礼を申し上げたい。本書が複数の国を専門にする研究者が読むに耐えるものになっているとすれば、この方々のおかげである。一方で、いまだ読みにくさや表記の間違いがあるかもしれない。それらはすべて訳者の責任である。さらにまた、姉川雄大氏も、われわれの翻訳に関わる議論に参加し、折に触れて助言してくれた。彼の友情に感謝の意を示したい。

さらに今回、翻訳に不慣れなわれわれに助言し、的確な指示を出してくれた編集者の勝康裕さんにも心から感謝している。最後まで細やかな配慮をしていただいた。昨今の厳しい出版事情のなか、出版を快く引き受けてくださった、みすず書房の守田省吾氏に対しても感謝の念が堪えない。心よりお礼申し上げる。

二〇一九年一〇月

内戦も含めた戦争のない日常を願って

訳者一同

（1）ザーラは、さまざまな賞の受賞に際して、積極的にインタビューに答えており、その内容はインターネット上で公開されている。ここから、彼女の研究キャリアや政治的・社会的な関心を知ることができる。本解題では、以下のインタビューから一部を掲載した。Historical News Network, "A Interview with MacArthur Genius Award Winner Tara Zahra," https://historynewsnetwork.org/article/157052（最終閲覧日 二〇一九年六月二一日）; "Interview with Tara Zahra," *The Chicago Journal of History* 4 (2015): 4–5 (http://cjh.uchicago.edu/issues/spring15/4.5.pdf. 最終閲覧日 二〇一九年六月二一日). コーネル大学のデジタル・リポジトリに所蔵された二〇一七年三月のインタビュー（音声）は以下。https://ecommons.cornell.edu/handle/1813/52255（最終閲覧日 二〇一九年六月二一日）。

(2) 本書の第4章の原註(24)を参照。

(3) この項は、本書第4章の原註(24)のうち、とくに以下のザーラの論文を参照した。Tara Zahra, "Imagined Noncommunities: National Indifference as a Category of Analysis," *Slavic Review* 69–1 (2010): 93–119. また、以下の書評の一部を加筆修正したものである。江口布由子「【書評】タラ・ザーラ著『彷徨する子どもたち──第二次世界大戦後のヨーロッパの家族再建』(Tara Zahra, *The Lost Children: Reconstructing Europe's Families after World War II*, Cambridge, Mass: Harvard University Press, 2011)」『東欧史研究』三五(二〇一三年)、一二四〜一三〇頁。なお、本書および「国民への無関心」論の前提となる中東欧史の基本的情報については、さしあたり、以下の概説書を参照。南塚信吾編『ドナウ・ヨーロッパ史』(山川出版社、一九九九年)、伊東孝之ほか編『ポーランド・ウクライナ・バルト史』(山川出版社、一九九八年)、柴宜弘編『バルカン史』(山川出版社、一九九八年)。

(4) 本書第4章の原註(24)を参照。また、ジャドソンとザーラは、二〇〇八年にカナダのアルバータ大学において「ハプスブルク帝国領の中央ヨーロッパにおける『国民への無関心』の痕跡」を主催した。Pieter Judson / Tara Zahra, "Introduction," *Austrian History Yearbook* 43 (2012): 21–27.

(5) 人びとが、国民という枠をはずれ、歴史的諸邦、地域あるいは宗派などの帰属を国民の帰属として示す事例については、さしあたり前註のジャドソンとザーラの共著論文(うち、とくに註〔2〕に挙げられた文献)を参照。

(6) 国際連合や国際連盟、および人権のような普遍的理念の形成と変容を批判的に再検討した研究については、序論の原註(50)を参照。

(7) 本書第2章の原註(15)から(21)を参照。

(8) 下司晶「J・ボウルビィにおける愛着理論の誕生──自然科学と精神分析」『Forum on Modern Education』一五(二〇〇六年)、二〇三〜二一九頁、同「フロイト主義が教育に与えた影響を問題化するために──〈精神分析的子ども〉の系譜学に向けて(序説)」『教育経営研究』一二(二〇〇六年)、一〇二〜一一二頁。

(9) 塚本智宏『コルチャックと「子どもの権利」の源流』(子どもの未来社、二〇一九年)。

(10) こうしたザーラの議論は正統的な新教育研究ではなく、むしろ貧困や格差と教育との関係を踏まえたうえで、それでもなお教育実践の可能性に議論の焦点を合わせようとする教育社会学の議論と共鳴しているようにみえる。この点に関する優れた研究として、森直人「個性化教育の可能性──愛知県東浦町の教育実践の系譜から」宮寺晃夫編『再検討 教育機会の平等』(岩波書店、二〇一一年)を参照。

タラ・ザーラ
失われた子どもたち
第二次世界大戦後のヨーロッパの家族再建
三時眞貴子・北村陽子 監訳
岩下 誠・江口布由子 訳

2019 年 12 月 19 日 第 1 刷発行

発行所 株式会社 みすず書房
〒113-0033 東京都文京区本郷 2 丁目 20-7
電話 03-3814-0131(営業) 03-3815-9181(編集)
www.msz.co.jp

本文組版 キャップス
本文印刷所 萩原印刷
扉・表紙・カバー印刷所 リヒトプランニング
製本所 松岳社
装丁 安藤剛史

ISBN 978-4-622-08868-4
[うしなわれたこどもたち]

著者略歴

(Tara Zahra)

1976年，アメリカ生まれ．スワースモア大学卒，ミシガン大学Ph.D（歴史学）．シカゴ大学歴史学部准教授を経て，現在，同教授．専門は近現代中東欧史．本書のほかに単著は，*Kidnapped Souls: National Indifference and the Battle for Children in the Bohemian Lands, 1900–1948*（Ithaca, 2008），*The Great Departure: Mass Migration from Eastern Europe and the Making of the Free World*（New York, 2016）がある．最初の本は，ローラ・シャノン賞をはじめとして5つの賞を受賞．二作目となる本訳書『失われた子どもたち』もジョージ・ルイス・ベア賞などを受賞し，イタリア語に翻訳されている．

監訳者・訳者略歴

三時眞貴子〈さんとき・まきこ〉［監訳／序文，序章，第1章，第8章翻訳］
1974年生まれ．広島大学大学院教育学研究科博士課程後期課程満期退学，博士（教育学）．専門はイギリス教育史．主な業績に『イギリス都市文化と教育』（昭和堂，2012），『教育支援と排除の比較社会史』（共編著，昭和堂，2016），「一九～二〇世紀転換期マンチェスタにおける『適切な養育を受けていない』子どもの包摂と教育」『九州歴史科学』第45号（2017）ほか．

北村陽子〈きたむら・ようこ〉［監訳／第4章，第5章翻訳］
1973年生まれ．名古屋大学大学院文学研究科博士課程後期課程満期退学，博士（歴史学）．専門はドイツ近現代史．主な業績に『教育支援と排除の比較社会史』（共編著，昭和堂，2016），「第二次世界大戦下の戦争犠牲者問題」『歴史と経済』239号（2018），「ドイツにおける世界大戦と福祉」『軍事史学』53巻4号（2018）ほか．

岩下　誠〈いわした・あきら〉［第2章，第3章翻訳］
1979年生まれ．東京大学大学院教育学研究科博士課程単位取得済退学，博士（教育学）．専門はイギリス教育史・アイルランド教育史．主な業績に『福祉国家と教育』（共編著，昭和堂，2013），「19世紀前半アイルランドにおける教育改革と国民統合」『西洋史学』264号（2017），'Politics, state and Church: forming the National Society 1805-c.1818', *History of Education* 47(1)（2018）ほか．

江口布由子〈えぐち・ふゆこ〉［第6章，第7章翻訳］
1974年生まれ．九州大学大学院比較社会文化研究科博士課程後期課程満期退学，博士（比較社会文化）．専門はオーストリア近現代史．主な業績に「近現代オーストリアにおける子どもの遺棄と保護」沢山美果子ほか編『保護と遺棄の子ども史』（昭和堂，2014）所収，『教育支援と排除の比較社会史』（共編著，昭和堂，2016），「国境と家族」『東欧史研究』41号（2019）ほか．

編集　勝　康裕（フリーエディター）

索　引

[ナ 行]

[ハ 行]

[ワ　行]

文書館史料および略語

オーストリア

Österreichisches Staatsarchiv, Vienna (ÖStA)

Archiv der Republik

Bundesministerium des Innern, 12-U

Bundesministerium für soziale Verwaltung (BmfsV)

チェコ共和国

Archiv Přemysl Pitter, Prague (PP)

Národní archiv, Prague (NA)

Ministerstvo práce a sociální péče – repatriace (MPSP-R)

Ministerstvo práce a sociální péče (MPSP)

Ministerstvo vnitra-nová registratura (MV-NR)

Ministerstvo zahraničních věcí – výstřižkový archiv (MZV-VA)

Národní jednota severočeská (NJS)

Úřad předsednictva vlády (ÚPV-bez.)

Zemské ústředí péče o mládež v Čechách (ČZK)

Jewish Museum in Prague

Sbírka Terezín

フランス

Archives nationales, Paris

International Refugee Organization (43/AJ)

Commissariat Général du Plan (80/AJ)

Police générale (7/F)

Affaires militaires, Rapatriement (9/F)

Archives des Affaires Étrangè, Paris (MAE)

Guerre 1939−1945

Espagne, Europe 1918−1940

Allemagne, Z-Europe

Société des Nations

Direction des personnes déplacées et réfugiés du Haut-Commissariat de la République française en Allemagne (PDR)

Centre de documentation juive contemporaine (CDJC)
  Kap-Fi (Fond Kaplan-Finaly Affair)
  WIZO – Union of French-Jewish Women for Palestine

ドイツ
Bundesarchiv Berlin
  NS 19/345
  Suchdienst für vermißte Deutsche- DO 105
Bundesarchiv Koblenz
  B 106
  B 150

オランダ
International Institute for Social History (IISH)
  Ernst Papanek Collection

ポーランド
Archiwum akt nowych, Warsaw
Delegatura Polski Czerwony Krzyż na Niemcy (PCK – Niemcy)
Delegatura Polski Czerwony Krzyż na Strefę Amerykaska w Niemczech
Generalny Pełnomocnik Rzadu RP do Spraw Repatriacji w Warszawie
Ministerstwo Pracy i Opieki Społecznej
Polski Czerwony Krzyż. Zarząd Główny w Warszawie (PCK)
Polska Misja Wojskowa przy Sojuszniczej Radzie Kontroli w Berlinie

アメリカ合衆国
Archives of the American Joint Distribution Committee (JDC)
  Belgium, 1945-1954
  Czechoslovakia, 1945-1954
  Poland, 1945-1954
  France, 1945-1954
  Austria, 1945-1954
  Displaced Persons: Children, 1945-1954
  German Jewish Children's Aid, 1933-1944
  U.S. Committee for the Care of European Children, 1933-1944
Center for Jewish History (CJH), YIVO, New York
  German Jewish Children's Aid/European Jewish Children's Aid (RG 249, GJCA/EJCA)
  Leo Schwarz Papers
  DP Camps – Austria (RG 294.4)
Harvard Divinity School, Andover Theological Seminary

Unitarian Service Committee (USC)

Hoover Archive, Stanford University (HA)

American Relief Administration (ARA)

Aleta Brownlee Papers

National Archives and Records Administration (NARA), College Park, MD

Records of the U.S. High Commissioner for Germany, 1944–1955

Records of the Displaced Persons Commission, 1948–1952

Piłsudski Institute, New York

Uchodźcy Polscy w Niemczech po 1945

Social Welfare History Archive (SWHA), University of Minnesota

International Social Service (ISS)

United States Holocaust Memorial Museum Archive (USHMMA)

American Friends Service Committee (AFSC)

Centralny Komitet Żydow w Polsce. Wydział Oświaty (CKŻP)

Oeuvre de secours aux enfants (OSE)

United Nations Archive, New York (UN)

United Nations Relief and Rehabilitation Administration (UNRRA)

原註および訳註

序　文

訳　註

〔1〕「ハイチ人……子どもが移動すること」―― 2010 年 1 月 12 日のハイチ地震で被災した子どもたちを，児童救済という人道目的を掲げて国際養子縁組する活動が，アメリカをはじめ，オランダやフランスで活発に展開されたことを指す。2月には，子どもたちを保護施設から法的な手続きをおこなわずに国外に連れ出そうとした罪で，アメリカ人の慈善団体メンバーが逮捕される事件も起きた。

序　章　混乱のさなかの文明世界

（1）Report on Interview, Subject – Davidowicz, Ruth-Karin, born 31.5.1938 – German Jew; Final Report of Interview, Subject: Davidowicz, Ruth-Karin, 31.5.38, File 365, Reel 8.17, German-Jewish Children's Aid, YIVO, Center for Jewish History (CJH), New York.

（2）Memo to Mr A. C. Dunn, Policy on Unaccompanied Children. Dated May 27, 1949, 43/AJ/926, Archives nationales, Paris (AN).

（3）こうした経験の記憶については，以下を参照。Susan T. Pettiss with Lynne Taylor, *After the Shooting Stopped: The Story of an UNRRA Welfare Worker in Germany, 1945–1947* (Victoria, BC, 2004); Kathryn Hulme, *The Wild Place* (Boston, 1953); Aleta Brownlee, "Whose Children?" Box 9, Aleta Brownlee Papers, Hoover Archive (HA), Stanford University.

（4）William I. Hitchcock, *The Bitter Road to Freedom: A New History of the Liberation of Europe* (New York, 2008), 182–183.

（5）ホームレスに関する統計は，以下を参照。Thérèse Brosse, *War-Handicapped Children: Report on the European Situation* (Paris, 1950), 22; Elizabeth D. Heineman, *What Difference Does a Husband Make? Women and Marital Status in Nazi and Postwar Germany* (Berkeley, 1999), 79. 解放後のドイツにおける社会状況については，Richard Bessel, *Germany 1945: From War to Peace* (New York, 2009) を参照。

（6）Bird-eye View of Child Welfare Services in Vienna, July 12, 1946, Folder 1, Carton 1, Brownlee Papers, HA.

（7）Alice Bailey, *The Problems of the Children in the World Today* (New York, 1946), 9–10.

（8）Marion Kaplan, *Between Dignity and Despair: Jewish Life in Nazi Germany* (Oxford,

1998), 54–73.

（9）Ruth Klüger, *Still Alive: A Holocaust Girlhood Remembered* (New York, 2001), 52〔鈴木仁子訳『生きつづける——ホロコーストの記憶を問う』みすず書房，1997年〕.

（10）Ibid., 54.

（11）Ibid., 97.

（12）統計については，以下を参照。Brosse, *War-Handicapped Children*, 22; Tony Judt, *Postwar: A History of Europe Since 1945* (New York, 2005), 22〔森本醇訳『ヨーロッパ戦後史』上下，みすず書房，2008年〕.

（13）Sprawozdanie z pracy wychowawcej za rok 1945–46, sig. 303–IX–974, Centralny Komitet Żydow w Polsce, Wydział Oświaty (CKŻP), RG.1708M, United States Holocaust Memorial Museum Archive (USHMMA).

（14）日本における本国送還に関しては，Lori Watt, *When Empire Comes Home: Repatriation and Reintegration in Postwar Japan* (Cambridge, MA, 2009) を参照。中国，韓国，フィリピンにおけるアンラの活動については，George Woodbridge, *UNRRA: The History of the United Nations Relief and Rehabilitation Administration*, vol. II (New York, 1950), 371–465, 492 を参照。

（15）Malcolm Proudfoot, *European Refugees, 1939–52: A Study in Forced Population Movement* (London, 1957), 159, 228, 259; Bessel, *Germany 1945*, 256. アンラが支援した人びとの国籍に関する統計は，Andrew Janco, "The Soviet Refugee in Postwar Europe and the Cold War, 1945–61" (Ph.D diss., University of Chicago, 2011) を参照。

（16）Jacques Vernant, *The Refugee in the Postwar World* (New Haven, 1953), 101, 180.

（17）Proudfoot, *European Refugees*, 266–267.

（18）Bergen-Belsen, June 27, 1946, Papanek Europe Tour, F–13, Papanek Collection, International Institute for Social History (IISH), Amsterdam.

（19）Policies Regarding Reestablishment of Children, April 25, 1949, 43/AJ/926, AN.

（20）Letters to the IRO, 43/AJ/926, AN.

（21）Simone Marcus-Jeisler, "Réponse à l'enquête sur les effets psychologiques de la guerre sur les enfants et jeunes en France," *Sauvegarde* 8 (February 1947): 12.

（22）Letter from Morris C. Troper to Eleanor Roosevelt, June 7, 1941, Folder F–12, Papanek, IISH.

（23）Kaplan, *Between Dignity and Despair*, 116, 118.

（24）第二次世界大戦中の児童疎開に関しては，以下を参照。Laura Lee Downs, "'A Very British Revolution?' L'évacuation des enfants citadins vers les campagnes anglaises, 1939–1945," *Vingtième siècle* 89 (January-March 2006): 47–49; Rebecca Manley, *To the Tashkent Station: Evacuation and Survival in the Soviet Union at War* (Ithaca, 2009); Julia Torrie, *"For Their Own Good": Civilian Evacuations in Germany and France* (New York, 2010).

（25）Ulrich Herbert, *Hitler's Foreign Workers: Enforced Foreign Labor in Germany under the Third Reich*, trans. William Templer (Cambridge, UK, 1997), 269.

（26）Ibid., 268–273.

(27) Ibid., 323; 数値については，p. 281 を参照。

(28) Darstellung des Flüchtlingsproblems, Ministry of Interior, April 30, 1952. Carton 9, Bundesministerium des Innern (BMI), 12u-34, Archiv der Republik (AdR), Österreichisches Staatsarchiv (ÖStA).

(29) Isabel Heinemann, *Rasse, Siedlung, deutsches Blut: Das Rasse- und Siedlungshauptamt der SS und die rassenpolitische Neuordnung Europas* (Göttingen, 2003), 508-509.

(30) Deborah Dwork, *Children with a Star: Jewish Youth in Nazi Europe* (New Haven, 1993), 274-275〔芝健介監修／甲斐明子訳『星をつけた子供たち――ナチ支配下のユダヤの子供たち』創元社，1999 年〕. 生き残った人びとの詳細な推計は，Herman D. Stein, "Welfare and Child Care Needs of European Jewry," *Jewish Social Service Quarterly* 25 (March 1948): 298, 301 も参照。

(31) 1939 年から 1941 年の間に，ソヴィエト連邦に移送されたポーランド人の数については論争中である。以前はおよそ 150 万人と推計されていたが，修正されて，31 万 5000 人から 31 万 9000 人であったと見積もられている。移送されたユダヤ人の数もまた，明確ではない。およそ 20 万人が戦後，東欧に戻ったが，当初，移送された数はそれよりも多かったと思われる。この論争については，Katherine Jolluck, *Exile and Identity: Polish Women in the Soviet Union During World War II* (Stanford, 1999), 9-11 を参照。

(32) Atina Grossmann, *Jews, Germans, and Allies: Close Encounters in Occupied Germany* (Princeton, 2007), 160.

(33) これらの数値のすべてはおおよその数である。Proudfoot, *European Refugees*, 267. ユダヤ人のなかで起こったベビーブームに関しては，Grossmann, *Jews, Germans, and Allies*, 184-236 を参照。シオニストの若者に関しては，Avinoam Patt, *Finding Home and Homeland: Jewish Youth and Zionism in the Aftermath of the Holocaust* (Detroit, 2009), 98，数値は p. 211 を参照。

(34)「対応中」の難民の連合国側の処遇については，Hitchcock, *The Bitter Road to Freedom*, 253-255 を参照。

(35) Mark Wyman, *DPs: Europe's Displaced Persons, 1945-1951* (Ithaca, 1998), 49.

(36) ポーランド避難民の数については，Heinemann, *Rasse, Siedlung, deutsches Blut*, 508-509 を参照。隠された子どもたちについては，Daniella Doron, "In the Best Interest of the Child: Family, Youth, and Identity in Postwar France, 1944-1954" (Ph.D diss., New York University, 2009), 49 を参照。

(37) Ivan Jablonka, *Ni père, ni mère. Histoire des enfants de l'Assistance publique 1874-1939* (Paris, 2006). 児童労働と移住については，Klaus Bade, *Migration in European History*, trans. Allison Brown (Oxford, 2003), 5 も参照。

(38) 子ども期に関する「旧」体制から「新」体制への変化については，Laura Lee Downs, *Histoire des colonies de vacances de 1880 à nos jours* (Paris, 2009) を参照。19 世紀における子ども期と児童福祉の理想の変化については，以下を参照。Anna Davin, *Growing up Poor: Home, School, and Street in London, 1870-1914* (London, 1997); Lydia Murdoch, *Imagined Orphans: Poor Families, Child Welfare, and Contested*

Citizenship in London (New Brunswick, 2006); Edward Ross Dickinson, *The Politics of German Child Welfare from the Empire to the Federal Republic* (Cambridge, MA, 1996).

(39) Wilma A. Dunaway, *The African-American Family in Slavery and Emancipation* (New York, 2003), 273; Brenda E. Stevenson, *Life in Black and White: Family and Community in the Slave South* (New York, 1996), 160–161.

(40) Thomas C. Holt, *Children of Fire: A History of African Americans* (New York, 2010), Chapter 4.

(41) David Kertzer, *The Kidnapping of Edgardo Mortara* (New York, 1997)〔漆原敦子訳『エドガルド・モルターラ誘拐事件——少年の数奇な運命とイタリア統一』早川書房，2018 年〕.

(42) イギリスの子ども移民計画については，以下を参照。Kathleen Paul, “Changing Childhoods: Child Emigration Since 1945,” in Jon Lawrence and Pat Starkey, eds., *Child Welfare and Social Action in the Nineteenth and Twentieth Centuries*, (Liverpool, 2001), 122–124; Geoffrey Sherington, “Fairbridge Child Migrants,” in *Child Welfare and Social Action*, 53–81; Patrick A. Dunae, “Gender, Generations and Social Class: The Fairbridge Society and British Child Migration to Canada, 1930–1960,” in *Child Welfare and Social Action*, 82–100; Wendy Webster, “Transnational Journeys and Domestic Histories,” *Journal of Social History* 39 (Spring 2006): 651–666.

(43) Linda Gordon, *The Great Arizona Orphan Abduction* (Cambridge, MA, 2001).

(44) International Migration Service, Memorandum on the Work of the American Branch, April 1928, 2, Folder 11, Social Welfare History Archive (SWHA), Collection 109, University of Minnesota.

(45) Edward Fuller, “The New Universalism,” *The World's Children* 26 (January 1946): 9, Reel 6, *The Western Aid and the Global Economy*, series one. The Save the Children Fund Archive, London. Accessed at the Center for Research Libraries, Chicago.

(46) No author, *Today's Children, Tomorrow's Hope: The Story of Children in the Occupied Lands* (London, 1945), 3.

(47) 戦後ヨーロッパ再建における家族の位置づけについては，以下を参照。Robert G. Moeller, *Protecting Motherhood: Women and the Family in the Politics of Postwar West Germany* (Berkeley, 1993); Heineman, *What Difference Does a Husband Make*; Dagmar Herzog, *Sex after Fascism: Memory and Morality in Twentieth Century Germany* (Princeton, 2005)〔川越修・田野大輔・荻野美穂訳『セックスとナチズムの記憶——20 世紀ドイツにおける性の政治化』岩波書店，2012 年〕; Heide Fehrenbach, *Race after Hitler: Black Occupation Children in Postwar Germany and America* (Princeton, 2005); Donna Harsch, *Revenge of the Domestic: Women, the Family, and Communism in the German Democratic Republic* (Princeton, 2007).「正常な状態への回帰」については，Richard Bessel and Dirk Schumann, eds., *Life after Death: Approaches to a Cultural and Social History of Europe During the 1940s and 1950s* (New York, 2003) を参照。冷戦下のアメリカにおける家族については，Elaine Tyler May, *Homeward Bound: American Families in the Cold War Era* (New York, 1988) を参照。

(48) 子ども期の歴史における，歴史を無視した「トラウマ」という用語の使用に対する批判については，Nicholas Stargardt, *Witnesses of War: Children's Lives under the Nazis* (London, 2005) を参照。

(49) Anna Freud and Dorothy T. Burlingham, *War and Children* (London, 1943), 45.

(50) 戦後の西ヨーロッパの政治と人権擁護活動に関して，集団的権利に個人的権利が優先されるとする見解については，以下を参照。Judt, *Postwar*, 564–565; Paul Lauren, *The Evolution of International Human Rights* (Philadelphia, 1996); Mark Mazower, "The Strange Triumph of Human Rights, 1933–1950," *The Historical Journal* 47 (June 2004): 386–388; A. W. Brian Simpson, *Human Rights and the End of Empire: Britain and the Genesis of the European Convention* (Oxford, 2001), 157–220; Elizabeth Borgwardt, *A New Deal for the World: America's Vision for Human Rights* (Cambridge, MA, 2005).

(51) Mark Mazower, *Dark Continent: Europe's Twentieth Century* (New York, 1999), 191〔中田瑞穂・網谷龍介訳『暗黒の大陸——ヨーロッパの 20 世紀』未來社，2015 年〕. 第二次世界大戦後も継続した集団的権利の共振を強調する記述については，Eric Weitz, "From the Vienna to the Paris System: International Politics and the Entangled Histories of Human Rights, Forced Deportations, and Civilizing Missions," *American Historical Review* 113 (December 2008): 1313–1343 を参照。

(52) とりわけ，Mark Mazower, *No Enchanted Palace: The End of Empire and the Ideological Origins of the United Nations* (Princeton, 2009)〔池田年穂訳『国連と帝国——世界秩序をめぐる攻防の 20 世紀』慶應義塾大学出版会，2015 年〕を参照。

(53) Judt, *Postwar*, 18.

(54) Saul Friedländer, *When Memory Comes* (New York, 1979), 94.

(55) Doron, "In the Best Interest," 22.

(56) Bessel, *Germany 1945*, 272. ソヴィエト難民のあいだでおこなわれた偽装については，Janco, "The Soviet Refugee" を参照。

(57) Johanna Müller to the German Red Cross, March 6, 1953, B 150/213 Heft 1, Bundesarchiv Koblenz.

訳　註

〔1〕連合国救済復興機関（アンラ）——第二次世界大戦中の 1943 年に，アメリカ合衆国，イギリス，ソ連，中華民国が中心となり，戦禍に遭ったヨーロッパ各地の復興を支援するために設立された国際機関。発足当初は 44 か国が参加した。

〔2〕国際難民機関（IRO）——第二次世界大戦によって生み出された難民問題に対応するために，1946 年に設立された国際連合の専門機関。アンラの任務の一部を引き継ぎ，1951 年まで活動した。その後，難民支援の活動は国連難民高等弁務官事務所に引き継がれた。

〔3〕避難民法——アメリカ合衆国で難民の受け入れを規定した法律で，1948 年に制定されたものが最初の法律となる（the U.S. Displaced Persons Act of 1948, DP Act）。1948 年法は，第二次世界大戦後に，共産主義国へ戻ることを拒否した東欧出身者

への救済措置として制定されたものである。この法律をもとに，約40万人の東欧出身者が難民としてアメリカに移住している。

〔4〕インターナショナル・トレーシング・サービス（ISS）——第二次世界大戦の開戦以降，ナチスの迫害による行方不明者を捜索するために，情報を収集し，強制移動させられた人びとの祖国帰還や他国への移住を支援した機関。もとは1942年に，イギリス赤十字やアンラにおいて行方不明者の捜索が必要だと議論された際に，難民や強制労働に従事させられた人びと，またナチスによって投獄された人びとの情報を収集したことから活動が開始された。1944年に連合軍最高司令部がこの業務を引き継ぎ，終戦から1947年までは暫定的にアンラが，その後はIROがこの活動を担った。1948年以降，インターナショナル・トレーシング・サービスとして組織が発足し，こんにちまで活動を継続している。

〔5〕避難民（DPs）——本書ではDisplaced Personは，避難民法の定訳にならって「避難民」と訳すが，displacementは状況によるものか，暴力によるものかを問わず，移動を強いられた点を強調するために，「強制移動」と訳している。

〔6〕国民——「国民（nation）」の概念は，著者ザーラのこれまでの研究においてきわめて重要なものであることから，本書でもその点を考慮し，著者自身がどの事柄をnationに関わる表現で説明しているかを明確にするため，以下のように統一して訳出した。nationを「国民」，nationalist / nationalismを「国民主義者（の）」「国民主義」，nationalityを法的手続きと人びとの意識をまとめた言葉として，「国籍／国民としての帰属」として訳した。そのため，スペイン内戦時のBasque nationalismについても，「国民主義」「国民主義者（派）」とあえて統一的に訳した。スペインのnationalismについては，これを国民主義と訳すのはあまりなじみがないと思われるため，各章の初出にルビを振った。

〔7〕レーベンスボルン・ホーム——ナチ党の親衛隊が，「ドイツ民族の人口増加」と「純血性」の確保をめざして創設した組織のひとつ。「生命の泉」ともいう。未婚女性がアーリア人の子どもを産むことを推奨したが，その際は匿名での出産ができるようにした。養子縁組の仲介もしており，とくに占領地域から「アーリア人」とみなされた子どもたちを連れてきて，ドイツ人として養子縁組するために預かっていた。

〔8〕白系ロシア人——1917年に生じたロシア革命（十一月革命）に付随して内戦が生じたが，反革命政府勢力のうち旧体制を支持する諸軍事組織を集合的に白軍ないし白衛軍という。一般に，白軍関係者あるいは白軍を支持する人びとが白系ロシア人（White Russian）と呼ばれる。白系ロシア人は，内戦が激化するにつれ，ドイツ，フランス，あるいは中東欧諸国に亡命した。第二次世界大戦が始まると，ユダヤ系を中心に，ドイツや中東欧からさらに英米に移るものも多くいたが，ヨーロッパにとどまった（とどまらざるをえなかった）ものたちも少なくなかった。

〔9〕バーナード・ホーム——トマス・ジョン・バーナードによって，1867年にロンドンに設立された小舎制の孤児院「バーナード・ホーム」を皮切りに，各地に設立された児童福祉施設を管理，運営する民間児童福祉団体。

〔10〕フェアブリッジ協会——1909年に設立された，貧困家庭の子どもたちを植民地

へ移民として送った団体。

〔11〕アルメニア人ジェノサイド――「アルメニア人虐殺」が日本での定訳であるが，原語に合わせてジェノサイドと記載する。これ以降，ジェノサイドはすべてカタカナ表記する。

〔12〕アメリカ救援局（ARA）――1919年，第一次世界大戦後のヨーロッパにおける救済活動のために，合衆国議会によって創設された人道主義組織。後に大統領となるハーバート・フーヴァーが全般的な指揮にあたった。創設後，同組織内に児童救済特別部が設置されている。

〔13〕「彼女の病弱な母親を……旅立ったようなこと」――同質の国民国家を形成するために，「同化できる」子どもを獲得して，人口を増加させ，家族をつくりなおしてでもひとつの単位としての家族を再建すること，の意。

第1章　戦争の真の犠牲者

（1）Survey of the Needs of the Spanish Refugees and the Relief Projects to Help them in France, 1945, bMs 16035-2, Unitarian Service Committee Archive (USC), Andover Theological Seminary, Harvard Divinity School.

（2）France – St. Goin – Parrainages, 1948, bMs 16035, USC.

（3）J. M. Alvarez, "When I grow up," 1947, bMs 16035-9, USC.

（4）Howard Kershner, *Quaker Service in Modern War* (New York, 1950), 156.

（5）Lindsay H. Noble, Colonies d'enfants, July 17, 1941, Folder 57, Box 61, Reel 73, American Friends Service Committee (AFSC), United States Holocaust Museum, Memorial, and Archive (USHMMA).

（6）Charles Joy, A Preliminary Study of Post-War Work in France for the Unitarian Service Committee, June 24, 1944, 6, bMs16035-1, USC.

（7）*Relief of European Populations*, Hearing before the Committee on Ways and Means, House of Representatives, January 12, 1920, part 2 (Washington, 1920), 68.

（8）Francesca Wilson, *In the Margins of Chaos: Recollections of Relief Work in and Between Three Wars* (New York, 1945), 10-11.

（9）Ibid., 12.

（10）赤十字に関しては，David P. Forsythe, *The Humanitarians: The International Committee of the Red Cross* (New York, 2005) を参照。

（11）Klaus Bade, *Migration in European History*, trans. Allison Brown (Oxford, 2003), 142. Mae M. Ngai, *Impossible Subjects: Illegal Aliens and the Making of Modern America* (Princeton, 2004), 59.

（12）John Torpey, "The Great War and the Creation of the Modern Passport System," in Jane Caplan and John Torpey, eds., *Documenting Individual Identity: The Development of State Practices in the Modern World* (Princeton, 2001), 256-270.

（13）Jean Claude Farcy, *Les camps de concentration française de la première guerre mondiale* (Paris, 1995), 51-63.

（14）Gérard Noiriel, *The French Melting Pot: Immigration, Citizenship, and National Identity* (Minneapolis, 1996), 61〔大中一彌・川﨑亜紀子・太田悠介訳『フランスという坩《る》堝《つぼ》――一九世紀から二〇世紀の移民史』法政大学出版局，2015 年〕; Bade, *Migration in European History*, 176.

（15）Claudena M. Skran, *Refugees in Interwar Europe: The Emergence of a Regime* (New York, 1995), 4, 40; John Hope Simpson, *The Refugee Problem: Report of a Survey* (London, 1939), 561; Annemarie Sammartino, *The Impossible Border: Germany and the East, 1914–1922* (Ithaca, 2010).

（16）アルメニア人ジェノサイドに関する詳細な議論は，以下を参照。Ronald Grigor Suny, "Truth in Telling: Reconciling Realities in the Genocide of the Ottoman Armenians," *American Historical Review* 114 (October 2009): 930–946; Vahakn Dadrian, *The History of the Armenian Genocide: Ethnic Conflict from the Balkans to Anatolia to the Caucases* (New York, 2004); Michael Marrus, *The Unwanted: European Refugees in the Twentieth Century* (New York, 1985), 75; Maud S. Mandel, *In the Aftermath of Genocide: Armenians and Jews in Twentieth Century France* (Durham, NC, 2003), 22–25.

（17）Skran, *Refugees in Interwar Europe*, 65–101.

（18）子どもたちの経験についての直接的な記述については，Donald E. Miller and Lorna Touryan Miller, *Survivors: An Oral History of the Armenian Genocide* (Berkeley, 1993) , 引用箇所は pp. 110, 108 より。また，Keith David Watenpaugh, "'A pious wish devoid of all practicability': Interwar Humanitarianism, The League of Nations and the Rescue of Trafficked Women and Children in the Eastern Mediterranean, 1920–1927," *American Historical Review* 115 (December 2010) も参照。

（19）アルメニアにおける国際連盟の使命について気づかせてくれた，エリック・ワイツに感謝する。より詳細な議論については，以下を参照。Vahram L. Shemmassian, "The League of Nations and the Reclamation of Armenian Genocide Survivors," in Richard G. Hovannisian, ed., *Looking Backward, Moving Forward: Confronting the Armenian Genocide* (New Brunswick, NJ, 2003), 81–110; Dzovinar Kévonian, *Réfugiés et diplomatie humanitaire: les acteurs européens et la scène proche orient pendant l'entre-deux guerres* (Paris, 2004), 144–159; Watenpaugh, "'A pious wish.'"

（20）Kévonian, *Réfugiés et diplomatie humanitaire*, 144; Shemassian, "The League of Nations," 82.

（21）Deportation of Women and Children in Turkey, Asia Minor, and Neighboring Territories. September 22, 1921, Folder 1829, Société des Nations (SDN), Archives des Affaires Étrangèrs (MAE), Paris.

（22）Ibid.

（23）Karen Jeppe, Déportations des femmes et des enfants en Turquie et en Asie Mineure, May 22, 1922, Folder 1829, SDN, MAE.

（24）Miller and Miller, *Survivors*, 124 から引用。

（25）Jeppe, Déportations des femmes.

（26）W. A. Kennedy, Report on the Work of the Commission of Enquiry with Regard to the

Deportation of Women and Children, Folder 1829, SDN, MAE.

(27) Letter from Miss Emma D. Cushman, July 16, 1921, Folder 1829, SDN, MAE.

(28) League of Nations, *The League of Nations and the Deportations of Christians in Turkey* (Geneva, 1921), 20.

(29) Karen Jeppe, Rapport du president de la commission de la société des nations pour la protection des femmes et des enfants dans la Proche-Orient, July 1923–July 1924, 9 August 1924, 11, Folder 1830, SDN, MAE.

(30) Miller and Miller, *Survivors*, 126.

(31) Watenpaugh, "'A pious wish,'" 25 から引用。国際連盟の救済活動に対するトルコ側の反応についてのより熟達した議論は，ウォーテンパウを参照のこと。

(32) Note pour Monsieur Clauzel, 26 May 1925; Aristide Briand to General Sarrail, Affaire Karen Jeppe, 6 June 1925, Folder 1830, SDN, MAE.

(33) Note de M. Robert de Caix, 29 August 1925, Folder 1830, SDN, MAE.

(34) Shemmassian, "The League of Nations," 94, 104.

(35) Karen Jeppe, Rapport de la Commission pour la protection des femmes et des enfants dans le Proche-Orient, 1 July 1926–1930 June 1927, Folder 1830, SDN, MAE.

(36) Jeppe, Rapport du président de la commission, 10–11, Folder 1830, SDN, MAE.

(37) Überleitung von Flüchtlingskindern von Wien aufs Land, April 27, 1918, Carton 15, Bundesministerium für soziale Verwaltung (BmfsV), Archiv der Republik (AdR), Österreichisches Staatsarchiv (ÖStA).

(38) Aktionen "Kind ins Ausland" im Monate August 1920, Carton 1666, BmfSV, AdR, ÖStA.

(39) Bericht über den vom 25. bis 27. Februar stattgefundenen Kongress der Kinderhilfswerke der vom Kriege betroffenen Länder, 6, Carton 1664, Staatsamt für soziale Verwaltung, Volksgesundheit, 1920, Kind, AdR, ÖStA.

(40) Richard Goldstein, "Miep Gies, Protector of Anne Frank, dies at 100," *New York Times*, January 11, 2010. 引用は，"Youth," http://www.miepgies.nl (accessed January 12, 2010) より。

(41) Laura Lee Downs, *Childhood in the Promised Lands: Working-Class Movements and the Colonies de Vacances in France, 1880–1960* (Durham, NC, 2002), 137.

(42) "Les enfants français en Hollande," *Débats*, February 26, 1919, 15/F/23, Archives nationales, Paris (AN).

(43) Dominique Marshall, "The Construction of Children as an Object of International Relations: The Declaration of Children's Rights and the Child Welfare Committee of the League of Nations, 1900–1924," *The International Journal of Children's Rights* 7, nr. 2 (1999): 103–147.

(44) A Summary of the Period March 1919 to June 30, 1922, 36, 51, Folder 3, Box 624, American Relief Administration (ARA), Hoover Archive (HA), Stanford University.

(45) No author, "The Children's Graveyard," *The Record of the Save the Children Fund* 1, nr. 11, April 15, 1921, 167.

(46) Report from M. L. Thomas, Box 615, Folder 2, ARA, HA.

(47) Maureen Healy, *Vienna and the Fall of the Habsburg Empire: Total War and Everyday Life in World War I* (Cambridge, 2004), 31–86, 統計は p. 41 より。

(48) Wilson, *In the Margins of Chaos*, 114.

(49) Comparison between Vienna and other capitals, Folder 3, Box 654; Vital Statistics, October 19, 1920; A Review of the Work of the American Relief Administration in Austria, November 1, 1921, 4, Folder 9, Box 632, ARA, HA.

(50) European Self-help in Relief, Folder 9, Box 632, ARA, HA.

(51) Herbert Hoover, "First Year-to August 1919," October 4, 1920, Folder 7, Box 631, ARA, HA.

(52) Herbert Hoover, Children's Relief and Democracy, interview with I. F. Marcosson in the *Saturday Evening Post* of April 30, 1921, Folder 7, Box 631, ARA, HA.

(53) Dr. Clemens Pirquet, Founder of the NEM and Peldisi Systems, November 3, 1921, Folder 2, Box 632, ARA, HA.

(54) Wilson, *In the Margins of Chaos*, 127–128.

(55) Mrs. Philip Snowden, "The Cry of the Children," *The Record of the Save the Children Fund* 1, nr. 5, January 15, 1921, 68.

(56) オリエンタリズムと東欧については，以下を参照。Larry Wolff, *Inventing Eastern Europe: The Map of Civilization on the Mind of the Enlightenment* (Stanford, 1994); Maria Todorova, *Imagining the Balkans* (Oxford, 1997).

(57) No author, "Czecho-Slovakia," *The Record of the Save the Children Fund* 1, nr. 1, October 1, 1920, 4.

(58) N. Leach, Survey Report Ruthenia, Prague, July 18, 1920, 2, Folder 1, Box 669, ARA, HA.

(59) W. P. Fuller, General Report, Warsaw, Poland, January 17, 1920, Folder 10, Box 702, ARA, HA.

(60) Lina Fuller to W. P. Fuller, January 21, 1920, Folder 10, Box 702, ARA, HA.

(61) N. Leach, Report on Conditions Relative to E.C.F. in Bucharest, Wien, September 5, 1919, Folder 9, Box 632, ARA, HA.

(62) H. May, Report on Future of Kitchens in the Košice District, January 18, 1921, Box 669, ARA, HA.

(63) Troubles, Abuse, and a Conclusion, January 7, 1920, Folder 3, Box 705, ARA, HA.

(64) Ngai, *Impossible Subjects*, 27.

(65) 戦間期フランスの移民に関しては，以下を参照。Mary D. Lewis, *The Boundaries of the Republic: Migrant Rights and the Limits of Universalism in France, 1918–1940* (Stanford, 2007); Clifford Rosenberg, *Policing Paris: the Origins of Modern Immigration Control Between the Wars* (Ithaca, 2006); Elisa Camiscioli, *Reproducing the French Race: Immigration, Intimacy, and Embodiment in the Early Twentieth Century* (Durham, NC, 2009); Noiriel, *The French Melting Pot*.

(66) International Migration Service, Memorandum on the Work of the American Branch,

April 1928, 2, Folder 11, Box 15, SW109, Social Welfare History Archive (SWHA), University of Minnesota.

(67) General Project of the International Migration Service, May 1944, Folder 19, Oswego Project, Reports & Statistics, Folder 11, Box 15, SW109, SWHA.

(68) Surveying the International Social Service after 25 Years, 1951, Folder 17, Box 16, SW109, SWHA.

(69) 第一次世界大戦後の少年非行に対する懸念については，以下を参照。Richard Bessel, *Germany after the First World War* (Oxford, 1993); Healy, *Vienna and the Fall*.

(70) George Warren, The Widening Horizon in our Service to Foreign-Born Families, June 15 1931, 3, Folder 28, Box 615, SW109, SWHA.

(71) Preliminary Memorandum on the Recruitment and Placement of Foreign Workers, May 1930, 2, Folder 36, Box 15, SW109, SWHA.

(72) Kenneth Rich and Mary Brant, Maintenance Orders in Separated Families as Seen by the Immigrants Protective League in Chicago, 1927, 2-5, Folder 3, Box 15, SW109, SWHA.

(73) Ibid., 8.

(74) Antony Roman, Report on the Present Situation of Poland, 5, Folder 21, Box 36, SW109, SWHA.

(75) Adam Nagorski to George Warren, February 4, 1939, Folder 21, Box 36, SW109, SWHA.

(76) Report by Miss Joan Kossak, September 1926, 2, Folder 21, Box 36, SW109, SWHA.

(77) Rich and Brant, Maintenance Orders, 17.

(78) 1939年までにアメリカ支部は2万3350件を担当した。Memorandum to New York Foundation, May 13, 1940, Folder 11, Box 15, SW109, SWHA.

(79) Ruth Larned, The Tangled Threads of Migrant Family Problems, June 13, 1930, 159, Folder 5, Box 15, SW109, SWHA.

(80) Resumé des points principals discutés pendant la réunion des directeurs et directrices des colonies enfantines, November 5, 1942, Folder 1, Box 57, Reel 68, AFSC, USHMMA.

(81) Marrus, *The Unwanted*, 190-193.

(82) Ministry of the Interior to Ministry of Foreign Affairs, November 11, 1940, Document 19, Guerre 1939-1945, Vichy 275, Archives des Affaires Étrangères, Paris (MAE).

(83) Célia Keren, "Sauver les enfants d'Espagne: L'accueil en France des 'enfants de la guerre' (1936-1940)" (MA Thesis, EHESS, Paris, 2008), 29-33.

(84) Dorothy Legaretta, *The Guernica Generation: Basque Refugee Children of the Spanish Civil War* (Reno, Nev., 1984), 36-39.

(85) Falange española tradicionalista y de las J.O.N.S., Secretaria General, Servicio Exterior, "Informe sobre la labor desarollada hasta le fecha para la repatriación de menores españoles expatriados," 3, published in Ricard Vinyes, et al., eds., *Los niños perdidos del franquismo* (Barcelona, 2002), 205.

(86) ソヴィエト連邦の数値については，Daniel Kowalsky, *Stalin and the Spanish Civil*

War (New York, 2004), 15 を参照。

(87) Keren, "Sauver les enfants," 9.

(88) "Suffering France," 6-7, Folder 9, Box 34, Reel 37, AFSC, USHMMA.

(89) Legaretta, *The Guernica Generation*, 71.

(90) Traduction d'un article paru dans la New Republic 19 mars 1939, 199, Espagne 188, Europe 1918-1940, Archives des Affaires Étrangères, Paris (MAE).

(91) Legaretta, *The Guernica Generation*, 62-63.

(92) Ibid., 62.

(93) Ibid., 167-168.

(94) Eduardo Pons Prades, *Los niños republicanos* (Madrid, 2005), 117.

(95) Legaretta, *The Guernica Generation*, 169-171, 270.

(96) Rapatriement d'enfants espagnols à Saint-Sébastien, March 25, 1937, Espagne 268, Europe 1918-1940, MAE.

(97) Contra la séquestration d'enfants espagnols, Protestation des femmes françaises, *Diario Vasco*, March 20, 1937, Espagne 268, Europe 1918-1940, MAE.

(98) Rapatriement des enfants espagnols, May 15, 1939, Espagne 269, MAE.

(99) Démarche de Mgr. Antoniutti, August 23, 1937, Espagne 268, Europe 1918-1940, MAE.

(100) Nécessité de repatrier les enfants espagnols réclamés par leurs familles, June 25, 1937, Espagne 268, Europe 1918-1940, MAE.

(101) Le Prefét de l'Ain to the Ministry of Interior, November 23, 1937, Espagne 268, Europe 1918-1940, MAE.

(102) A.s. de la jeune Cecila Vera Gandul, February 23, 1939, Espagne 269, Europe 1918-1940, MAE.

(103) Rapatriement de la nommée Ferrer de nationalité espagnole, January 28, 1942, Document 123, Espagne 283, Guerre 1939-1945, Vichy, Z-Europe, MAE.

(104) Rapatriement des enfants espagnols réfugiés à l'étranger, December 4, 1940, Document 59, Espagne 283, Guerre 1939-1945, Vichy, Z-Europe, MAE.

(105) Rapatriement des enfants espagnols hébergés dans le département de l'Isère, September 14, 1938, Espagne 269, Europe 1918-40, MAE.

(106) Letter to le Préfet du Tarn, Albi, January 30, 1938, Espagne 268, Europe 1918-1940, MAE.

(107) Letter from Comité d'accueil aux enfants d'espagne to Venancio Pinado-Saez, January 14, 1939, Espagne 268, Europe 1918-1940, MAE.

(108) Ministry of Interior to Ministry of Foreign Affairs, February 20, 1939, Espagne 269, Europe 1918-1940, MAE.

(109) Legaretta, *The Guernica Genration*, 209.

(110) Ministry of Interior to Minister of Foreign Affairs, October 4, 1940, Document 30, Espagne 283, Guerre 1939-1945, Vichy, Z-Europe, MAE.

(111) Ministry of the Interior to Ministry of Foreign Affairs, November 11, 1940, Document

19, Guerre 1939–1945, Vichy 275, MAE; Vinyes, et al., *Los niños perdidos*, 77.

(112) Alicia Alted, "Le retour en Espagne des enfants evacués pendant la guerre civile espagnole: la délégation extraordinaire au rapatriement des mineurs (1938–1954), in Centre d'histoire de l'Europe du vingtième siècle, ed., *Enfants de la guerre civile espagnole: vécus et représentations de la génération née entre 1925 et 1940* (Paris, 1999), 53.

(113) Vinyes, et al., *Los niños perdidos*, 75.

(114) Eduardo Pons Prades, *Los niños republicanos*, 233–240.

(115) Vinyes et al., *Los niños perdidos*, 167.

(116) Alted, "Le retour en Espagne," 58. これらの数値にのみ，公的なルートを通じて判明した，疎開した子どもと本国送還された子どもの数が含まれている。

(117) Ibid., 71–75.

(118) Vinyes, et al., *Los niños perdidos*, 166.

(119) Colonies scolaires d'enfants en Espagne et à l'étranger, August 19, 1937, Espagne 268, Europe 1918–1940, MAE.

(120) Legaretta, *The Guernica Generation*, 75.

(121) Alfred Brauner, *Les répercussions psychiques de la guerre moderne sur l'enfance* (Paris, 1946), 39.

訳　註

〔1〕アメリカ・フレンズ奉仕団（AFSC）――1917年に，プロテスタント教派のひとつであるフレンド派（クウェーカー）によって，良心的兵役拒否者に戦闘行為に代わる仕事を提供することと，ヨーロッパの戦後復興に貢献することを目的として創設された。後に宗教色抜きの国際NGOに発展した。米国ペンシルヴェニア州フィラデルフィアに本部をおき，平和運動や人道支援，人種間の平等を求める活動などを国内外で展開している。こんにち存在する数あるNGOのなかでも赤十字についで長い歴史を持ち，1947年には第二次世界大戦下の救援活動と戦後復興活動によりノーベル平和賞を英国フレンズ協議会とともに受賞した。

〔2〕中国人排斥法――アメリカ合衆国に中国人労働者が入国・移住することを禁じた法律。1942年に廃止された。

〔3〕統一と進歩委員会――西洋式の近代学校で教育を受けた新しい青年エリートたちのあいだで起こった憲政復活をめざす運動のなかから生まれ，オスマン統一を掲げる活動をおこなった。

〔4〕1924年移民法――各国からの移民の受け入れ上限数を，1890年の国勢調査時にアメリカ合衆国に住んでいた各国出身者数を基準にその2%以下に制限するというもの。その国勢調査以降に移民の数が増えた東欧，南欧，アジアからの移民者を制限することを目的とした。

第2章　子どもの救済

(1) Ruth Klüger, *Still Alive: A Holocaust Girlhood Remembered* (New York, 2001), 29〔鈴

木仁子訳『生きつづける——ホロコーストの記憶を問う』みすず書房，1997年〕.

（2）Ibid., 41.

（3）Ibid., 60. ナチ支配下でユダヤ人の子どもたちがいかなる経験をしたかについては，以下を参照。Deborah Dwork, *Children with a Star: Jewish Youth in Nazi Europe* (New Haven, 1991)〔芝健介監修／甲斐明子訳『星をつけた子供たち——ナチ支配下のユダヤの子供たち』創元社，1999年〕; Marion Kaplan, *Between Dignity and Despair: Jewish Life in Nazi Germany* (Oxford, 1998), 94–118; Nicholas Stargardt, *Witnesses of War: Children's Lives Under the Nazis* (London, 2005).

（4）Kaplan, *Between Dignity and Despair*, 70–73, 119–144.

（5）Klüger, *Still Alive*, 57.

（6）Kaplan, *Between Dignity and Despair*, 118.

（7）Klüger, *Still Alive*, 58.

（8）Ibid., 26. マリオン・カプランは女性たちがしばしば主導権を発揮して移住を計画し，夫を説得してドイツを離れさせることがあったことを明らかにしている。Kaplan, *Between Dignity and Despair*, 63–70.

（9）Kaplan, *Between Dignity and Despair*, 116–118.

（10）数値については，Claudia Curio, *Verfolgung, Flucht, Rettung: Die Kindertransporte 1938/39 nach Großbritanien* (Berlin, 2006), 99 を参照。

（11）Laura Lee Downs, "'A Very British Revolution?' L'évacuation des enfants citadins vers les campagnes anglaises, 1939–1945," *Vingtième siècle* 89 (January-March 2006): 47–49. 本文の引用は，Tom Harrison, *War Begins at Home* (London, 1940), 299–300 より。

（12）Laura Lee Downs, *Childhood in the Promised Land: Working-Class Movements and the Colonies de Vacances in France, 1880–1960* (Durham, NC, 2002).

（13）Downs, "'A Very British Revolution?'" 47–49.

（14）Ritchie Calder, "The School Child," in Margaret Cole and Richard Padley, eds., *Evacuation Survey: A Report to the Fabian Society* (London, 1940), 147.

（15）Anna Freud and Dorothy Burlingham, *Infants without Families: Reports on the Hampstead Nurseries, 1939–1945* (New York, 1973), 161〔中沢たえ子訳『家庭なき幼児たち——ハムステッド保育所報告：1939–1945』上下（アンナ・フロイト著作集，第3–4巻）岩崎学術出版社，1982年〕.

（16）Ibid., 171.

（17）Ibid., 178, 185.

（18）John Bowlby, "Psychological Aspects," in *Evacuation Survey*, 190.

（19）John Bowlby, *Maternal Care and Mental Health* (Geneva, 1952), 12〔黒田実郎訳『乳幼児の精神衛生』岩崎書店，1962年／日本図書センター，2008年〕.

（20）Ibid., 68.

（21）Michal Shapira, *The War Inside: Child Psychoanalysis and Remaking the Self in Britain, 1930–1960*, Chapter 7, unpublished manuscript を参照。

（22）Denise Riley, *War in the Nursery: Theories of the Child and the Mother* (London, 1983), 85–110.

(23) Susan Isaacs, ed., *The Cambridge Evacuation Survey: A Wartime Study in Social Welfare and Education* (London, 1941), 181.
(24) Downs, "'A Very British Revolution?'" 54-55.
(25) Bowlby, *Maternal Care*, 45.
(26) Isaacs, ed., *Cambridge Evacuation Survey*, 9.
(27) Curio, *Verfolgung, Flucht, Rettung*; Kaplan, *Between Dignity and Despair*, 116-118. 青年アリヤーに関しては，Erica B. Simmons, *Hadassah and the Zionist Project* (New York, 2006), 115-152 を参照。
(28) Elsa Castendyck, Review of the European-Jewish Children's Aid, New York City, December 1943, 4-6, Folder 584, RG 249, YIVO, Center for Jewish History (CJH), New York.
(29) Curio, *Verfolgung, Flucht, Rettung*, 46 から引用，数値は p. 99 より。
(30) Claudia Curio, "'Invisible Children': The Selection and Integration Strategies of Relief Organizations," *Shofar: An Interdisciplinary Journal of Jewish Studies* 23 (Fall 2004): 41-56.
(31) Letter from GJCA to Reichsvertretung der Juden in Deutschland, February 20, 1936, Folder 64, RG 249, YIVO, CJH.
(32) Migration of Children, File U.S. Committee, American Friends Service Committee Archive, Philadelphia.
(33) No author, *Jüdisches Nachrichtenblatt*, May 9, 1939, 7. Curio, "Invisible Children," 49 から引用。
(34) Findings of the Study Regarding Unaccompanied Children, Folder 35; Lotte Marcuse, Report of the European-Jewish Children's Aid, March 2, 1949, File 585, both in RG 249, YIVO, CJH.
(35) Wolfgang Benz, "Emigration as Rescue and Trauma: The Historical Context of the Kindertransport," *Shofar* 23 (Fall 2004): 5 から引用。
(36) Kaplan, *Between Dignity and Despair*, 116-118.
(37) Unterbringung eines 13 jähr. Knaben in Amerika, May 12, 1934, AR 33-44, Folder 233, German-Jewish Children's Aid, JDC.
(38) Rebekka Göpfert, *Der jüdische Kindertransport von Deutschland nach England 1938/39* (Frankfurt/Main, 1999), 120-121 に掲載されたインタビューから引用。
(39) No Author, *Children Knocking At Our Gates*, German-Jewish Children's Aid, New York, May 1937. AR 33-44. Folder 234, German-Jewish Children's Aid, JDC.
(40) Castendyck, Review of the European-Jewish Children's Aid, 10.
(41) Testimony of Mrs. Alice Waters, *Admission of German Refugee Children. Joint Hearings before a Subcommittee of the Committee on Immigration*, April 20, 21, 22, and 24, 1939 (Washington, 1939), 197-198.
(42) Judith Tydor Baumel, "The Jewish Refugee Children from Europe in the Eyes of the American Press and Public Opinion, 1934-1945," *Holocaust and Genocide Studies* 5 (Fall 1990): 293-312.

(43) Castendyck, Review of the European-Jewish Children's Aid, 43.

(44) Lotte Marcuse to Mr. Siegfried Thorn, November 18, 1941, Folder 296, RG 249, YIVO, CJH.

(45) アメリカにおける精神分析学の受容と展開について，詳しくは以下の文献を参照。Nathan Hale, *The Rise and Crisis of Psychoanalysis in the United States: Freud and the Americans, 1917–1985* (New York, 1995), 74–101; John H. Ehrenreich, *The Altruistic Imagination: A History of Social Work and Social Policy in the United States* (Ithaca, 1985), 60–65; James H. Capshew, *Psychologists on the March: Science, Practice, and Professional Identity in America 1929–1969* (Cambridge, 1999); Edith Kurzweil, *The Freudians: A Comparative Perspective* (New Haven, 1989), 23–27, 127–151.

(46) Ehrenreich, *The Altruistic Imagination*, 60–65; Paul Lerner, *Hysterical Men: War, Psychiatry, and the Politics of Trauma in Germany, 1890–1930* (Ithaca, 2003), 24–30.

(47) Ehrenrich, *The Altruistic Imagination*, 73 から引用。

(48) Elsa Castendyck, "Origin and Services of the United States Commission for the Care of European Children," *The Child* 6 (July 1941): 6, Box 1, bMs 16029, Unitarian Service Committee Archive (USC).

(49) Lotte Marcuse to Mr. Siegfried Thorn, November 18, 1941, Folder 296, RG 249, YIVO, CJH.

(50) Lydia Murdoch, *Imagined Orphans: Poor Families, Child Welfare, and Contested Citizenship in London* (New Brunswick, 2006); Ivan Jablonka, *Ni père, ni mère: histoire des enfants de l'Assistance publique (1874–1939)* (Paris, 2006).

(51) Letter to Miss Ostry, Montreal, Canada from Lotte Marcuse, July 18, 1941, Folder 302, YIVO, CJH.

(52) Main Problems Concerning Employment and Vocational Training, 1948, 2, 43/AJ/593, Archives nationales, Paris (AN).

(53) Barbara Levy Simon, *The Empowerment Tradition in American Social Work: A History* (New York, 1994), 125.

(54) Letter from Lotte Marcuse to Hanna Steiner, March 25, 1940, Folder 305, YIVO, CJH.

(55) Hans Jürgenson, 1 Monat in Amerika, December 10, 1934, Folder 63, RG 249, YIVO, CJH. キンダートランスポートがおこなわれているあいだに家族間で交わされた書簡の分析については，Michael Geyer, "Virtue in Despair: A Family History from the Days of the Kindertransports," *History & Memory* 17 (Spring/Summer 2005): 323–365 を参照。

(56) Deborah Portnoy, "The Adolescent Immigrant," *The Jewish Social Service Quarterly* 25 (December 1948): 272.

(57) What's Happened to the Refugee Children, 5–6, June 1938, Folder 131, RG 249, YIVO, CJH.

(58) Portnoy, "The Adolescent Immigrant," 269.

(59) Letter from Lotte Marcuse to Hanna Steiner, March 25, 1940, Folder 305, YIVO, CJH.

(60) Castendyck, Review of the European-Jewish Children's Aid, 18.

(61) Letter from Jack Feller, Carton 7, Aleta Brownlee Papers, Hoover Archive (HA), Stanford University.

(62) Letter from Doris Cybulski, April 19, 1950, Folder 406, RG 249, YIVO, CJH.

(63) Ella Zwerdling and Grace Polansky, "Foster Home Placement of Refugee Children," *Journal of Social Casework* 30 (July 1949), 278; オランダにおける再家族化と譲渡をめぐる問題については，Diane Wolf, *Beyond Anne Frank: Hidden Children and Postwar Families in Holland* (Berkeley, 2007)〔小岸昭・梅津真訳『「アンネ・フランク」を超えて——かくまわれたユダヤの子供達の証言』岩波書店，2011 年〕を参照。アメリカ合衆国のユダヤ人の子ども難民の経験について，より詳しくは，Beth B. Cohen, *Case Closed: Holocaust Survivors in Postwar America* (New Brunswick, 2007) を参照。ホロコーストの生存者に対するアメリカのユダヤ人共同体の反応については，Hasia R. Diner, *We Remember with Reverence and Love: American Jews and the Myth of Silence after the Holocaust, 1945–1962* (New York, 2009), 150–215 を参照。

(64) Gertrude Dubinsky, Philadelphia, Folder 131, 1936, RG 249, YIVO, CJH.

(65) Castendyck, Review of the European-Jewish Children's Aid, 47.

(66) Deborah Portnoy, Los Angeles, 7/30/45, Folder 43, RG 249, YIVO, CJH.

(67) Castendyck, Review of the European-Jewish Children's Aid, 43.

(68) What's Happened to the Refugee Children, 8.

(69) Castendyck, Review of the European-Jewish Children's Aid, 8–9, 44–46.

(70) Hasia R. Diner, *The Jews of the United States: 1654 to 2000* (Berkeley, 2004), 285.

(71) Letter from GJCA to Reichsvertretung der Juden in Deutschland, February 20, 1936, Folder 64, RG 249, YIVO, CJH.

(72) H. Meyerowitz, Kaufer, Tusia, April 27, 1948, Folder 43, RG 249, YIVO, CJH.

(73) Lotte Marcuse, Evaluation Schedules, May 28, 1945, Folder 584, RG 249, YIVO, CJH.

(74) What's Happened to the Refugee Children, 9–10.

(75) Marcel Kovarsky, "Case Work with Refugee Children," *The Jewish Social Service Quarterly* 24 (June 1948): 402–407. Morris H. Price, "Discussion on Adolescent Refugees," *The Jewish Social Science Quarterly* 24 (September 1947): 149 も参照のこと。

(76) Curio, *Verfolgung, Flucht, Rettung*, 154–155. アメリカの反ユダヤ主義と避難民法については，Haim Genizi, *America's Fair Share: The Admission and Resettlement of Displaced Persons, 1945–1952* (Detroit, 1993), 66–111 を参照。イギリスの難民政策において，成人よりも子どもが優位にあったことについては，Tony Kushner, *The Holocaust and the Liberal Imagination: A Social and Cultural History* (Oxford, 1994) を参照。ホロコーストの記憶における子どもの位置づけについては，Mark M. Anderson, "The Child Victim as Witness to the Holocaust: An American Story?" *Jewish Social Studies* 14 (Fall 2007): 1–22 を参照。

(77) Hannelore Brenner-Wonschick, *Die Mädchen von Zimmer 28: Freundschaft, Hoffnung und Überleben in Theresienstadt* (Munich, 2004), 60.

(78) Stargardt, *Witnesses of War*, 420.

(79) Klüger, *Still Alive*, 70.

(80) Stargardt, *Witnesses of War*, 201.

(81) Thelma Gruenbaum, *Nešarim: Child Survivors of Terezín* (London, 2004), 44から引用。

(82) Gruenbaum, *Nešarim*, 49

(83) Brenner-Wonschick, *Die Mädchen von Zimmer 28*, 291.

(84) Herbert Fischl, "This is Not a Gang, or Making a Movie in Our Town," in R. Elizabeth Novak, ed., *We are Children Just the Same: Vedem, the Secret Magazine by the Boys of Terezín* (Philadelphia, 1995), 128.

(85) Kinder im Ghetto, September 12, 1943, inventarni čislo (i.č.) 300, Péče o mládež, Terezín, Jewish Museum of Prague.

(86) Jana Reněe Friesová, *Fortress of My Youth: Memoir of a Terezín Survivor*, trans. Elinor Morrisby and Ladislav Rosendorf (Madison, 2002), 95.

(87) Brenner-Wonschick, *Die Mädchen von Zimmer 28*, 209.

(88) Egon Redlich, *The Terezín Diary of Gonda Redlich*, ed. Saul S. Friedmann, trans. Laurence Kutler (Lexington, 1992), 121. テレジーン強制収容所における子どもたちの芸術活動について，より詳しくは，Nicholas Stargardt, "Children's Art of the Holocaust," *Past & Present* 161, nr. 1 (1998): 191–235 を参照。

(89) Stargardt, *Witnesses of War*, 208.

(90) Dwork, *Children with a Star*, 126. Stargardt, *Witnesses of War*, 205–210; Friesová, *Fortress of My Youth*, 101–102.

(91) 両大戦間のチェコスロヴァキアにおけるシオニズムに関しては，Tatjana Liechtenstein, "Making Jews at Home: Zionism and the Construction of Jewish Nationality in Interwar Czechoslovakia," *East European Jewish Affairs* 36 (June 2006): 49–71 を参照。

(92) Gruenbaum, *Nešarim*, 157–158; Saul S. Friedmann, "Introduction," in Redlich, *The Terezín Diary,* xii–xiii; Stargardt, "Children's Art," 211; Friesová, *Fortress of My Youth*, 98.

(93) Dr. Maximilien Adler, "Utopie als Wirklichkeit," 2, in *Péče o mládež. Zprávy k. 1 výroči činnosti domovů v L417*, i.č. 304/1, Sbírka Terezín, Jewish Museum in Prague. この巻への寄稿者は，ページ順ではなくアルファベット順に記載されている。

(94) コルチャックに関しては，Barbara Engekling and Jacek Leociak, *The Warsaw Ghetto: A Guide to the Perished City*, trans. Emma Harris (New Haven, 2009), 317–321, 引用箇所は p. 321 より。

(95) Rosa Engländer, "Unsere Aufgabe, unser Weg," 1, *Péče o mládež*, g. Pepek Stiassný, no title, 1–3, *Péče o mládež*, dd も参照のこと。

(96) "Report by Franta, 1942," Gruenbaum, *Nešarim*, 27–32 から引用。

(97) Dr. G. Bäuml, "Über positive Erziehung," 1, *Péče o mládež*, b.

(98) Dr. Franz Kahn, "Der Paradox der jüdischen Erziehung," 2, *Péče o mládež*, o.

(99) テレジーンにおける若者の教育に関するシオニストの将来像については，以下を参照。Dr. Desider Friedmann, "Die jüdische Schule," 1–2; Leo Janowitz, no title, 1; Dr. Franz Kahn, "Die Paradox der jüdischen Erziehung," 1–2; Prof. Israel Kestenbaum, "Jüdische Erziehung," 1–2, all in *Péče o mládež.*

(100) Ota (Gideon) Klein, “O tak zvané politické výchově mládeže,” 1, *Péče o mládež*, r.

(101) Redlich, *The Terezín Diary*, 77, 91.

(102) Klein, “O tak zvané politické vychově,” 2.

(103) Redlich, *The Terezín Diary*, 121.

(104) Jarka, “Úvodník,” *Bonaco*, nr. 1 (1943), 2.

(105) Sojka, “Mladý člověk v Terezíně,” *Bonaco*, nr. 4 (1943), 2–3.

(106) Klüger, *Still Alive*, 86.

(107) Edith Ornstein, “Das Leben der Frau in Theresienstadt,” 9, i.č. 159, Ústředí práce, pracovní nasazení, Terezín, Jewish Museum in Prague.

(108) Brenner-Wonschick, *Die Mädchen von Zimmer 28*, 152–154.

(109) Ibid., 315.

(110) 彼女たちに加えて，移送を逃れた 1,600 人の 15 歳未満の子どもが 1945 年に解放された。

(111) “From the Deposition of Zeev Shek before the Commission for the Concentration Camp of Terezín, June 29, 1946,” in *We are Children Just the Same*, 30.

訳　註

〔1〕水晶の夜事件—— 1938 年 11 月に起こった，ユダヤ人青年によるパリのドイツ大使館員銃撃を口実に，ナチ党の指令で全国の都市のユダヤ人の商店や住居，シナゴーグ（寺院）などが襲撃されたユダヤ人排斥事件。襲撃されたユダヤ人商店のガラスが散乱した様子から「水晶の夜」といわれた。

〔2〕戦時下の子どものための里親計画——戦災児童を支援対象として活動する国際チャリティ団体。1937 年，イギリス人ジャーナリスト，ジョン・ラングドン＝デイヴィスがスペイン内戦の戦災児童を救済するために設立した「スペインの子どものための里親計画委員会」がその前身。1940 年代に，「戦時下の子どものための里親計画」へと改称し，ヨーロッパ全土の子どもたちに支援対象を拡大した。

〔3〕青年アリヤー—— 1932 年に女性教育学者の R. フライアーによってベルリンに設立された組織。ユダヤ人青少年たちに将来パレスティナへ移住した後に，現地で生活していくうえでの農業やさまざまな手工業の基礎技術を身につけさせることを目的とした。「アリヤー」とはヘブライ語で「上昇」を表わす言葉で，パレスティナへの移住を意味している。

〔4〕全米難民支援——ナチスによる迫害を受けてヨーロッパから避難した難民を支援するため，1939 年にニューヨークで設立された組織（National Refugee Service）。その前身は，移民救済事業に関わる諸団体の協同を目的として，1934 年に設立された統括団体，全米協同委員会（the National Coordinating Committee）である。

〔5〕ウィーン・ユダヤ人ゲマインデ——ウィーンに居住するユダヤ教徒が所属を義務づけられた自治的共同体（Israelitische Kultusgemeinde Wien）。ゲマインデ（共同体）は構成員からゲマインデ税や各種の手数料を徴収することにより，構成員の宗教，文化，福祉にかかわる事柄を自治的に執りおこなう権利をもち，国家に対しては，構成員の出生，死亡，結婚など，身分の変更にかかわる事柄を記録し，

事業・会計報告をおこなう義務を負った。

〔6〕ローズ奨学金——1903年に創設された，世界で初めての国際奨学金制度。財源には，イギリスの帝国主義者セシル・ローズが残した莫大な遺産が充てられた。遺言では本来，イギリス帝国，アメリカ合衆国，ドイツの学生に奨学金を与えることになっていた。現在でも，選抜されたローズ奨学生は一定の賞賛を浴びる名誉あるものと位置づけられている。

〔7〕新アメリカ人のための全米支援——第二次世界大戦後，ユダヤ難民が合衆国に殺到したことを受けて，全米移民支援と全国ユダヤ人女性協議会帰国子女支援が合併した結果，1946年，ニューヨークで設立された移民支援組織（United Service for New Americans）。

〔8〕ボヘミア諸邦——原著の表記ではBohemian landsである。著者がこの用語を使用する際に念頭においているのは「チェコ諸邦（České země）」であると考えられる。「チェコ諸邦」は，ハプスブルク帝国期のボヘミア，モラヴィア，シレジアからなる「聖ヴァーツラフ（ボヘミア）王冠領（Země koroune české）」を引き継いだ表現である。帝国解体以後，「チェコ諸邦」は公式の行政区分とはならなかったが，チェコ国民史の枠組みではチェコ国民の「歴史的領土」と想定され，時期や話者により変動する地域概念を表現している。

〔9〕ユダヤ人評議会——ナチ・ドイツ占領下の東欧各地のゲットー（ユダヤ人居住区）で結成された，ユダヤ人たちの「自治組織」。

〔10〕バウハウス——1919年，ドイツのヴァイマルに設立された，総合的造形教育機関。建築家ヴァルター・グロピウスが初代学長を務めた。1926年にデッサウ校舎に移転，1933年にはナチ政権の圧力で閉校を余儀なくされる。閉校までの活動はデザインや建築の分野だけでなく，20世紀芸術と造形教育に大きな影響を与えた。

〔11〕マッカビ・ハッチェル・シオニスト青年運動——シオニスト団体のマッカビの青年部として1929年にプラハで組織された青年運動団体。マッカビ運動が成人のユダヤ人に身体活動やスポーツを奨励したのに対して，マッカビ青年運動はより若い世代に，身体教育を奨励した。

〔12〕マカレンコ——アントン・セミョーノヴィチ・マカレンコ（Антон Семёнович Макаренко, 1888-1939）。ソ連の教育家・作家。ロシア革命後，革命孤児や浮浪児などの再教育の経験から出発し，教育の原理として集団主義教育論を展開した。

第3章　「心理学的マーシャルプラン」

（1）Howard Kershner, American Friends Service Committee in France, December 31, 1940, 3, American Friends Service Committee Archives (AFSC), Reel 73, Box 61, Folder 55, United States Holocaust Museum Memorial Archive (USHMMA).

（2）Paul Lerner, *Hysterical Men: War, Psychiatry, and the Politics of Trauma in Germany, 1890-1930* (Ithaca, 2003), 24-30; Allen Young, *A Harmony of Illusions: Inventing Post-Traumatic Stress Disorder* (Princeton, 1995), 43-85.

（3）1947年6月30日までの時点で，アンラは2万2058件の同伴保護者のいない子

どもたちのケースを扱っていた。Office of Statistics and Operational Reports, Unaccompanied Children in Austria and Germany, April 29, 1948, 43/AJ/604, Archives nationales, Paris (AN). 1948 年から 1951 年の間に，さらに 6,000 人の同伴保護者のいない子どもたちが，IRO によって本国送還されるか，再定住させられた。

（4）Monnetier, June 2, 1946, Papanek Europe Tour, F-13, Ernst Papanek Collection, International Institute for Social History (IISH), Amsterdam.

（5）UNRRA, "Psychological Problems of Displaced Persons," June 1945, JRU Cooperation with Other Relief Organizations, Wiener Library, 1.

（6）Georges Heuyer, "Psychopathologie de l'enfance victime de la guerre," *Sauvegarde* 17 (January 1948), 3.

（7）1940 年代のアメリカの精神分析学の概要に関する有益なものとしては，Nathan Hale, *The Rise and Crisis of Psychoanalysis in the United States: Freud and the Americans, 1917–1985* (New York, 1995) を参照。イギリスの精神分析学については，以下の文献を参照。Laura Lee Downs, "'A Very British Revolution?' L'évacuation des enfants urbains vers les campagnes anglaises, 1939–1945," *Vingtième siècle* 89 (January-March 2006): 47–60; Denise Riley, *War in the Nursery: Theories of the Child and the Mother* (London, 1983); Michal Shapira, "The War Inside: Child Psychoanalysis and Remaking the Self in Britain, 1930–1960" (Ph.D diss., Rutgers University, 2009).

（8）Francesca M. Wilson, *In the Margins of Chaos: Recollections of Relief Work in and Between Three Wars* (New York, 1945), 293; Elizabeth Borgwardt, *A New Deal for the World: America's Vision for Human Rights* (Cambridge, MA, 2005), 119; G. Daniel Cohen, "Between Relief and Politics: Refugee Humanitarianism in Occupied Germany, 1945–1946," *Journal of Contemporary History* 43 (July 2008): 438.

（9）Ben Shepard, "'Becoming Planning Minded': The Theory and Practice of Relief, 1940–1945," *Journal of Contemporary History* 43 (July 2008): 410; Jessica Rheinisch, "Introduction: Relief in the Aftermath of War," *Journal of Contemporary History* 43 (July 2008): 371–404.

（10）ハイ・モダニズムに関しては，以下を参照。James C. Scott, *Seeing Like a State: How Certain Schemes to Improve the Human Condition Have Failed* (New Haven, 1998); Amir Weiner, ed., *Landscaping the Human Garden: Twentieth-Century Population Management in a Comparative Framework* (Stanford, 2003).

（11）Borgwardt, *A New Deal for the World*, 119.

（12）Wilson, *In the Margins of Chaos*, 293.

（13）Cohen, "Between Relief and Politics," 439.

（14）Ibid., 437; Shepard, "'Becoming Planning Minded'," 411; Hitchcock, *The Bitter Road to Freedom*, 220.

（15）George Woodbridge, *UNRRA: The History of the United Nations Relief and Rehabilitation Administration* (New York, 1950), 417, 418.

（16）Wilson, *In the Margins of Chaos*, 304.

（17）Aleta Brownlee, "Whose Children?" 7, Folder 1, Box 9, Aleta Brownlee Collection,

Folder 1, Box 9, Hoover Archive (HA), Stanford University.

(18) Susan T. Pettiss with Lynn Taylor, *After the Shooting Stopped: The Story of an UNRRA Welfare Worker in Germany, 1945-1947* (Victoria, BC, 2004), 8.

(19) Wilson, *In the Margins of Chaos*, 306, 304.

(20) Pettiss, *After the Shooting Stopped*, 8.

(21) Brownlee, "Whose Children," 2.

(22) 全体主義という概念に関しては，Hannah Arendt, *The Origins of Totalitarianism* (New York, 1951)〔大久保和郎・大島通義・大島かおり訳『新版 全体主義の起原』全3巻，みすず書房，2017年〕を参照。

(23) ナチスのイデオロギーおよび政策における個人主義的傾向を強調する研究としては，Moritz Föllmer, "Was Nazism Collectivistic? Redefining the Individual in Berlin, 1930-1945," *Journal of Modern History* 82 (March 2010): 61-100 を参照。

(24) USC Child & Youth Programs, Helen Fogg – Child Care Program Prospectus 1951, 2, bMs-16036-3, Unitarian Service Committee Archive (USC), Andover Theological Library (ATL), Harvard Divinity School.

(25) Erich Fromm, et al., "Theoretische Entwürfe über Autorität und Familie," in *Studien über Autorität und Familie: Forschungsberichte aus dem Institut für Sozialforschung* (Paris, 1936), 85〔フロムが執筆した部分の邦訳は，安田一郎訳『権威と家族』青土社，1977年所収〕.

(26) Joseph Goldstein, Anna Freud, et al., *Beyond the Best Interests of the Child* (New York, 1973)〔中沢たえ子訳『子の福祉を超えて——精神分析と良識による監護紛争の解決』岩崎学術出版社，1990年〕.

(27) Erika Mann, *School for Barbarians,* trans. Muriel Rukeyser (New York, 1938), 29〔田代尚弘訳『ナチズム下の子どもたち——家庭と学校の崩壊』法政大学出版局，1998年〕.

(28) Bertolt Brecht, "Der Spitzel," in *Furcht und Elend des III. Reiches: 24 Szenen* (New York, 1945), 61-70. Translated by Eric Bentley as *The Private Life of the Master Race* (New York, 1944), 71-84.

(29) Alfred Brauner, *Ces enfants ont vécu la guerre* (Paris, 1946), 182. ソ連の子ども密告者パヴリク・モロゾフ〔パーヴェル・トロフィーモヴィチ・モロゾフ〕の偶像化については，Catriona Kelly, *Comrade Pavlik: The Rise and Fall of a Soviet Boy Hero* (London, 2005) を参照。

(30) 想像の公共圏と親密圏との関係，また自由主義思想における市民権と共和主義思想における市民性との関係については，以下の文献を参照。Isabel Hull, *Sexuality, State and Civil Society in Germany, 1700-1815* (Ithaca, 1996); Carole Pateman, *The Sexual Contract* (Palo Alto, CA, 1988)〔中村敏子訳『社会契約と性契約——近代国家はいかに成立したのか』岩波書店，2017年〕.

(31)「正常な状態への復帰」に関しては，Richard Bessel and Dirk Schumann, "Introduction: Violence, Normality, and the Construction of Postwar Europe," in idem. eds., *Life after Death: Approaches to a Cultural and Social History of Europe During the 1940s and*

1950s (New York, 2003), 1-15 を参照。

(32) Jean Henshaw, Report on International Children's Center, Prien, April 28, 1947. S-0437-0012, United Nations Archive (UN), New York.

(33) Charlotte Helman, "La rapatriement des enfants de Bergen-Belsen," in Marie-Anne Matard-Bonucci and Edouard Lynch, eds., *La libération des camps et le retour des déportés: l'histoire en souffrance* (Paris, 1995), 157.

(34) Kathryn Hulme, *The Wild Place* (Boston, 1953), 124.

(35) Atina Grossmann, *Jews, Germans, and Allies: Close Encounters in Occupied Germany* (Princeton, 2007), 184-236; Herman Stein, "Welfare and Child Care Needs of European Jewry," *Jewish Social Service Quarterly* 25 (March 1948): 302.

(36) Louise W. Holborn, *The International Refugee Organization: A Specialized Agency of the United Nations. Its History and Work* (New York, 1956), 501.

(37) Gunnar Dybwad, "Child Care in Germany," Unitarian Service Committee Pamphlet, 1951, bMs 16036-4, USC.

(38) Frances Burns, "Germans say war didn't upset their nerves, but blood pressure and ulcers contradict them," *Boston Daily Globe*, October 1, 1949, bMs 16036-4, USC.

(39) Prospectus 1951, 1, bMs-16036-3, USC.

(40) Report #2, Helen Fogg – Germany, Institute 1950, bMs 16036-4, USC.

(41) UNRRA, "Psychological Problems of Displaced Persons," 2.

(42) Thérèse Brosse, *War-Handicapped Children: Report on the European Situation* (Paris, 1950), 12, 24.

(43) Dorothy Macardle, *Children of Europe: A Study of the Childen of Liberated Countries, Their Wartime Experiences, Their Reactions, and Their Needs, with a Note on Germany* (Boston, 1951), 270.

(44) ユダヤ人の子どもと若者にとって，家族主義的解決と集団主義的解決のどちらが適切かをめぐる論争については，Daniella Doron, "In the Best Interest of the Child: Family, Youth, and Identity in Postwar France, 1944-1954" (Ph.D diss., New York University, 2009) を参照。

(45) 戦時中および戦後フランスにおける児童福祉慈善団体（OSE）とかくまわれた子どもについては，以下の文献を参照。Shannon Fogg, *The Politics of Everyday Life in Vichy France: Foreigners, Undesirables, and Strangers* (New York, 2009), 151-187; Sabine Zeitoun, *L'Oeuvre de secours aux enfants sous l'Occupation en France, du légalisme à la résistance, 1940-44* (Paris, 1990); Katy Hazan, *Le Sauvetage des enfants juifs pendant l'Occupation, dans les maisons de l'OSE* (Paris, 2008); Vivette Samuel, *Sauver les enfants* (Paris, 1995); Doron, "In the Best Interest"; Katy Hazan, *Les orphelins de la Shoah: les maisons de l'espoir (1944-1960)* (Paris, 2000).

(46) 中央委員会の結成については，以下の文献を参照。David Engel, "The Reconstruction of Jewish Communal Institutions in Postwar Poland: The Origins of the Central Committee of Polish Jews, 1944-1945," *East European Politics and Societies* 10 (December 1995): 85-107; Avinoam Patt, *Finding Home and Homeland: Jewish Youth and*

Zionism in the Aftermath of the Holocaust (Detroit, 2009), 72–74.

(47) Sprawozdanie z Wydziału Opieki nad Dzieckiem, February 5, 1946; Sprawozdanie z działnošci Centralnego Wydziału Opieki nad Dzieckiem, July 20, 1946, 303–IX–9; Sprawozdanie z Pracy Wydziału Szkolnego za rok kalendarzowy 1946, 303–IX–10, RG-15.078M, USHMMA.

(48) Ernst Papanek, "The Child as Refugee. My Experiences with Fugitive Children in Europe," *The Nervous Child* 2, nr. 4 (1943): 302, Folder Ernst Papanek, Papanek Collection, International Institute for Social History (IISH).

(49) Ernst Papanek, "The Montmorency Period of the Child-Care Program of the OSE," in *Fight for the Health of the Jewish People (50 Years of OSE)* (New York, 1968), 119, Folder D13, Papanek Collection, IISH; Papanek, "The Child as Refugee," 307.

(50) オーストリア学校改革運動における個人主義と集団主義に関しては，以下の文献を参照。John Boyer, *Culture and Political Crisis in Vienna: Christian socialism in power, 1897–1918* (Chicago, 1995), 46–55, 174–186; Malachi Hacohen, *Karl Popper – The Formative Years, 1902–1945: Politics and Philosophy in Interwar Vienna* (Cambridge, 2000), 107–116.

(51) Ernst Papanek, "Contributions of Individual Psychology to Social Work," *American Journal of Individual Psychology* 11, nr. 2 (1955): 146.

(52) Ernst Papanek (with Edward Linn), *Out of the Fire* (New York, 1975), 221–222.

(53) Papanek, "The Child as Refugee," 302.

(54) No author, *OSE France – Homes d'enfants 1946* (Paris, 1946); OSE – Union 1946/1947 its Work and Program, Paris, May 12, 1947, 1, Box 26, Reel 1, OSE, USHMMA.

(55) ブーヘンヴァルトの少年たちに関しては，以下の文献を参照。Doron, "In the Best Interest," 239–268; Katy Hazan and Éric Ghozian, eds., *A la vie! Les enfants de Buchenwald, du shtetl à l'OSE* (Paris, 2005); Judith Hemmendinger, *Survivors: Children of the Holocaust* (Bethesda, 1986).

(56) Jacques Bloch, "L'assistance aux enfants juifs, son organisation et ses problèmes," September 18, 1946, 2, Box 26, Reel 1, OSE, USHMMA.

(57) "La situation des populations juives indigentes à la libération de la France," 4, Box 26, Reel 1, OSE, USHMMA.

(58) Sprawozdanie Wzdziału Opieki nad Dzieckiem CKZWP za rok 1946, 303–IX–9, RG-15.078M, CKŻP, USHMMA.

(59) Organizacja pracy wzchowawczej w Domu Dziecka, December 12, 1947, 303–IX–67, RG-15.078M, USHMMA; *Lendemains OSE, par les jeunes, pour les jeunes*, January 1947 (Paris, 2000), 16.

(60) 戦後フランスにおける損害賠償については，以下の文献を参照。Maud S. Mandel, *In the Aftermath of Genocide: Armenians and Jews in Twentieth-Century France* (Durham, NC, 2003), 52–86; Leora Auslander, "Coming Home? Jews in Postwar Paris," *Journal of Contemporary History* 40 (April 2005): 237–259.

(61) "La situation des populations juives indigentes à la libération de la France," 5–6, Box

26, Reel 1, OSE, USHMMA.

(62) Eleonora Heit, letter to CKŻP, November 9, 1948, 303-IX-83, RG.15-078M, USHMMA.

(63) Wytyczne, Warsaw, July 10, 1945, 303-IX-3, RG-15.078M, USHMMA.

(64) Sprawozdanie z działności Poradni Pyschologicznej za rok 1946, 303-IX-134, RG-15.078M, USHMMA.

(65) Organizacja pracy; Sprawozdanie z działnoci Poradni Pyschologicznej za rok 1946, 303-IX-134, both in RG.15-078M, USHMMA.

(66) *Lendemains*, January 1947, 12.

(67) Ibid., 13.

(68) Ernst Jablonski (Jouhy), "Le problème pédagogique des jeunes de buchenwald," in *Les enfants de Buchenwald*, ed. Eugene Minkowski (Geneva, 1946), 63.

(69) *Lendemains*, January 1947, 16-17.

(70) Ibid., 13-15.

(71) Ibid., 18

(72) *Lendemains*, February 1947, 13.

(73) Organizacja pracy.

(74) Mark Mazower, *Dark Continent: Europe's Twentieth Century* (New York, 2000)〔中田瑞穂・網谷龍介訳『暗黒の大陸——ヨーロッパの 20 世紀』未來社，2015 年〕; Tony Judt, *Postwar: A History of Europe Since 1945* (New York, 2005)〔森本醇訳『ヨーロッパ戦後史』上下，みすず書房，2008 年〕を参照。

(75) Thomas Buergenthal, *A Lucky Child* (London, 2009), 134-143〔池田礼子・渋谷節子訳『幸せな子——アウシュビッツを一人で生き抜いた少年』朝日新聞出版，2008 年〕.

(76) No author, *Des enfants dans leur maison* (Sèvres, 1951), 5.

(77) Ibid., 9.

(78) Laura Lee Downs, *Childhood in the Promised Land: Working-Class Movements and the Colonies de Vacances in France, 1880-1960* (Durham, NC, 2002).

(79) 戦間期ヨーロッパにおける集団主義的な教育方法に関しては，以下の文献を参照。Catriona Kelly, *Children's World: Growing up in Russia, 1890-1991* (New Haven, 2007); Edward Ross Dickinson, *The Politics of German Child Welfare from the Empire to the Federal Republic* (Cambridge, MA, 1996); Downs, *Childhood*; Tara Zahra, *Kidnapped Souls: National Indifference and the Battle for Children in the Bohemian Lands, 1900-1948* (Ithaca, 2008).

(80) Myra Kaplan, "L'expérience familiale et l'expérience collective," *Lendemains*, May-June 1947, 4-6.

(81) Complaint of Yugsolav Leaders, November 14, 1945, S-0437-0016, United Nations Archive (UN).

(82) Yvonne de Jong, Quels sont les principaux problèmes concernant les enfants réfugiés? 43/AJ/599, AN.

(83) Current Problems Relating to Children in the German Field of Operations, April, 1946, 5, S-401-3-10, UN.

(84) 第二次世界大戦期および戦後において，ホロコーストと強制移動の経験がいかにジェンダー化されたものであったかについては，以下の文献を参照。Grossmann, *Germans, Jews, and Allies*; Gisela Bock, ed., *Genozid und Geschlecht. Jüdische Frauen im nationalsozialistischen Lagersystem* (Frankfurt/Main, 2005); Katherine R. Jolluck, *Exile and Identity: Polish Women in the Soviet Union during World War II* (Pittsburgh, 2002).

(85) Uwagi do sprawodzania z transportu XXV, Katowice, January 7, 1947, Folder 316, Generalny Pełnomocnik Rzadu RP do Spraw Repatriacji w Warszawie, Archiwum Akt Nowych (AAN), Warsaw.

(86) Pieter Lagrou, *The Legacy of Nazi Occupation. Patriotic Memory and National Recovery in Western Europe, 1945-1965* (New York, 2000), 144-156; Megan Koreman, *Expectation of Justice: France, 1944-1946* (Durham, NC, 1999), 84-85.

(87) Rapport sur l'activité sociale du Gau Berlin vis à vis des femmes françaises enceintes, September 25, 1947, Folder PDR 5/10, Bureau des Archives de l'Occupation française en Allemagne et en Autriche, Colmar (MAE-Colmar).

(88) Edith Ornstein, "Die arbeitende Frau in Theresienstadt," Lecture, 1944, 4-6, 12, inventarní čislo 159, Terezín Collection, Jewish Museum in Prague.

(89) Progress Report of the Working Party on Special Needs of Women and Girls, 8-11, 9/F/3292, AN.

(90) Report on Visits to Child Welfare Centers of UNRRA, June 1946, 5, File F-13, Papanek Collection, IISH.

(91) Vinita Lewis, Field Visit to Aglasterhausen Children, September 8, 1948, 5-6, 43/AJ/599, AN.

(92) Joseph Weill, Remarques sur le rôle des organisations privés et assistance sur l'oeuvre de reconstruction de l'après guerre, 3, Box 23, Reel 22, OSE, USHMMA.

(93) 同様の比喩は，植民地の精神医学にも見いだすことができる。Richard C. Keller, *Colonial Madness: Psychiatry in French North Africa* (Chicago, 2007); Lynette Jackson, *Surfacing Up: Psychiatry and Social Order in Colonial Zimbabwe* (Ithaca, 2005) を参照。精神分析学を基礎づけた発達理論に関しては，以下の文献を参照。Carolyn Steedman, *Strange Dislocations: Childhood and the idea of Human Interiority* (Cambridge, MA, 1995); John R. Morss, *The Biologising of Childhood: Developmental Psychology and the Darwinian Myth* (New York, 1990).

(94) J. Wolf-Machoel, *La Réadaptation de la jeunesse et des déracinés de guerre* (Boudry, 1945), 27-29.

(95) フランスにおける戦時および戦後の青少年非行をめぐる論争に関しては，以下の文献を参照。Sarah Fishman, *The Battle for Children: World War II, Youth Crime, and Juvenile Justice in Twentieth Century France* (Cambridge, MA, 2002); Robert Jobs, *Riding the New Wave: Youth and the Rejuvenation of France after the Second World*

War (Stanford, 2007), 141–185.
（96） Simone Marcus-Jeisler, “Réponse à l’enquête sur les effets psychologiques de la guerre sur les enfants et jeunes en France,” *Sauvegarde* 8 (February 1947): 6. 第二次世界大戦後，フランス人捕虜の帰国をめぐる不安に関しては，Kristen Stromberg Childers, *Fathers, Families, and the State in France, 1914–1945* (Ithaca, 2003), 136–140 を参照。ドイツにおける捕虜の帰国にともなう葛藤については，以下の文献を参照。Robert G. Moeller, *Protecting Motherhood: Women and the Family in the Politics of Postwar West Germany* (Berkeley, 1993), 28–31; Frank Biess, *Homecomings: Returning POWs and the Legacies of Defeat in Postwar Germany* (Princeton, 2006).
（97） Jeisler, “Réponse à l’enquête,” 10.
（98） Gwendolen Chesters, Some Findings on the Needs of Displaced Children, June 25, 1948, Paper presented at meeting of directors of children’s villages, Trogen, Switzerland, July 4–11, 1948. http://unesdoc.unesco.org (accessed May 12, 2010).
（99） Robert Job, “Our Pupils in France,” *OSE Mail* 4 (August 1949), 53–55, 43/AJ/1268, AN.
（100） Report on International Children’s Center, Prien, April 28, 1947, S–0437–0012, UN.
（101） Hemmendinger, *Survivors*, 21.
（102） Monsieur Jouhy, 1947, Box 20, Reel 20, OSE, USHMMA.
（103） UNRRA, “Psychological Problems of Displaced Persons,” 35.
（104） Robert Job, “Our Pupils in France,” *OSE Mail* 4 (August 1949), 53–55, 43/AJ/1268, AN.
（105） UNRRA, “Psychological Problems of Displaced Persons,” 3–4, 38.
（106） Robert Collis, *The Lost and Found: The Story of Eva and Laszlo, Two Children of War-Torn Europe* (New York, 1953), 5.
（107） Ibid., 71.

訳　註

〔1〕イフード運動——ユダ・L・マグネス（Judah L. Magnes, 1877–1948）やヘンリエッタ・ソルド（Henrietta Szold, 1860–1945）らによる，アラブ人とユダヤ人の共生をめざす政治運動。イフード（Ihud）とは一致，協同の意である。マグネスは，1942 年にパレスティナでユダヤ人とアラブ人の共生をめざす団体としてイフードを創設し，マルティン・ブーバーやエルンスト・シモンら一部の元ブリット・シャローム（1925 年に設立された，アラブ人とユダヤ人との共生をめざすサークル）のメンバーも名を連ねた。
〔2〕ポアレイ・ツィオン——社会主義シオニズムの代表的組織。1901 年にロシアのユダヤ人労働者同盟であるブントがシオニズムを拒否して以降，ポーランドやロシアなどの都市で，労働者たちが結成した組織を，1906 年にベール・ボロホフ（Ber Borokhov, 1881–1917）が統合して創設された。
〔3〕ハショメル・ハツァイル—— 1922 年にソ連で設立された社会主義シオニズムを主張する青年組織。

〔4〕カール・ザイツの自由学校運動――「自由学校」(Freie Schule) とは，1905年にオーストリアの急進的自由主義，ドイツ国民主義，社会民主主義の政治家および教育者が創設した任意団体。オーストリアにおいて，キリスト教社会党に対抗して公教育の世俗化や反宗教的な公教育改革運動を展開した。カール・ザイツはこの組織の主要メンバーのひとりであり，後に社会民主党が与党となったいわゆる「赤いウィーン」時代にウィーン市長を務め，オットー・グレッケルとともにウィーン市の教育改革を推進した。

〔5〕オットー・グレッケル――オットー・グレッケル (Otto Glöckel, 1874-1934) は，オーストリアの学校改革者。1919年に教育省次官補となり，国民学校（フォルクスシューレ）の大綱（レーアプラン）改革，統一学校の提唱による教育制度改革，教員養成改革などを進めた。

〔6〕エリ・ヴィーゼル――エリ・ヴィーゼル (Elie Wiesel, 1928-2016) は，ルーマニア（当時はハンガリー），シゲトで生まれる。第二次世界大戦中アウシュヴィッツ強制収容所に送られ，両親はじめ親族を失う。1945年，ブーヘンヴァルト強制収容所で解放を迎えるが，帰国せずにソルボンヌ大学で学ぶ。のち新聞記者となり，1956年渡米，1963年にアメリカ市民権を取得。その後，ニューヨーク市立大学教授，ボストン大学教授を歴任。1958年，『夜』でフランス語作家としてデビュー。ホロコーストを奇跡的に生き延びた者としてその記憶を作品に託して伝える一方，人種差別反対運動の先頭に立ち，1986年にノーベル平和賞を受賞した。

第4章　避難民の子どもたちの再国民化

(1) 国連の条約や宣言の理念的な起源については，Mark Mazower, *No Enchanted Palace: The End of Empire and the Ideological Origins of the United Nations* (Princeton, 2009)〔池田年穂訳『国連と帝国――世界秩序をめぐる攻防の20世紀』慶應義塾大学出版会，2015年〕を参照。

(2) 以下を参照。Robert van Krieken, “The ‘stolen generations’ and cultural genocide: the forced removal of Australian Indigenous children from their families and its implications for the sociology of childhood,” *Childhood* 6 (August 1999): 297-311; Isabel Heinemann, “Until the Last Drop of Good Blood”: the Kidnapping of “Racially Valuable” Children and Nazi Racial Policy in Occupied Eastern Europe,” in A. Dirk Moses, ed., *Genocide and Settler Society: Frontier Violence and Stolen Children in Australian History* (New York, 2004), 244-267. その他の国民を超えた，あるいは人種を超えた養子縁組に関する議論は，以下を参照。Linda Gordon, *The Great Arizona Orphan Abduction* (Cambridge, MA, 1999); Heide Fehrenbach, *Race after Hitler: Black Occupation Children in Postwar Germany and America* (Princeton, 2005).

(3) Policy on Unaccompanied Children, May 27, 1949, 43/AJ/926, Archives nationales, Paris (AN).

(4) John Cooper, *Raphael Lemkin and the Struggle for the Genocide Convention* (New York, 2008), 157-158.

（5）Raphael Lemkin, *Axis Rule in Occupied Europe: Laws of Occupation, Analysis of Government, Proposals for Redress* (Washington, D.C., 1944), 79.

（6）Mazower, *No Enchanted Palace*, 104-149.

（7）Cooper, *Raphael Lemkin*, 158 から引用。

（8）Mazower, *No Enchanted Palace*, 19-22, 28-65, 104-148, 引用は p. 8 より。1940 年代の人権概念は国民国家の聖域に挑戦するものではなかった，というサミュエル・モインの議論も説得力がある。Samuel Moyn, *The Last Utopia: Human Rights in History* (Cambridge, MA, 2010), 44-84.

（9）Mazower, *No Enchanted Palace*, 149-189.

（10）Susan T. Pettiss with Lynne Taylor, *After the Shooting Stopped: The Story of an UNRRA Welfare Worker in Germany, 1945-1947* (Victoria, BC, 2004), 5-6.

（11）Joseph Weill, Remarques sur le rôle des organisations privés, 1, Box 23, Reel 22, OSE, United States Holocaust Memorial Museum Archive (USHMMA).

（12）Brochure, "Children Without a Country to Become World Citizens." 43/AJ/597, AN.

（13）Thérèse Brosse, *War-Handicapped Children: Report on the European Situation* (Paris, 1950), 96, 12.

（14）Akira Iriye, *Global Community: The Role of International Organizations in the Making of the Contemporary World* (Berkeley, 2002), 40-52. また，Elizabeth Borgwardt, *A New Deal for the World: America's Vision for Human Rights* (Cambridge, MA, 2005) も参照。

（15）数値については，以下を参照。Ewa Morawska, "Intended and Unintended Consequences of Forced Migrations: A Neglected Aspect of East Europe's Twentieth Century History," *International Migration Review* 34 (June 2000): 1049-1087; Joseph B. Schechtmann, *Postwar Population Transfers in Europe, 1945-1955* (Philadelphia, 1962), vii.

（16）女性たちが兵士と親しくしたことに対する報復については，以下を参照。Fabrice Virgili, *Shorn Women: Gender and Punishment in Liberation France* (New York, 2002); Perry Biddiscombe, "The Anti-Fraternization Movement in the U.S. Occupation Zones of Germany and Austria, 1945-1948," *Journal of Social History* 34 (Spring 2001): 611-647; Benjamin Frommer, *National Cleansing: Retribution Against Nazi Collaborators in Postwar Czechoslovakia* (New York, 2005).

（17）避難民と難民の国民化に関しては，以下を参照。Avinoam Patt, *Finding Home and Homeland: Jewish Youth and Zionism in the Aftermath of the Holocaust* (Detroit, 2009); G. Daniel Cohen, "The Politics of Recognition: Jewish Refugees in Relief Policies and Human Rights Debates, 1945-1950," *Immigrants and Minorities* 24 (July 2006): 125-143; Pamela Ballinger, "Borders of the Nation, Borders of Citizenship: Repatriation and the Definition of National Identity after World War II," *Comparative Studies in Society and History* 49 (July 2007): 713-741; Liisa Malkki, *Purity and Exile: Violence, Memory, and National Cosmology among Hutu Refugees in Tanzania* (Chicago, 1995).

（18）Hannah Arendt, *The Origins of Totalitarianism* (New York, 1951), 292〔大久保和郎・

大島通義・大島かおり訳『新版 全体主義の起原』全3巻，みすず書房，2017年〕.

(19) 避難民の国際主義に関しては，Anna Holian, "Displacement and the Postwar Reconstruction of Education: Displaced Persons at the UNRRA University of Munich," *Contemporary European History* 17 (May 2008): 167–195 を参照。

(20) James P. Rice, AJDC, Steiermark and Upper Austria, October 4, 1945, RG 294.4, DP Camps – Austria, Reel 1, Folder 5, YIVO, Center for Jewish History (CJH) – New York; Richard Bessel, *Germany 1945: From War to Peace* (New York, 2009), 266.

(21) ハリソン・レポートに関しては，Atina Grossmann, *Jews, Germans, and Allies: Close Encounters in Occupied Germany* (Princeton, 2007), 140–142 を参照。イギリス占領地区のユダヤ人は，同じ国籍の非ユダヤ人難民と離されてはいなかった。この点については，Hagit Lavsky, *New Beginnings: Jewish Survivors in Bergen-Belsen and the British Zone of Germany, 1945–1950* (Detroit, 2002) を参照。

(22) Pettiss, *After the Shooting Stopped*, 62.

(23) 1945年以前の東中欧における国民主義者の財産としての子どもという考えに関しては，Tara Zahra, *Kidnapped Souls: National Indifference and the Battle for Children in the Bohemian Lands, 1900–1948* (Ithaca, 2008) を参照。

(24) 東欧における国民のあいまいさに関しては，以下を参照。Chad Bryant, *Prague in Black: Nazi Rule and Czech Nationalism* (Cambridge, MA, 2007); Pieter M. Judson, *Guardians of the Nation: Activists on the Language Frontier of Imperial Austria* (Cambridge, MA, 2006); Timothy Snyder, *The Reconstruction of Nations: Poland, Ukraine, Lithuania, Belarus, 1569–1999* (New Haven, 2003); Tara Zahra, "Imagined Noncommunities: National Indifference as a Category of Historical Analysis," *Slavic Review* 69 (Spring 2010): 93–119.

(25) An St.A.40/Jugendamt, 46, January 13, 1941, Folder 10, Reel 7, Stadtverwaltung Litzmannstadt, USHMMA.

(26) Beschluss, Amtsgericht Litzmannstadt, Folder 12, Reel 7, Stadtverwaltung Litzmannstadt, USHMMA.

(27) *Trials of War Criminals Before the Nuernberg Military Tribunals*, vol. 4 (Washington, D.C., 1950), 1007.

(28) N. St. M IV C-35 j/43 g. An den SS Standartenführer Dr. Brandt von Deutschem Staatsminister für Böhmen und Mähren, June 13, 1944. NS 19/345, Bundesarchiv Berlin. ボヘミア諸邦におけるナチスのドイツ化政策に関しては，以下も参照。Zahra, *Kidnapped Souls*, Chapters 6–8; Bryant, *Prague in Black*.

(29) Dorothy Macardle, *Children of Europe: A Study of the Children of Liberated Countries, Their Wartime Experiences, Their Reactions, and Their Needs, with a Note on Germany* (Boston, 1951), 54–56.

(30) Isabel Heinemann, *Rasse, Siedlung, deutsches Blut: Das Rasse- und Siedlungshauptamt der SS und die rassenpolitische Neuordnung Europas* (Göttingen, 2003), 508–509.

(31) Memorandum concernant le problème de la revendication et du rapatriement des enfants

polonais, 1948, 43/AJ/798, AN.

(32) Mark Mazower, "The Strange Triumph of Human Rights, 1933-1950," *The Historical Journal* 47 (Spring 2004): 386-388.

(33) Displaced Orphan Children in Europe, November 13, 1946, 43/AJ/45, AN.

(34) Jevgenija Migla, Comments on the guardianship problem of unaccompanied children, March 5, 1948, 43/AJ/926, AN.

(35) Report on International Children's Center, Prien, April 28, 1947, S-0437-0012, United Nations Archive (UN).

(36) Thérèse Brosse, *Homeless Children: Report of the Proceedings of the Conference of Directors of Children's Communities, Trogen, Switzerland* (Paris, 1950), 24.

(37) W. R. Corti, "A few thoughts on the children's village," *News Bulletin of the Pestalozzi Children's Village* (May 1948), 9, 43/AJ/599, AN.

(38) Brosse, *War-Handicapped Children*, 21-22.

(39) H. Weitz, Child Searching in the French Zone, Innsbruck, April 1, 1947, Box 1, Aleta Brownlee Papers, Hoover Archive (HA), Stanford University.

(40) W. C. Huyssoon, "Who is this Child," File 11, S-0437-0013, UN.

(41) Ballinger, "Borders of the Nation," 713-741.

(42) Removal of Children (Polish) from the St. Joseph's Kinderheim, October 14, 1946, File 16, S-0437-0013, UN.

(43) In the Matter of the Resettlement of Therese Strasinkaite aka Tamara Sharkov, Box 15, District Courts: Children's Resettlement Case Files, 1949-54, 278/350/902/49/3, National Archives and Research Administration, College Park (NARA).

(44) Case 52-RR-1, Josette Claude Phellipeau, Box 21, District Courts: Children's Resettlement Case Files, 1949-54, 278/350/902/49/3, NARA. これと類似した「人類学的な調査」の脚色された評価については，Hans-Ulrich Treichel, *Lost*, trans. Carol Brown Janeway (New York, 2001) を参照。

(45) Jean Henshaw, Report on International Children's Center, Prien, April 28, 1947, S-0437-0012, UN.

(46) Yvonne de Jong, Quels sont les principaux problèmes concernant les enfants réfugiés? June 1948, 43/AJ/599, AN.

(47) Daily Log of October 19th, 21st, from District Child Search Officer Eileen Davidson, S-0437-0014, UN.

(48) Provisional order nr. 75 and the British Zone Policy, November 9, 1948, 43/AJ/599, AN.

(49) 占領期のドイツにおいてアフリカ系アメリカ人兵士とドイツ人女性とのあいだに生まれた子どもたちの将来に関するドイツ国内の議論も，類似したものであった。この点は，Fehrenbach, *Race after Hitler* を参照。

(50) Eileen Davidson, Removal from German Families of Allied Children, February 21, 1948, 7, 43/AJ/599, AN.

(51) Aleta Brownlee, "Whose Children?" 262-264, Box 9, Folder 1, Brownlee Papers, Hoover Archive (HA).

（52）Davidson, Removal from German Families, 11-12.

（53）Brownlee, "Whose Children?" 160.

（54）Ibid., 14.

（55）Michael Marrus, *The Unwanted: European Refugees in the Twentieth Century* (New York, 1985), 313-317; Tony Judt, *Postwar: A History of Europe Since 1945* (New York, 2005), 22〔森本醇訳『ヨーロッパ戦後史』上下，みすず書房，2008 年〕. 戦後のポーランドにおける反ユダヤ主義に関しては，Jan Gross, *Fear: Anti-Semitism in Poland after Auschwitz: An Essay in Historical Interpretation* (Princeton, 2006)〔染谷徹訳『アウシュヴィッツ後の反ユダヤ主義――ポーランドにおける虐殺事件を糾明する』白水社，2008 年〕を参照。

（56）Thomas Buergenthal, *A Lucky Child* (London, 2009), 142-143〔池田礼子・渋谷節子訳『幸せな子――アウシュビッツを一人で生き抜いた少年』朝日新聞出版，2008 年〕.

（57）Patt, *Finding Home and Homeland*, 68-106.

（58）Memo from Dr. Hirszhorn to Prezydium CKŻP, November 13, 1946, 303-IX-714, RG-15.078M, Centralny Komitet Żydów w Polsce, Wydział Oświaty (CKŻP), USHMMA.

（59）Sprawozdanie Wzdziału Opieki nad Dzieckiem CKZWP za rok 1946, 303-IX-9, RG-15.078M, CKŻP, USHMMA.

（60）Kalman Wolnerman, Repatriacji z Niemiec, June 2, 1947, 303-IX-692, RG-15.078M, CKŻP, USHMMA.

（61）Letter from Pepi Neufeld to the Polish Red Cross, November 18, 1947, 303-IX-694, RG-15.078M, CKŻP, USHMMA.

（62）Letter from Cornelia Heise (UNRRA) to Pepi Neufeld, December 5, 1947, 303-IX-693; Letter from CKŻP to Kalman Wolnerman, September 19, 1947, 303-IX-694, RG-15.078M, CKŻP, USHMMA.

（63）この議論に関する詳細は，以下を参照。Margaret Myers Feinstein, *Holocaust Survivors in Postwar Germany, 1945-1957* (New York, 2010), 159-198, 引用は p. 173 より。

（64）Minutes of Jewish Child Care Committee held at UNRRA US Zone Headquarters, Heidelberg, March 13, 1947, S-0437-0012, UN; Jewish Children, February 22, 1947, S-0437-0015, UN.

（65）Documentation of Jewish children proposed for emigration to Palestine, March 17, 1948, 43/AJ/604, AN.

（66）Marie Syrkin, *The State of the Jews* (Washington, DC, 1980), 26-27.

（67）ユダヤ避難民のあいだに広まったシオニスト的な感傷に関する議論は，とくに以下を参照。Patt, *Finding Home and Homeland*; Zeev W. Mankowitz, *Life Between Memory and Hope: The Survivors of the Holocaust in Occupied Germany* (Cambridge, UK, 2002); Grossmann, *Jews, Germans, and Allies*, 158-159, 178-181, 249-251.

（68）Feuereisen, Edith, March 9, 1946, 16, Folder 564, RG 249, YIVO, Center for Jewish History (CJH).

（69）Patt, *Finding Home and Homeland*, 66-67; 161-162, 引用は p. 162 より。

(70) Robert Collis, *The Lost and Found: The Story of Eva and Laszlo, Two Children of War-Torn Europe* (New York, 1953), 4.

(71) ホロコースト後のユダヤ人の沈黙という神話に関しては，以下を参照。Daniella Doron, "In the Best Interest of the Child: Family, Youth, and Identity Among Postwar French Jews, 1944–1954" (Ph.D diss., New York University, 2009); Maud S. Mandel, *In the Aftermath of Genocide: Armenians and Jews in Twentieth Century France* (Durham, NC, 2003); Hasia R. Diner, *We Remember with Reverence and Love: American Jews and the Myth of Silence after the Holocaust, 1945–1962* (New York, 2009).

(72) Michael Marrus, "The Vatican and the Custody of Child Survivors after the Holocaust," *Holocaust and Genocide Studies* 21 (Winter 2007): 388.

(73) Summary – Memorandum in Yiddish from the Central Zionist Coordination Committee in Poland, April 12, 1946; Meeting on Poland, September 22, 1947, both in 45/54 #741 Poland, Children: General, JDC Archive, NYC. 戦後のポーランドにおけるユダヤ人の子どもたちに関しては，Joanna B. Michlic, "Who Am I? Jewish Children's Search for Identity in Postwar Poland, 1945–1949," *Polin* 20 (2007): 98–121 を参照。オランダにおけるかくまわれた子どもたちを回復させる努力に関しては，Diane Wolf, *Beyond Anne Frank: Jewish Families in Postwar Holland* (Berkeley, 2007)〔小岸昭・梅津真訳『「アンネ・フランク」を超えて——かくまわれたユダヤの子供達の証言』岩波書店，2011 年〕を参照。戦後のフランスにおける監護権をめぐる論争については，Doron, "In the Best Interest," 99–152 を参照。

(74) Ciekawe Wypadki, CKŻP, 303–IX–671, RG–15.078M, CKŻP, USHMMA.

(75) Wykaz dzieci, ktore nalezy odebrać od opienkunów Polaków, March 29, 1946, 303–IX–663, RG–15.078M, CKŻP, USHMMA.

(76) Correspondence avec l'AJDC, WIZO, Centre de documentation juive contemporaine (CDJC), Paris.

(77) Marrus, "The Vatican," 385.

(78) Ibid., 392.

(79) フィナリー事件に関しては，以下を参照。Joyce Block Lazarus, *In the Shadow of Vichy: The Finaly Affair* (New York, 2008); Catherine Poujol, *Les enfants cachés: L'affaire Finaly* (Paris, 2006); Katy Hazan, *Les Orphelins de la Shoah: Les Maisons de l'espoir (1944–1960)* (Paris, 2000), 92–100; Doron, "In the Best Interest," 132–149.

(80) Copie de la lettre de Mlle Brun à Mme Fischer, Novembre 1945, Kap-Fi, Box 2, CDJC.

(81) ヴァチカンの役割および生還した子どもたちの監護権に関しては，Marrus, "The Vatican," 378–403 を参照。

(82) "L'un des enfants Finaly serait mort," *Combat*, March 21, 1953, Box 3, Kap-Fi, CDJC.

(83) Sous dossier Courrièrs non-datés, Letter from Alexandre Kogan to Grand Rabbi Kaplan, Box 1, Kap-FI, CDJC.

(84) Lazarus, *In the Shadow*, 37.

(85) Maurice Carr to Grand Rabbi Jacob Kaplan, February 8, 1953, Box 1, Kap-Fi, CDJC.

(86) Discours de Maurice Garçon, June 22, 1953, Box 1, Kap-Fi, CDJC.

(87) Mythe de l'attachement maternal de Mlle Brun, February 12, 1953, Box 1, Kap-Fi, CDJC.

(88) "La mère spirituelle au-dessus des lois?" *Franc-tireur*, February 11, 1953, Box 3, Kap-Fi, CDJC.

(89) "Un déclaration des avocats de Mlle Brun," *La Croix*, February 13, 1953, Box 3, Kap-Fi, CDJC.

(90) Paul Levy, "Il est impossible d'arracher à mademoiselle Brun Robert et Gérard Finaly," *Aux écoutes*, May 2, 1953, Box 3, Kap-Fi, CDJC.

(91) Discours Kaplan, March 31, 1953, Ce qui est en jeu dans l'affaire Finaly. Box 4, Kap-Fi, CDJC.

(92) Letter to Grand Rabbi Jacob Kaplan, June 6, 1953, Box 1, Kap-Fi, CDJC.

(93) Paul Benichou, "Réflexions sur 'l'Affaire,'" *Le Monde*, March 1 & 2, 1953, Box 3, Kap-Fi, CDJC.

(94) Letter to Gérard and Robert, published in *La Semaine Juive*, February 26, 1953, 1-2, Box 3, Kap-Fi, CDJC.

(95) Letters from Gérard and Robert, Paris, June 30, 1953, Box 1, Kap-Fi, CDJC.

(96) Felix Goldschmidt, Rapport strictement confidentiel, July 27, 1953, 1-2, Box 1, Kap-Fi, CDJC.

(97) Letter from Robert Finaly to M. and Mme Weil, July 29, 1954, Box 1, Kap-Fi, CDJC.

(98) Note pour Monsieur le Ministre, Febuary 16, 1953, 7/F/16088, AN. かくまわれた子どもたちの改宗に関しては，Deborah Dwork, *Children with a Star: Jewish Youth in Nazi Europe* (New Haven, 1993), 96-109〔芝健介監修／甲斐明子訳『星をつけた子供たち――ナチ支配下のユダヤの子供たち』創元社，1999 年〕も参照。

(99) M. Vigne à M. Rousseau, December 23, 1948, 7/F/16088, AN.

(100) Letter from Paulette Zujdman to Rousseau, February 17, 1948, 7/F/16088, AN.

(101) Doron, "In the Best Interest," 20. 戦時下におけるフランスの国民的なヒロイズムと窮状についての共和主義的な語りについては，以下を参照。Henry Rousso, *The Vichy Syndrome: History and Memory in France Since 1944*, trans. Arthur Goldhammer (Boston, 1991); Pieter Lagrou, *The Legacy of Nazi Occupation: Patriotic Memory and National Recovery in Western Europe, 1945-1965* (New York, 2000); Megan Koreman, *The Expectation of Justice: France, 1944-1946* (Durham, NC, 1999).

(102) Letter from Léon Weiss to Monsieur Delahoche, July 30, 1948, 7/F/16088, AN.

(103) Sarah Kofman, *Rue Ordener, Rue Labat*, trans. Ann Smock (Lincoln, 1996), 47〔庄田常勝訳『オルドネル通り，ラバ通り』未知谷，1995 年〕.

(104) Ibid., 57.

(105) Ibid., 58-61.

(106) 第二次世界大戦後におけるユダヤ人の例外的かつ状況に左右されやすい難民としての位置づけに関しては，Cohen, "The Politics of Recognition," 125-143 を参照。

(107) Arendt, *Origins*, 299.

訳　註

〔1〕ポグロム——破壊・破滅を意味するロシア語。ここでは，とくにロシアやポーランドなど中東欧で生じたユダヤ教徒の虐殺をさす。

〔2〕ニュルンベルク——国際軍事裁判が開かれた都市。1945年11月20日から1946年10月1日，ドイツによって第二次世界大戦期におこなわれた戦争犯罪を裁くために連合国が国際軍事裁判所をニュルンベルクに設置した。

〔3〕ブント主義者——ロシアのユダヤ労働者同盟の信奉者。ナチスに対するワルシャワ・ゲットー蜂起の中心となる。

〔4〕ブナイ・ブリス——ユダヤ人の相互扶助組織で，1843年にニューヨークで組織された。

〔5〕ユダヤ人の中央長老会——ナポレオン・ボナパルトの時期に設置された国営の宗教団体（Consistory）。1905年の政教分離法によりユダヤ教の信仰結社のひとつとなる。

第5章　フランスにおける戦争の戦利品としての子ども

（1）Conférence de presse de M. Pierre Pflimlin, April 5, 1946, 80/AJ/75, Archives nationales, Paris (AN).

（2）第二次世界大戦期および戦後にフランス人とドイツ人のカップルのあいだに誕生した子どもたちの詳細な歴史については，Fabrice Virgili, *Naître ennemi: les enfants de couples franco-allemandes* (Paris, 2009) を参照。

（3）Entrée en france des enfants nés en Allemagne, undated, Direction des personnes déplacées et réfugiés – Enfants (PDR) 5/274, Archives des Affaires étrangères, Bureau des Archives de l'Occupation française en Allemagne et en Autriche (MAE-Colmar).

（4）ナチスの人口政策と帝国の関連に関しては，以下を参照。Mark Mazower, *Hitler's Empire: How the Nazis Ruled Europe* (New York, 2008); Adam Tooze, *The Wages of Destruction: The Making and Breaking of the Nazi Economy* (New York, 2008)〔山形浩生・森本正史訳『ナチス破壊の経済：1923–1945』上下，みすず書房，2019年〕; Götz Aly, *"Final Solution": Nazi Population Policy and the Murder of the European Jews*, trans. Belinda Cooper and Allison Brown (London, 1999)〔山本尤・三島憲一訳『最終解決——民族移動とヨーロッパのユダヤ人殺害』法政大学出版局，1998年〕.

（5）Michael Marrus, *The Unwanted: European Refugees in the Twentieth Century* (New York, 1985), 313–317; Tony Judt, *Postwar: A History of Europe Since 1945* (New York, 2005), 22〔森本醇訳『ヨーロッパ戦後史』上下，みすず書房，2008年〕.

（6）Paul-André Rosental, *L'Intelligence démographique: Sciences et politique de populations en France (1930–1960)* (Paris, 2003), 110から引用。

（7）第一次世界大戦期においてレイプによって生まれた子どもたちについてのフランスの議論に関しては，以下を参照。Ruth Harris, "The 'Child of the Barbarian,'" *Past & Present* 141, nr. 1 (1993): 170–206; Stèphane Audoin-Rouzeau, *L'enfant de l'ennemi, 1914–1918* (Paris, 1995).

（8）Alfred Zeil, Rapport sur les questions de nationalité, February 23, 1918, 4, 30/AJ/96, AN.

（9）Harris, "The 'Child of the Barbarian," 195-196. 第一次世界大戦中のドイツによるフランスとベルギーの占領についての神話と現実に関しては，以下を参照。Johne Horne and Alan Kramer, *German Atrocities 1914: A History of Denial* (New Haven, 2001); Isabel Hull, *Absolute Destruction: Military Culture and the Practices of War in Imperial Germany* (Ithaca, 2004), 207-214.

（10）Richard Bessel, *Germany 1945: From War to Peace* (New York, 2009), 116-117, 158.

（11）Rapport sur le fonctionnement des "Centres de Jeunesse et de Santé en Allemagne" pendant l'année 1946, January 30, 1947, PDR 5/285, MAE-Colmar.

（12）Réfugiés politiques d'orgine allemande ou autrichienne, October 2, 1945, Volume 110, Allemagne, Z-Europe, MAE.

（13）Daniella Doron, "In the Best Interest of the Child: Family, Youth and Identity Among Postwar French Jews" (Ph.D diss., New York University, 2009), 32, 80-81.

（14）Rosental, *L'intelligence démographique*, 107.

（15）モコおよびフランスにおける戦後の人口政策に関しては，Karen Adler, *Jews and Gender in Liberation France* (Cambridge, 2003), 106-143 を参照。戦後フランスへの避難民の移住に関しては，G. Daniel Cohen, "The West and the Displaced: The Postwar Roots of Political Refugees" (Ph.D diss., New York University, 2000) を参照。

（16）Georges Mauco, *Projet pour une première organisation de l'immigration* (Paris, 1946), 引用は，Rosental, *L'intelligence démographique*, 310 より。

（17）Rosental, *L'intelligence démographique*, 109.

（18）Robert Debré et Alfred Sauvy, *Des Français pour la France (le problème de la population)* (Paris, 1946), 228.

（19）Comité International pour l'Étude des Questions Européen, "Les Resultats de la Guerre de 1939 à 1945 en ce qui concerne la population de l'Allemagne," April 13, 1946, Volume 105, Allemagne, Z-Europe, MAE.

（20）La situation démographique de l'Allemagne, 1946-48, Volume 109, Allemagne, Z-Europe, MAE.

（21）Problème démographique allemand, March 10, 1946, Volume 105, Allemagne, Z-Europe, MAE.

（22）Ibid.

（23）Déclaration faite à Moscou le 15 mars 1947 par M. Georges Bidault, Volume 109, Allemagne, Z-Europe, MAE.

（24）Réaction de la presse allemande au sujet de l'émigration et des transferts de population, April 27, 1947, Volume 107, Allemagne, Z-Europe, MAE.

（25）Prüfung der Möglichkeiten und Auswirkungen einer Auswanderung grösseren Maßstabes, July 25, 1947, Volume 108, Allemagne, Z-Europe, MAE.

（26）この点については，以下を参照。Atina Grossmann, *Jews, Germans, and Allies: Close Encounters in Occupied Germany* (Princeton, 2007), 131-184; Rainer Schulze,

"Growing Discontent: Relations between Native and Refugee Populations in a Rural District in Western Germany after the Second World War," in Robert G. Moeller, ed., *West Germany under Reconstruction: Politics, Society, and Culture in the Federal Republic* (Ann Arbor, 1997), 53–72; Philipp Ther, "The Integration of Expellees in Germany and Poland after World War Two: A Historical Reassessment," *Slavic Review* 55 (Winter 1996): 779–805.

(27) Konrad Theiss, *Colonization Abroad: A Solution to the Problem of the German Expellees* (Stuttgart, 1947), 7.

(28) Lt. Colonel Breveté Schott, *Chômage et Emigration* (Baden-Baden, 1947).

(29) Letter from the American Unitarian Association to Henri Bonnet, March 30, 1947, Volume 107, Allemagne, Z-Europe, MAE.

(30) Raymond Bousquet, Politique démographique française, October 21, 1946, 80/AJ/75, AN.

(31) Enfants allemands au Danemark, February 24, 1947, Direction Générale des Affaires Administratives et Sociales, Volume 110, Allemagne, Z-Europe, MAE.

(32) Henri Fesquet, "Les enfants nés en Allemagne pendant la guerre," *Le Monde*, August 8, 1946, PDR 5/238, MAE-Colmar.

(33) Recherche en Allemagne des enfants resortissants des nations unies, February 16, 1946, PDR 5/284, MAE-Colmar.

(34) Rapport du Service Sociale du 28 avril au 26 mai 1945, Stuttgart, May 26, 1945, PDR 5/284, MAE-Colmar.

(35) Note relative au rapatriement des enfants, August 5, 1946, PDR 5/238, MAE-Colmar.

(36) Ivan Jablonka, *Ni père, ni mère: histoire des enfants de l'Assistance publique, 1870–1939* (Paris, 2006), 29–31.

(37) A. François Poncet à Mme Ingeborg Haug, May 16, 1950, PDR 5/222, MAE-Colmar.

(38) Ministry of Public Health to the Central Tracing Bureau, September 25, 1946, PDR 5/271, MAE-Colmar. フランス養子縁組法の改正に関しては，Adler, *Jews and Gender*, 61–62 を参照。

(39) Conférence de presse de M. Pierre Pflimlin, April 5, 1946, 80/AJ/75, AN.

(40) Julius Schwoerer, Die Rechtstellung des in Deutschland geborenen unehelichen Kindes einer deutschen Mutter und eines französischen Vaters, Freiburg 1946, PDR 5/276, MAE-Colmar. フランスにおける父性規定の歴史に関しては，Rachel Fuchs, *Contested Paternity: Constructing Families in Modern France* (Baltimore, MD, 2008) を参照。

(41) DPOW/P(46)84 Final, Autorité Allié de Contrôle, Directoire Prisonniers de Guerre et Personnes Déplacées, October 1, 1946, PDR 5/62, MAE-Colmar; Recherches d'enfants nés de père français, January 29, 1948, PDR 5/233, MAE-Colmar.

(42) Perry Biddiscombe, "The Anti-Fraternization Movement in the U.S. Occupation Zones of Germany and Austria, 1945–1948," *Journal of Social History* 34 (Spring 2001): 630, "Pregnant Frauleins are Warned" *Stars and Stripes*, April 8, 1946, この新聞記事は，Biddiscombe, 636 より引用。アフリカ系アメリカ人兵士とドイツ人女性のあいだ

に生まれた子どもたちに関しては，Heide Fehrenbach, *Race after Hitler: Black Occupation Children in Postwar Germany and America* (Princeton, 2005) を参照。

(43) Fehrenbach, *Race after Hitler*, 30, 68–73.

(44) Ibid., 31–45, 65–69, 引用は p. 41 より。

(45) Rapport à l'intention de Monsieur Poignant, July 3, 1946, PDR 5/215, MAE-Colmar.

(46) Alimentation des Français séjournant en Z.F.O., April 8, 1948, PDR 5/273, MAE-Colmar.

(47) Nicholas Stargardt, *Witnesses of War: Children's Lives Under the Nazis* (New York, 2005), 328.

(48) この点については，以下を参照。Virgili, *Naître ennemi*; Biddiscombe, "The Anti-Fraternization Movement"; Fabrice Virgili, *Shorn Women: Gender and Punishment in Liberation France* (New York, 2002); Fehrenbach, *Race after Hitler*; Maria Höhn, *GIs and Fräuleins: The German-American Encounter in 1950s West Germany* (Chapel Hill, 2002).

(49) Steffens/Boyer, Au gouvernement militaire, October 30, 1946, PDR 5/272, MAE-Colmar.

(50) Hildegard Steiner à Monsieur le maire de Cruzy, March 26, 1947, PDR 5/272, MAE-Colmar.

(51) Letter from Anna in Kaifenheim, March 21, 1947, PDR 5/272, MAE-Colmar.

(52) Letter from Maria in Pommern, March 3, 1947, PDR 5/272, MAE-Colmar.

(53) Gerdes-Lirola, March 27, 1946, PDR 5/273, MAE-Colmar.

(54) Rapport du Service Sociale du 28 avril au 26 mai 1945, May 26, 1945, PDR 5/284, MAE-Colmar.

(55) Activités, prévisions et besoins de la Section "Enfance" de la Division PDR, December 30, 1946, PDR 5/242, MAE-Colmar.

(56) Enfants naturels reconnus et abandonnés, December 28, 1949, PDR 5/278, MAE-Colmar.

(57) René Bourcier, born 1932, PDR 5/242, MAE-Colmar.

(58) Klara Herron, November 18, 1949, PDR 5/375, MAE-Colmar.

(59) Recherche et rapatriement d'enfants nés en Allemagne de père français, June 6, 1946, PDR 5/370, MAE-Colmar.

(60) Compte rendu d'activité du service recherches enfants depuis sa creation, 1949, PDR 5/285, MAE-Colmar.

(61) Debré et Sauvy, *Des Français pour la France*, 125–126.

(62) Recherche et rapatriement d'enfants français, February 15, 1947, PDR 5/213; Recherche et rapatriements d'enfants français, Plan 1947, January 24, 1947, PDR 5/242, MAE-Colmar.

(63) Recherches et rapatriement d'enfants des Nations-Unies, May 23, 1947, PDR 5/238, MAE-Colmar.

(64) Enfants abandonnés d'origine nord africaine, July 18, 1947, PDR 5/239, MAE-Colmar.

(65) Fehrenbach, *Race after Hitler*, 94, 142.

(66) Ibid., 132–168, 引用は p. 142 より。

(67) Ibid., 53–55, 83–86. ラインラント占領期における人種主義的な言説に関しては, Julia Roos, "Women's Rights, Nationalist Anxiety, and the 'Moral' Agenda in the Early Weimar Republic: Revisiting the 'Black Horror' Campaign against France's African Occupation Troops," *Central European History* 42 (September 2009): 473–508 を参照。

(68) フランスの植民地政策および移民政策における人種的, 文化的なヒエラルヒーの関連に関しては, 以下を参照。Todd Shepard, *The Invention of Decolonization: the Algerian War and the Remaking of France* (Ithaca, 2006); Elisa Camiscioli, *Reproducing the French Race: Immigration, Intimacy and Embodiment in the Early Twentieth Century* (Durham, NC, 2009); Mary D. Lewis, *The Boundaries of the Republic: Migrant Rights and the Limits of Universalism in France, 1918–1940* (Stanford, CA, 2007); Alice Conklin, *A Mission to Civilize: Republican Idea of Empire in France and West Africa, 1895–1930* (Stanford, 1997).

(69) Debré et Sauvy, *Des Français pour la France*, 229.

(70) Louis Chevalier, *Le problème démographique Nord-Africain* (Paris, 1947), 209.

(71) Le Service Sociale I.M.S. en Afrique du Nord en 1946, 20050590, article 11, Centre des archives contemporaines (CAC), Fontainebleau.

(72) Le Ministre de la Santé Publique et de la Population à Monsieur le Général Koenig, February 21, 1948, PDR 5/239, MAE-Colmar.

(73) Enfants abandonnés d'origine Nord-africaine, August 25, 1947, PDR 5/239, MAE-Colmar.

(74) Adoptions des enfants abandonnés, August 1950, PDR 5/62, MAE-Colmar.

(75) Entrée en france des enfants nés en Allemagne, undated, PDR 5/274, MAE-Colmar.

(76) Abandon d'enfants d'origine française, July 18, 1950, PDR 5/62, MAE-Colmar.

(77) Rosental, *L'intelligence démographique*, 202.

(78) Abandon d'enfants d'origine française, August 31, 1950, PDR 5/62, MAE-Colmar.

(79) Adoptions des enfants abandonnés, August 1950, PDR 5/62, MAE-Colmar.

(80) Abandons d'enfants, December 10, 1949, PDR 5/63, MAE-Colmar.

(81) 戦後の人口政策, 福祉政策, 植民地政策, 移民政策をナチスの人種主義と区別する努力に関しては, たとえば以下を参照。Rita Chin, Heide Fehrenbach, Atina Grossmann, and Geoff Eley, eds., *After the Racial State: Difference and Democracy in Germany and Europe* (Ann Arbor, 2009); A. W. Brian Simpson, *Human Rights and the End of Empire: Britain and the Genesis of the European Convention* (Oxford, 2001); Fehrenbach, *Race after Hitler*; Shepard, *The Invention of Decolonization*; Paul Gilroy, *There Ain't No Black in the Union Jack: The Cultural Politics of Race and Nation* (Chicago, 1991)〔田中東子・山本敦久・井上弘貴訳『ユニオンジャックに黒はない——人種と国民をめぐる文化政治』月曜社, 2017 年〕.

(82) Tara Zahra, *Kidnapped Souls: National Indifference and the Battle for Children in the Bohemian Lands, 1900–1948* (Ithaca, 2008), Chapters 6–8; Mazower, *Hitler's Empire*;

Elizabeth Harvey, *Women and the Nazi East: Agents and Witnesses of Germanization* (New Haven, 2003).

(83) 戦後オーストラリアの移民計画に関しては，Kathleen Paul, "Changing Childhoods: Child Emigration Since 1945," in Jon Lawrence and Pat Starkey, eds., *Child Welfare and Social Action in the Nineteenth and Twentieth Centuries* (Liverpool, 2001), 123–124 を参照。

(84) Kathryn Hulme, *The Wild Place* (Boston, 1953), 237.

(85) Fremdsprachige Flüchtlinge in Österreich, 12u–49, Memo to International Committee of the Red Cross, January 13, 1950, Carton 10, BMI, 12u–34, Archiv der Republik (AdR), Österreichisches Staatsarchiv (ÖStA).

(86) この点は，Tara Zahra, "'Prisoners of the Postwar'": Expellees, Displaced Persons, and Jews in Austria after World War II," *Austrian History Yearbook* 41 (2010): 191–215 を参照。

(87) Haim Genizi, *America's Fair Share: The Admission and Resettlement of Displaced Persons, 1945–1952* (Detroit, 1993), 22–23.

(88) Ibid., 引用は pp. 80, 66–111 より。

訳 註

〔1〕先天遺伝——ある純粋種の雌が，異種の雄と交尾すると，その後に同種の雄との交尾で生まれた子にも，先の異種の雄の形質が現われるとする説（telegony）。この学説は，現在は否定されている。

第 6 章　チェコスロヴァキアにおける民族浄化と家族

(1) Protokoll der Frau Klara Werner, Carton 849, Ministerstvo ochrana práce a sociální péče-repatriace (MPSP-R), Národní archiv, Prague (NA).

(2) Jolana Macková and Ivan Ulrych, *Osudy lidických dětí* (Lidice, 2003).

(3) 東欧における民族浄化の歴史に関しては，とくに以下を参照。Benjamin Frommer, *National Cleansing: Retribution against Nazi Collaborators in Postwar Czechoslovakia* (Cambridge, UK, 2005); Eagle Glassheim, "National Mythologies and Ethnic Cleansing: The Expulsion of Czechoslovak Germans in 1945," *Central European History* 33, nr. 4 (November, 2000): 463–486; Philipp Ther and Ana Siljak, eds., *Redrawing Nations: Ethnic Cleansing in East-Central Europe, 1944–1948*. Cold War Book Series No. 4. (Lanham, MD, 2001); Norman Naimark, *Fires of Hatred: Ethnic Cleansing in Twentieth-Century Europe* (Cambridge, MA, 2001)〔山本明代訳『民族浄化のヨーロッパ史——憎しみの連鎖の 20 世紀』刀水書房，2014 年〕.

(4) チェコスロヴァキアにおける混合婚と追放に関しては，Benjamin Frommer, "Expulsion or Integration: Unmixing Interethnic Marriage in Postwar Czechoslovakia," *East European Politics and Societies* 14 (March 2000): 381–410 を参照。

(5) これらの数値はすべて概数であるが，それは避難民の数の計測に利用した資料

の根拠に議論の余地があるためである。Philipp Ther, "A Century of Forced Migration: The Origins and Consequences of 'Ethnic Cleansing,' in *Redrawing Nations*, 54–57. 戦後の人口移動に関しては，以下も参照。Peter Gatrell, "World Wars and Population Displacement in Europe in the Twentieth Century," *Contemporary European History* 16 (November 2007): 415–426; Naimark, *Fires of Hatred*; Ágnes Tóth, *Migrationen in Ungarn, 1945–1948: Vetreibung der Ungarndeutschen, Binnenwanderungen und slowakisch-ungarisch Bevölkerungsaustausch* (Munich, 2001); Timothy Snyder, *The Reconstruction of Nations: Poland, Ukraine, Lithuania, Belarus, 1569–1999* (New Haven, 2003).

(6) 占領されたヨーロッパにおける「愛国主義的な記憶」に関しては，Pieter Lagrou, *The Legacy of Nazi Occupation: Patriotic Memory and National Recovery in Western Europe, 1945–1965* (New York, 2000) を参照。

(7) Ohledně pátrání po lidických dětech, January 8, 1946, Carton 849, MPSP-R, NA.

(8) Wo Sind die Kinder von Lidice?, Carton 849, MPSP-R, NA.

(9) No author, *Pohřešované československé dětí* (Prague, 1946), Carton 846, MPSP-R, NA. また，No author, *Lidické dětí* (Prague, 1945), Carton 849, MPSP-R, NA も参照。

(10) "Po stopách uloupených čs. dětí," *Národní osvobození*, February 23, 1947, 3. Carton 409, Ministerstvo zahraničnich veci – výstřižkový archiv (MZV-VA), NA.

(11) "Po stopách zavlečených dětí," *Lidové noviny*, January 13, 1949. Carton 409, MZV-VA, NA.

(12) "Zavlečené dětí musí otročit Němcům," *Svobodné noviny*, March 16, 1947, Carton 409, MZV-VA, NA.

(13) "Neuvěřitelná připad," *Národní osvobození*, October 12, 1947, Carton 409, MZV-VA, NA.

(14) Letter from Marie Jirásková, November 9, 1945, Carton 845, MPSP-R, NA.

(15) Obec Lidice, dotaz po dětech, November 5, 1945, Carton 849, MPSP-R, NA.

(16) Pátrání po lidických dětech, May 29, 1946, Carton 849, MPSP-R, NA.

(17) Zdeňka Bezděková, *They Called Me Leni*, trans. Stuart R. Amor (New York, 1973), 6.

(18) Bezděková, *They Called Me Leni*, 82.

(19) 西側および近代的な集団としてのチェコ人イメージに関しては，Andrea Orzoff, *Battle for the Castle: The Myth of Czechoslovakia in Europe, 1914–1948* (Oxford, 2009) を参照。

(20) 雑誌『捜索』に関しては，以下を参照。Anna Holian, "Framing Displacement: Americans, Europeans, and the Problem of Displaced Children in *The Search* (1948)," Paper delivered at the European Social Science History Conference, Lisbon, Portugal, February 27, 2008; Jim G. Tobias and Nicola Schlichting, *Heimat auf Zeit: Jüdische Kinder in Rosenheim, 1946–47* (Nuremberg, 2006), 76–77; Sharif Gemie and Louise Rees, "Reconstructing Identities in the Post-War World: Refugees, UNRRA, and Fred Zinnemann's *The Search*," unpublished manuscript.

(21) "Návrat uloupených dětí do vlast," *Obrana lidu*, April 3, 1947, Carton 409, MZV-VA,

NA.

(22) "Slzy radosti vítaly nalezené dětí," *Právo lidu*, April 3, 1947, Carton 409, MZV-VA, NA.

(23) Péče o mladistvé repatrianty, December 19, 1945, Carton 270, MPSP-R, NA.

(24) Nalezené lidické dětí, péče o sirotky, September 18, 1945, Carton 848, MPSP-R, NA.

(25) Zjišt'ování a přešetřování dětí neznámého původu při provádění odsunu Němců, April 18, 1946, Carton 153, Zemské ústředí péče o mládež v Čechách (ČZK), NA.

(26) Pozor na české dětí při odsun Němců, February 7, 1946, Carton 846, MPSP-R, NA.

(27) 3017–46 II B kr. March 7, 1946. Carton 153, ČZK, NA.

(28) この点は，Jeremy King, *Budweisers into Czechs and Germans: A Local History of Bohemian Politics, 1848–1948* (Princeton, 2002), 176 より引用。

(29) Frommer, "Expulsion or Integration," 381.

(30) 1930 年のチェコスロヴァキアの国勢調査に関しては，Tara Zahra, *Kidnapped Souls: National Indifference and the Battle for Children in the Bohemian Lands, 1900–1948* (Ithaca, 2008), 106–141 を参照。

(31) Frommer, "Expulsion or Integration," 387–388. Quotation, Zprávy z domova, 5 May 1944, 3. Sig. 91/7, Fond 37, Vojenský ústřední archiv, Prague (VÚA).

(32) Frommer, "Expulsion or Integration," 387–388. 大統領令第 33 号の条文および引用については，Ústavní dekret prezidenta republiky ze dne 2. srpna 1945 o upravě československého státního občanství osob národnosti německé a maďarske, 33/1945 Sb., in Karel Jech and Karel Kaplan, eds., *Dekrety prezidenta republiky 1940–1945: Dokumenty* (Brno, 1995), 345–346 を参照。

(33) Jaroslav Vaculík, *Poválečná repatriace československých tzv. přemístěných osob* (Brno, 2004), 26; Inventař, MPSP-R, 13, NA. 再移住に関しては，Jaroslav Vaculík, *Poválečná reemigrace a usídlování zahraničních krajanů* (Brno, 2002) も参照。

(34) 再定住に関しては，以下を参照。David Gerlach, "For Nation and Gain: Economy, Ethnicity, and Politics in the Czech Borderlands, 1945–1948" (Ph.D diss., University of Pittsburgh, 2007); Frommer, "Expulsion or Integration," 381–410; Andreas Wiedemann, *"Komm mit uns das Grenzland aufbauen!" Ansiedlung und neue Strukturen in den ehemaligen Sudetengebieten, 1945–1952* (Essen, 2007); František Čapka, Lubomír Slezák and Jaroslav Vaculík, eds., *Nové osídlení pohraničí českých zemí po druhé světové válce* (Brno, 2005).

(35) 国民委員会の設立と構成に関しては，Gerlach, "For Nation and Gain," 46–58 を参照。

(36) 旧住民と新しい定住者のあいだの緊張関係，および中央政府と国民委員会のあいだの緊張関係に関しては，以下を参照。David Gerlach, "Working with the Enemy: Labor Politics in the Czech Borderlands, 1945–1948," *Austrian History Yearbook* 38 (2007): 179–207; Wiedemann, *Komm mit uns*, 289–319; Frommer, "Expulsion or Integration," 392–393, 397–398.

(37) Frommer, "Expulsion or Integration," 382–390; Gerlach, "For Nation and Gain," 182–

185; Wiedemann, *Komm mit uns*, 310–316. 保護領における雑婚に関しては，Chad Bryant, *Prague in Black: Nazi Rule and Czech Nationalism* (Cambridge, MA, 2007), 55–56, 136, 166 を参照。

(38) Frommer, “Expulsion or Integration,” 391.

(39) Národnost dětí ze smíšených rodičů, July 9, 1945, Carton 1421, Ministerstvo vnitra-nová registratura (MV-NR), NA.

(40) Dr. Fiala, Ministerstvo ochrana práce a sociální péče, July 3, 1946, Carton 846, MPSP-R, NA.

(41) Repatriace z Gorzowa, January 24, 1946, Carton 412, MPSP-R, NA.

(42) Národnost dětí ze smíšených rodičů, July 9, 1945, Carton 1421, MV-NR, NA.

(43) Děti ze smíšených manželství, April 12, 1946, sig. 1364/2, Carton 1032, Úřad předsednictva vláda (ÚPV-bez), NA.

(44) Josef Břecka, Opis k č.j. 11560–II–2947/46, March 12, 1946, sig. 1364/2, Carton 1032, ÚPV-bez, NA.

(45) Napravení germanisace, Návrh Josefa Břecky, April 15, 1946, sig. 1364/2, Carton 1032, ÚPV-bez, NA.

(46) 小大統領令に関しては，Frommer, *National Cleansing*, 186–250 を参照。

(47) Zpráva o poměrech ve vlasti, October 6, 1943, sig. 91/6, Fond 37, VÚA.

(48) Detlef Brandes, *Die Tschechen unter deutschem Protektorat*, vol. 2 (Munich, 1975), 48; No author, *V dětech je národ věčny. Zpráva o činnosti zemského ústředí péče o mládež v Praze* (Prague, 1946), 23; Albin Eissner, “Die tschechoslowakische Bevölkerung im Zweiten Weltkrieg,” *Aussenpolitik* 13 (1962): 334. 戦間期のチェコスロヴァキアにおける出生率については，*Statistisches Jahrbuch der tschechoslowakischen Republik* 14 (1936), 17 を参照。

(49) Zřízení ústřední komise pro otázky populační, June 25, 1946, Carton 618, sig. 1113, MPSP-R, NA.

(50) Navrh vhodných opatření pro zvýšení populace, December 24, 1946, Carton 618, MPSP-R, NA.

(51) Zákon ze dne 25. března 1948 o státní podpory novomanželům, č. 56/1948; Zákon ze dne 25. března 1948 o zálohování výživného dětem, č. 57/1948, both in *Sbírka zákonů a nařizení státu československu* (Prague, 1948).

(52) “Problem populační začina být u nás velmi vážný,” *Lidová demokracie*, May 4, 1946, Carton 310, MZV-VA, NA.

(53) Pátrání po dětech-otázka národnosti, March 16, 1946, Carton 846, MPSP-R, NA; 外務省の返信については，Smíšená manželství a napravení germanisace-návrh Josefa Břecky, May 13, 1946, sig. 1364/2, Carton 1032, ÚPV-bez, NA を参照。

(54) Národnost, výdej potravných lístků spotřebitelům ze smišeneho manželství, October 1, 1945, Carton 1421, MV-NR, NA.

(55) Směrnice o ulévách pro některé osoby německé národnosti, May 27, 1946, sig. 1364/2, ÚPV-bez. Carton 1032, NA.

(56) Směrnice o ulévách pro některé osoby německé národnosti-zavady, June 1946, sig. 663, Carton 1615, ÚPV-bez., NA.

(57) Právní poměry osob žijicích v národnostně smíšených manželství, June 7,1948, sig. 1364/2, Carton 1032, ÚPV-bez, NA.

(58) Vyhlaška ministra vnitra ze dne 20. prosince 1946 o lhutě k podávání o vrácení československého státního občanství manžely československých státních občanek, č. 254/1946, in *Sbírka zákonů a nařizení státu československu* (Prague, 1946).

(59) Frommer, "Expulsion or Integration," 388–389.

(60) Prachatice-smišena manželství, odsun českých žen, April 25, 1946, sig. 1364/2, Carton 1032, ÚPV-bez., NA.

(61) Petition to Ministerial Council, April 1946, sig. 1364/2, Carton 1032, ÚPV-bez., NA.

(62) Ibid.

(63) Petition to the office of the president, Ústí nad Labem, April 7, 1946, sig. 72, MPSP, NA.

(64) Letter from Josef Klement to the Ministry of Interior, July 14, 1945, Carton 1421, MV-NR, NA.

(65) Open letter to Klement Gottwald, December 11, 1947, Carton 1032, sig. 1364/2, NA.

(66) Resoluce národní fronty žen, January 12, 1948, sig. 1364/2, Carton 1032, ÚPV-bez., NA.

(67) Valentín Bolom, February 13, 1946; Ministry of Interior to Valentín Bolom, February 13, 1946, both in Carton 1421, MV-NR, NA.

(68) Translation, testimony of Jaroslav Kouřik, undated, probably September 1947, Carton 846, MPSP-R, NA.

(69) Land Commissioner for Bavaria, Political Affairs Division, Children's Case Files 1946–1952, Sig. 466/250/72/12/07, Box 6, National Archives and Records Administration (NARA).

(70) Jaroslav Němec, no date (1946), Carton 8245, MV-NR, NA.

(71) Směrnice pro repatriaci sirotků, April 28, 1947, Carton 847, MPSP-R, NA.

(72) Ladislav Vitasek, November 26, 1946, MV-NR, Carton 1421, NA.

(73) Jiří Baudyš, February 24, 1947, Carton 8279, MV-NR, NA.

(74) 戦後のチェコスロヴァキアにおけるユダヤ人に関しては，以下を参照。Peter Brod, "Židé v poválečném Československu," in *Židé v novodobých dějinách*, ed. Václav Veber (Prague, 1997), 147–162; Peter Brod, "Die Juden in der Nachkriegstschechoslowakei," in *Judenemanzipation – Antisemitismus – Verfolgung in Deutschland, Österreich-Ungarn, den böhmischen Ländern und in der Slowakei*, ed. Jörg K. Hoensch et al. (Essen, 1999), 211–228; Helena Krejčová, "Židovská očekávání a zklamání po roce 1945," in *Češi a Němci: Ztracené dějiny?* ed. Eva Malířová (Prague, 1995), 245–248; Alena Heitlinger, *In the Shadows of the Holocaust & Communism. Czech and Slovak Jews since 1945* (New Brunswick, 2006); Jana Svobodová, "Erscheinungsformen des Antisemitismus in den Böhmischen Ländern 1948–1992," in *Judenemanzipation – Antisemitismus*

– *Verfolgung*, 229–248.

(75) Katerina Čapková, Michal Frankl, and Peter Brod, "Czechoslovakia," in *The YIVO Encyclopedia of Jews in Eastern Europe*, vol. 1 (New Haven, 2005), 380–381.

(76) Transfer of People of Jewish Origin, May 29, 1945, 43/AJ/64, Archives nationales (AN).

(77) Document WR 178/3/48, February 5, 1946, 43/AJ/64, AN. 戦後のチェコ国境地帯における「望まれない存在」としてのユダヤ人の扱いに関しては，David Gerlach, "Beyond Expulsion: The Emergence of 'Unwanted Elements' in the Postwar Czech Borderlands, 1945–50," *East European Politics and Societies* 24 (May 2010): 278–279, 284–285 を参照。

(78) Transfer of persons of Jewish Origin and Faith, July 25, 1946, 43/AJ/64, AN.

(79) Max Gottschalk, The Jews in Czechoslovakia, April 1946, Folder 201 (Czechoslovakia), JDC Archive, New York.

(80) Otázka židovské národnosti, April 13, 1948, Carton 8245, MV-NR, NA.

(81) Krejčová, "Židovská očekávání," 247.

(82) Report from Bratislava, August 23, 1948, 45/54, Folder 199 (Czechoslovakia), JDC Archive, New York.

(83) Decree 108, part 1, section 1, paragraph 1, number 3. Published in Karek Jech and Karel Kaplan, *Dekrety prezidenta Republiky 1940–1945: dokumenty*, vol. 2 (Brno, 1995), 848.

(84) Ministerstvo národní obrany, Goldberger Emmanuel- Setření národnosti, November 5, 1946, Carton 1421, MV-NR, NA.

(85) 世間一般の見解およびスランスキー裁判に関しては，Keven McDermott, "A 'polyphony of voices'?: Czech popular opinion and the Slansky affair," *Slavic Review* 67 (2008): 840–865 を参照。

(86) Čapková, Frankl, and Brod, "Czechoslovakia," 380–381; Frommer, "Expulsion or Integration," 407.

(87) この点については，たとえば以下を参照。Philipp Ther, *Deutsche und polnische Vertriebene: Gesellschaft und Vertriebenenpolitik in SBZ/DDR und in Polen 1945–1956* (Göttingen, 1998); Detlef Brandes, *Der Weg zur Vetreibung, 1938–1945: Pläne und Entscheidungen zum "Transfer" der Deutschen aus der Tschechoslowakei und aus Polen* (Munich, 2001).

訳　註

〔1〕1942 年 5 月 21 日（エンスラポイド作戦）――第二次世界大戦中にチェコスロヴァキア亡命政府とイギリス政府によって計画されたハイドリヒ暗殺作戦（エンスラポイド作戦）のことを指す。原著では実行日が 5 月 21 日とされているが，5 月 27 日の誤り。ハイドリヒはそのときの負傷がもとで 6 月 4 日に死亡した。

第 7 章　本国送還と冷戦

(1) 1949 年 10 月 26 日の『タンユグ』の記事から抜粋した寄稿文。"Repatriation of

Yugoslav Children in Austria blocked by the IRO." つぎの "Les enfants Yougoslaves retenus par force en Autriche," *Tanjug*, Belgrade, January 7, 1948, 43/AJ/601, Archives nationales, Paris (AN) も参照（同じ保管箱に保存されている）。

（2）Aleta Brownlee, UNRRA Mission to Austria. Child Welfare in the Displaced Persons Camps, 6, Programme, Box 5, Aleta Brownlee Papers, Hoover Archive (HA), Stanford University.

（3）Figures from the inspection and filtration of repatriates, GARF, f. 9526, op. 3, d. 175, op. 4, d. 1, 1.62, 1.223. これらの統計を提供してくれたアンドルー・ヤンコに感謝する。

（4）Louise W. Holborn, *The International Refugee Organization: A Specialized Agency of the United Nations. Its History and Work* (New York, 1956), 511.

（5）Unaccompanied Children in Austria and Germany, April 29, 1948, AJ/43/604, AN.

（6）西欧の本国送還の政治的利害については，以下を参照。Pieter Lagrou, *The Legacy of Nazi Occupation: Patriotic Memory and National Recovery in Western Europe, 1945-1965* (New York, 2000), 81-128; Megan Koreman, *The Expectation of Justice: France 1944-1946* (Durham, NC, 1999), 79-91.

（7）Edith Sheffer, *Burned Bridge: How East and West Germans Made the Iron Curtain* (Oxford, 2011), Chapter 6.

（8）Memorial w sprawie rewindykacji dzieci zrabowanych w Polsce, Folder 372, Ministerstwo Pracy i Opieki Społecznej, Archiwm Akt Nowych, Warsaw (AAN).

（9）Problem rewindykacji dzieci polskich z 3 zachodnich stref okup. Niemiec, December 31, 1948, Folder 251, Fond 284, Polski Czerwony Krzyż, AAN.

（10）"Poland Asserts British Zone Holds Children," *New York Herald Tribune*, Paris Edition, June 11, 1948, AJ/43/604, AN. ポーランドから誘拐された子どもの数に関する信頼できる推計は，Isabel Heinemann, *Rasse, Siedlung, deutsches Blut: Das Rasse- und Siedlungshauptamt der SS und die rassenpolitische Neuordnung Europas* (Göttingen, 2003), 508-509 を参照。

（11）Office of the U.S. High Commissioner, Memo to Eric Hughes from Peter Stanne, September 21, 1951, Folder Legislation – Unaccompanied Children, RG 466, 250/68/15/3, National Archives and Records Administration, College Park (NARA).

（12）Do Zarzadu Miejskiego Królewska Huta, 1945, Folder 313, Generalny Pełnomocnik Rzadu RP do Spraw Repatriacji w Warszawie, AAN.

（13）Dane statystyczne z rewindikacji dzieci, July 11, 1950, Folder 33, Delegatura Polski Czerwony Krzyż na Niemcy, AAN.

（14）Stefan Tyska, Impressions based on experience obtained while being attached by the Polish Red Cross to UNRRA Team 104g, April 14, 1947, Folder 36, Delegatura PCK na Strefę Ameryka ska w Niemczech, AAN.

（15）Notatka o rewindikacji i repatriacji dzieci polskich w Austrii, November 30, 1948; Rewindykacja dzieci polskich w Austrii, June 27, 1947, Folder 26, Delegatura Polski Czerwony Krzyż Na Austrię, AAN.

(16) Mackowiak Kazmierz i Janina-repatriacja z Niemec, November 28, 1947, Ministerstwo Pracy i Opieki Społecznej, AAN.

(17) Rewindkacji dzieci, March 15, 1948, Folder 101, Polski Czerwóny Krzyż, AAN.

(18) IRO と同盟国各国の軍政当局に対するポーランド赤十字の苦情については，以下を参照。Trudności w rewindikacji dzieci polskich ze Niemiec, December 21, 1948; Problem rewindikacji dzieci polskich z 3 zachodnich stref okupacynach Niemiec, December 31, 1948, Folder 31; Trudności napotykane przez Delegature Główna PCK na Niemcy w akcji rewindikacji dzieci, August 1948, Folder 30, Delegatura Polski Czerwony Krzyż na Niemcy, AAN.

(19) Bartczak Eugeniusz and Arden Zofia, August 25, 1947, Folder 31, Delegatura Polski Czerwony Krzyż na Niemcy, AAN.

(20) Child Pogoda Sofia, From British military official AC Todd to Polish Red Cross, Folder 31, Delegatura Polski Czerwony Krzyż na Niemcy, AAN.

(21) Akcja Poszukiwania i rewindikacja dzieci w Strefie Sowieckiej, 1947, Folder 30, Delegatura Polski Czerwony Krzyż na Niemcy, AAN.

(22) Roman Hrabar, Akcja rewindikacji dzieci, December 18, 1947, Folder 30, Delegatura Polski Czerwony Krzyż na Niemcy, AAN.

(23) Notatka o rewindikacji I repatriacji dzieci polskich w Austrii, November 30, 1948, Folder 26, Delegatura Polski Czerwony Krzyż na Austrię; Notatka sluzbowa, February 17, 1949, Folder 31, Delegatura Polski Czerwony Krzyż na Niemcy, AAN.

(24) Letter from Major Prawin to General Brian H. Robertson, December 9, 1948, Folder 31, Delegatura Polski Czerwony Krzyż na Niemcy, AAN.

(25) Sprawozdanie z prac Komitet Opieki nad Dzieckiem Polskim w Berlinie za okres od dnia 1 kwietna 1947r do dnia 1 października 1947r, December 20, 1947, Folder 317, Generalny Pełnomocnik Rzadu RP do Spraw Repatriacji w Warszawie, AAN.

(26) Trudności napotykane przez Delegature Główna PCK na Niemcy w akcji rewindikacji dzieci, no date, Folder 30, Delegatura Polski Czerwony Krzyż na Niemcy, AAN.

(27) Ulrich Herbert, *Hitler's Foreign Workers: Enforced Foreign Labor under the Third Reich*, trans. William Templer (Cambridge, UK, 1997), 268-273.

(28) Sprawa Nr. 4, Galuhn Henryk, Oswiadczenie, August 18, 1949, Folder 31, Delegatura Polski Czerwony Krzyż na Niemcy, AAN.

(29) Smigas, Erika, September 9, 1948; Objasnienia i komentarze do załączonych dowodów pisemnych o trudnościach stwarzanych przez władze IRO/CCG na terenie Strefy Brytyskiej Niemiec, Folder 31, Delegatura Polski Czerwony Krzyż na Niemcy, AAN.

(30) Instrukcja w sprawie organizacji skolnictwa i oświaty polskiej w Niemczech, London 1945, 1, Folder 70, Fond Uchodźcy Polscy w Niemczech po 1945, Piłsudski Institute of America (PI), New York. ポーランド人の難民の学校については，Anna D. Jaroszyńska-Kirchman, *The Exile Mission: the Polish Political Diaspora and Polish Americans, 1939-1956* (Athens, OH, 2004), 86 を参照。

(31) Memorandum, London 1947, Folder 3, Polish Displaced Persons in Germany, Fond

Uchodźcy Polscy w Niemczech po 1945, PI.

(32) 600 sierot polskich przymusowo repatriowanych, January 10, 1948, Wladomosci Prasowe Z.P.U.W, nr. 9, Folder 34, Fond Uchodźcy Polscy, PI.

(33) Memorandum concernant le problème de la revendication et du rapatriement des enfants polonais, March 5, 1948, 43/AJ/798, AN.

(34) Suspicious German Action, Abandonning of Handicapped Children, *Gazeta Ludowa*, October 16, 1947, 43/AJ/608, AN.

(35) これらの子どもたちの物語全体を描いたものとして，Lynne Taylor, *Polish Orphans of Tengeru: The Dramatic Story of their Long Journey to Canada, 1941-49* (Toronto, 2009) を参照。

(36) Statement of J. Donald Kingsley Before the Third Committee of the General Assembly of the United Nations, November 10, 1949, 43/AJ/604, AN.

(37) Narrative Report on Special Registration Assignment at the IRO Children's Center, Salerno, Italy, August 15, 1949, 43/AJ/604, AN.

(38) Polish Children from East-Africa, August 10, 1949, 43/AJ/604, AN.

(39) Policies Regarding Re-Establishment of Children, April 25, 1949, 43/AJ/926, AN.

(40) Telegram, Monsignor Meystowicz Bremen to IRO Geneva, August 6, 1949, 43/AJ/604, AN.

(41) Memo from E. H. Czapski, August 8, 1949, 43/AJ/604, AN.

(42) "Displaced Children," *New York Times*, September 5, 1948.

(43) "Repatriating Children," *New York Times*, September 15, 1948. Martin Sherry, "Repatriating Children," *New York Times*, October 1, 1948 も参照。

(44) Demokratischer Frauenbund Deutschlands, October 20, 1949, 43/AJ/604, AN.

(45) Extrait du journal "Repatriant" nr. 132 (182), 43/AJ/604, AN.

(46) Union Internationale de Protection de l'Enfance, Letter to Carlos P. Romulo, President of the General Assembly of the UN, January 24, 1950, 43/AJ/602, AN.

(47) Statement of J. Donald Kingsley, 43/AJ/604, AN.

(48) Report on the British Zone – Child Welfare Supervisor, 2, February 21, 1945-November 19, 1946, Aleta Brownlee Papers, Carton 1, HA.

(49) Ibid., 3-5.

(50) Aleta Brownlee to Deputy Chief of UNRRA Mission to Austria, Charles S. Miller, Field Visit to Yugoslavia – October, 1946, November 7, 1946, Folder 2, Carton 1, Brownlee Papers, HA. ユーゴスラヴィアに対する好意的なアンラの印象については，William Hitchcock, *The Bitter Road to Freedom: A New History of the Liberation of Europe* (New York, 2009), 241 も参照。

(51) Conference, November 25, 1946, Folder 2, Carton 1, Brownlee Papers, HA.

(52) Conference with Father Methodius Kelava and Sister Anka, p. 1-2, November 26, 1946, Folder 2, Carton 1, Brownlee Papers, HA.

(53) Aleta Brownlee, "Whose Children?" 138-139, Folder 1, Carton 9, Brownlee Papers, HA.

(54) Report by Mrs. Syma Klok on the Repatriation of Forty-Nine Children from Leoben UNRRA Children's Home to Yugoslavia on 8 January 1947, Box 1, Brownlee Papers, HA.
(55) Brownlee, "Whose Children?" 367.
(56) ドイツ人の被追放民のなかでも，ユーゴスラヴィア人として本国送還されることになった人びとの抗議活動については，Memo from Aleta Brownlee to Major J. Pockar, February 2, 1948, 43/AJ/599, AN を参照。
(57) Excerpts from letters from parents or relatives in Yugoslavia to foster families or children in Austria, February 15, 1950, 43/AJ/603, AN.
(58) Report on an Interview between Aleta Brownlee and Ivan Bajin, December 8, 1948, Box 8, Brownlee Papers, HA.
(59) Annaberg School Children, May 17, 1946, Box 5, Brownlee Papers, HA.
(60) Translation of a letter, January 21, 1946, Folder 2, Box 1, Brownlee Papers, HA.
(61) Aleta Brownlee, "Whose Children?" 165-167.
(62) Law Nr. 11, Repatriation and Resettlement of Unaccompanied Displaced Children October 5, 1950, Folder Legislation – Unaccompanied Children, RG 466, 250/68/15/3, NARA.
(63) Children's Bureau-Conference in Geneva, Switzerland, re HICOG Law Nr. 11, July 13, 1951, Folder 64, Unaccompanied Children (Soviet), RG 466, 250/68/15/3; HICOG Law Nr. 11, Memo from Ingeborg Olsen to Theodora Allen, April 16, 1951, Box 131, 278/350/902/49/3, NARA.
(64) U.S. District Court of the Allied High Commission for Germany, Case 51-7-15, Resettlement or Repatriation of Hannelore Pospisil, Folder 64, Unaccompanied Children (Soviet), RG 466, 250/68/15/3, NARA.
(65) U.S. Court of Appeals Decision Affecting the Resettlement or Repatriation of an Unaccompanied Displaced Child, November 1, 1951, Folder 64, Unaccompanied Children (Soviet), RG 466, 250/68/15/3, NARA.
(66) U.S. Court of the Allied High Commission for Germany in the Matter of the Repatriation or Resettlement of Josef Ochota, Case No. R. 51-8-1, District Courts: Children's Resettlement Case Files, 1949-1954, Box 1, 278/350/902/49/3, NARA.
(67) U.S. District Court in the Matter of Resettlement of Johanna Bobrowitsch, Decision 51-8-21 R, December 2, 1952, District Courts: Children's Resettlement Case Files, 1949-1954, Box 4, 278/350/902/49/3, NARA.
(68) Press Conference of Russian Delegation; Soviet Statement, November 13, 1951; Hearing in the Case of Johanna Bobrowitsch, November 13, 1951; Soviet Control Commission in Germany to John McCloy, January 10, 1952, all in Folder 64, Unaccompanied Children (Soviet), RG 466, 250/68/15/3, NARA.
(69) Issue of Soviet Children in Germany Revived, November 17, 1951, Folder 64, Unaccompanied Children (Soviet), RG 466, 250/68/15/3, NARA.
(70) U.S. District Court in the Matter of Repatriation of Dieter Strojew, Action 51-8-80, Box 12, District Court Resettlement Case Files, 1949-1954, 278/350/902/49/3, NARA.

第 8 章　分断された家族から分断されたヨーロッパへ

（1）“Odysee der Mütterliebe,” *Revue*, November 12, 1955, 31–38.

（2）Robert G. Moeller, *War Stories: The Search for a Usable Past in the Federal Republic of Germany* (Berkeley, 2001).

（3）ピッテルに関しては，以下を参照。Tomáš Pasák, “Přemysl Pitters Initiative bei der Rettung deutscher Kinder im Jahre 1945 und seine ablehnende Haltung gegenüber der inhumanen Behandlung der Deutschen in den tschechischen Internierungslagern,” in *Der Weg in die Katastrophe: Deutsch-tschechoslowakische Beziehungen 1938–1947*, ed. Detlef Brandes and Václav Kural (Essen, 1994), 201–213; Milena Šimsová, “Přemysl Pitter (1895–1976). Edice dokumenty,” *Historické listy* 2 (1992): 31–34; Pavel Kosatik, *Sám proti zlu. Život Přemysla Pittra (1895–1976)* (Prague, 2009).

（4）Benjamin Frommer, *National Cleansing: Retribution against Nazi Collaborators in Postwar Czechoslovakia* (Cambridge, UK, 2005), 2.

（5）第二次世界大戦後のドイツ人女性へのレイプに関しては，以下を参照。Atina Grossmann, “A Question of Silence: The Rape of German Women by Occupation Soldiers,” in Robert G. Moeller, ed., *West Germany under Reconstruction: Politics, Society and Culture in the Adenauer Era* (Ann Arbor, 1997), 33–52; Norman Naimark, *The Russians in Germany: A History of the Soviet Zone of Occupation, 1945–1949* (Cambridge, MA, 1995), 69–140. フランス軍兵士によるレイプに関しては，Richard Bessel, *Germany 1945: From War to Peace* (New York, 2009), 116–117 を参照。ナチスへの協力者とみなされた女性に対する報復については，以下を参照。Fabrice Virgili, *Shorn Women: Gender and Punishment in Liberation France* (New York, 2002); Perry Biddiscombe, “Dangerous Liaisons: The Anti-Fraternization Movement in the U.S. Occupation Zones of Germany and Austria, 1945–48,” *Journal of Social History* 34 (March 2001): 611–647.

（6）Jan Gross, *Fear: Anti-Semitism in Poland after Auschwitz: An Essay in Historical Interpretation* (Princeton, 2006)〔染谷徹訳『アウシュヴィッツ後の反ユダヤ主義——ポーランドにおける虐殺事件を糾明する』白水社，2008 年〕.

（7）Melissa Feinberg, *Elusive Equality: Gender, Citizenship and the Limits of Democracy in Czechoslovakia, 1918–1950* (Pittsburgh, 2006), 195; Frommer, *National Cleansing*, 216. Bradley Abrams, *The Struggle for the Soul of a Nation: Czech Culture and the Rise of Communism* (Lanham, MD, 2004). 対照的に，1946 年 5 月に共産党に票を投じたスロヴァキア人は 30.37% にすぎなかった。James Felak, *After Hitler, Before Stalin: Catholics, Communists, and Democrats in Slovakia, 1945–1948* (Pittsburgh, 2009), 59–60 を参照。

（8）Přemysl Pitter, “Dovětek k mému kulturnímu a sociálnímu programu,” 2–3, undated – written during the Second World War, Box 15, Archive Přemysl Pitter, Prague (PP).

（9）Přemysl Pitter, “In der Jugend von heute wachsen die Menschen heran, welche die Geschichte von morgen machen werden!” Pamphlet, Prague 1932, Box 15, PP.

(10) Ústřední národní výbor, referat pro školství, vědy a umění, September 13, 1950, Box 16, PP.

(11) Olga Fierz, "Rescue of German Children," *Reconciliation*, March 1960, 53–54.

(12) Olga Fierz, "The Four Castles of Kindness," *Reconciliation*, May 1960, 88–91. また，1945 年から 1948 年のチェコスロヴァキアの収容所の状況については，Tomáš Staněk, *Internierung und Zwangsarbeit: Das Lagersystem in den böhmischen Ländern, 1945–1948* (Munich, 2007), 159–164, 数値に関しては pp. 159, 164 を参照。

(13) Olga Fierz, *Kinderschicksale in den Wirren der Nachkriegszeit* (Prague, 2000), 109.

(14) Přemysl Pitter, Kulturní a sociální program, 1946, 2, Box 15, PP.

(15) Přemysl Pitter, Dovětek k mému kulturnímu a sociálnímu programu, 3–16, Carton 15, PP.

(16) Antonín Moravec, "Naši chlapci," *Pošel*, May 1947, nr. 7, 12, Carton 19, PP. また，Fierz, *Kinderschicksale*, 48–49 も参照。

(17) Přemysl Pitter, Talk for BBC for October 11, 1953, Carton 72, PP.

(18) Mark M. Anderson, "The Child Victim as Witness to the Holocaust: An American Story?" *Jewish Social Studies* 14 (Fall 2007): 1–22; Peter Novick, *The Holocaust and American Life* (New York, 2000); Joan B. Wolf, *Harnessing the Holocaust: The Politics of Memory in France* (Stanford, 2004).

(19) Přemysl Pitter, *Pošel*, April 1946, Carton 19, PP.

(20) Přemysl Pitter, *Pošel*, June 1946, 3, Carton 19, PP.

(21) この点については，たとえば，Naomi Seidman, "Eli Wiesel and the Scandal of Jewish Rage," *Jewish Social Studies* 3 (Fall 1996): 1–19 を参照。

(22) Projev, Židovská mládež z koncentračních táborů, Štřín a Olešovice, October 1945, Carton 18, PP.

(23) Dobroslava Štepanková, "Ditě ve valce a po ní," *Pošel*, May 1947, 15–16, Carton 19, PP. 西ドイツの若者の再教育に関するキリスト教徒が抱いた将来像については，以下も参照。Mark Edward Ruff, *The Wayward Flock: Catholic Youth in Postwar West Germany, 1945–1965* (Chapel Hill, NC, 2004); Mark Roseman, "The Organic Society and the 'Massenmenschen': Integrating Young Labor in the Ruhr Mines, 1945–58," in *West Germany under Reconstruction*, 287–320.

(24) Siegfried W., "Vzpomínka na Štřín," *Pošel*, September 1947, Carton 19, PP.

(25) BBC Interview with Přemysl Pitter, September 12, 1951, 1, Box 70, PP.

(26) Přemysl Pitter, *Nad vřavou nenávisti. Vzpomínky a svědectví Přemysla Pittra a Olgy Fierzové* (Prague, 1996), 87.

(27) Přemysl Pitter, BBC Sunday Talk for May 9, 1954, Box 72, PP.

(28) Käte Fiedler, "Der Ideologische Drill der Jugend in der Sowjetzone," in *Die Jugend der Sowjetzone in Deutschland*, ed. Kampfgruppe gegen Unmenschlichkeit (Berlin, 1955), 36; Hans Köhler, "Erziehung zur Unfreiheit," in *Jugend Zwischen Ost und West: Betrachtungen zur Eingliederung der jugendlichen Sowjetzonenflüchtlinge in das westdeutsche Wirtschafts- und Geistesleben*, ed. Harald v. Koenigswald (Troisdorf, 1956), 60.

(29) Přemysl Pitter, "The Foundations of Family Life," BBC Talk, February 17, 1952, Box 70, PP.

(30) Joseph Wechsberg, "Communism's Child Hostages," *Saturday Evening Post*, April 1, 1950, 123–126, Box 8, Aleta Brownlee Papers, Hoover Archive (HA), Stanford University.

(31) Alexandra Kollontai, "Communism and the Family," in Alix Holt, ed., *Alexandra Kollontai: Selected Writings* (New York, 1977), 259.

(32) Wendy Goldman, *Women, the State, and Revolution: Soviet Family Policy and Social Life, 1917–1936* (Cambridge, UK, 1993); 西欧と東欧の出産奨励政策における類似性については，David L. Hoffmann, "Mothers in the Motherland: Stalinist Pronatalism in its Pan-European Context," *Journal of Social History* 34 (Autumn 2000): 35–54 を参照。

(33) Donna Harsch, *Revenge of the Domestic: Women, the Family, and Communism in the German Democratic Republic* (Princeton, 2007), 227–235, 297, 託児所の数については p. 227 を参照。また，Malgorzata Fidelis, "Equality through Protection: The Politics of Women's Employment in Postwar Poland, 1945–1956," *Slavic Review* 63 (Summer 2004): 301–324 も参照。

(34) Robert G. Moeller, *Protecting Motherhood: Women and the Family in the Politics of Postwar West Germany* (Berkeley, 1993), 64–72.

(35) Pitter, "The Foundations of Family Life."

(36) Pitter, *Nad vřavou nenávisti*, 85–87.

(37) Přemysl Pitter, "Die ausgestreckte Hand," *Glaube und Heimat*, nr. 3 (1956), 3, Box 52, PP.

(38) Jacques Cohn, Éducation et réadaptation des enfants victimes de la guerre, *Oeuvre de Secours aux Enfants, Conférence Nationale 12–14 juin 1949*, 46, Box 4, Reel 10, OSE, United States Holocaust Memorial Museum Archive (USHMMA).

(39) Ruth Klüger, *Still Alive: A Holocaust Girlhood Remembered* (New York, 2001), 145〔鈴木仁子訳『生きつづける——ホロコーストの記憶を問う』みすず書房，1997年〕.

(40)「生き残ったことへの罪責感」という概念の系譜とこれを乗り越えようとする葛藤の分析については，Ruth Leys, *From Guilt to Shame: Auschwitz and After* (Princeton, 2007), 17–83 を参照。

(41) Klüger, *Still Alive*, 185.

(42) Edith Milton, *The Tiger in the Attic: Memories of the Kindertransport and Growing up English* (Chicago, 2005), 196, 194.

(43) Letter from Elie Wiesel to Judith Samuel, Box 22, Reel 23, OSE, USHMMA.

(44) しばらくたってからのトラウマに対する反応に関しては，Leys, *From Guilt to Shame*, 28 を参照。

(45) Ilse Hellman, "Hampstead Nursery Follow-Up Studies," *Psychoanalytic Study of the Child* 17 (1962), 159–175.

(46) Gerhard Sonnert and Gerald Holton, *What Happened to the Children who Fled Nazi Persecution?* (New York, 2006). 移住におけるユダヤ系ドイツ人の経験については，

Atina Grossmann, "German Jews as Provincial Cosmopolitans: Reflections from the Upper West Side," *Leo Baeck Institute Yearbook* 53 (January 2008): 157–168 を参照。

（47）Klüger, *Still Alive*, 122.

（48）Amabel Williams-Ellis, "Foreword," in St. Loe Strachey, ed., *Borrowed Children: A Popular Account of Some Evacuation Problems and Their Remedies* (New York, 1940), ix.

（49）"Convention and Protocol Relating to the Status of Refugees," http://www.unhcr.org, 12 (accessed March 12, 2010).

（50）"Geneva Declaration of the Rights of the Child of 1924," http://www.un-documents.net (accessed March 21, 2010).

（51）"United Nations' Declaration of Children's Rights," 1959, http://www.un.org (accessed March 21, 2010).

（52）Bruno Bettelheim, "Schizophrenia as a Reaction to Extreme Situations," in idem., *Surviving and Other Essays* (New York, 1952), 113〔「極限状態に対する反応としての分裂病」高尾利数訳『生き残ること』法政大学出版局，1992 年所収〕.

（53）Ernst Papanek (with Edward Linn), *Out of the Fire* (New York, 1975).

（54）Thérèse Brosse, *Homeless Children: Report of the Proceedings of the Conference of Directors of Children's Communities, Trogen, Switzerland* (Geneva, 1948), 49.

（55）この点については，以下を参照。Catherine Ceniza Choy, "Race at the Center: the History of American Cold War Asian Adoption," *The Journal of American-East Asian Relations* 16 (Fall 2009): 1–20; Heide Fehrenbach, *Race after Hitler: Black Occupation Children in Postwar Germany and America* (Princeton, 2005); Ellen Herman, *Kinship By Design: A History of Adoption in the Modern United States* (Chicago, 2008); Sara K. Dorow, *Transnational Adoption: A Cultural Economy of Race, Gender, and Kinship* (New York, 2006).

（56）最近の統計については，"Adoptions to the United States," http://www.adoption.state.gov (accessed April 28, 2010) を参照。1956 年の数値については，United Nations, *Adoption entre Pays. Rapport d'un groupe d'experts européens* (Geneva, 1957) を参照。

（57）*Adoption entre Pays*, 9.

（58）*Adoption entre Pays*, 37–38.

（59）Choy, "Race at the Center," 4–8. ハイデ・フェレンバックが示したように，これらの養子縁組は，ドイツとアメリカかのどちらが，第二次世界大戦後により人種主義的な社会となったのかをめぐる議論の場を提供した。Fehrenbach, *Race after Hitler.*

（60）*Adoption entre Pays*, 17.

（61）Barbara S. Bosanquet, "The Hand that Rocks the Cradle," *The World's Children: The Official Organ of the Save the Children Fund and the Declaration of Geneva*, February 26, 1946, 23. ボサンケの見解は，戦後のイギリスで展開された，家族への手当てが直接母親に支払われることを意味する「母親の賃金（mother's wages）」キャンペーンを支持することを意図しているのかもしれない。「母親の賃金」については，

Susan Pedersen, *Eleanor Rathbone and the Politics of Conscience* (New Haven, 2004) を参照。

(62) Rosalynn Baxandall and Linda Gordon, eds., *America's Working Women: A Documentary History, 1600–Present* (New York, 1995), 245; Walter Müller, Angelika Williams, and Johann Handl, eds., *Strukturwandel der Frauenarbeit 1880–1980* (Frankfurt, 1983), 35; A. T. Mallier and M. J. Rosser, *Women and the Economy: A Comparative Study of Britain and the USA.* (New York, 1987), 195; Sylvie Schweitzer, *Les femmes ont toujours travaillé: une histoire de leurs métiers, XIXe et XXe siècle* (Paris, 2002), 82–83.

(63) この点については，たとえば以下を参照。Judith Warner, *Perfect Madness: Motherhood in the Age of Anxiety* (New York, 2005); Susan Douglas and Meredith Michaels, *The Mommy Myth: The Idealization of Motherhood and How it has Undermined all Women* (New York, 2005); Jill Lepore, "Baby Food," *The New Yorker*, January 16, 2009; Judith Warner, "Ban the Breast Pump," *The New York Times*, April 2, 2009; Hanna Rosin, "The Case Against Breastfeeding," *The Atlantic*, April 2009; Tina Kelley, "Toilet Training at 6 Months? Better Take a Seat," *New York Times*, October 9, 2005; Jennifer Bleyer, "The Latest in Strollers? Mom and Dad," *New York Times*, March 10, 2010.

(64) Edith Sterba, "Emotional Problems of Displaced Children," *Journal of Social Casework* 30 (May 1949): 175–177.

(65) Samuel Moyn, *The Last Utopia: A Recent History of Human Rights* (Cambridge, MA, 2010), Chapter 1; Lynn Festa, *Sentimental Figures of Empire in Eighteenth-Century Britain and France* (Baltimore, 2006).

(66) 人道主義の対象としての無垢な子どもに関しては，以下を参照。Carolyn Steedman, *Strange Dislocations: Childhood and the Idea of Human Interiority* (Cambridge, MA, 1995), 112–130; Hugh Cunningham, *The Children of the Poor: Representations of Childhood Since the Seventeenth Century* (Oxford, 1991); Laura Briggs, "Mother, Child, Race, Nation: The Visual Iconography of Rescue and the Politics of Transracial and Transnational Adoption," *Gender and History* 15 (August 2003): 179–200; Seth Koven, *Slumming: Sexual and Social Politics in Victorian London* (Princeton, 2004), 88–138; Anderson, "The Child Victim," 1–22.

(67) Nicholas Stargardt, *Witnesses of War: Children's Lives Under the Nazis* (New York, 2005).

(68) Tony Judt, *Postwar: A History of Europe Since 1945* (New York, 2005), 18〔森本醇訳『ヨーロッパ戦後史』上下，みすず書房，2008 年〕.

(69) これらのグループそれぞれの文献は膨大にある。ユダヤ人に関しては，以下を参照。Zeev W. Mankowitz, *Life Between Memory and Hope: The Survivors of the Holocaust in Occupied Germany* (New York, 2002); Hagit Lavsky, *New Beginnings: Holocaust Survivors in Bergen-Belsen and the British Zone of Germany, 1945–1950* (Detroit, 2002); Ruth Gay, *Safe Among the Germans: Liberated Jews after World War II* (New Haven, 2002); Atina Grossmann, *Jews, Germans, and Allies: Close Encounters in Occupied Germany* (Princeton, 2007); Michael Brenner, *After the Holocaust: Rebuilding Jew-*

ish Lives in Postwar Germany (Princeton, 1997); Avinoam Patt, *Finding Home and Homeland: Jewish Youth and Zionism in the Aftermath of the Holocaust* (Detroit, 2009). 東欧の難民に関しては，以下を参照。Ulrike Goeken-Haidl, *Der Weg zurück: Die Repatriierung sowjetischer Zwangsarbeiter während und nach dem Zweiten Weltkrieg* (Essen, 2006); Katherine Jolluck, *Exile and Identity: Polish Women in the Soviet Union during World War II* (Pittsburgh, 2002); Anna M. Holian, *Between National Socialism and Soviet Communism: The Narration of Community among Displaced Persons in Germany, 1945–1951* (Ann Arbor, 2011); 被追放民に関しては，以下を参照。Rainer Schulze, ed., *Zwischen Heimat und Zuhause: deutsche Flüchtlinge und Vertriebene in (West-) Deutschland, 1945–2000* (Osnabruck, 2001); Philipp Ther, *Deutsche und polnische Vertriebene: Gesellschaft und Vertriebenenpolitik in SBZ/DDR und in Polen, 1945–1956* (Göttingen, 1998).

(70) ひとつの物語に，被追放民，ユダヤ人，非ユダヤ人の避難民の歴史を織り込む試みとしては，以下を参照。Tara Zahra, "Prisoners of the Postwar: Expellees, Refugees, and Citizenship in Postwar Austria," *Austrian History Yearbook* 41 (2010), 191–215; Adam Seipp, "Refugee Town: Rural West Germany, 1945–52," *Journal of Contemporary History* 44 (October 2009): 675–695.

(71) 例外的かつ状況に左右されやすいユダヤ人の立場に関しては，G. Daniel Cohen, "The Politics of Recognition: Jewish Refugees in Relief Policies and Human Rights Debates, 1945–1950," *Immigrants and Minorities* 24 (July 2006): 125–143 を参照。

(72) この点に関しては，Daniella Doron, "In the Best Interest of the Child: Family, Youth, and Identity in Postwar France, 1944–1954" (Ph.D diss., New York University, 2009) を参照。

訳　註

〔1〕ブルーノ・ベッテルハイム――ブルーノ・ベッテルハイム（Bruno Bettelheim, 1903–1990）は，ウィーン出身のユダヤ人。強制収容所に送られたが生還し，アメリカ合衆国に渡った。ベッテルハイムは自閉症を統合失調症の症状のひとつと捉え，その原因を母親の愛情不足としたが，現在は，自閉症は先天性の脳障害を理由とする考え方が主流となっている。